重 要 订 正

1. 本书彩色插页第1页标题下：第1行的逗号改为句号，第5行的顿号改为句号，第6、第7行删去。

2. 彩色插页第14页“2002年全国彩票公益金分配情况”示意图删去，实际资金使用情况见正文第19页“全国彩票公益金分配情况表”。

3. 正义第17页左栏倒数第2行“、补助地方农村医疗救助基金、残疾人事业专项经费”删去。

4. 正文第371页右栏第3段第5行“残疾人事业、补助地方农村医疗救助、”删去，第6行中的“八”改为“六”。

5. 第374页左栏第6行第三字应为“益”。

出现以上错误的原因主要是我国彩票公益金遵循的是“当年筹集，隔年使用”原则，2002年使用的公益金和当年筹集的公益金是不同的。另外，向红十字会人道主义救助事业拨付公益金的事项于2002年批准，但当年尚未实现，残疾人事业专项经费和地方农村医疗救助两个项目是2003年实现的，不应在2002年的统计中出现。

对以上失误给读者造成的不便，谨致深深的歉意！

《中国彩票年鉴》编辑工作小组

2004年5月

中国彩票年鉴

Yearbook of the Chinese Lotteries

2003

中国彩票年鉴编辑委员会

中国财政经济出版社

图书在版编目（CIP）数据

中国彩票年鉴 .2003/《中国彩票年鉴》编委会主编 .
北京：中国财政经济出版社，2004.3

ISBN 7－5005－6603－4

Ⅰ. 中…　Ⅱ. 中…　Ⅲ. 彩票－中国－2003－年鉴　Ⅳ. F832.5－54

中国版本图书馆 CIP 数据核字（2004）第 011877 号

中国财政经济出版社出版

URL：http：//www.cfeph.com.cn

E－mail：cfeph @ drc.gov.cn

社址：北京海淀区阜成路甲 28 号　邮政编码：100036

发行处电话：88190406　财经书店电话：64033436

北京财经印刷厂印刷　各地新华书店经销

787×1092 毫米　16 开　22 插页　32.5 印张　521 000 字

2004 年 4 月第 1 版　2004 年 4 月北京第 1 次印刷

定价：180.00 元

ISBN 7－5005－6603－4/F·5762

（图书出现印装问题，本社负责调换）

《中国彩票年鉴 2003》

编 辑 委 员 会

《中国彩票年鉴2003》编辑出版工作人员

编辑工作小组

孙　燕　邱江涛　陈丽娟　王守刚　顾兆霞

陈　涛　李文博　陶汪泓　陈　吟

责任编辑

陶汪泓　　陈　吟

英文目录翻译

刘岳冶

英文校订

李巧平

封面设计

颜　黎

彩色插页编辑设计

定立新

版式设计

定立新

责任校对

王　英

印制监督

刘春年

广告代理

北京国信广告设计有限公司

广告许可证号

京海工商　广临字（2004001）

编辑部电话

010－88190906

88190975

88190908（传真）

编 辑 说 明

本书原拟2003年出版，但受“非典”疫情的影响，本书稿件的组织工作被迫推迟。7月初，本书牵头者财政部综合司召集两个彩票中心和我社的有关工作人员，商定本书的编辑大纲，布置了组稿工作，经过全体编撰者近半年的共同努力，本书终于得以出版。现将本书编辑过程中的一些情况加以说明，以方便读者阅读。

一、本书记述从2002年1月1日到2002年12月31日间中国彩票业的发展情况，汇集这期间的相关资料。书名中的“2003”为本书出版年号。

二、本书内容涵盖面与上一年年鉴基本相同，但在编排上略有变化，目的在于使全书一级目录眉目清晰，各个二级目录的排列相对一致，全书整体性更强。例如“综合概述”，内列全国、福彩、体彩等几方面的概况；例如“各地方彩票管理及发展概况”，按地区分列，从彩票管理、福利彩票发行销售、体育彩票发行销售三个方面记述。其他部分均按这个思路编排。

三、本书统计资料比上一年年鉴更为详尽，除历年彩票销售的综合统计外，2002年的销售统计具体到“月”，并且用统计图表的形式对部分数据做了简单分析，还增加了销售排名、各地彩票机构代扣所得税情况、各地彩票获百万以上大奖情况等统计资料。

四、上一年年鉴正式出版后，为审慎起见，两个彩票中心对其中的统计资料又逐一进行了核对，个别地方做了一些调整，因此凡涉及历年情况的数字以本书为准。另外，上一年年鉴未能收录的1994—1996年体育彩票公益金数此次收入了本书。

五、上一年年鉴因时间跨度大、搜集困难、篇幅有限等原因，只选登了部分彩票票样，未能将所有已发行彩票的票样收录书中。从本书开始，会把我国当年发行的彩票的票样全部收录。本书收录的是2002年发行的彩票票样，由中国福利彩票发行管理中心和国家体育总局体育彩票管理中心提供。

六、港澳台地区彩票情况由于资料搜集的困难，只有点滴介绍。

七、本书彩色宣传页的图片绝大多数是中国福利彩票发行管理中心和国家体育总局体育彩票管理中心提供的。凡来稿中标明了摄影者姓名的，本书均一一注明。

八、本书统计资料除特别注明的以外，均由财政部综合司提供。

中国财政经济出版社财会年鉴出版中心

2004年1月5日

彩票公益金
支持社会公益事业

2002年我国共筹集彩票公益金135亿元，使用范围从已有的民政福利、公共体育、青少年学生校外活动场所建设及维护、2008年北京奥运会和补充社会保障基金领域，进一步扩展到了支持红十字会人道主义救助事业、补助地方农村医疗救助基金及安排残疾人事业专项经费等领域。

中国红十字会总会彩票公益金资助项目：“博爱送温暖”活动

星光计划

湖南永州市东安老年星光计划图书馆

湖南永州市东安老年星光计划健身馆

湖南永州市东安星光计划老年大学乐队

星光计划资助的老年活动中心

河北石家庄市的一处老人之家

为应对人口老龄化的挑战，进一步做好老龄工作，经国务院批准，民政部于2001年6月8日正式启动“全国社区老年福利服务星光计划”（简称“星光计划”）。

2002年是全面实施星光计划的第一个完整年度，全国民政部门用分配给本系统使用的33亿元公益金，为星光计划的顺利实施提供了资金保障。

这些“星光老年之家”都有统一的桔红色标识，环绕着中国福利彩票标志的31颗五角星，象征着这项全国性的老年福利服务工程在31个省、市、自治区全面实施。

上海市长宁区茅台花苑社区老年活动室

福建省民政局向中国莆田SOS儿童村捐赠电脑

SOS儿童村的孩子们好奇地围在电脑前

湖南郴州市儿童福利院的孩子们幸福地玩耍

国家彩票公益金资助项目——贵州开阳县青少年活动中心

发行彩票

造福社会

爱心奉献 回报社会

黑龙江哈尔滨市儿童福利院

上海市儿童福利院

湖南永顺青少年活动中心

湖南郴州市儿童福利院环境幽雅

黑龙江省牡丹江儿童福利院

辽宁省的一座社会福利养老院

大庆市福利家园

大连市社会福利养老院

福建省的鼓楼老年公寓

江苏省为老年人修建的"颐养楼"

河南省的一处"星光老年之家"

福建省的一个老年活动中心

上海市某社区老年之家内景

上海市社区老年之家的电脑室

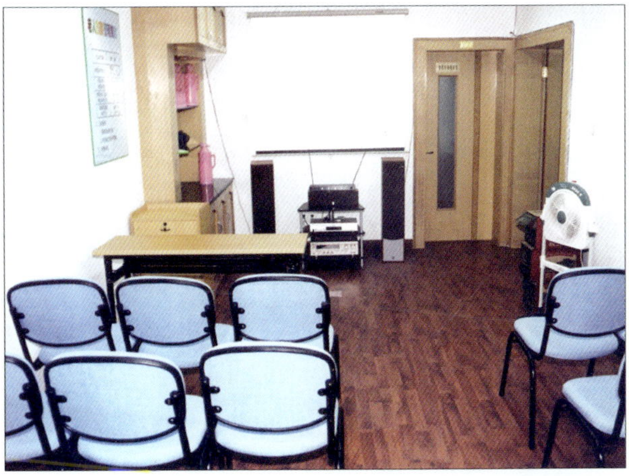

上海市的一个社区老年之家

上海市静安区新福康里社区“星光老年之家”

上海市某社区老年之家一角

体彩公益金惠及四方百姓（云南）　　摄影:倪永

功在当代
利在千秋

北京市民踊跃参加健身活动

2002年9月，河北省体育彩票管理中心在邢台市举办“铁人两项大赛”　　摄影：张进

体育彩票公益金捐赠的全民健身器械在兰州市的东方红广场、金轮广场和兰州市体育公园相继“安家落户”　　摄影：钟浩波

2002年,长春市全民健身活动中心成立

全民健身 利国利民

天津市河西区兴建的占地一万多平方米的体育彩票健身长廊

摄影：兰风翱

济南市槐荫广场全民健身路径一景

杭州市施家花园健身点

国民体质检测车在为北京市民服务

位于石家庄市世纪广场的一处健身路径

广施爱心 回馈社会

“军民鱼水情，体育续真情”——陕西省体育局、体彩中心慰问驻陕某部队

全国第一家“希望工程体育彩票助学基金”于2002年9月在安徽成立　　摄影：俞斌

四川省体彩中心员工及部分销售人员代表与成都市强制戒毒所戒毒人员座谈

中国体育彩票资助山西体育传统项目学校体育器材捐赠仪式

陕西省体彩爱心车队向学校捐赠学习用品

兰州市中心东方红广场上的全民健身活动热闹、红火

正在锻炼身体的北京老人

重庆市南岸区黄南垭镇文化体育广场

南宁市工人文化宫的健身设施

辽宁省的老人们欢乐健身，享受晚年

吉林省利用彩票公益金兴建的一处小区儿童活动中心

2002年以来，宁夏回族自治区利用彩票公益金兴建健身路径工程100多个 摄影：卢伟

2002年建成的重庆市黔江区石城广场健身苑
摄影：王芃

济南市槐荫广场上健身的市民

建造于树林之中的小区健身场所（贵州）
摄影：巴连利

遍布四川全省的全民健身路径已成为人们健身休闲的好去处

彩票公益金资助兴建的重庆市袁家岗游泳跳水馆

摄影：曹平

利用体彩公益金修建的浙江省黄龙体育中心

利用体彩公益金改造后的武汉市新华路体育场

摄影：熊宗汉

河南郑州市体彩健身园外景　　摄影：韩宇

位于北京的一条全民健身路径

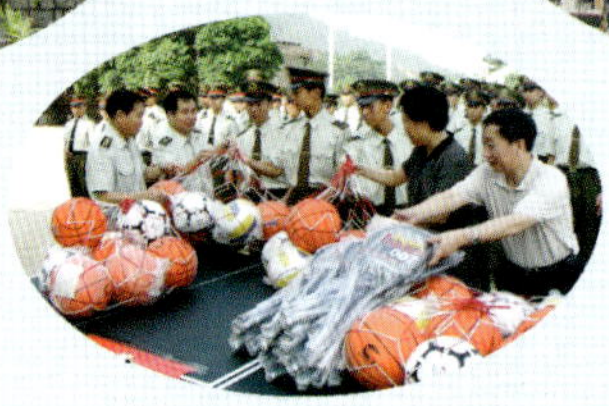

2002年全国彩票公益金分配情况

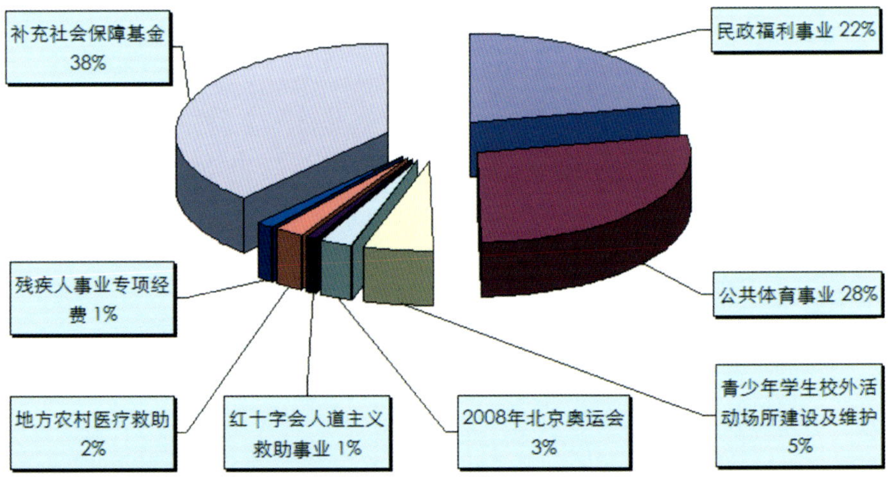

GOT 高腾
中国长城计算机集团旗下北京高腾公司作为中国体育彩票专用销售终端的指定供应商，与世界知名IT厂商共同研制开发的体育彩票专用销售终端机，经过国家体育总局体育彩票管理中心下属的十八个省、市、自治区管理中心近三万用户的使用，其可靠性和安全性得到了用户的高度评价。
在国家体育总局体育彩票管理中心的指导下，北京高腾公司不断研制开发更适合国情的高品质的彩票终端机，同时在全国范围内建立起完善的服务体系。
在国家体育总局体育彩票管理中心的领导下，北京高腾公司正在以饱满的热情为中国体育彩票事业的发展贡献绵薄之力。

GENLOT
穗彩科技

☆ 始终不渝为中国彩票喝彩！☆

【公司简介】

深圳市穗彩科技开发有限公司是专门从事电脑彩票发行系统软硬件研发、生产、销售，并提供技术服务的高新技术企业。

公司自成立以来，已成功开发了热线、准热线电脑福利彩票发行管理系统软件和LT系列电脑彩票投注机。其中，我公司开发的准热线电脑彩票系统被中国福利彩票发行中心定为电脑彩票发行管理系统的V2版模型；电脑彩票投注机也以优良的品质顺利通过中国电子产品检测所及深圳市电子产品质量检测中心的质量认证。公司产品遍及全国14个省市，是中国电脑福利彩票市场的主要供应商。

公司总部位于深圳湾畔国家级民营高科技园内，交通便利、环境优美。公司始终坚持“用户至上”的经营理念，服务网络覆盖全国60多个地区。24小时为客户提供热情、周到、满意的服务。

深圳市穗彩科技开发有限公司

GENERAL LOTTERY TECHNOLOGY CO., LTD

地址：深圳市福田区天安数码城天祥大厦13楼D座　　邮编：518040
电话：(86) 0755-83562887　83563890　　传真：(86) 0755-83562901
EMAIL：genlot@genlot.com

目　录

一、前言

二、综合概述

三、各地方彩票管理及发展概况

四、彩票游戏规则

五、法规和文献

六、探索与研究

七、大事记

八、统计资料

Contents

Ⅰ. Preface

Ⅱ. Summarization

Ⅲ. Lottery Administration and Sales in Different Regions

Ⅳ. Rules of Lottery Games

Ⅴ. Regulations and Documents

一、前　　言

2003

2002年是中国彩票业发展史上具有重要意义的一年。在这一年中，发生了许多重大变化：国务院对彩票资金构成比例进行了重大调整，国家筹集的公益金比例上升了5个百分点，彩票机构的发行经费相应下降了5个百分点；彩票公益金分配制度发生了根本性的改变，原先分别属于民政和体育部门的部门性彩票，开始向国家彩票转变；财政部根据《国务院关于进一步规范彩票管理的通知》的要求，制定了新的《彩票发行与销售管理暂行规定》和《彩票发行与销售机构财务管理办法》等一系列规定，确立了规范的彩票市场管理制度；研究起草了《彩票管理条例（送审稿)》，正式启动了制定彩票法规的工作程序；在发行成本大幅下调的情况下，彩票市场继续保持了高速增长，足球彩票开辟出了新的市场发展空间。这些重大事件，构筑起新中国彩票业发展史上的一个重要里程碑。《中国彩票年鉴2003》忠实而全面地记录了这些历史性事件的背景、过程和具体内容，对2002年彩票市场的各个层面进行了详细的描述，为参与和支持中国彩票市场发展的业内人士，以及关心中国彩票业的成长，有志于研究中国彩票问题的国内外朋友留下了全面、权威、准确的信息资料。

2003年1月出版的《中国彩票年鉴2002》，囊括了自20世纪80年代中期到2001年底中国彩票业发展的历史足迹，严格地说，这是若干年的历史记录集成；现在出版的《中国彩票年鉴 2003》及今后各年的年鉴，将以一年为时间单位记述中国彩票业历史。

彩票业在当今人类社会发展中有着越来越重要的作用。我们投入大量资源和精力做编撰年鉴这项严肃的工作，是希望将所有为中国彩票业发展而付出的劳动和做出的贡献都镌刻在历史中，并为中国彩票业发展标注出清晰的轨迹。年复一年地积累下去，这部年鉴终将成为中国乃至世界彩票业发展史上的一笔宝贵的财富。

中国彩票年鉴编辑委员会

二、综合概述

2003

全国彩票管理和发行概况

2002年是中国彩票发展历史上极为重要的一年。在这一年中,根据《国务院关于进一步规范彩票管理的通知》(国发[2001]35号,以下简称《通知》)的有关规定,国家对彩票发行收入的资金结构进行了重大调整,财政部颁布了一系列彩票管理制度,彩票公益金分配体制发生了根本性的改变,全国彩票市场保持了快速增长,彩票业发展进入了一个新阶段。

一、统一和改进了彩票管理制度

2001年10月30日,《通知》正式发布。根据《通知》要求,财政部研究和制定了一系列统一的彩票管理制度,并于2002年正式开始实施。

(一)重新调整了彩票发行收入的构成比例

2002年以前,彩票发行收入的构成比例是,返奖奖金不得低于50%,公益金不得低于30%,发行经费不得高于20%。根据《通知》要求,从2002年起,上述比例调整为,返奖奖金不得低于50%,公益金不得低于35%,发行经费不得高于15%。调整后,公益金的低限提高了5个百分点,发行经费的高限调低了5个百分点,即将彩票机构的发行成本压缩了25%。

(二)改革了公益金分配体制

自我国发行彩票以后,在很长的一段时间内,彩票公益金的分配是谁发行谁使用,即福利彩票的公益金全部归民政部门使用,体育彩票的公益金全部归体育部门使用。在这种分配体制下,福利彩票和体育彩票分别成为民政和体育的部门性彩票。根据《通知》要求,并经国务院同意,从2002年起,财政部对彩票公益金分配体制进行了重大改革,改革的基本内容是:分别按80亿元彩票发行额度确定民政、体育部门彩票公益金分配基数。公益金分配程序为,首先分配民政、体育部门的基数公益金,然后分配用于2008年北京奥运会、青少年校外活动场所建设和维护等专项公益金,最后剩余的部分,按2:8的比例在民政、体育与社会保障基金之间进行分配，20%归民政、体育部门使用，80%用于补充社会保障基金。公益金分配体制的改革，不仅拓宽了公益金使用领域，而且从本质上改变了原先福利彩票和体育彩票部门彩票的性质，使彩票开始向着国家彩票的方向转变，为彩票业健康发展奠定了一个良好的基础。

（三）统一了彩票机构财务制度

2002 年以前，国家尚未建立起统一的彩票机构财务管理制度，福利彩票机构和体育彩票机构分别执行各自制定的财务管理制度，彩票机构间的财务状况没有可比性，导致财政部门对彩票机构的监督和管理缺乏统一标准。从 2002 年起，财政部制定的《彩票发行与销售机构财务管理办法》颁布实施，彩票机构财务核算及资金管理有了统一的标准和程序，财政部门对彩票机构的监督和管理工作也上了一个新台阶。该办法共分 13 章 71 条，对彩票机构资金及账户管理、财务收支计划管理、收入、节余及分配、支出管理、返奖奖金、专用基金管理、负债管理、流动资产和长期投资、固定和无形资产、机构清算、财务报告和财务评价等多方面做了比较全面的规定。

（四）颁布了彩票发行与销售管理暂行规定

长期以来，发行与销售管理一直是彩票市场管理中矛盾比较突出的方面，政府主管部门与彩票机构之间，彩票机构与彩票机构之间经常因管理制度不明确而发生冲突。从 2002 年起，财政部制定并颁布了《彩票发行与销售管理暂行规定》，对财政部门、彩票机构在彩票发行与销售中的职责做了明确规定，对游戏规则、发行销售方式的审批管理程序进行了规范，对彩票机构的安全管理、信息公告等制定了标准，构筑起了较为完整的彩票市场管理制度体系。

二、彩票市场发展开创了新局面

2002 年，全国共发行彩票 385.72 亿元，比上年同期增加 96.86 亿元，增长 33.5%。其中，福利彩票发行 167.99 亿元，比上年同期增加 28.42 亿元，增长 20.4%；体育彩票发行 217.73 亿元，比上年同期增加 68.44 亿元，增长 45.8%。

分品种看，全年发行乐透（传统）型彩票 284.27 亿元，比上年增加 37.75 亿元，增长 15.3%；发行即开型彩票 30.82 亿元，比上年增加 1.83 亿元，增长 6.3%；发行足球彩票 70.63 亿元，比上年增加 57.28 亿元，增长 4.3 倍。

分地区看，全国有 24 个省级行政区域彩票销售量比上年增加，其中内蒙古、青海、宁夏、新疆等地区增幅均在 1 倍以上；另有 7 个地区销量有所下降，平均降幅为 14.2%。

2002 年 1—12 月乐透（传统）型彩票、即开型彩票和足球彩票市场份额图

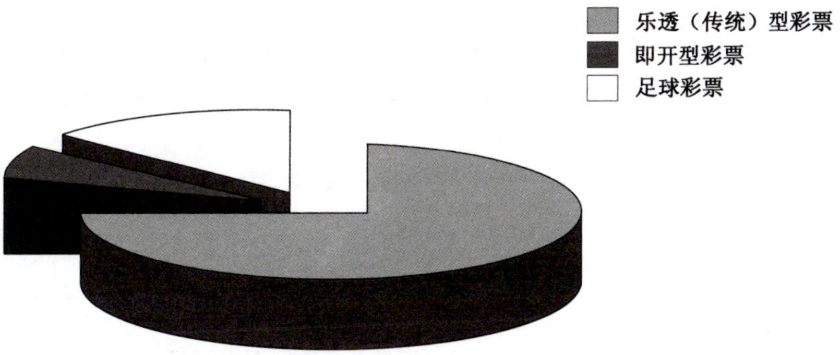

全年彩票市场发展呈现出以下一些特点：

（一）足球彩票成为最大的增长点。足球彩票自 2001 年 10 月上市以来，深受球迷和投注者的欢迎。2002 年 4 月，财政部批准将足球彩票发行范围由试点扩大到全国后，周销量最高达到 2.9 亿元，平均稳定在 2.2 亿元左右。全年共发行足球彩票 70.63 亿元，占彩票发行总量的 18.3%，占新增发行量的 59.1%，有力地带动了 2002 年彩票发行量增长。

（二）乐透（传统）型彩票增幅趋缓。2002 年乐透（传统）型彩票的市场份额比上年下降了 11.61 个百分点，增幅由上年的 109.2% 降至 15.3%，增长速度明显放慢。乐透（传统）型彩票增幅趋缓的主要原因是，2000 年以后该品种彩票陆续在全国大部分地区面市，到 2002 年已开始进入市场成熟期，销量趋于稳定。

（三）即开型彩票市场依然低迷。自 2001 年以来，即开型彩票一直处于低迷状态，2002 年全国发行即开型彩票 30.82 亿元，市场份额仅为 8%。即开型彩票市场不景气的主要原因是缺乏相应的技术支持，发行销售方式不能适应市场环境变化。加之即开型彩票单位成本相对较高，彩票发行费用比例下调后地方彩票机构销售即开型彩票的积极性不高。

（四）地区间彩票市场发展不平衡。受经济发展和居民消费水平等因素的影响，彩票市场规模较大、增长较快的省份大多集中在东部沿海发达地区。彩票销售量列全国前 5 位的依次为广东、福建、山东、江苏、辽宁，这五个省份彩票销售量占到全国彩票发行总量的 46.9%，其中广东一省就达 62.81 亿元，占全国发行总量的 16.3%。西藏彩票销售量最少，仅为1 234.39万元。

（五）一些原先发行较好的省份

发行量出现下滑。与上年相比，2002年有7个地区的彩票发行量出现负增长。彩票传统强省发行量出现弱势，表明彩票机构的营销能力不够强，缺乏对市场的深入调研，更多的是用频繁调整彩票游戏规则的试错方式来研究市场，不仅成本高昂，而且让彩民无所适从，致使销售额不升反降。

2002年1—12月份全国各地区彩票销量图

单位：亿元

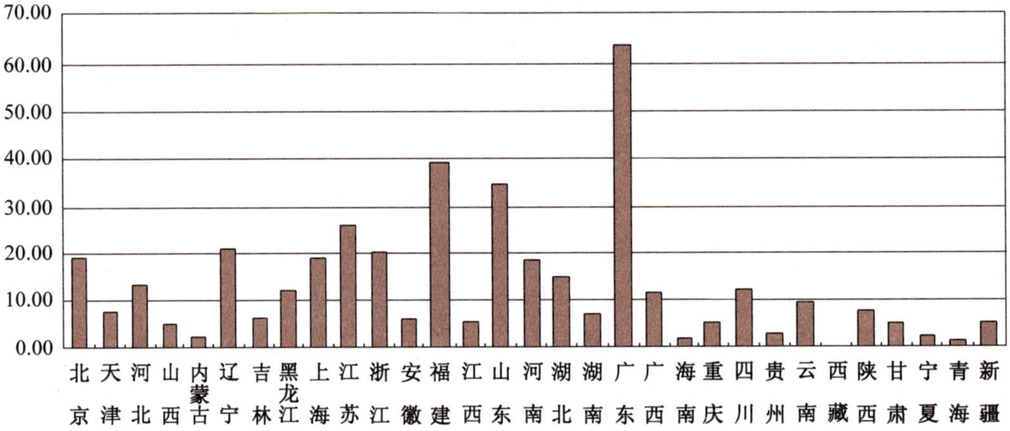

三、研究和起草彩票管理条例

从1994年开始，有关部门即把研究和起草彩票管理法规提到了议事日程。但由于各有关方面的认识不统一，研究和制定彩票管理法规的工作一直没能取得实质性的进展。2002年，根据国务院《通知》第七条关于尽快起草《彩票管理条例》的要求，财政部投入了大量的时间和人力，按照《立法法》规定的有关程序，广泛调查研究，召开国内外彩票业法律专家、学者和专业人士研讨会，认真总结过去的立法准备情况，研究国外相关法律。在此基础上起草了《彩票管理条例（征求意见稿）》，正式征求民政部、国家体育总局以及各省（自治区、直辖市）财政厅（局）和财政部驻各地财政监察专员办事处的意见。在对各方面所提意见进行整理和吸收的基础上，最终完成了《彩票管理条例（送审稿）》，上报财政部党组审议。在起草《彩票管理条例（送审稿）》过程中，财政部遵循了两条基本原则，一是体现国务院关于现行彩票发行和管理体制不变的要求；二是体现法律的适当前瞻性和普遍适用性原则，为今后彩票发行和管理体制改革预留出制度空间。

四、彩票管理得到全面加强

在制定和统一彩票管理制度的同时，财政部门全面加强了对彩票市场的管理和监督。

（一）落实《彩票发行与销售机构财务管理办法》

1. 根据新的财务管理办法要求，财政部制定了彩票发行与销售机构财务收支计划和决算编制的具体办法。在收支计划的编制过程中规定了四项原则，即坚持量入为出，自求收支平衡的原则；坚持统筹兼顾、重点安排，正确处理彩票业务发展需要与财力可能的关系，合理安排支出的原则；坚持勤俭办事业、厉行节约的原则；坚持购建固定资产应在保证正常事业支出需要，保持正常收支平衡的基础上统筹安排的原则。统一了与决算编制相关的八大种类财务报表以及财务报告的表内项目详细说明。

2. 按照新财务管理办法要求审批了中国福利彩票发行管理中心和国家体育总局体育彩票管理中心2002年财务收支计划。在“收支两条线”管理模式下，财政部对两个中央级彩票管理机构的年度财务收支计划按事业单位的管理要求进行审批，规范了政府主管部门对彩票机构财务的管理，解决了过去存在的彩票机构财务是按企业还是按事业单位管理的制度问题。

3. 与国库司相配合，制定了《财政部关于财政专户彩票资金管理有关事宜的通知》（财库［2002］31号），解决了彩票机构财务按“收支两条线”要求进行管理中的一些制度问题，切实保障了彩票公益金的专款专用。

4. 指导和督促省级地方财政部门建立公益金和发行经费管理制度。到2002年底，全国各地方都将彩票公益金和发行经费纳入财政专户，按“收支两条线”进行管理，初步改变了原有彩票资金管理中的混乱状态。

（二）落实《彩票发行与销售管理暂行规定》

1. 清理彩票游戏规则和发行销售方式。为配合实施新的彩票发行销售管理暂行规定，财政部发布了《财政部关于清理彩票游戏规则及发行销售方式的通知》（财综函［2002］4号），对全国已采用的游戏规则进行全面清理，修改和调整了100多个游戏规则，对各种发行销售方式进行了确认。通过清理游戏规则和发行销售方式，建立起了规范的游戏和发行销售方式的管理秩序，彻底解决了过去在程序管理上的混乱。

2. 禁止彩票机构实行奖金保底。由于福利与体育两个彩票机构的市场存在严重重叠，为争夺市场份额，一些地方彩票机构竞相实行奖金保底，恶化了市场氛围和彩票机构财务状况。为防止出现过度竞争，扼制彩票机构财务状况恶化的趋势，财政部及时发文禁止彩票机构实行奖金保底，扭转了一度出现的恶性竞争局面，为普遍改善彩票机构财务状况创造了必要的政策环境和良好的发展空间。

3. 提高即开型彩票单注奖金封顶限额。乐透型彩票上市后，最高奖500万元对即开型彩票产生了一定的冲击。为提高即开型彩票的市场吸引力，扶持即开型彩票市场，财政部将即开型彩票单注奖金最高限额从50万元提高到了200万元，期望能对2002年以后的即开型彩票市场产生积极作用。

4. 提高多地区联合销售彩票奖池初始保底额。为适应彩票机构提出的多个省级区域或全国统一设置奖池联合销售彩票的设想，财政部将彩票奖池初始保底额不超过200万元的规定修改为全国性的彩票游戏不超过500万元，其余地区性的彩票游戏仍为不超过200万元。此项规定为2003年推出多地区统一奖池联合销售彩票做了准备。

（三）加强彩票市场监管

1. 针对福建出现的彩票机构违规行为，及时下发了《财政部关于加强彩票市场监管的紧急通知》（财综[2002] 29号），进一步规范了彩票机构在游戏规则报批和宣传推广方面的行为。

2. 查处了湖南、海南两省福利彩票机构擅自发行地方性彩票的违规行为，没收了其违规销售收入。

3. 与公安部等部门联合下发了《财政部　公安部　工商总局　民政部　体育总局关于坚决打击赌博活动大力整顿彩票市场秩序的通知》(财综[2002]82号),第一次把与彩票市场管理相关的部门联合到一起,共同打击各种非法彩票等赌博活动,为今后财政部门与有关部门配合维护彩票市场程序开创了一个良好局面。

五、努力开拓彩票市场

努力开拓彩票市场，不断扩大彩票发行量，始终是财政部门彩票管理工作的核心内容。为加快彩票市场发展，2002年财政部采取了以下政策措施：

1. 在试点取得成功的基础上,将足球彩票发行范围扩大到全国,同时支持国家体育总局体育彩票管理中心在世界杯期间发行了世界杯足球彩票。此项措施使足球彩票在2002年获得了大幅增长,奠定了足球彩票市场的基础。

2. 适应市场需求，支持彩票机构开发新游戏，或对既有游戏规则进行调整，全年共为此下发了100多份文件。

3. 支持中国福利彩票发行管理中心研究开发全国联合销售乐透型彩

票和在线即开型彩票。

六、加强公益金管理，拓宽公益金使用领域

1. 与全国青少年校外教育工作联席会议办公室（教育部基础教育司）一起，对中央支持建设的第一批青少年校外活动场所项目执行情况进行检查，并准备对相关的管理制度做进一步修改和完善；完成了各地方上报的第二批中央支持的青少年校外活动场所项目的审核。

2. 对第29届奥运会组委会使用彩票公益金问题进行了研究，解决了向奥组委拨付公益金的渠道，并向奥组委拨付了第一笔资金。

3. 根据国务院的要求，研究和制定了中国红十字会专项公益金政策，2003年至“十五”末期从中央财政集中的公益金中安排3.37亿元专项公益金用于支持红十字事业。

4. 与有关方面研究了用公益金支持中国残疾人联合会和中西部地区农村贫困人口医疗救助政策，向国务院报送了相关的政策建议和方案。

5. 确定了在公益金超基数的增量中补充社会保障基金的方案。

（财政部综合司供稿）

全国彩票公益金管理概况

2002 年是我国彩票公益金管理政策发生根本性变化的一年。彩票公益金的规模进一步扩大，现行彩票公益金分配的政策框架基本确定，彩票公益金的筹集、分配和使用逐步规范，彩票公益金的使用领域不断拓宽。彩票公益金由过去的部门性资金转为政府财政的专项性资金，作为政府收入的一部分，全面纳入财政专户管理，专款专用。彩票公益金的投入和使用，有力地促进了我国社会公益事业的发展，为我国的经济发展和社会进步做出了独特贡献。彩票公益金成为我国政府为社会公益事业筹集资金的一种重要工具，同时也成为实现我国收入再分配的一个有效手段。

一、2002 年彩票公益金管理工作

根据国务院第 84 次总理办公会议精神和《国务院关于进一步规范彩票管理的通知》（国发［2001］35 号以下简称《通知》）要求，从 2002 年起，我国彩票公益金管理和分配政策经过一系列的改革和调整后发生了很大变化，主要体现在以下几个方面：

（一）彩票公益金比例得到提高

《通知》规定，从 2002 年 1 月 1 日起，彩票资金构成比例调整为：返奖奖金比例不得低于 50%，发行经费比例不得高于 15%，彩票公益金比例不得低于 35%。2002 年前，我国彩票公益金比例为不得低于 30%，从 2002 年起彩票公益金比例提高了 5 个百分点。在既定的彩票发行规模下，随着彩票公益金比例的提高，彩票公益金的规模有所扩大，为彩票公益金使用范围的拓宽提供了保证。

（二）彩票公益金全面纳入财政专户管理

《通知》规定，按照“收支两条线”的原则，对彩票发行收入实行专户管理；彩票公益金必须纳入财政专户，支出应符合彩票公益金的有关管理制度；彩票公益金必须专款专用，不得用于平衡预算或挪作他用。

根据《通知》精神，为规范彩票资金管理，财政部相继颁布了《财政

部关于印发〈彩票发行与销售机构财务管理办法〉的通知》（财综［2001］84号）和《财政部关于加强和完善彩票机构财务及彩票资金管理的通知》（财综［2001］85号），规定从2002年1月1日起，彩票公益金实行省级统管，在省级行政区域内销售彩票所筹集的公益金，统一由省级彩票机构集中，并于每月10日前将上月计提的彩票公益金从彩票销售资金专用账户全额缴入省级财政专户；彩票公益金实行省级统一集中缴拨，省级财政部门应于每月15日前，按照规定的分配比例，通过财政专户系统，分别将属于中央的彩票公益金上缴中央财政专户，属于省以下的彩票公益金，拨入相应级次的财政专户。

为全面反映彩票资金收支情况，规范彩票资金会计核算，方便对账和统计分析，财政部下发了《财政部关于财政专户彩票资金管理有关事宜的通知》（财综［2002］31号），对彩票公益金的财政专户管理、会计核算以及缴拨事项等做出了详细规定，进一步规范了彩票公益金的财政专户管理，强化了专款专用。

自此，我国每年的彩票公益金全部上交财政专户，由财政部门按照彩票公益金的使用范围和政策集中统一分配。这种局面比过去由民政、体育部门各自发行彩票、公益金“自筹自用”有了很大改进，初步实现了彩票公益金的高效筹集、安全运行和规范使用，也为我国正在大力推进的政府收支分类改革准备了条件。

（三）彩票公益金的分配政策确立

根据《通知》要求，财政部会同民政部、国家体育总局，研究了民政和体育部门的彩票公益金基数及超基数彩票公益金的分配政策，于2002年4月向国务院上报了《财政部关于确定民政和体育部门彩票公益金基数的请示》（财综［2002］20号）。经国务院批准，我国彩票公益金的分配政策框架基本得以确立，其主要内容如下：

民政和体育部门彩票公益金的基数。按照民政和体育部门2000年彩票实际发行量，在扣除两部门青少年学生校外活动场所建设及维护专项发行额度各10亿元后，将民政和体育部门的彩票公益金基数发行额度统一定为80亿元，按当年的彩票公益金比例确定其彩票公益金基数，即2001年按当年30%的比例，其彩票公益金基数各为24亿元。自2002年起，彩票公益金比例提高到35%，其彩票公益金基数各为28亿元。

超基数彩票公益金的分配原则。自2001年起，民政和体育部门超基数的彩票公益金，在扣除青少年学生校外活动场所建设及维护、支持2008年北京奥运会等专项公益金后，

20%分别留归民政和体育部门按规定用途使用，其余80%用于补充社会保障基金。

我国彩票公益金的使用领域和分配原则政策由国务院决定。根据国务院的决定，我国彩票公益金的分配政策框架基本确立，为彩票公益金支持各项社会公益事业的均衡发展打下了基础，也使一些政府行政职能部门和社会组织竭力为本部门或本组织争取发行专项性彩票的矛盾局面有所缓解，更为重要的是，使我国彩票管理从部门彩票阶段向国家彩票阶段又迈出了坚实的一步。我国现行彩票公益金的分配顺序如下：先分配民政、体育部门的彩票公益金基数共56亿元(各28亿元)，然后在增量彩票公益金中分配青少年学生校外活动场所建设及维护、支持2008年北京奥运会等专项公益金，剩余部分按20:80的比例在民政、体育部门和社会保障基金之间进行分配，20%留归民政、体育部门按规定用途使用，80%用于补充社会保障基金。

（四）扩大和调整彩票公益金的使用范围

经国务院批准，2002年我国彩票公益金的使用范围进一步扩大，彩票公益金除了用于已有的民政福利、公共体育、青少年学生校外活动场所建设及维护、2008年北京奥运会和补充社会保障基金领域外，又进一步扩展到了支持红十字会人道主义救助事业。另外，根据彩票公益金分配政策，财政部相应调整了2008年北京奥运会专项公益金政策。具体情况如下：

1．支持红十字会人道主义救助事业。

根据国务院批准，财政部于2002年3月印发了《财政部关于中国红十字会总会使用彩票公益金的函》（财综［2002］30号），同意从2003年至“十五”末期，中央财政从集中的彩票公益金中安排33 700万元用于中国红十字会总会开展人道主义救助工作。

2．调整2008年北京奥运会的专项公益金政策。

2000年9月，针对当时的北京奥申委提出发行北京2008年奥运会特种体育彩票的要求，财政部经商国家体育总局及其所属国家体育彩票管理中心后向国务院上报了《关于发行北京2008年奥运会特种体育彩票的请示》（财规［2000］33号），建议如果北京申奥成功，同意通过发行彩票为奥运会筹集资金，但提出利用现有的体育彩票运作，不再另设奥运会特种体育彩票及专门的发行机构；从2001年至2008年奥运会闭幕，每年在发行的体育彩票中特批10亿元额度，所筹资金专项用于奥运会。2001年7月13日，北京获得了2008年奥运会的主办权。经国务院批准，2001年从体育彩票中特批了10亿元专项发行额度，按当年30%的比例筹集了3亿元彩票公益金，用于支持举办2008年北京奥运会。

根据国务院确定的彩票公益金分配政策，财政部对2008年北京奥运会的专项公益金政策进行了调整，支持举办2008年北京奥运会的彩票公益金由体育彩票承担调整为由福利、体育彩票共同承担。2002年6月，经国务院批准，财政部印发了《财政部关于第29届奥运会组委会使用彩票公益金的函》（财综［2002］39号），规定从2001年至2008年，财政部从中央集中的彩票公益金中安排27.5亿元用于支持举办2008年北京奥运会。其中，除了2001年度从体育彩票中已安排的3亿元彩票公益金外，2002年至2008年，中央财政每年安排3.5亿元专项公益金用于支持2008年北京奥运会。

二、我国彩票公益金的基本分配格局

经过公益金分配体制的重大调整，我国彩票公益金分配格局基本形成。目前，彩票公益金主要用于民政福利事业、体育事业、青少年学生校外活动场所建设及维护、2008年北京奥运会、红十字人道主义救助事业、补助地方农村医疗救助基金、残疾人事业专项经费和补充社会保障基金等领域及国务院确定的其他社会公益事业。具体使用范围如下：

1. 民政福利事业。资助为老年人、残疾人、孤儿、革命伤残军人等提供服务的社会福利及慈善机构；资助社会福利及慈善机构公共设施的维护和更新改造；资助社会关注且有利于弘扬扶弱济困和慈善宗旨的社会公益活动，但全年资助额控制在本级用于民政福利事业公益金总额的10%以内。

2. 公共体育事业。支持公共体育事业的公益金，主要用于落实《全民健身计划纲要》和《奥运争光计划纲要》，其比例分别为60%和40%。具体包括：资助开展全民健身活动，弥补大型体育运动比赛经费，修整和增建公共体育设施，体育扶贫工程专项支出。

3. 青少年学生校外活动场所建设及维护。该专项公益金按50:50的比例在中央财政和省级财政进行分配：50%的公益金由中央财政统筹安排，重点用于中西部地区、贫困地区和少数民族地区；50%的公益金由中央财政返还省级财政，由省级财政在本行政区域内统筹安排。

4. 2008年北京奥运会。该专项公益金限定用于第29届奥运会组委会负责的体育场馆建设和运作经费，每年由财政部通过北京市财政局拨付。

5. 红十字会人道主义救助事业。

该专项公益金主要用于救灾备灾、卫生救护培训和中国造血干细胞捐献者资料库建设项目等，在中央和地方之间的分配办法由财政部和中国红十字会总会制定。

6. 补充社会保障基金。该专项公益金由财政部直接拨付给全国社会保障基金理事会，全国社会保障基金理事会按照《全国社会保障基金投资管理暂行办法》的有关规定进行管理。

三、2002 年全国彩票公益金的筹集和分配情况

（一）彩票公益金的筹集情况

1. 全国彩票公益金的筹集情况。2002 年，全国共发行彩票 385.72 亿元，筹集彩票公益金 135 亿元。其中发行福利彩票 167.99 亿元，筹集公益金 58.8 亿元；发行体育彩票 217.73 亿元，筹集公益金 76.2 亿元。

2. 中央财政彩票公益金的集中情况。根据《通知》确定的彩票公益金分配原则，按照国务院批准的 2002 年度彩票发行额度，财政部与民政部、国家体育总局联合确定了 2002 年度各省、自治区、直辖市彩票公益金上缴中央的比例。具体上缴情况如下：

（1）福利彩票。2002 年 10 月、11 月，财政部、民政部相继联合下发了《财政部 民政部关于下达 2002 年度福利彩票公益金上缴比例的通知》（财综［2002］65 号）和《财政部 民政部关于尽快上缴福利彩票公益金的通知》（财综［2002］77 号），确定 2002 年度福利彩票公益金按发行额的 20% 上缴中央。2002 年福利彩票实际发行销售 167.99 亿元，上缴中央公益金 33.6 亿元。

（2）体育彩票。2002 年 6 月、10 月和 12 月，财政部、国家体育总局相继联合下发了《财政部 国家体育总局关于下达 2002 年度体育彩票公益金上缴比例的通知》（财综［2002］36 号）、《财政部 国家体育总局关于暂停分配体育彩票公益金的通知》（财综［2002］75 号）和《财政部 国家体育总局关于调整 2002 年度体育彩票公益金上缴比例的通知》（财综［2002］96 号），确定 2002 年度电脑型（含足球彩票）、即开型体育彩票公益金分别按发行额的 20.5% 和 2% 上缴中央。2002 年体育彩票实际发行销售 217.73 亿元，其中电脑型（含足球彩票）207.04 亿元，上缴中央公益金 42.44 亿元；即开型 10.69 亿元，上缴中央公益金 0.21 亿元。两者合计，体育彩票共上缴中央公益金 42.65 亿元。

2002 年是我国通过财政专户系统上缴彩票公益金的第一年，绝大部分省级财政部门都按照制度规定和分配比例及时足额向中央上缴了彩票公益金，而且有部分省级财政部门如四

川、云南等还通过财政专户系统上缴了2001年度欠缴的体育彩票公益金。

（二）全国彩票公益金的分配情况

彩票公益金实行“当年筹集、隔年使用”的原则，即当年度筹集的公益金在下一年度分配和使用。因此，2002年度分配和使用的公益金是2001年度筹集的公益金。2001年度共筹集公益金86.71亿元，其在2002年度的分配和使用情况如下：

1. 彩票公益金在中央与地方的分配。2002年度共安排彩票公益金86.71亿元。其中，中央集中40.46亿元，地方留成46.25亿元，两者之间的分配比例为46.7:53.3。

2. 彩票公益金在各领域的分配。2002年,彩票公益金主要用于以下社会公益事业:(1)民政福利事业27.01亿元。(2)体育事业26.95亿元。(3)青少年学生校外活动场所建设和维护6亿元。(4)支持2008年北京奥运会3亿元。(5)补充社会保障基金23.75亿元。具体分配情况见下表。

全国彩票公益金分配情况表

单位：人民币（亿元）

使用领域	公　益　金	所占比例（%）
民政福利事业	27.01	31.1
体育事业	26.95	31.1
青少年学生校外活动场所建设和维护	6	6.9
2008年北京奥运会	3	3.5
补充社会保障基金	23.75	27.4
合　　计	86.71	100

（财政部综合司供稿）

全国福利彩票发展概况

2002 年，是福利彩票发行工作不平凡的一年。在国务院领导的亲切关怀下，在民政部的正确领导和财政部的大力支持下，全国福利彩票系统认真贯彻“三个代表”重要思想，与时俱进，奋发图强，狠抓规范管理，努力扩大发行，圆满完成了年度工作任务，在三个方面做出了成绩。

第一，全国福利彩票发行总量持续增长，刷新了年发行量最高记录。

在过去的一年里，福利彩票发行工作遇到了发行费比例下调、取消奖金保底等一系列的严峻挑战，各级民政部门和福利彩票销售机构在极其困难的条件下，艰苦奋斗，锐意进取，千方百计扩大发行，保证了福利彩票发行量持续增长。彩票发行总量、公益金数量和成本费用率等重要经济指标均达到了历史最好水平，为社会福利等社会公益事业做出了重要贡献。

全国福利彩票年发行总量达到了 167.99 亿元，比上年增加了 28.42 亿元，增长 20.4%。共筹集彩票公益金 58.79 亿元，比上年增加了 16.92 亿元，增长 40.4%。其中，上缴中央 33.6 亿元，地方留成 25.2 亿元。

即开型彩票发行总量达到了 20.13 亿元，比上年增加 0.48 亿元，增长 2.4%。在市场萎缩、经费不足、竞争加剧等困难条件下，取得这样的成绩实属不易。即开型彩票发行最好的是广东省，发行量达到 4.54 亿元。其次是浙江省，发行量达到 3.52 亿元。第三是江苏省，发行量达到 2.15 亿元。湖北、山东、上海等省市的发行量也突破了一亿元。

电脑彩票发行总量达到了 147.86 亿元，比上年增加 27.93 亿元，增长了 23.3%。电脑福利彩票因起步较晚，前两年处于起步阶段，2002 年实现了快速发展。电脑彩票市场占有率达到 50% 以上的省份有：山东、广东、辽宁、广西、上海、黑龙江、陕西、新疆、湖南、甘肃、山西、江西、重庆、宁夏、内蒙古、青海及深圳市等。其中，黑龙江省福利彩票实现了跨越式增长，市场占有率由前年的 48% 攀升到了 57.5%。

全国福利彩票持续发展，是全国各地共同努力的结果。从销售总量方面看，广东省和山东省分别排名全国第一、第二。广东省（含深圳市）发行量达到28.76亿元，比上年增加了11.52亿元，增长66.8%。山东省发行量达到26.59亿元，比上年增加了8.06亿元，增长43.5%。这两个省的销量合计占全国总销量的32.9%，是福利彩票系统的旗帜和榜样。辽宁省的销售量突破了10亿元，广西自治区和上海市销售量突破了8亿元，江苏、河南、黑龙江、福建、浙江、北京和河北等省市也都进入了发行大户行列。

从人均销量方面看，深圳、宁夏、山东、新疆、辽宁、广西、甘肃、广东、黑龙江和陕西等地区比较突出，说明了这些地区的市场开发程度达到了先进水平。宁夏回族自治区的人口资源和经济条件均缺乏优势，但福利彩票人均销量达到了27元，是全国平均水平的2倍。

从增长幅度方面看，进步比较大的有：宁夏增长243%、新疆增长155%、青海增长124%、内蒙古增长98%、河北增长93%、广东增长75%、湖南增长73%、北京增长69%、黑龙江增长61%、广西增长44%、山东增长43%、甘肃增长41%、辽宁增长39%、湖北增长35%。这些地方的发展速度大大超过全国平均水平，为福利彩票销售持续增长做出了重要贡献。

第二，发行管理工作效率得到提高，彩票工作的运行机制有较大改善。

2002年，是全面贯彻《国务院关于进一步规范彩票管理工作的通知》第一年，全国福利彩票系统把规范管理，转换机制作为全年的工作重点来抓，进行了一系列的整顿和改革，福利彩票发行管理工作登上了一个新台阶。

一是完成了彩票资金结构比例调整任务。根据国务院要求，自2002年起，发行经费比例由20%下调为15%，公益金比例由30%提高到35%。这是一项非常艰巨的任务。一年来，各级彩票机构认真加强财务管理和成本核算，杜绝浪费，降低消耗，在成本控制方面取得了显著成效。截至2002年底，全国共发行福利彩票168亿元，彩票机构费用总支出23.5亿元。与2001年相比，全国发行量增加了28亿元，费用总支出减少了2亿元，成本费用率由18.5%降为14%，保证了公益金在新的资金结构下稳步增长。

二是完成了彩票发行经费纳入财政专户、实行“收支两条线”管理的改革。在改革的过程中，各级彩票机构认真学习国务院关于彩票资金实行专户管理的政策精神，与财政部门密切配合，妥善解决了改革中的主要矛盾和问题，保证了新财务制度稳妥实施，实现了工作的平稳过渡。

三是完善了彩票发行管理制度。规范了游戏规则审批等操作程序，改变了奖金保底等风险经营方式，召开了全国福利彩票管理工作座谈会，制定了一系列的规章制度和管理措施，福利彩票发行管理工作得到了全面整顿和提高，逐步进入了制度化、规范化、程序化的运行轨道，违规操作现象及彩民投诉案件逐步减少。

四是加强了技术开发和技术管理工作。完成了全国联销技术系统开发和机房改造，出台了《全国电脑彩票技术安全管理规范》，组织了国产热线技术开发及其试点，为电脑彩票技术系统改造积累了经验。根据市场变化，对即开型彩票印制软件进行了重大修改，推出了光盘和 IC 卡验票技术，提高了福利彩票的公正性和安全性。

五是加强了电脑彩票销售网点建设。2002 年，全国各地普遍加大了投注站点管理工作力度，多数地区对投注站点进行了调整和整顿，在投注站点管理方面摸索了经验。全国福利彩票投注站点数量由46 220个增至49 880个，增长了 8%，单机销量由 259 600 元增至 296 700元，提高了 14%。

六是强化了彩票形象宣传工作。利用各种新闻媒体大力宣传福利彩票的公益性、伦理性、群众性和娱乐性，澄清福利彩票的本质和特点，培养了人民群众对福利彩票的亲近感。特别是老年社会福利“星光计划”项目与福利彩票资助相结合，将福利彩票的影响扩大到千家万户，对于全面塑造福利彩票的社会公益形象起到重要作用。

第三，彩票新品种开发工作取得重要进展，为福利彩票持续发展奠定了基础。

全国共有 26 个省（自治区、直辖市）进行了网点即开票销售试点，对网点即开票的销售方式进行了有益的探索。推出了电脑彩票全国联合销售，有 22 个省份开始全国统一开奖的“双色球”彩票联合销售积极准备。在线即开票开发工作业已完成，通过了中科院的技术鉴定和财政部的验收。这些开发性的工作，虽未在当年产生效益，但为福利彩票可持续发展培育了新的增长点，注入了新的活力，打下了良好基础。

福利彩票发行

一、电脑彩票

2002 年是电脑福利彩票在全国全面开通的第一个完整年度，全国福利彩票系统全体员工用智慧和汗水换来了全年销售电脑福利彩票 147.86

亿元的喜人成绩，不仅提前完成了年初制定的销售任务，而且创造了电脑福利彩票销售的历史最高纪录。截至12月31日，全国电脑福利彩票共销售147.86亿元。在全年52周中，销量最低的是第7周（0.67亿元），最高的是第52周（3.59亿元），全年平均周销量为2.84亿元，而2001年仅为2.26亿元。2002年电脑彩票在2001年销售120亿的基础上增长约23%。

在全国32个省、自治区、直辖市（含深圳）中，销量与2001年相比增长和减少的大约各占一半。从绝对量和增长率两方面综合考虑，增长较为明显的省份有山东、广东、广西、新疆、黑龙江、湖南、河北、北京、甘肃、辽宁和宁夏。

主要特点及评价　在2002年年初召开的全国福利彩票工作会议上，中国福利彩票发行管理中心（以下简称“中福彩中心”）提出2002年是电脑彩票的管理年，确立了各级彩票机构必须“一手抓发行、一手抓管理、以管理促发行”的工作方针。实践证明，这一方针是正确的，是切实可行和卓有成效的。概括起来讲，2002年的电脑福利彩票工作具有以下几个鲜明的特点：

各省销量不平衡，但发展潜力较大。2002年，全国电脑福利彩票的销售额再次创造了新的历史最高纪录。取得优异的成绩固然可喜可贺，但也必须看到其发展的不平衡性。首先，从全国6个大区看，中南、东北、西北和华北比2001年有明显的增长，华东只有山东增长明显，而西南则长期处于低迷状态。其次，从各省情况看，仅山东和广东两省的销量就占了全国总销量的近三分之一，排名前十位省份的销量竟占了全国总销量的近70%，也就是说，全国三分之二省份的销量仅占到全国总销量的三分之一。不难看出，这种不平衡性是非常明显的，然而从另一个角度讲，也说明这些省份仍蕴藏着较大的潜力，尚有许多工作要做。

在同类彩票市场竞争中，福利彩票由弱转强，但优势尚不明显。众所周知，由于福利彩票在电脑彩票的推广上失去先机，致使许多省份的电脑彩票在进入市场及市场开发方面处于被动，其直接后果是2000年和2001年全国电脑福利彩票的总销量一直落后于市场同类彩票，而2002年这种状况得到了根本性扭转。

玩法丰富多样，但有些玩法并不成功。2002年，全国超过四分之三的省份对原有的玩法进行了增减或修改。目前全国正在运行的玩法已达78个，大部分省份都有三种以上的玩法，这在中国电脑福利彩票的发展史上是空前的。不可否认，玩法的增加对销量的增长有一定的拉动作用，但不是绝对的。只有那些经过精心培育、符合彩民购买需求和购买习惯的玩法，才能经得起市场的检验而具有旺盛的生命力，比如山东的 30 选 7，广东、黑龙江的 36 选 7 以及广西的 37 选 7 等。反之，有些玩法由于缺乏足够的市场调研或推出比较盲目和仓促，彩民无法接受，致使市场冷落，有的甚至使总销量不升反降。

开奖次数成倍增加，需控制开奖节奏。截至 2002 年底，全国各省份电脑福利彩票的周开奖次数是 335 次，创造了电脑彩票开通以来的最高纪录，即使在世界电脑彩票史上也是罕见的。当然,这与各省份普遍增加了小盘玩法不无关系,因为小盘玩法出奖多,中奖面宽,必须有较快的开奖频率与之相匹配。但这并不能说明较快的开奖频率同样适用于其他玩法。较大规模的玩法在增加开奖次数时，必须考虑到是否能够维持一定的基础销量,是否有利于头等奖的累积。

平稳渡过取消奖金保底关。电脑彩票的头等奖保底由来已久，它对维持甚至提高销量确有一定的刺激作用。由于我国彩票市场的特殊性，使彩票市场的竞争往往演变成“保底大战”，造成许多发行机构的奖池长期亏空。有鉴于此,财政部在 2002 年上半年做出了取消奖金保底的规定。从下半年的销售情况看,第三季度确实受到了一定的影响,然而,第四季度销量的回升恰恰说明福利彩票已经平稳渡过了这一困扰管理者多年的难关。如果说依靠奖金保底获得的销量带有某些泡沫成分的话,那么取消奖金保底后取得的销量的增长才是实实在在的、健康的和可持续的增长。

二、即开型彩票

2002 年，即开型福利彩票全年实际销售 20.13 亿元，超额完成了全年的发行任务。全国共有 19 个省份即开票销量达到或超过了 2001 年的水平。即开型福利彩票销量排名前十位的省份占总销量的 75%。广东省销售 4.54 亿元，比上一年增长 0.96 亿元，排名由原来的第四位上升到全国第一。此外，浙江、江苏等省份，在较高水平的基础上达到或超过了 2001 年的发行量。销量上升幅度较大的省份除广东外还有湖北、四川、辽宁。

主要特点及评价　2002 年即开型福利彩票发行工作的特点主要表现在提高管理水平、增强竞争意识、改进操作方法、发挥福利彩票优势等几个方面。

加强管理，努力促进大奖组销售工作。加强管理，对即开型福利彩票特别是大奖组销售，尤为重要。2002 年，加强管理始终贯穿于全年的即开型彩票发行工作中。在 7 月份召开的全国福利彩票发行研讨会上，中福彩中心颁发了《关于加强和规范中国福利彩票即开票销售管理的措施》，全面系统地对即开型彩票销售活动进行了严格规范，对全国即开型彩票的发行管理工作起到了积极的推动作用。9月在西安召开的即开型彩票发行工作会议上，与会代表对如何加强即开型彩票的发行管理、如何使传统的大奖组操作方法适应新的管理规定等问题，进行了深入、细致的研讨，特别是加强了对大奖组销售过程——从准备工作、营销宣传、对外合作、设奖兑奖以及资金结算等方面的组织管理工作，统一了认识，明确了要求，把管理工作落实到销售的每一个操作环节上，决不能出现任何因管理不善而导致的问题。2002年，即开型彩票大奖组销售在加强管理的同时，具有以下几方面的特点：

一是领导重视，措施得力。2002年，多数省份的民政厅(局)和彩票机构领导，能把即开型彩票销售做为战略性任务来抓，强化行政管理力度，制定积极的发行政策和措施，由于利益倾斜基层，奖励措施到位，加上省级彩票机构为即开型彩票销售提供了良好的服务，极大地调动了省级以下彩票机构销售即开型彩票的积极性，为扩大即开型彩票发行，超额完成全年销售任务，打下了良好的基础。

二是求实创新，操作到位。大奖组销售既要遵循传统的销售规律，又要根据现阶段的实际情况求实创新，各地为此进行了不懈的探索。特别是在销售的前期宣传和现场宣传方面，如何解决好把群众吸引到现场问题，如何调动现场群众的购票积极性，江苏省的常熟、江阴市，广东省的珠海市，福建省的泉州市和浙江省的温州市等几个“精品”大奖组，为各地提供了宝贵的经验。

三是强化竞争意识，充分挖掘市场。大奖组销售过去一直是福利彩票占主导地位，但随着市场竞争的加剧，福利彩票的优势正面临着挑战。各级彩票机构充分正视这一挑战，在工作上以早计划、早安排来抢时机、抢市场，把它作为全系统抓好即开型彩票销售的重要手段。

四是各级民政部门充分发挥自身在协调方面的优势。大奖组销售需要政府各部门的大力协助，协调能力的强弱将直接影响到大奖组销售的成败。协调包括两个方面，首先是通过对民政系统内部的协调，争取各级领导在政策上的支持；其次是外部的协调，争取各级政府领导及各部门的支持，以此可以提高工作效率，降低支出成本。

五是抓大带面，确保总任务的完成。即开型彩票的地区发展极不平衡，经济条件好的地方，上规模的奖组安排得多。这些超大规模的奖组，一旦操作不当，不仅直接影响全国的总销量，而且会带来严重的安全隐患和社会稳定问题。为此，各级彩票机构对上规模的奖组，都给予了特别关注，确保超大规模奖组销售的成功。

2002 年，全国共有 26 个省份销售了网点即开型彩票，建立销售网点约 3 万个，销售网点即开型彩票约 1.5 亿元。网点即开型彩票销售比较好的地区有：河南省、江西省、辽宁省、北京市、深圳市。目前，各地网点即开型彩票的销售主要依托电脑投注站进行，有的地区也尝试了通过社区服务中心、商业机构或其他社会商业网点销售网点即开型彩票，没有开展网点即开型彩票销售的地区，也在积极进行准备。

2002 年，各地认真贯彻落实中福彩中心提出的要切实抓好网点即开型彩票销售的有关要求，研究和探索网点即开型彩票销售的组织管理模式，在总结过去经验和问题的基础上，结合目前实际情况以及国外销售网点即开型彩票的成功经验，制定出适合本地区销售的组织实施方案，对网点即开型彩票销售在组织管理、站点建设、营销宣传和资金结算等方面起到了积极的作用。值得一提的是，在销售管理工作中，多数地方已充分认识到市场管理员在网点即开型彩票销售活动中的重要作用，并通过加强对市场管理员及销售员的管理和培训，努力建立起一支高素质的彩票销售队伍。在网点建设工作中，统一化、正规化的建点模式，已经成为各地努力的目标。一些地区在发行经费十分紧张的情况下，为销售点统一配备了必要的硬件设备，以此来树立福利彩票的良好形象，提高福利彩票的信誉。在营销宣传工作中，各地已认识到，坚持有重点地集中宣传与长期不间断宣传相结合的方式是刺激和培育市场的必要手段。在资金结算工作中，坚持程序化管理和利益下放的原则，是调动基层销售机构和销售人员积极性的重要手段。

福利彩票印制

2002 年，中福彩中心组织北京中福彩印制有限公司、北京印刷二厂、石家庄胶印厂 3 家工厂共印制各类即开型彩票 12.103 亿张。其中，大奖组灵活设奖彩票 10.823 亿张，网点、社区票 1.28 亿张，一元票 6000 万张。

与往年相比，2002 年印制的即开型彩票种类有所变化，印制工作呈现出新的特点。

网点票添新面孔，社区票首次登场亮相。继 2001 年印制发行了“小猫钓鱼”、“黑桃皇后”、“喜从天降”等 10 种网点即开型彩票后，2002 年，又新推出了“变魔‘数’”、“动物乐园”、“甜甜水果”、“戏剧脸谱”、“恭喜发财”等数种网点式彩票。这些网点票除了画面设计更加新颖、别致以外，在玩法上也为了适应市场需要而在原来的基础上有所改进。如，在玩法符号上，新增加了动物图形、钱币等；在奖组上，有1万、5万、10万元几种奖组，供不同地方选择。尤其是1万元奖组的彩票，前些年曾因防伪及验奖技术手段不过关而一度停产，随着福利彩票防伪及验奖手段的提高又重新恢复生产，并受到了市场的普遍欢迎。

2002年，还首次印制了“星光彩－1”和“星光彩－2”的供社区销售的彩票。画面设计突出了社区服务的特点，如：敬老爱幼、社区文化、老年之家、社区医疗、环保教育等。玩法上以中小奖组为主进行设计，适合社区销售。社区网点票推出后，在重庆、山东、广东、辽宁等地区进行试销，市场反映良好，为即开型彩票的销售渠道摸索了新经验。

“一元票”市场前景看好。了解福利彩票发展史的人都知道，福利彩票即开型彩票刚面市时大都是1元面值，深受广大彩民欢迎。随着我国人民群众生活水平的提高，老百姓收入的增多，即开型彩票的面值也随之增为2元。由于我国经济发展不平衡，中西部广大农村及地区的人均收入偏低，与东部沿海大中城市及地区有较大差距。为了生产出更加适销对路的彩票，满足不同地区彩票市场以及彩民的不同需要，中福彩中心重新开发生产了1元面值的彩票。“一元票”画面设计雅致、玩法简单、印制精美，一上市即供不应求，不断出现追加生产的局面。

销售系统升级

截至2002年底，全国电脑福利彩票销售网络有30个独立运行的系统，涉及32个省级彩票机构。其中北京、上海、西藏、黑龙江、辽宁、广西、山东、江西、深圳等地为热线和升级改造的热线系统，其他系统处于准热线状态；总计约有67 400台投注机，其中处于热线系统的投注机有22 600台，处于准热线系统的投注机有44 800台。

2002年下半年，辽宁、广西、深圳等地完成了电脑福利彩票系统的热线升级改造工作。尽管改造后的热线系统不是十全十美，但是这些热线系统带来的优势却是十分明显的。一是使准热线系统状态投注终端存在的数据安全问题得到解决，免去了彩票机构发行销售彩票时的诸多担心，提高了福利彩票的公平、公正性；二是数据处理速度比准热线系统快，提高了中心系统控制投注站的能力；三是可以运行更多的电脑彩票玩法，丰富电脑彩票的品种，增加趣味性，满足彩民的需求；四是实现数据的实时传输及处理，最大限度地使得彩票销售时间延长。这些优点正在吸引着各地进行系统升级改造。应该说，现在电信资费的不断降低和通讯资源的丰富发展也为系统升级热线提供了一个非常好的机会。从已经进行系统升级改造的地区看，改造的成本不高，如果在原来的系统上进行改造则成本更低。

为了加强对全国电脑彩票系统热线升级改造工作的管理，统一通讯协议标准、数据安全管理方式、业务处理流程、数据结构和备份方式等技术标准，中福彩中心要求各地在进行这项工作时要有先后秩序、有审批程序、有实施步骤、有验收程序，并在大连召开的系统热线升级经验推广会上作了安排。针对全国系统升级改造工作的发展状况，中福彩中心制定了《电脑彩票系统升级改造审批程序》，还将对热线系统的管理和技术标准进行规范，以及制定投注机入网管理规范补充规定等，以适应系统改造的需要。

公益金使用情况

为应对人口老龄化的挑战，进一步做好老龄工作，推进社会福利社会化，经国务院批准，民政部于 2001 年 6 月 8 日正式启动“全国社区老年福利服务星光计划”（简称“星光计划”）。

2002 年是全面实施“星光计划”的第一个完整年度。全国民政系统通过发行福利彩票筹集的彩票公益金，为“星光计划”的顺利实施提供了资金保障。到 2002 年 5 月，首批“星光计划”的6 821个“星光老人之家”已全部建成并投入使用。第二批“星光计划”项目共11 169个，预计资金投入总额为 48.5 亿元，其中彩票公益金约 13 亿元。这些“星光老年之家”门楣上，都挂有统一的桔红色标识，31 颗寓意“星光计划”的五角星环绕“中国福利彩票”标志之上，象征着这项全国性的为老工程在 31 个省、自治区、直辖市全面实施。

全国社区老年福利服务“星光计划”将用 3 至 5 年时间，利用全国福利彩票公益金筹集资金总额的 80%，依靠政府投入、社会参与，总共投资 100 亿元，在全国 10 万个社区居委会和农村乡镇建设一大批立足社区、面向老人，小型分散、方便实用，星罗棋布、形成网络的老年福利服务设施和活动场所。这些老年之家不仅建有各种各样的室内室外活动场所，还能为老人提供住养、入户、日间照料、紧急援助、保健康复、文体娱乐和送餐等方面的服务，让老人们不出社区就可安享晚年。“星光计划”将覆盖全国城乡大部分地区，届时，全国1.32亿老年人将成为受益者。

（中国福利彩票发行管理中心供稿）

全国体育彩票发展概况

2002年体育彩票发行销售工作严格贯彻国家有关彩票管理的政策规定，遵循“人民的利益高于一切，全心全意为彩民服务”的工作思想，加大对市场的研究和开发力度，建立有效的激励机制，实行销售目标管理，充分调动各级管理人员和销售人员的积极性，使中国体育彩票发行、销售、管理等各项工作得到了全面、快速的发展，销售额再创历史新高，突破200亿元，达到217.73亿元。这标志着体育彩票已经建立起了符合中国市场需求而且较为成熟完善的管理销售体系，为我国包括体育事业在内的各项社会公益事业做出了积极贡献。

一、2002年工作的基本情况

（一）销售情况分析

2002年全国体育彩票销售量为217.73亿元，比2001年的149.29亿元增加了68.44亿元，增长45.8%。从1994年全国统一发行体育彩票至2002年，体育彩票累计销售量达560.52亿元。

在2002年体育彩票销售中，即开型彩票10.51亿元，占5%；乐透型彩票136.38亿元，占63%；足球彩票70.63亿元，占32%。与2001年相比，足球彩票成为了2002年体育彩票的强劲增长点，对全国销量的大幅度增长起到了关键性的作用。

2002年电脑彩票（乐透型与足彩）依然保持了继续增长的势头，销售量为207.01亿元，比2001年的139.93亿元增加了67亿元，增长48%，与1997年电脑彩票试点发行时相比，是当时销量的82倍；即开型彩票也开始走出低谷，销售量为10.51亿元，比2001年的9.41亿元增加了1.1亿元，增长12%。

2002年，足球彩票实现了全国31个省市全部发行。全年共销售31期，销售额70.63亿元，占总销量的32%，平均每期2.27亿元，单期最高销量2.93亿元。平均销量和单期最高销量均超过2001年的1.48亿元和2.39亿元。

2002年，销量排名前5位的省市为广东、福建、江苏、浙江和北京，5省合计销量111亿元，占据了全国总销量的51%，该比例与2001年持平。广东、福建的销量均突破30亿元，其中广东达到34亿元。销量排名前10位的省市，销售量全部超过了10亿元，该指标比2001年增加了1倍。10省的合计销量为163亿元，占全国总销量的75%。

由于足球彩票的全面开通，一些省市的销量实现了大幅度的飞跃，首先是西北五省和内蒙古、西藏；其次是广东、辽宁、吉林的销量成倍增加；浙江、河南、上海、湖北和辽宁的全年销量首次突破10亿元。

2002年，全国只有北京、四川、贵州的销量出现了下滑现象，比2001年分别减少了13%、18%和41%。

（二）2002年体育彩票发行销售工作的主要成绩

2002年体育彩票发行销售工作取得的主要成绩是：

1. 超额完成了2002年体育彩票发行销售工作的主要任务指标。

2002年年初，财政部下达的体育彩票发行任务是150亿元，体育彩票系统把这一数额作为基本任务，同时提出了180亿元的目标任务。为完成这一目标任务，国家体育总局体育彩票管理中心（以下简称“国家体彩中心”）对省市中心实行目标管理，充分调动各级销售部门的积极性。各省市中心则切实加大了网点建设和对销售员的管理，加大营销策划力度，到9月底，提前3个月完成了150亿元这个基本任务。到2002年年底，全国体育彩票全年销售额达到了217亿元，创造了中国彩票销售的新纪录。全年有近三分之二的省市完成或超额完成目标任务。

2. 全面完成了全国电脑体育彩票的系统建设。

电脑体育彩票系统1998年从江苏开始建设，到2002年9月9日，最后一个省级地区西藏电脑体育彩票开通，前后用了4年的时间，建成了覆盖全国、规模在世界上屈指可数的彩票销售网络，使体育彩票的发行销售方式发生了根本性的变革。发行电脑体育彩票使体育彩票实现了常年定点销售，玩法丰富起来，年销售量从1994年的5亿元，增加到了2002年的200多亿元，增长了40多倍。目前，电脑体育彩票的销售额已经占体育彩票总销量的95%以上。电脑体育彩票销售系统的开通，也为发行全国统一奖池、统一计奖的足球彩票创造了条件。

3. 进一步提高足球彩票发行水平，提升品牌形象。

2001年开始发行的足球彩票，取得了巨大的成功，大幅度拉动体育彩票的销售量。足球彩票已经成为体育彩票的一个品牌产品，也是确立体育彩票在中国彩票市场领先地位的一个法宝。

在总结上一个赛季足球彩票工作经验的基础上,为适应新的形势,国家体彩中心修改完善了《中国足球彩票发行与销售管理办法》,确立了新赛季足球彩票以意甲、法甲和德甲为竞猜对象的竞猜场次。新赛季足球彩票于2002年9月9日开始发行后,通过派发特别奖等促销活动,很快得到了广大彩民的认可,平均每期销量在2亿元左右。为了扩大足球彩票发行范围,2002年世界杯期间还成功发行了5期3种玩法的电脑彩票和1种即开型彩票,总销售量为6.5亿元(电脑5.19亿元,即开型1.4亿元)。发行世界杯彩票是体育彩票发行工作的一次大胆的尝试,弥补了竞猜欧洲联赛的空挡,丰富了足球彩票的玩法,也为即开型彩票开创了一条新的销售渠道,拓宽了今后体育彩票的路子。

4. 即开型彩票销售有了进步。

2002年即开型体育彩票确定的基本任务为8亿元，目标任务为10亿元。虽然在中国共产党第十六次全国代表大会和元旦期间暂停销售，但全年销售量仍达到了10.5亿元，完成了目标任务。销售量前三名的是广东（1.88亿元）、浙江（1.75亿元）、江苏（1.58亿元）。上海、四川销售量在5 000万元以上。

2002年制止了即开型彩票市场滑坡。原因主要有三个方面：第一，对即开型彩票销售制定了公益金向地方倾斜的政策，有效地调动了各地销售即开型彩票的积极性；第二，开发了2002年世界杯即开型体育彩票新品种；第三，各省市在即开型彩票销售上付出了艰苦的努力，使即开型彩票规模销售数量增多，网点销售面积加大。如辽宁省全年共组织了39次规模销售，浙江、贵州等省也组织了20场以上。在网点分散销售方面，北京、天津、河北、河南、黑龙江、云南等省市，基本形成了比较稳定的销售量，每个省都超过500万元以上，其中，云南省销售了1 200多万元。

2002年，利用中国足球国家队首次打入世界杯的有利时机，国家体彩中心设计并组织发行了世界杯即开型体育彩票。这是即开型体育彩票第一次与体育竞赛相结合，是一种尝试和探索。总体看，销售情况比较平稳，社会反映比较好。在发行销售过程中，各省市体育彩票中心齐心协力、团结一致、统一行动、相互配合，体现了体育彩票队伍良好的团队精神。

随着体育彩票的整体快速发展，各省市在即开型彩票销售工作中注意把安全问题摆在重要位置，加强规范，逐步完善各个环节的操作程序和相关规定，全年没有发生因彩票管理部门违规操作而引起的社会问题。

5. 加大对西部地区的扶持力度。

为响应党中央开发大西部的号召，2002 年体育彩票把开发、扶持西部地区彩票市场当作一项政治任务来抓。经过努力，先后开通了宁夏、内蒙古、新疆、西藏 4 省区的电脑体育彩票销售系统。在资金上，为西藏等 3 省区下拨扶持资金 700 万元，一次性补助资金 140 万元。特别是在西藏电脑体育彩票系统建设中，国家体彩中心及有关省市体彩中心先后抽调一批高素质的管理人员、技术人员和财务人员赴藏帮助进行电脑体育彩票销售网络的建设，确保西藏电脑体育彩票销售系统按计划开通。

6. 进一步做好宣传营销工作。

2002 年，各级体育彩票管理部门都注意加强营销宣传工作的力度，在宣传工作中注意正面引导，把握正确的舆论导向。配合第二批省市足球彩票的上市、世界杯电脑和即开型彩票发行及 2002—2003 赛季足球彩票上市，做好宣传启动和市场推广工作；完成了足球彩票开奖公告的制作、信息发布和协调电视节目制作等工作。在 2002 年全国体育彩票工作会上还举办了“体育彩票小型成果展”。

7. 进一步加强培训工作。

体育彩票事业的迅速发展，对各级彩票管理机构工作人员素质提出了新的、更高的要求。为了不断提高全体从业人员的政策理论水平和业务素质，国家体彩中心把全员培训列入 2002 年工作计划，加大培训力度。先后组织了省（区市）中心主任、技术人员、宣传干部、销售人员和财务人员培训以及中心内部业务培训，全面提高全员素质，确保体育彩票事业健康持续发展。

8. 完成了评优奖励工作。

为了充分调动省市中心工作的积极性，建立并逐步完善管理体制和激励机制，圆满完成 2002 年体育彩票发行任务，推动中国体育彩票事业健康、稳定、持续地发展，国家体育总局体育彩票管理中心在总结 2001 年奖励工作的基础上，对奖励工作进行深入细致地研究和探讨，继续完善目标管理体系和奖励激励机制。在制定 2002 年各省市体育彩票指标任务的同时，在征求各省市中心意见的基础上，制定了 2002 年的表彰奖励办法，使表彰和奖励工作更加规范化、程序化、系统化，表彰奖励办法中的各项条款也更加具体、详细。

二、2002 年主要工作经验和存在的问题

体彩系统之所以能圆满完成 2002 年体育彩票的发行销售任务，总结起来，有以下主要经验：

（一）财政部和国家体育总局对

体育彩票工作的重视和支持，是国家体彩中心圆满完成工作任务的根本保证。各级体育行政管理部门领导对体育彩票工作的高度重视，是做好体育彩票工作的基本保证。

（二）成功开发并精心培育了足球彩票这个品牌产品。2002 年足球彩票的总销量为 70.6 亿元，占体育彩票总销量的 33%。

（三）加强新玩法的研究和创新，注重营销宣传和销售网点建设，千方百计保住市场、开拓市场，确保在激烈的市场竞争中占据主动。

（四）建立切合实际的目标管理制度和奖励机制，充分调动了省市体育彩票工作的积极性。

（五）各级体育彩票管理中心勤奋工作，发扬无私奉献和团队精神，这是推动体育彩票向前发展的动力。

2002 年，在体育彩票工作中存在的主要问题有：

（一）体育彩票事业的发展与现行体育彩票管理体制、运行机制之间的矛盾越来越突出。

（二）即开型彩票市场低迷状况没有得到根本改观。在即开型彩票销售中，个别地方存在麻痹思想，管理方面放松，上报销售方案和销售统计报表不够规范，导致出现设奖错误等问题。有些省市对合作商的管理与使用不够严格，个别地方甚至让合作商包销，致使一些合作商在设奖和二次抽奖环节作弊，引起群众不满，损害了体育彩票的形象。个别地方在彩票销售中出现违规行为，损害了体育彩票形象。

（三）区域发展不平衡。2002 年体育彩票的发展存在着严重的区域不平衡现象，各地销售量存在着相当大的差距。从 2002 年销售情况分析，沿海及经济发达地区销量继续保持强劲增长势头，前 5 名广东、福建、江苏、浙江和北京合计达到 111 亿元，占全国总销量的 51%。但另一方面，西部一些地区的销售量虽然有所增长，但仍处于较低水平。2002 年还有 8 个省（区）的销量不足 1 亿元。

（四）在系统建设、玩法创新、营销手段等方面与市场需求存在差距。

（国家体育总局体育彩票管理中心供稿）

三、各地方彩票管理及发展概况

2003

北　京　市

彩票管理概况

一、彩票市场基本情况

北京市现有北京市体育彩票管理中心和北京市福利彩票发行中心两个彩票机构，分别成立于1995年和1988年，分别为北京市体育局和北京市民政局的下属事业单位，具体负责北京市彩票销售工作。

北京市销售的体育彩票和福利彩票，分为电脑型和即开型。电脑型体育彩票有“36选7”、“四花选四”、“足球彩票”和“7位数”，电脑型福利彩票有“32选7”、“36选7”和“北京千禧（3D）”。

2002年北京市共销售彩票186 984.23万元，比上年增加3 558.2万元，增长了1.9%。其中：体育彩票130 858.00万元，福利彩票56 126.23万元。

2002年北京市共筹集彩票公益金65 440.48万元，其中：体育彩票公益金45 800.3万元（上缴中央26 640.34万元，地方留成19 159.96万元），福利彩票公益金19 644.18万元（上缴中央11 225.25万元，地方留成8 418.93万元）。

二、彩票管理概况

2002年是财政部门加强彩票监管力度的一年。从年初清理游戏规则，到对部分地方彩票机构进行通报和查处，表明了财政部门确保彩票事业健康发展的决心。根据北京市的实际情况，北京市财政局提出“以市场安全为主线、以资金管理为重点、以健全制度为基础”的工作思路，从市场、资金、制度等方面逐步加大监管力度。

（一）以市场安全为主线，努力杜绝各种违规行为。

按照财政部规范彩票市场行为的有关要求，北京市财政局对北京市彩票游戏规则及发行销售方式等进行了全面清理和重新确认，定期检查北京市彩票市场游戏规则的执行情况，包括市场公告、信息发布、宣传方案和实施方案等。针对检查发现的一些问题，如未经批准擅自进行市场公告、发布对同行不利的信息、实施方案和宣传方案不符合规定等，督促彩票机构进行整改。

（二）以资金管理为重点，强化彩票公益金监管力度。

2002年以中央返还地方用于青少年校外活动场所建设的彩票公益金为切入点，从清理核对2000—2002年体育、福利彩票公益金入库情况着手，加强彩票公益金的管理。一是在有关单位的配合下，完成了2000—2002年福利、体育彩票公益金缴入财政专户情况核对工作，为管好、用好彩票公益金奠定了良好基础。截至2002年底，北京市累计筹集彩票公益金41 924万元，支出彩票公益金31 810万元，结余10 114万元。二是调整2002年度彩票公益金收支计划。根据2002年北京市彩票销售情况，及时调整了2002年部门预算。同时完成了中央彩票公益金汇算缴拨、追加区县公益金预算工作。三是认真做好中央返还彩票公益金的使用工作。2002年，中央返还地方用于青少年学生校外活动场所建设的彩票公益金2 000万元。在北京市青少年校外教育工作联席会议办公室的安排下，正式开展了项目申报工作。全部项目将通过建立项目库进行管理，资金实行国库统一拨付和政府采购。同时，按照财政部要求，与第29届北京奥组委一起，共同做好2002年度奥运会彩票公益金的管理。

（三）以健全制度为基础，促进管理规范化。

2002年，连续转发、落实了财政部下发的9个文件，从游戏规则、机构财务、发行销售、公益金使用、市场安全等方面强化了监管力度，确保彩票市场平稳运行。

三、彩票公益金使用情况

2002年，北京体育彩票公益金支出21 849.5万元，用于奥运争光计划7 794.3万元，全民健身计划14 055.2万元。全民健身计划中用于建设“全民健身中心”1 205万元，建设“全民健身工程”1 879万元，建设青少年体育俱乐部533万元，补助大型群众体育运动会501.8万元，支持各类群众健身活动439.3万元，添置群众体育设施器材4 453.3万元，国民体质检测及科研594万元，支边扶贫290万元，其他4 159.8万元。

2002年，根据市级预算指标和重点贯彻“星光计划”的要求，经北京市福利彩票公益金使用评审委员会研究决定，2002年共安排福利彩票公益金3 593万元，其中：当年预算3 500万元，历年结余调剂93万元。具体安排项目如下：资助80所敬老院改造经费1 600万元，军队离退休干部活动中心改造经费1 000万元，老年活动中心设备购置款 80 万元，福利医院设施改造经费 138 万元，资助怀柔、密云社区服务中心建设经费（分别资助 50 万元）100 万元，其他项目 675 万元。

通过 2002 年公益金资助项目的实施，使北京市的农村敬老院改造、军队离退休干部服务设施建设、区县社区中心建设、市区两级福利企业的技术改造、市级劳模和部分贫困人群以及宏志学校的学生和军残假肢安装等都不同程度的得到了资助，取得了良好的社会效益，受到了社会各界的一致赞扬。同时，也为扩大福利彩票销售工作创造了良好的社会氛围。

（北京市财政局综合处供稿，齐玉璞执笔）

福利彩票发展概况

邢晓巍主任

2002 年，北京市共销售福利彩票56 126.33 万元，其中乐透型彩票54 311.28 万元，即开型彩票1 814.41万元，共筹集彩票公益金19 644.18万元。

2002 年，北京福利彩票 32 选 7 游戏继续保持着 2001 年良好的发展势头，全年共销售 2.14 亿元，占电脑福利彩票年销售总额的 39.4%；共产生 25 个一等奖，其中 18 个一等奖奖金超过 100 万元；每周开奖两次的 32 选 7 游戏 2002 年总奖金支出占其销售额的 50.49%，显现出了中奖比率高的特点。

2002 年 1 月 1 日，北京电脑福利彩票 36 选 7 和 3D 两种新游戏面市。36 选 7 游戏是福利彩票针对 32 选 7 游戏出奖速度快、奖池积累少等特点而推出的一种奖池资金高但出奖速度相对较慢的游戏。在发行之初，36 选 7 游戏一周只开奖一次。从 2002 年 6 月 7 日开始，36 选 7 游戏由一周一次开奖改为一周双开奖，每周第二次开奖按照 3D 游戏的开奖模式，在每周五进行现场摇奖。此后 36 选 7 期销售额稳定在 150 万元左右。

对于彩民来讲，3D 游戏是一个全新的概念，它和以前电脑福利彩票选 7 游戏完全不同，是一个只讲排列而且奖金金额固定的小游戏。之所以称3D为小游戏，首先是因为3D游戏是从000到999这1 000组三位数中选择一组进行投注，其中奖概率是千分之一，比起32选7的336万分之一和36选7的834万分之一中奖概率来，3D的中奖机会要高得多。其次，3D游戏奖金固定，单注的单选奖金980元，组选奖金更低，不到36选7和32选7的500万元大奖的5 000分之一。加上3D游戏是天天开奖，彩民可以直接到现场观看和参与开奖，因此3D游戏从一开始销售就受到彩民的关注，销售额也不断地上升，单期销售量最高达到129万元。

3D游戏取得的成功离不开西单彩票销售中心。西单彩票销售中心是我国最大的彩票销售中心，2002年2月8日正式投入使用。它的成立为3D游戏天天开奖提供了可操控时间、开放性场所等便利条件。3D游戏开奖方式从原来的电视台摇奖转变成现场开奖，彩民可以亲自到现场观看开奖，摇奖更加公开化，这也直接促使了3D销售额不断攀升。西单彩票销售中心还为彩民提供各类彩票书籍、彩票软件、历史数据、专家评述等多种服务项目来配合彩票的销售，把单一销售转化成多元化服务，把现代彩票经济中的彩民需要原理体现得淋漓尽致。实践证明，建立西单彩票销售中心这一大胆的尝试是符合市场经济规律的。在总结西单彩票销售中心的成功经验后，朝阳、宣武、海淀、石景山、昌平等区也先后设立了服务规范、经营范围明确、环境舒适、有一定规模的福利彩票专卖店和连锁店，福利彩票联营销售体系基本形成。

如果说电脑福利彩票销售系统开通后第一年是以站稳市场为首要任务，那么第二年的主要精力就要集中在提高管理水平上。2002年，北京福彩狠抓了销售人员的培训，使销售人员的彩票知识和销售技巧迅速提高，对各种游戏的规则有了深入了解。同时，北京福彩在遍布全市的销售网络中实行了“末位淘汰制”，让一大批专业素质低、销售长时间上不去的经销商退出福彩销售队伍，将资源投放到能够产生最大效益的繁华地区、居民小区、商业街道，增设高素质的销售网点或是连锁经营店，使网点布局日趋合理，树立了福利彩票良好的品牌形象，也促进了销售量的继续增长。

提高对公益金使用情况的宣传，让彩民深入了解福利事业的建设情况，是福利彩票在发展实践中认识到的另一个促进销售的重要方法。2002年6月到10月，北京市福利彩票发行中心连续举办了5期“福彩一日游”活动，组织经常支持福利彩票的彩民朋友到北京市各个区县参观老人院、光荣院、福利医院、孤儿院等福利设施，帮助彩民加深对福利彩票“扶老、助残、救孤、济困”发行宗旨的认识。此项活动受到了彩民的一致好评，参加活动的彩民自觉成为了福利彩票的宣传员，福利彩票也由此攒聚了很高的“人气”。另一方面，北京电视台专为宣传福利彩票而开设的专栏节目“真情互动”也在2002年初完成了改版，每期节目中的“真情人物”由两位减少到一位，增加了外景发放福利彩票公益金项目，扩大了福利彩票公益金发放的范围，让更多因自身特殊情况而无法到演播室内录制节目的特困群体得到了资助。同时也打破每场只发送2万元福利彩票公益金的界限，根据“真情人物”的实际情况发放福利彩票公益金，让更多生活在困难中的人体会到来自社会和彩民的温暖。这个节目已经成为北京福彩和北京电视台共同的品牌，多次受到中宣部和北京市委宣传部的表扬，受到广大观众的好评，在北京电视台各套节目的访谈类节目中收视率占首位。

在电脑福利彩票销售额节节攀升的时候，即开型福利彩票也在2002年重新掀起了销售高潮。即开型福利彩票利用超市、商场等地流动人口多的优势，设立各类小卖场，取得了良好的销售成绩。2002年9月，“一元票”和“三朵金花”两种新型即开型福利彩票一上市，立刻就引发了彩民的购买热潮，仅10天的时间，这两种即开型福利彩票就销售一空。2002年11月底，北京福利彩票又在怀柔县设立大奖组，4天销售近300万元的福利彩票，把全年即开型彩票的销售推向了顶点。2002年即开型福利彩票销售约1814.41元，创造了近几年来的一个新纪录。

2002年底，开奖现场又频传喜报，40天之内开出3个500万元大奖。福利彩票立刻成为产生大奖频率最高的彩票，各彩票销售点出现了彩民狂购福利彩票的景象，12月1日北京福利彩票突破了5亿元的销售大关。

2002年12月28日，北京福利彩票开通了“互动福彩”电话投注业务。电话投注系统的开通，不仅可以使彩民随时随地打电话购买彩票，而且可以将中奖奖金自动转入彩民的银行账户中。

（北京市福利彩票发行中心供稿）

体育彩票发展概况

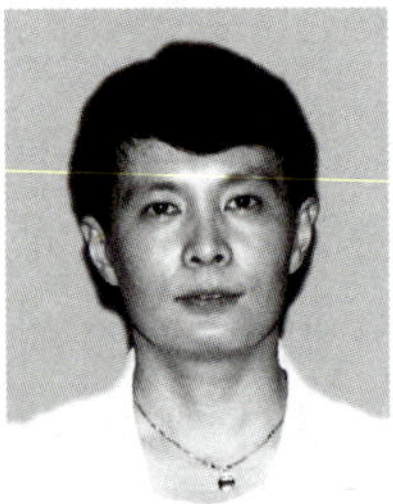

任军主任

在财政部、国家体育总局、北京市政府、市财政局、市体育局的领导和支持下，经全市近4 000名销售人员和市体育彩票管理中心全体员工的辛勤劳动和共同努力，2002 年北京市体育彩票取得了良好的销售业绩。

2002 年北京市共销售体育彩票130 858 万元，其中，乐透型彩票75 886.49万元，即开型彩票1 003万元，竞猜型彩票53 968.51万元。共“生产”71 个百万富翁，其中 500 万富翁 31 位，全年平均每 5 天就诞生一位百万富翁。全年即开型体育彩票销售1 003万元，较好地完成了销售任务。2002 年北京体育彩票共推出27 期二次开奖和小奖加倍兑付等活动，共派发奖金约2 149万元。2002年代扣代缴个人偶然所得税8 708万元。

2002 年共筹集公益金 4.5 亿元，将全部用于落实“全民健身计划”和“奥运争光计划”。2002 年，全民健身工程的建设作为市政府为百姓办的第 55 件实事，利用体育彩票公益金共配建了1 345个全民健身工程，其中包括 6 个市级工程，39 个标准工程，1 200个居家工程以及为 100 所学校配备了 100 套体育健身设施，工程总面积达 86.1 万平方米，总投资额达 1.8 亿元。同时还出资 400 万元为北京市的国民体质监测配备了 2 辆流动测试车，在全市进行巡回测试和现场健康咨询，为广大市民提供科学有效的身体锻炼指导。

为重塑体育彩票形象，诚信服务彩民，北京市体育彩票管理中心陆续为销售人员定做秋装和夏装，为销售点免费提供各种宣传单、宣传画和具有体育彩票文化特色的纪念品等，扩大了体育彩票的宣传和影响。今后北京市体育彩票中心将继续打造北京体育彩票的公益形象，统一销售人员着装，规范销售人员的服务语言，同时将狠抓内部管理和外部形象，严格遵守公开、公平、公正原则，奉行“诚信服务彩民”、“彩民的利益高于一切”，为体育事业做出更大贡献。

（北京体育彩票管理中心供稿）

天　津　市

彩票管理概况

2002年，天津市财政局进一步加强对彩票市场的监管。按照财政部的有关规定，认真审核彩票销售的有关方案，加强对彩票公益金的收支管理，督促彩票机构及时、足额上缴公益金，严格监督管理公益金，引导本市各彩票机构正确进行对外宣传，避免直接或变相诋毁同业者，促进彩票机构之间的良性竞争，维护了天津市彩票市场的秩序。

一、加强彩票管理的制度建设

2002年初，为进一步加强对天津市彩票市场的监督管理，规范彩票发行和销售行为，按照《国务院关于进一步规范彩票管理的通知》、财政部《彩票发行与销售机构财务管理办法》和《关于加强和完善彩票机构财务及彩票资金管理的通知》的规定，天津市财政局及时转发了财政部的两个文件，并提出了具体要求：

（一）彩票公益金和发行经费必须纳入财政专户，按“收支两条线”管理。彩票公益金实行市级财政统一集中缴拨，发行经费实行市级彩票机构直接按规定比例缴拨。

（二）彩票机构应当在财政部门指定的国有商业银行开设彩票销售资金专用账户。

（三）未经市财政部门批准，任何单位和个人不得随意借支、挪用向彩票零售商收取的彩票终端机保证金。

（四）彩票机构对外投资，不得以彩票发行经费作为投资的资金来源。

（五）各级民政、体育部门，在年初要提出彩票公益金的年度收支预算，报经同级财政部门审核批准后执行。彩票公益金支出按照项目进行管理，由有关部门提出资金使用计划报同级财政部门审批并按进度拨付资金。

二、打击非法彩票等赌博活动，加强对彩票游戏规则的审批，规范彩票市场管理

为维护天津市彩票市场秩序和社会稳定，按照《财政部　公安部　工商总局　民政部　体育总局关于坚决打击赌博活动　大力整顿彩票市场秩序的通知》要求，天津市财政局会同天津市公安局等五部门大力打击以“六合彩”、赌球等形式进行的赌博活动，整顿彩票市场秩序。各级财政、公安、工商、民政、体育等部门按照职责分工，密切配合，共同完成彩票市场的清理整顿工作。通过清理整顿，揭露赌博活动的危害性，增强群众的法制观念，提高全社会自觉抵制“六合彩”、赌球等赌博活动的意识，树立国家彩票的公益形象，建设健康的彩票文化。

按照《财政部彩票发行与销售管理暂行规定》的规定，严格执行现行的彩票管理制度，加强对彩票游戏规则的审批，加强对彩票发行销售活动的监督管理，及时转发了《财政部关于近年来彩票市场违规情况的通报》，避免彩票机构间的恶性竞争，防止彩票机构发布不实信息误导彩民，规范彩票市场的竞争行为。

三、天津市彩票销售情况

2002 年，天津市共销售彩票 72 439.67万元。其中：（1）按类型分，乐透型彩票52 691.90万元，即开型彩票1 964.54万元，竞猜型彩票17 783.23万元。（2）按系统分，销售体育彩票64 280.44万元，销售福利彩票8 159.23万元。

四、彩票公益金的筹集、使用情况和彩票机构的财务管理

（一）2002 年天津市共筹集彩票公益金 25 353.88 万元，上缴中央14 604.42万元，地方留用10 749.46万元。其中市级体育彩票公益金留用9 526万元，当年实际拨付9 876万元，主要用于天津市区县群众健身场所、备战全国第九届运动会、游泳馆等体育场馆的改造等事业。

在彩票公益金的支出管理上，做到年初公益金的使用部门向财政部门报送年度预算，经财政部门审核后批复。在预算执行中，按项目进度拨付资金。

（二）加强对青少年学生校外活动场所建设和维护专项彩票公益金的使用管理。

按照财政部返还天津市的专项彩票公益金，市财政局会同市青少年校外教育工作联席会议办公室拟订了具体分配方案，及时拨付资金。同时，对资金使用情况进行监督检查和验收。专项彩票公益金的支持，改善了天津市青少年学生校外活动场所的设施条件，为丰富青少年课余生活提供了良好阵地。

（三）彩票机构的财务管理。

从 2002 年 1 月 1 日起，天津市体育彩票管理中心和福利彩票发行中心的发行经费收入已经纳入市级财政专户，实行收支两条线管理。当年已经对彩票发行和销售机构实行财务收支计划管理。即年初彩票发行和销售机构按照财政部制定的统一格式，编报本年度的彩票发行经费收入、支出计划，财政部门在对财务收支计划进行审核批复后执行。

（天津市财政局综合规划处供稿，杨宗波、张珂执笔）

福利彩票发展概况

单玉福主任

一、销售情况

2002 年天津市共销售福利彩票 8 159.23万元，其中乐透型彩票7 302.34万元，即开型彩票 856.89 万元，共筹集公益金 2 855.73万元。

二、销售管理

2001 年 12 月份，天津市福利彩票发行中心成立了电脑彩票部，将技术部、营销策划部、市场管理部的职能合为一体，全面管理电脑彩票的销售、系统运行、终端维护、站点管理及营销策划。

电脑部成立时，乐透型 30 选 7 和数字传统型 6＋1 两种玩法的销量都比上一年有所下滑，投注站销售人员的情绪波动很大，一时之间，投注站纷纷退机，投注站点数量由 2000 年开卖时的1 000个萎缩到 688 个。在这种情况下，市福彩中心一方面加强内部管理、理顺电脑彩票的管理层次，一方面变动游戏种类，刺激市场销售。电脑彩票发行初始，投注站点管理工作由各区县发行站负责，但这种发行站全部由各区县民政局工作人员兼任，管理不到位。经过一年多的实践，感到这种形式存在很大弊端。为此，做了相应调整，市内六区的站点管理由市福彩中心聘市场员直接管理，对另外十二个市郊区、县的站点仍由发行站人员管理，但重新明确了工作责任，制定了相应的管理规定，以保证这些远离市区的区县电脑彩票的顺利发行。

三、游戏规则及票种的调整

为了进一步刺激市场、提高销量，在 2002 年 4 月初，适时停止了数字传统型 6+1 的销售，同时启动乐透型 15 选 5 的销售。这一小盘玩法在上市初期取得了较好的成绩，曾创下单期销量 102 万元的新纪录。这一阶段，市场相对比较活跃，很多人又燃起了申请投注站点的热情。

在即开型彩票销售中，顺应市场状况，改变了过去单纯依赖特别组织的、大规模的销售模式的情况，坚持规模销售与网点销售并举的思路，并在投放销售的品种上动脑筋，力争将品种做多、做全。

（天津市福利彩票发行中心供稿）

体育彩票发展概况

牛履和主任

2002 年，天津市体育彩票工作者在激烈的市场竞争中敢于拚搏、勇于创新，继上年完成 5.05 亿元的销售额后，销量再创历史新高，销售额突破 6 亿元大关，达到64 280.44万元。其中，乐透型彩票45 389.56万元，即开型彩票1 107.65万元，竞猜型彩票17 783.23万元。截止到 2002 年底天津市已安全运行电脑体育彩票 420 期，销售额达到了 6.32 亿元，比 2001 年电脑体育彩票的总销量增长近 1.27 亿元，涨幅达 25.1%。

2002 年天津市体育彩票共向广大彩民返奖约 3.15 亿元，筹集公益金 2.21 亿元。天津市 1000 万人口年人均购买体育彩票达到了 63.2 元，比上年增长 13.2%。

天津市体育彩票管理中心本着为市政府排忧解难的指导思想，网点销售人员尽量安排下岗职工，为本市下岗职工提供了大量的就业机会。目前，全市 18 个区县的1 000个销售网点中，经过严格培训的专业销售人员已达3 000余人，其中有下岗职工 2 500多名，占销售人员总数的 83%。2002 年每个销售网点年平均销售额可达到 63.2 万元，电脑体育彩票的单机销量已进入全国前 6 名。按 8%计算，每个销售网点年平均可得到50 560元的佣金，全市3 000名体育彩票销售员年人均收入可达 16 853元。这对于下岗职工来说可是一个可观的数目，在社会上产生了良好的反响。与此同时，中奖者上缴的个人偶然所得税，又为本市财政创造了大量的地方税收。截止到 2002 年底已上缴天津市税务局和平分局个人偶然所得税3 000多万元。

由于天津市体育彩票发行工作成绩突出，受到了国家体育总局体育彩票管理中心的表彰。天津市体育彩票管理中心获得完成年度任务、市场开拓、安全运行和特别贡献等 4 项一等奖，并获得年度销量二等奖以及即开型彩票销售奖三等奖。

运行已 3 年的天津电脑体育彩票之所以能一步一个脚印地稳步向前迈进，究其原因，主要在于它借鉴了中外彩票发行的成功经验，遵循彩票的市场运行规律，充分利用游戏规则和游戏玩法这个杠杆，对彩票市场进行了有效的调节，从而得以快速、稳步、健康的发展。

（天津市体育彩票管理中心供稿）

河　北　省

彩票管理概况

2002 年，河北省各级财政部门在彩票业务管理方面，以制度创新、规范管理为中心，促进彩票发行销售工作，支持社会公益事业的发展，开创了彩票管理工作新局面。

一、以制度创新促进规范管理

2002 年，河北省认真贯彻执行财政部制定的《彩票发行与销售管理暂行规定》和《彩票发行和销售机构财务管理办法》，结合河北省实际制定了《加强彩票机构财务及彩票资金管理的规定》、《加强彩票公益金管理的规定》等文件，统一了全省彩票管理制度，改变了福利彩票与体育彩票长期以来管理制度不统一的状况。一年来，各级财政部门各负其责，加强对本地区彩票业务的监管，各级彩票机构认真落实彩票管理的规章、制度，使河北省彩票业的规范管理真正落到了实处。

二、加强监管，保障彩票市场健康发展

按照财政部规定,河北省取消了彩票保底奖金制度,增强了即开型彩票销售的公正性和安全性,防止彩票机构变相搞赔率返奖。修订、完善了在河北省已实行的6种彩票游戏规则,适时推出20选5、30选6+1和足球彩票玩法,根据彩票市场和调节基金积累情况,适时推出各种彩票玩法特别奖,活跃了河北省彩票市场。省级财政部门认真履行监管职责,避免了福利彩票和体育彩票两个彩票机构在市场上的恶性竞争。按照财政部等五部局的统一部署,大力整顿河北省彩票市场秩序,各部门密切协作、各负其责,充分发挥彩票发行网点点多面广的特点,检举揭发私彩事件,发现一起,打击一起。严肃查处了深州市发行私彩和个别地方有奖销售电影票变相发行彩票的违规行为,及时通报在全国发生的扰乱彩票市场的严重违规案件,从而保证了河北省彩票市场的健康发展。

三、理顺彩票资金管理职能，严格资金管理

河北省通过明确财政、民政、体育各部门在彩票公益金管理方面的职责，初步统一了彩票公益金管理制度。通过明确财政综合管理部门在彩票财政专户资金中的支配权，建立彩票资金台账制度和实行彩票机构财务收支计划及财务报告制度，确立了财政综合管理部门在彩票资金管理中的核心地位。通过明确彩票公益金使用经财政综合部门审核后，才能列入部门预算的职能分工，保证彩票公益金在国家规定的范围内使用。通过对彩票机构财务收支计划审批、发行经费拨付审核和对财务报告的审核，加强了对彩票机构的财务监督。同时，财政部门认真分析彩票机构财务收支计划执行差异，有针对性地解决彩票机构财务管理中存在的问题，使彩票机构财务的管理水平不断提高。

四、扩大发行规模，支持社会公益事业的发展

2002年，在各级、各部门的大力支持下，通过省福利、体育机构的不断努力，河北省彩票市场规模迅速增长，共销售福利和体育彩票123 133.92万元，比上年增加44 856.02万元，增长57.3%，筹集彩票公益金3 096.87万元。利用留成的体育彩票公益金支持了一大批全民健身项目和奥运争光项目，利用留成的福利彩票公益金资助了社会弱势群体，支持了服务老年人的“星光计划”，修建了一批敬老院、福利院。在财政没有投入的情况下，建成的全民健身项目和老年星光活动场所遍布各个城市，修建的体育场馆和对竞技体育的投入促进了全省竞技

体育事业的发展，对青少年校外活动场所的投入，促进了青少年的健康成长，资助社会弱势群体和修建的福利设施，体现了党和政府对困难群众、老年人、在乡老红军、老复员军人、伤残军人以及烈士遗孤的关怀，凝聚了党心、民心。

（河北省财政厅综合处供稿，张志更执笔）

福利彩票发展概况

曹双平主任

2002年，河北省福利彩票系统按照年初制定的总体工作思路和发行任务，群策群力，扎实工作，在乡镇布点、投注站站点建设、宣传、内部管理等方面都取得突破性进展。全年共销售福利彩票48 987.11万元，其中乐透型彩票46 872.59万元，即开型彩票2 114.52万元，共筹集彩票公益金17 145.49万元，各项指标都创历史新高，实现了跨越式发展，使河北省一举跨入全国福利彩票发行工作先进单位的行列。

经过周密的市场调查和研究，河北省福彩中心在2002年推出了一系列行之有效的新举措。如，根据市场的变化和彩民的需求，积极探索电脑彩票的新玩法。2002年7月2日，推出20选5小乐透新玩法，周销售量稳定在500万元左右；2002年5月13日，将数字传统型6＋1玩法调整为排列7，使河北福利彩票市场形成大、中、小（排列7、29选7、20选5）奖组彩票齐全的局面，为2003年河北福利彩票的更大发展奠定了良好的基础。与此同时，根据彩民集中在开奖日购买彩票的实际情况，果断调整了三种玩法的开奖时间、开奖次数和停机销售时间，做到了天天开奖（排列7为周1、3、5开奖，29选7为周2、4、6开奖，20选5为天天开奖）。

在市场建设方面，各市福彩中心按照省福彩中心下发的《投注站形象建设规范手册》，加大、加快了站点形象建设的工作力度，在乡镇和城乡结合部的布点工作全面铺开，乡镇投注机数量已有明显提高。尤其是8—10月份，乡镇布点工作进一步加快，农村彩民长途跋涉买彩票的情况有所改观。衡水市、沧州市、邢台市、保定市针对当地以农区为主的实际情况，深入挖掘城区市场潜力，找准彩票销售的增长点，加快了乡镇布点的速度和质量。廊坊市、秦皇岛市和邯郸市站点形象建设工作起步早、标准高、要求严、数量多。石家庄市站点形象建设工作虽然起步晚，但决心大，速度快，质量好，销量增加明显，发挥了省会城市的示范作用。

宣传工作方面，2002年，省、市福彩中心充分利用各种媒体宣传福利彩票“扶老、助残、救孤、济困”的发行宗旨和“全民支持、全民受益”的公益性质。如，在《燕赵都市报》、《燕赵晚报》等报纸上开辟福彩专栏；出版自创的《河北彩讯》报33期，刊登有关福彩的各种具有知识性、指导性、趣味性和政策性的文章，宣传政策法规，指导彩民投注，每期印数达15万份。2002年9月26日，“燕赵风采”网站开通。网站所设的“彩票新闻”、“走势分析”等十几个精心设置的栏目，为人们打开了全方位了解福彩的窗口，彩民足不出户便可尽知天下彩票事。

同时，河北福彩关注弱势群体，积极开展“献爱心”系列活动。如，2002年6月1日，省福彩中心深入到石家庄市福利院开展“福利彩票六一献爱心”活动，用公益金购买了空调、洗衣机、热水器、消毒柜等大量生活、学习用品，捐赠给福利院的70多名孤残儿童，让他们感受到福彩的爱心和人间的温暖。2002年8月份，举办了“福彩献真情、爱心助学子”大型捐资助学活动，共拿出约100万元公益金，资助了315名即将跨入大学校门的贫困大学生。此次活动时间长、参与者多、影响面广，社会各界反响强烈，各新闻媒体给予了充分报道。通过这些活动，大大提高了福利彩票的品牌形象，极大地调动了社会各界参与和支持福利彩票发行工作的积极性。

由于29选7、20选5、排列7三种玩法的合理安排和市场管理手段、服务内容和宣传营销措施的及时到位，河北省“燕赵风采”电脑福利彩票的销量稳步上升，到2002年下半年，周销量已由原来的300万元增加到900万元—1000万元，基本上形成了福彩、体彩双赢的局面。

（河北省福利彩票发行中心供稿）

体育彩票发展概况

朱小明主任

2002年是电脑型体育彩票在河北省发行的第三年，用步步高来形容河北省体育彩票这三年走过的历程是最恰当不过的。2002年的河北省体育彩票创造了多项历史之最，取得了长足的进步。

2002年河北省体育彩票的辉煌首先体现在销售量上。2002年，河北省体育局为省体彩中心下达了确保销售5.5亿元的体育彩票任务指标。由于任务指标明确，激励政策到位，措施合理得力，再加上体彩中心全体同志的团结一致，积极进取，体育彩票全年呈现良性循环态势，较好地完成了任务指标。2002年河北省共销售体育彩票74 146.81万元，其中乐透型彩票65 600.66万元，即开型彩票1 181.58万元，竞猜型彩票7 364.27万元。2002年，河北省推出的4种电脑体育彩票玩法共销售423期，销售额为7.2亿元，即开型彩票销售1 200万元，总计销售7.3亿元。7.3亿元的销售额位列全国同行业的第11位，如果除去发行了半个赛季的足球彩票的话，河北体育彩票的销售量全国排名第8位。

体育彩票玩法的丰富和完善是发展体育彩票事业的保障。2002年之前，河北省体育彩票只有最初的7位数和29选7两种玩法。为了满足彩民对玩法的不断需求，在一周4次到6次开奖的基础上，分别于4月和9月上市了中国足球彩票和20选5两种玩法。新玩法由于专业性、趣味性强，得到了彩民的认可和欢迎，不仅站稳了脚跟，壮大了彩民队伍，还成为体育彩票销售增长的亮点。全年114期20选5的销售额为0.41亿元，22期足球彩票的销售额为0.74亿元。

网点建设的深化发展是奠定体育彩票伟业的根基。2002年，全省彩民购买体育彩票时的感受与以往大有不同。首先是由于网点的环境变化。如果说体育彩票销售点在2002年之前是很多城市繁荣的亮点，那么从2002年起体育彩票销售点就成为了这些城市靓丽的风景。因为在这一年，全省雨后春笋般地出现了500多家体育彩票专营店，占了全省销售网点的三分之一以上。彩民感觉的另一个不同是体育彩票投注站不再仅仅是他们购买彩票的地方，还是他们增进感情、交流经验、获得信息的场所。

彩民朋友在为体育事业作贡献的同时也获得了丰厚的回报。2002年，河北省有9 600万人次参与购买彩票，1 800万人次中奖，单注奖金万元以上的有1183人，10万元以上的有102人，100万元以上的有24人，500万元以上的有15人。

2002年，体育彩票的发行还取得了良好的社会影响，它不仅解决了4 000多人的就业，还筹集公益金2.63亿元，上缴个人偶然所得税3 900余万元。

2002年是河北体育彩票具有里程碑意义的一年，它宣告体育彩票走过了初期的探索，迎来了全面繁荣发展的新时代。

（河北省体育彩票管理中心供稿）

山西省

彩票管理概况

自从2000年3月山西省财政部门接管彩票发行销售管理工作以来，在财政部的政策指导下，经过一年多时间的探索与发展，到2002年，全省彩票各项管理工作已步入规范化轨道。

一、彩票发行销售及市场管理

彩票发行销售管理是彩票管理的最基础环节，它不仅影响着销售量，而且还影响着彩票市场秩序。在这一管理环节，山西省财政部门始终按照财政部《彩票发行与销售管理暂行规定》和《财政部关于加强彩票市场监管的紧急通知》的有关规定去做，坚持“严管理、重服务”的原则。坚持严管理，目的在于保证彩票发行销售秩序。一是严把发行销售审批关。凡电脑彩票游戏规则和发行销售方式的新设或更改，均须由省财政部门提出审核意见后，报财政部审批；即开型彩票发行销售由省财政部门审批。二是严把销售秩序关。对电脑彩票的销售，财政部门坚持不定期地对开奖过程和开奖器具以及公告信息进行检查；对即开型彩票的销售，坚持当地财政部门实地全方位监督。坚持重服务，目的在于最大程度地促进彩票的销售。在这方面，山西省做的主要工作有，努力提高办事效率，尽可能缩短审核、审批时间，努力为彩票机构的发行销售活动做好服务；坚决打击非法彩票，为福利、体育彩票销售营造良好的外部市场环境。全省各级财政部门都密切关注市场，发现私彩踪迹，坚决打击。2002 年 11 月，财政部、公安部等五部局联合下发了《关于坚决打击赌博活动，大力整顿彩票市场秩序的通知》，山西省按照要求迅速组织有关部门，明确职责、协调配合，充分利用各种宣传媒体，对国家有关法律法规和彩票发行管理的政策，进行大力宣传，有效震慑了私彩活动。同时对个别地方出现的一些私彩活动，由市地财政部门和公安机关进行了查处。这些措施的实施，保证了全省彩票市场的健康运行。

二、彩票发行经费的管理

按照《国务院关于进一步规范彩票管理的通知》规定，山西省于 2002 年初制定了《关于对彩票发行收入实行专户管理的通知》。一是明确了彩票机构的账户管理，要求彩票机构经同级财政部门批准开设“彩票发行收入过渡户”、“奖金支出专户”和“发行经费支出专户”，彩票资金全部及时解缴收入过渡户，并通过收入过渡户，分解分缴各专户；二是明确了彩票发行经费要上缴财政专户，实行“收支两条线”管理。按照财政部《彩票发行与销售机构财务管理办法》以及《关于编制 2002 年彩票发行与销售机构财务收支计划的通知》的规定，山西省于 2002 年开始对彩票机构的财务收支实行计划管理。各级彩票机构下一年度的财务收支计划，要在本年度末报同级财政部门审批，并按照审批后的收支计划在下一年度按季分期拨款，发行经费全面纳入了财政监管。

三、彩票公益金管理

山西省对彩票公益金主要从三个方面加以管理。一是严格彩票公益金的部门预算管理。公益金收入按规定时间上缴财政专户，年初由公益金使用部门提出计划，财政综合部门负责审批，将公益金使用纳入部门预算执行。二是严格公益金使用项目审核，保证公益金按规定用途专款专用，提高资金使用效益。2002 年全省共筹集彩票公益金15 398.56万元，其中福利彩票公益金12 204.85万元，体育彩票公益金3 192.72万元；上缴中央8 697.72万元，地方留成6 700.84万元。彩票公益金重点支持了“星光计划”项目和其他社会福利及体育公益事业。三是规范了财政部返还山西省用于青少年学生校外活动场所建设及维护的彩票公益金管理。省财政厅会同省教育厅制定了全省青少年学生校外活动场所建设及维护项目申报管理办法，以及资金管理办法，严格了项目申报和资金管理。

四、彩票机构财务会计和月度报表管理

在做好以上各项彩票监管工作的同时，省财政厅还按照财政部《关于彩票发行与销售机构执行〈事业单位会计制度〉有关问题的通知》，规范了彩票发行销售机构的财务和会计管理；按照财政部《关于规范彩票机构月度报表的通知》，要求本省两个彩票销售机构建立月度报表制度，由省财政厅按月及时准确地向财政部上报彩票销售数据。

一年来，通过财政部门和彩票销售机构的共同努力，山西省彩票发行和销售工作取得了较好的业绩。全年共销售彩票43 995.89万元，其中福利彩票34 870.99万元，体育彩票9 124.90万元；乐透型彩票36 047.12万元，即开型彩票4 879.03万元，竞猜型彩票（足球彩票）3 069.74万元。

（山西省财政厅供稿，贾富元执笔）

福利彩票发展概况

白春明主任

2002年，山西省累计销售福利彩票34 870.99万元，其中乐透型彩票30 786.96万元，即开型彩票4 084.03万元，共筹集彩票公益金12 204.85万元。

一、发行销售工作

1. 积极调整玩法，提升电脑彩票市场销售量。

为适应不同阶段市场和彩民的需求，山西省福利彩票发行中心从创新中求发展，先后三次调整玩法，三次开展促销活动。比如，在4月和5月的销售旺季，及时推出35选7玩法，很快出现了期销量最高540万元、周销量1 800余万元的销售高潮，使奖池资金累积到2 000万元。2月份，根据彩民反映突出的中奖难问题，探索出台了“15选5”小盘玩法，较好地满足了高奖、面宽的互补型需求，解决了山西没有小盘玩法的缺憾。在销售淡季的7月份，为促进销售，及时推出了15选5和“幸运七”活动，最高期销量达392万元，连续10期下来，销量攀升到2 300万元，创下了小盘玩法销售的全国最高纪录。为方便彩民购彩，经过与电视台积极协商，从8月份起延长日销时间，并实行天天开奖，有效地刺激了市场，提高了销量。

2. 改革创新，再掀大奖组销售新高潮。

山西地处贫脊山区，2002年开春以来，沙尘暴和连阴雨等极端恶劣的气候多次袭扰，不同程度地影响了许多大奖组销售场地的使用。进入夏季又遇严重干旱，大奖组销售十分艰难。面对这种情况，省、市福利彩票销售机构将发行经费最大限度地让利于基层，大大调动了基层的积极性。如运城制定的市县留成的福利彩票公益金全拨、发行经费全让以及发行销售奖励办法，就起到了很好的作用。太原、大同、临汾和运城等地在抓大奖组销售上动作快、力度大、效果好，使大奖组销售与电脑彩票销售形成优势互补和比翼双飞的新局面。为探索新的销售方法，各地大胆改革，不断开辟新思路组织销售。比如，太原市积极探索“多点联销”的新路子，在迎泽区、杏花岭区、小店区等五城区取得销售1 200万元的好成绩；大同市农历正月初八在火车站广场举办的大奖组，取得单点销售680万元的好成绩。长治、阳泉、洪洞、河津、盐湖、稷山、乡宁、临猗、闻喜等市县也都取得了大奖组现金设奖以来的最高销量。2002年全省启动市县大奖组销售28次，共销售即开型彩票4 084.03万元。

二、管理工作

1. 高度重视，狠抓落实。

各级政府对福利彩票工作的大力支持，为福彩的发行创造了良好的工作氛围。如，太原市民政局长上任伊始，就把彩票发行作为一项重要的工作内容，带领民政局和彩票发行站的同志克服种种困难，取得了年销售电脑彩票1.07亿元和即开型彩票1 200万元的好成绩。运城市民政局长为彩票发行制定了“三全四不”的措施，对完成任务的县区给予奖励，完不成任务的区县则对其资金使用不立项、不资助、不评先进、不提供方便，极大地促进了县区福利彩票的销售工作，全年销售5 394万元，销售量居全省第二名。

2. 强化宣传，树立品牌形象。

2002年全省积极开展了多方位的福彩营销宣传活动。一是宣传福彩发行宗旨。结合山西“星光计划”的实施，以“福利彩票为社会救助和社会福利行善积德”为主旋律，在各种媒体上大力宣传中奖不忘福利事业的慈善行为。全年共有 30 名大奖得主捐款达 45.22 万元，用于资助山西省的福利事业、贫困山区失学儿童和贫困大学生就学等。二是开展回报彩民的活动。为报答全社会和广大彩民的大力支持，多次开展了“15 选 5”、“幸运七”、“21 选 5 二次幸运系列奖”、“35 选 7 福星奖”等大的宣传营销活动，并从调节基金中安排 600 万元进行二次开奖，回报彩民更多的实惠。三是扩大福彩的社会影响。省福彩中心联合《山西晚报》举办了“我与福彩”有奖征文和“福彩带你去看海”等一系列宣传活动，有效地扩大了福利彩票的社会影响。同时注重发挥市（地）的作用，以当地媒体和民间喜闻乐见的锣鼓、秧歌、彩车巡游等娱乐形式配合宣传，为全省福利彩票销售创造了良好的舆论环境。

3. 健全制度，规范技术管理。

2002 年，省福利彩票发行中心进一步健全完善了电脑彩票的管理办法，对日常开奖、机房操作、站点维护、新增机器、备件更换等各项工作实行流程化作业，同时规范数据核查、数据清理、口令以及远程接入、设备检查、票据处理等程序，大大提高了工作效率。针对山西恶劣的气候条件，认真组织省、市两级维护人员根据不同季节对全省站点多次进行技术维护和安全检查，堵塞各种漏洞，强化服务意识，使整个技术保障体系始终安全、稳定、高效运转。全年进行的 445 次检索开奖、194 次大奖验兑和销量数据传输均做到准确无误。在人事管理方面，则通过优胜劣汰、奖惩严明的用人机制，建立起一支相对稳定、吃苦耐劳、适应性强的骨干队伍。

为保证站点设置长久稳定，依据各地实际情况，2002 年还陆续出台了一系列管理措施。如减免设备使用费和折旧费，这一措施既巩固了乡镇站点，又促进了站点扩容工作的顺利开展。从第四季度起，全省各市地所有投注站停止旧的彩票缴款方式，启用新办理的一卡一折上交彩票销售款，取得了好的效果。为强化彩票资金管理，省福彩中心抽调专人用 4 个月的时间完成了全省 1400 多个站点长达一年半的银行对账和新的资金归集模式转换工作，处理了大量银行数据漏传、重传以及误操作、投注站错交款等问题，保证了彩票资金的安全和投注站的利益。

4. 普及电算化，提高财务管理水平。

从 2002 年 1 月 1 日起，全省将彩票公益金和发行经费全部纳入财政专户管理，并严格执行新的资金分配比例。同时，按照财政部和中国福利彩票发行管理中心财务电算化的要求，逐步转向全电脑的记账方式。6

月初进行了全省福利彩票系统的财务电算化培训，使各地福利彩票财务人员进一步掌握了电算化的技能。到2002年底，全省11个市（地）已基本配备相关设备，全部实现借助计算机进行财务核算工作。2002年，省级财务接受了大小审计共7次，均获得好评。

三、公益金的使用

为确保“星光计划”在山西省的顺利实施，各市（地）民政局以福利彩票公益金资助为手段，广泛动员全社会参与，很快在全省建设了688个“星光老年之家”等社区老年福利服务设施和活动场所。其中，在城市，以社区居委会为重点，新建、改扩建了568个社区居委会老年福利服务设施和活动场所；在农村，以乡镇敬老院为重点，新建、改扩建了120个乡镇敬老院。这些项目受到了社会各界的好评，使福利彩票的形象在山西更加深入人心。

（山西省福利彩票发行中心供稿，白二晏、刘丽琴执笔）

体育彩票发展概况

苑春纪主任

2002年山西省体育彩票的销售是坎坷曲折与机遇挑战并存的一年。一年中体育彩票系统经历了玩法的调整、足球彩票的上市、即开型彩票分散销售等多项工作，全年共销售9 124.9万元，再创年度新高，总销量比上年增长了44.4%。其中乐透型彩票5 260.16万元，即开型彩票795万元，竞猜型彩票3 069.74万元。筹集公益金3 193.7万元，比上年增长68.4%。上缴税金360余万元，成为地方税源新亮点，被评为全省纳税先进单位。这些成绩的取得来之不易，一是由于山西体育彩票系统较好地把握住了机遇，及时调整了玩法；二是足球彩票成功上市，成为全省体育彩票销量新的增长点；三是采取多种销售形式并举，搞好即开型彩票销售；四是管理、营销、宣传等各项工作有了新的进展。

2002年初始，由于玩法的局限性及取消保底奖金的政策变化，体育彩票销售一度低迷，退机现象严重，资金周转困难，体育彩票从上至下压力重重。春节后的二月至八月，总销量仅为3 000多万元。面对严峻局面，省体彩中心领导在内查外调、专题研究的基础上，充分利用国家体育总局体育彩票管理中心玩法调整开禁的时机，果断调整经营策略，用游戏规则的杠杆调节市场，大胆取消30选7和数字传统型“6+1”玩法，推出了适合彩民胃口的35选6+1和20选4+1玩法，并在奖级设置上加大固定奖所占比例，扩大中奖面，形成体育彩票“加1”系列特色，新玩法的推出使销量得到一定提升。另外，省体彩中心充分满足彩民需求，增加开奖次数，由原来的一周三次开奖增加为天天开奖，使体育彩票在市场上占有的份额迅速提升；根据彩民开奖日购票的习惯，在有可靠技术保障的前提下，将奖期结束时间推后一小时，千元以下的奖放到网点兑付，大大方便了彩民。上述整合在短短两个月时间就收到实效，两个月的销售总额相当于前八个月的销售总量，为全年销售工作奠定了牢固基础。

2002年足球彩票首次登陆山西省，这对于山西彩民来讲，是一个新鲜事物。针对山西省球迷少，足球氛围不浓的现实，省体彩中心主要以加强宣传为侧重点，在确立足球彩票的宣传定位，确定了足球彩票的受众群体后，采用常规宣传和规模宣传、流动宣传与重点宣传相结合的宣传方式，辐射到了不同地区、不同的年龄层次、不同知识水平的多类人群，同时加强投注站的宣传，建立体育彩票专营店样板等。新赛季足球彩票开售后，由于竞猜意德法三甲联赛难度增加，省体彩中心制定了相应的营销方案，再次在全省进行统一宣传。由于前期工作扎实，宣传到位，足球彩票销量一路攀升，形成了一支固定的足球彩民群体，足球彩票销量占到全年彩票总销量的36.8%，真正成为了体育彩票的增长点。

自电脑型彩票上市后，山西即开型彩票市场萎缩，针对即开型彩票市场疲软的客观情况，山西省体彩中心没有放弃，而是按照国家体育总局的要求，积极启动市场，充分发挥地市县的力量，通过规模销售和分散销售的形式，提高了全年即开型彩票销售量。2002年全省有8个县市进行了规模销售，11个地市采用分散销售方式，销量比上一年增加了170%。规模销售从考核审定、上报批准、销售监管、统计结算诸方面认真办理，做到安全运行不出事。分散销售对体彩系统来讲是一种新的销售形式，经过研究、谈判、签订合同，确定了电脑彩票销售点代销，与邮政部门合作，委托邮政报刊亭代销，县市利用集会、大型活动组织销售等分散销售形式，同时建章立制、进行业务培训，先后在各地市陆续组织了即开型彩票的销售。

加强管理是提高销量的重要环节，省体彩中心借助足球彩票开发的契机，多次召开专题会议，发动地市扩机，同时简化办公程序，提高工作效率，一切以提高销量为目的，短短一个月时间，盘活 30 余台“死机”，新增机 71 台，使销售终端机实际运行数由原来的 500 多台增至 650 余台，为保证足球彩票销量的提升奠定了基础。另一方面从提高网点服务营销意识入手，鼓励建设体彩专营店，省体彩中心给予重点扶持。为了使更多彩民了解足球彩票，省体彩中心为各网点发放专业书籍，维修管理人员经常到网点讲解彩票知识，增强销售员和业主的信心。此外，省体彩中心在实践中逐步摸索出一套广泛深入、行之有效的宣传方案，建立起了体彩宣传阵地，与山西晚报、山西青年报等 4 家省内主要报纸签订协议，开辟体彩专版，并与一些非签约媒体的记者建立了长期联系，还运用电视等形式宣传体彩。在足彩上市和新玩法启动阶段，制作了广告专题片，以太原市为重点，同时幅射全省 11 个地市，有力地拉动了彩票销量。

（山西省体育彩票管理中心供稿）

内蒙古自治区

彩票管理概况

2002 年内蒙古自治区的福利彩票、体育彩票发行销售方式不断更新，发行规模不断扩大。通过加强对彩票市场和彩票资金的管理、监督，大大提高了彩票公益金的使用效率，促进了社会福利事业和体育事业的快速发展，为其他事业的协调发展提供了有力保障。

一、2002 年彩票销售情况

内蒙古自治区目前已形成了以乐透型彩票为主导，以大奖组即开型彩票为补充的市场格局。2002 年全区共销售彩票17 007.15万元，筹集公益金5 952.50万元。其中，福利彩票 10 824.25 万元（乐透型彩票

7 645.93万元，即开型彩票3 178.32万元），体育彩票6 182.9万元（乐透型彩票3 355.02万元，即开型彩票696.6万元，竞猜型彩票2 131.28万元）。2002 年福利彩票销售总额较 2001 年增长 98%，荣获了全国福利彩票年度销售进步奖。

2002 年 5 月 18 日经财政部批准,内蒙古自治区与辽宁省联网销售 29 选 7 电脑体育彩票,2002 年 12 月 28 日经财政部批准内蒙古自治区与辽宁省、吉林省、黑龙江省联网销售电脑体育彩票。这两个联网销售项目，降低了费用,提高了彩票销售量。

为扩大彩票销售量，内蒙古改进摇奖栏目，加大了宣传经费的投入。经与自治区电视台文体频道协商，于 2002 年 8 月 31 日将原来周五的摇奖节目改为“福彩之星”大型互动型栏目，对彩票市场起到了积极作用。全区全年投入彩票宣传经费 200 多万元，形成了电视、广播、报纸和宣传单交叉覆盖的宣传网络。

二、加强对彩票市场的管理

首先严把发行、销售关。按照《国务院关于进一步规范彩票管理的通知》精神，严格遵守彩票游戏规则的报批制度，初步探索确定了适合内蒙古实际的乐透型电脑福利彩票大、中、小三种游戏规则，即 35 选 7、29 选 7 和 22 选 5 三种玩法的相互补充，合理配置，提高了彩民的购买兴趣。

其次是加大对彩票市场的清理整顿力度。2002 年是内蒙古自治区进一步加强整顿和规范，健全彩票市场成效显著的一年。如：鄂尔多斯市财政部门根据群众举报，会同公安机关严厉打击了非法彩票活动，并对锡林浩特市举办电影票有奖销售活动的变相发行彩票行为进行了严厉打击。2002 年 7 月 17 日至 23 日二连浩特市效仿海南省擅自发行“10 选 1”非法彩票，财政、公安等部门就此事件进行了调查处理。这些工作有效地维护了彩票市场的健康发展。

三、彩票机构财务和公益金的管理情况

2002 年，按照国务院和财政部的有关规定，内蒙古自治区落实了彩票公益金和发行经费实行省级财政专户管理，狠抓了自治区级两个彩票机构的财务管理，使自治区彩票机构的财务工作步入正轨。

在资金账户管理方面，自治区财政厅指定两个彩票机构在建设银行开设彩票销售资金专用账户，用于归集彩票机构销售彩票的全部资金。财政部门按照“收支两条线”的原则，对彩票公益金实行直接拨付制度，资金通过各级财政部门的彩票公益金专户直接拨付到具体项目。

在彩票资金管理工作方面，自治

区财政厅组织专人对两个彩票机构的彩票发行销售、财务管理及全区投注站彩票销售款的清缴工作进行检查，共清理收回滞留在投注站的彩票销售款 150 多万元。

2002 年度内蒙古地方留成的福利彩票公益金主要用于社区老年福利“星光计划”的实施方面。2002 年中央和自治区共投入彩票公益金 3600 万元用于社区老年活动场所的建设，累计建成社区居委会老年福利服务站 367 个。

2002 年内蒙古地方留成的体育彩票公益金主要用于自治区首府体育健身场地的建设及配套设备的购置，如自治区田径训练馆，柔道训练馆的维修费 150 万元等。体育彩票公益金的投入和使用促进了自治区体育事业的发展，也为其他相关事业的协调发展提供了有力保障。

四、内蒙古自治区的彩票市场发展方向和预测

彩票消费属于娱乐性消费，人民群众手里有闲钱，才有可能进行娱乐性消费。因此彩票业的发展状况最根本的是由地区经济形势决定的。从全国的彩票销售情况看，销量大的地区往往都是经济发达地区。当前内蒙古自治区的经济发展水平直接制约着彩票业的发展，特别是地域辽阔、人口分散、交通不便、城市化程度低等因素，使得彩票销售系统的配置、管理、运输难度大、成本高。但只要经济社会不断进步，内蒙古自治区的彩票市场进一步发展的空间是比较大的，内蒙古自治区的彩票业一定会伴随着经济的发展而腾飞。

（内蒙古自治区财政厅综合处供稿，康小明执笔）

福利彩票发展概况

李洪瑞主任

一、发行与销售

2002 年，内蒙古自治区共销售福利彩票10 824.25万元，其中乐透型彩票 7 645.93万元，即开型彩票3 178.32万元，共筹集彩票公益金3 788.59万元，形成了以电脑福利彩票为主导，以大奖组即开票和网点即开票为补充的销售格局。全年销售总额较 2001 年增长 98%，荣获全国福利彩票年度销售进步奖。

电脑彩票的具体销售情况为：乐

透型32选7从元月1日至5月12日共销售51期，销量为3 122.06万元；数字传统型“10选5+1”从元月1日至5月8日共销售14期，销量为144.95万元；乐透型35选7从5月13日至12月31日共销售89期，销量为1 583.54万元；乐透型29选7从5月13日至12月31日共销售89期，销量为1 004.62万元；乐透型22选5从9月2日至12月31日共销售116期，销量为1 789.75万元。

大奖组即开型彩票的具体销售情况为：在各盟市民政局的大力支持下，采取商家介入与盟市彩票中心自己组织大奖组即开票销售的方式，全年组织不同规模的销售奖组共58次。在整个销售过程中，自治区福彩中心积极鼓励多年来未举办销售活动的旗县开展大奖组销售，取得了很好的效果。地处塞外戈壁的阿拉善盟阿拉善左旗利用那达慕大会组织大奖组销售，在仅有9万多常住居民的旗所在地仅5天时间就销售即开票68万元。呼伦贝尔市莫力达瓦达斡尔族自治旗通过引进商家合作销售大奖组即开票，一次即成功销售103.5万元，创下了近年来边远旗县销售的新纪录。

二、市场与彩票资金管理

中国福利彩票发行管理中心（以下简称“中彩中心”）将2002年确定为管理年，在这一年中，内蒙古自治区福利彩票的管理工作在不断探索中稳步推进。

首先，在发行管理方面自觉接受财政部和中彩中心的业务领导，遵守彩票游戏规则的报批制度，初步确定了适合内蒙古彩票市场实际的乐透型电脑福利彩票大、中、小奖组的三种游戏规则，即35选7、29选7和22选5。三种玩法相互补充，合理配置，提升了彩民的购买兴趣，有效地扩大了彩民队伍。

其次，在投注站管理方面，从合理布局、加强站点建设方面入手。全区所辖101个旗县市区，除边远的个别旗县外，85%的旗县驻地镇都设置了投注站。同时对那些销量低、管理差的投注站实行了末位淘汰制。每季度对全区销售前10名的投注站予以表彰奖励。各盟市组织部分投注站销售员开展巡回观摩学习。这些措施有效地提升了全区福利彩票投注站的质量。

第三，彩票终端机的维修、保养与运行步入了正常轨道。内蒙古自治区地广人稀，东西跨越西北、华北、东北三大区域，延绵4200多公里。全区1 000多个投注站设置在这样一个狭长的地域里，投注机的维修成了销售管理工作中的一个难题。为此，自治区福彩中心在全区设置了三个直属投注机维修站，解决了各盟市需长途跋涉到自治区福彩中心维修投注机的困难，降低了维修费用，给盟市的管理工作也带来了方便。

第四，彩票销售资金管理工作有了明显的改进。2002年，按照国务院和财政部的有关规定，实行了公益金和发行经费的财政专户管理，狠抓了投注站彩票销售款的清缴工作，共清理收回滞留在投注站的彩票销售款150万元。

第五，改进了电视摇奖栏目，加大了宣传经费的投入。借鉴“湖南风采”摇奖栏目的经验，经与内蒙古电视台文体娱乐频道反复协商，于2002年8月31日将摇奖节目改造成大型互动型栏目“福彩之星”。经过四个月的运作，该栏目已成为内蒙古福利彩票的一块固定宣传阵地，为激活彩票市场起到了积极的促进作用。全区2002年投入彩票营销宣传经费200万元，形成了电视、广播、报纸和宣传单交叉覆盖的福彩宣传网络。

第六，本年度福利彩票筹集的公益金主要用在了社区老年福利“星光计划”的实施方面。2002年中央和地方共投入3 500万元用于社区老年活动场所的建设，累计建成社区居委会老年福利服务站点367个。“星光计划”的实施，体现了福利彩票取之于民，用之于民的宗旨，提升了福利彩票在广大人民群众心目中的地位。

第七，根据《财政部 国家税务总局关于发行福利彩票有关税收问题的通知》精神，内蒙古自治区福彩中心积极协调内蒙古地税局，解决了部分盟市税务征管部门向福利彩票投注站征收代销费收入调节税的问题。

第八，根据财政部和自治区财政厅的意见，自治区福彩中心对二连浩特市仿效海南省擅自从2002年7月17日至23日发行“10选1”非法彩票事件进行了调查处理，严肃了纪律，净化了市场。

（内蒙古自治区福利彩票发行中心供稿，李玉生执笔）

体育彩票发展概况

乌日图主任

内蒙古自治区2002年共销售体育彩票6 182.90万元，创自治区发行体育彩票以来的年度最高销量，较2001年度的987.9万元大幅度提高。其中：乐透型彩票3 355.02万元，即开型彩票696.60万元，竞猜型彩票2 131.28万元。这一成绩的取得，主要得益于电脑体育彩票销售系统的开通。

一、即开型彩票的销售情况

（一）规模销售

2002年在9个盟（市）组织即开型彩票规模销售24次，共计销售535.6万元，筹集公益金187.46万元。内蒙古地区规模销售较2001年有所下降，主要原因有：电脑彩票的冲击；群众对彩票的认识（小概率游戏）和消费观念发生变化；现金返奖不易形成轰动效应；发行经费比例下调后，由于内蒙古自治区地域辽阔、人口密度较小、战线长等因素，组织规模销售的成本高，风险大。

（二）分散销售

为了开拓即开型彩票的市场，内蒙古自治区体彩中心在国家体育总局体育彩票管理中心（以下简称国家体彩中心）的指导下于2001年开始在部分地区布设分散销售网点，2002年共布设网点1 100个。但分散销售布点较广，销量不大。

（三）2002世界杯体育彩票

在世界杯比赛期间推出的2002世界杯体育彩票是与体育竞猜相结合的即开型彩票新品种，内蒙古自治区体育彩票管理中心按照国家体彩中心的要求精心组织，充分利用电脑彩票销售网点和分散销售网点，将世界杯体育彩票的宣传与足球彩票的宣传结合起来，形成大气候，最终在12个盟市及旗县销售161.22万元，占全年即开型彩票销量的1/4。

二、电脑彩票

内蒙古自治区电脑体育彩票销售系统于2002年5月17日开通，当年共销售5 515.76万元，占全年体育彩票销量的88.79%，共筹集公益金1 930余万元。

（一）系统建设

内蒙古自治区电脑体育彩票销售系统的筹备工作自2001年开始，

2002年进入全面建设的阶段。国家体彩中心把内蒙古的系统建设作为“西部大开发”的一个扶持项目，为了实现“高起步、稳运转、快发展”，在政策和技术上给予大力支持，同意由辽宁与内蒙古进行区域联网，以强带弱，确定了在内蒙古各地布设销售终端，由辽宁省体彩中心机房进行数据汇总处理的销售系统建设模式；并且在资金上给予支持，拨付了专项扶持资金。辽宁省体彩中心也积极配合，热情支持，从技术和业务上为内蒙古提供全力帮助，对内蒙古技术人员进行了细致的培训，并抽出骨干力量亲临内蒙古进行业务指导。

内蒙古自治区体育局把电脑体育彩票的系统建设作为重点工作予以高度重视，局一把手亲自过问，分管局长作为主要工作重点抓，多次进行专题研究和部署。协调自治区党委宣传部、公安厅、财政厅、建设厅、审计厅、地税局、工商局、建设银行等部门联合下发了《关于切实做好电脑体育彩票在我区发行工作的通知》。内蒙古自治区体育彩票管理中心做了大量细致的准备工作，建立健全管理机构、管理制度和业务流程，配备了相应的专业技术人员并进行必要的培训，完成了系统的硬件建设，在全区布设了454个销售网点，对业主销售人员进行了业务和技术培训，进行了大量的宣传……经过各方努力，内蒙古自治区电脑体育彩票销售系统通过了国家体育彩票管理中心的验收，于5月17日开通，与辽宁联网销售29选7电脑体育彩票，5月18日举行了内蒙古中国电脑体育彩票首发仪式，开始销售世界杯足球彩票。

（二）具体发行情况

1.29选7。2002年度该玩法共销售99期，销售额为3 384.48万元，筹集公益金1 184.6万元。单期平均销量为34.19万元，单期最高为02131期182.09万元。

2. 足球彩票。2002年度共销售19期，销售额为2 131.28万元，筹集公益金745.9万元。单期平均销量为112.17万元，单期最高为02031期216.22万元。

（内蒙古自治区体育彩票管理中心供稿）

辽 宁 省

彩票管理概况

2002年是辽宁省彩票市场发展最辉煌的一年，财政部门的彩票监管职能不断强化，彩票资金管理进一步规范，彩票销量继续大幅度增长，为社会公益事业发展筹集了大量资金。

一、2002年彩票销售情况

2002年，全省共销售彩票206 723.54万元，比上年增加95 102.06万元，增长85.2%，居全国第五位。其中：体育彩票100 790.28万元，比上年增加65 065.36万元，增长182.1%；福利彩票105 933.26万元，比上年增加30 036.70万元，增长39.6%。

二、彩票资金管理情况

辽宁省彩票业的快速发展与全省财政部门的严格监管是分不开的。自彩票监管职能划转财政部门以来，面对全新业务，全省财政综合系统从研究我国彩票业发展历史入手，积极贯彻国家彩票管理制度政策，努力把握彩票市场发展规律，全面提高财政部门的政策水平和业务水平，结合辽宁省实际，推出了一系列规范性管理制度。经过两年多的努力，辽宁省财政监管模式基本形成，彩票资金管理也逐步走上规范化的轨道。

（一）设立彩票资金专户，真正履行财政监管职责。为全面落实《国务院关于进一步规范彩票管理的通知》，从制度上规范彩票资金管理，2002年6月，辽宁省专门设立了财政厅彩票资金财政专户，全省绝大部分市也相应设立了彩票资金财政专户。通过管理彩票资金专户，各级财政综合部门可随时掌握彩票销售机构彩票资金解缴情况，增强了财政监管力度。

（二）实行彩票资金省级统一集中缴拨体制，规范资金划拨程序。按照财政部要求，辽宁省对彩票公益金全部实行省级统一集中缴拨体制。彩票公益金全额缴入省财政彩票资金专户，省财政根据规定的分成比例，将应拨各市的彩票公益金从省财政彩票资金专户直接拨付各市，应上缴国家的公益金也由省财政彩票资金专户直接划拨，从而实现了全省彩票公益金的封闭运行，保证了彩票公益金划拨的安全和畅通。

（三）不断完善彩票资金管理制度，强化彩票资金的收支管理。一是执行独立的预决算制度。2002 年 1 月，省财政厅下发了《关于编报全省及省本级 2002 年彩票资金收支预算的通知》，对全省彩票资金执行严格的预决算管理制度。彩票资金预决算包括彩票公益金预决算和彩票发行经费预决算，均由财政综合部门负责审批。二是实行年度审计制度。通过由财政部门认可的独立中介机构对彩票机构进行年度审计，一方面强化了财政部门的财务管理职能，另一方面，也提高了彩票资金使用部门依法使用公益金、发行经费和接受财政监管的自觉性。

（四）加强彩票机构财务管理，规范彩票机构财务行为。省财政厅通过有计划地组织业务培训，和抓实省彩票机构财务基础工作，促使彩票机构逐步建立、健全内部管理制度，提高彩票机构的管理水平。

（五）进行彩票理论研究，加强对彩票资金的实践管理。辽宁省财政厅组织有关人员，在广泛收集资料，深入研究的基础上，形成了《彩票资金管理制度研究报告》，对指导实际工作、改进工作的薄弱点具有一定的现实意义。

三、彩票市场管理工作

为促进彩票销量再创新高，辽宁省在增加彩票销售品种等方面采取了一系列措施，取得了较好的效果。

（一）积极支持彩票机构开发市场，彩票销售量进一步扩大。2002 年，省福彩中心努力研究彩票新玩法，并推进全省福利彩票销售系统由准热线向全热线升级。财政部门主动配合为筹集全热线升级改造资金，省财政厅帮助省福彩中心调整彩票发行经费使用结构，为系统升级提供了资金保障。8 月 30 日，全省电脑福利彩票按时完成了由准热线向全热线的升级。福彩“25 选 4”新玩法上市后，创造了周销量3 100万元的历史最高水平，成为辽宁省彩票销售市场的新亮点。

（二）建立监督检查机制，规范彩票销售行为。一是对福利、体育彩票机构的安全防范措施、数据安全管理不定期地进行检查，对查出的漏洞，督促彩票机构及时纠正，消除隐患；二是实行即开型彩票销售的审批制度，对未经批准、擅自销售即开型彩票的行为，及时给予制止、处理。

（三）严厉打击地下“六合彩”

等非法彩票活动，确保全省彩票业健康发展。省财政部门全面贯彻《财政部　公安部　工商总局　民政部　体育总局关于坚决打击赌博活动大力整顿彩票市场秩序的通知》的有关要求，会同有关部门切实加强对本地彩票市场的监管力度，对未经批准擅自改变游戏规则和发行销售方式的行为坚决查处，严厉打击地下“六合彩”等非法彩票活动，维护彩票市场的正常秩序。

（辽宁省财政厅综合处供稿，郭宏伟、杨倩执笔）

福利彩票发展概况

湛中主任

2002年，辽宁省全年共销售福利彩票105 933.26万元，是2001年的1.2倍，其中乐透型彩票97 315.05万元，即开型彩票8 618.21万元，共筹集公益金37 076.64万元，年销售量首次突破10亿元大关，跃居全国第三位，实现了跨跃式发展。

2002年围绕开拓市场、扩大销量这一中心任务，辽宁省福利彩票发行中心主要做了以下几项工作。

一、领导重视，合理布局

全省各级党政领导和民政部门对福利彩票发行给予了高度重视，作为重点工作一抓到底。福利彩票发行工作2002年首次写入省政府工作报告。省领导经常听取福彩工作汇报，作重要批示。各市党政主要领导主动为福利彩票发行创造条件，解决难题。各级民政部门把福利彩票发行作为民政工作的重中之重和“一把手工程”来抓。省民政厅与市民政局签订了责任状，明确目标，落实责任。在各级领导的关心和支持下，各级福利彩票发行中心献计出力，不断创新，艰苦奋斗，积极进取，保证了全省福利彩票发行工作的顺利进行。

为开拓市场，省福彩中心于2002年初确定了电脑票、大奖组、网点票“三位一体、扩大销售”的营销战略，将福利彩票发行分成三条线，明确职责，落实到人。电脑票销售采取调整城区投注站布局、填补乡镇投注站空白、技术升级、增加玩法等措施，使发行量大幅增长，成为辽宁省福利彩票发行的主力军。大奖组销售选准时机，精心组织，多点联销，提高了销售成功率。尤其是大连市一次销售2000万元，创造了取消实物设奖以来东北三省单个奖组最高纪录，中国福利彩票发行管理中心为此专门致电祝贺。网点票销售市场得到培育，销售网络初步建成。

二、技术升级，玩法创新

经过精心筹备和认真测试，2002年8月底全省全热线升级工作圆满完成，实现了实时在线销售、全省通兑、即时开奖等热线基本功能。技术含量的提高，为电脑福利彩票发行提供了广阔的发展空间，福利彩票销售由低迷转为上升，销量猛增。实行全热线后4个月的销量占全年总销量的45%。同时，辽宁省的全热线升级工作也为全国福利彩票发行系统全热线升级起到了示范作用。

全热线开通后，为适应多层次彩民的需求，在充分调研论证的基础上，省福彩中心提出了增加两种新玩法的方案，经财政部和中国福彩中心审核批准后，于10月21日首先推出25选4玩法并实现每天开奖一次。这种新玩法刚一上市，就吸引了众多彩民，发行仅仅72天时间，就销售了1.76亿元，占全年电脑票总销量的18%，成为辽宁省福利彩票一个新的增长点。

三、深入宣传，推动销售

省、市福彩中心舍得在搞好宣传上花本钱、下功夫。2002年省福彩中心年宣传投入近千万元，各市中心少则几十万，多则上百万。目前全省已建立了较为稳定的宣传网络，省、市福彩中心与新闻媒体保持着良好的合作关系。针对市场变化情况，坚持经常性宣传与重点宣传相结合，抓住增加玩法的时机和社会热点话题，有计划地组织“福彩献爱心活动”等大规模宣传，多种形式、各种媒体并用，形成了较强的福彩舆论氛围，为促进福彩销售起到了积极的推动作用。

四、规范管理，升级创优

加强投注站的规范化建设和管理是搞好福利彩票发行的基础，为此，辽宁省各级福利彩票机构都把投注站的建设摆在重要位置，建章立制，规范管理，多次培训，提高投注站工作人员的素质和技能。全省按照统一站牌、灯箱、揭示板、标识的“四统一”要求，对投注站进行改造和建设，使投注站的面貌得到了较大改观，初步树立起福利彩票的品牌形象。在2001年表彰百佳投注站的基础上，2002年又在全省投注站开展了达标、创优、晋星活动，并于年底前评选表彰了60个星级投注站、200个优秀投注站，使投注站学有样板，赶有方向，推进了投注站的标准化、规范化建设。

借鉴兄弟省市经验，省福彩中心于2002年5月在丹东试点实行投注机产权转让，即投注站业主将投注机连同福利彩票的经营权一次性买断，产权由国有转为个人。丹东经验在全省推广后，至2002年底，全省除个别贫困地区的少量投注机外，绝大部分都已完成买断。投注机产权转让，极大地调动了业主的积极性和创造性，加强了管理，降低了成本，增强了竞争能力。

五、注重使用，发挥效益

辽宁省始终重视福利彩票所筹资金的使用，注意使其发挥效益。自1987年以来，用福利彩票公益金新建、改建、扩建养老院、儿童福利院、老人公寓等大型福利设施上百个，资助城市福利事业项目、城市社区服务和其他公益项目2 000多个。这些资金的投入使用，填补了一些地区福利设施、福利项目的空白，提高了全省社会福利设施整体水平，有效弥补了政府财政对社会福利事业资金投入的不足。

发行福利彩票所筹集的资金除了用于社会福利和社会保障事业外，对社区建设、爱心工程等社会公益事业也给予了资助。在2002年的“五一”、“六一”期间，省福彩中心分别以“五一福彩爱心献劳模”、“六一福彩资助特困失学儿童”为主题举办了大型捐赠活动，先后拿出120多万元对全省100多名特困劳模和2 000名特困学生进行资助。在辽宁省首批社区老年福利设施“星光计划”活动中，福利彩票投入资金3 618.4万元，资助社区建设项目361个。全省目前正以社区、乡镇为重点，建立一大批立足社区、面向老人、小型分散、方便实用、星罗棋布、网络化的老年福利服务体系。

（辽宁省福利彩票发行中心供稿）

体育彩票发展概况

邢立泉主任

2002年，辽宁省又创体育彩票年销量新高，总销量达到100 790.28万元，超额完成国家体育总局体育彩票管理中心（以下简称“国家体彩中心”）和省体育局下达的任务指标，在全国体育彩票各省销量排名中，从2001年的第15名跃居第10名。其中，乐透型彩票31 296.90万元，即开型彩票2 926.41万元，竞猜型彩票66 566.97万元。

一、全年体育彩票销售情况

1. 电脑体育彩票（含足球彩票）销售情况。

全省现有电脑体育彩票投注站2800个。销售35选7、29选7和足球胜负平三种玩法的彩票。全年共销售97 864万元，其中，35选7销售103期，总销量为19 099万元，平均单期销量185.42万元；29选7销售153期，总销量为12 199万元，平均单期销量79.73万元；足球彩票合计销售66 566万元（其中，世界杯足彩销售4 019万元），平均单期销量2 233.82万元。

2. 即开型体育彩票销售情况。

全年在各市县举行规模销售39次，销售2 059万元；世界杯十六强大比拼即开型彩票销售867万元。合计即开型体育彩票年销售2 926万元，比上年增加了2 149万元。超额完成国家体彩中心下达的任务指标。

全省体育彩票本年度共销售100 790万元，比2001年增长了66 539万元。销量大幅度增加的主要原因：

1. 领导高度重视，财政部门大力支持。省体育局领导经常过问彩票销售情况，对彩票工作给予方向性、战略性的指示，亲自出席足彩新闻发布会，对全省体育彩票工作进行指导、部署和检查。财政部门也给予了大力支持，对省体彩中心的财务管理、市场运作等工作提出建设性意见。

2. 2002年足球彩票销售周期长于2001年。2001年足球彩票上市较晚，仅销售9期，而2002年足球彩票（胜负玩法）上一赛季加上本赛季共有28期。另外，世界杯胜平负彩票3期、四强和八强彩票各1期，共计比 2001 年多销售 24 期。这是销量猛增的主要原因。

3．29 选 7 玩法 2002 年全年销售 153 期，比 2001 年多销售 117 期。该玩法在中央电视台 5 频道摇奖，并和内蒙古联网共用奖池，提高了彩票的可信度，增大了奖池，使得该玩法销量一直比较平稳。2002 年开展的“迎十一，庆周年，200 万元大派送”活动，使 29 选 7 平稳度过节日期间的销量低潮期，没有出现节日和出大奖后销量猛降的情况。

35 选 7 玩法开展了两次“300 万元大派送”的促销活动，在一定程度上缓解了取消奖池保底后销量的下降。

4．加强投注站管理和培训，提高销售人员业务素质和服务意识，对销量增加起到了一定的促进作用。

二、2002 年的主要工作情况

（一）调整和理顺全省体育彩票发行管理办法。根据 2001 年全国体育彩票工作会议精神，学习借鉴外省的经验和做法，省体彩中心决定调整辽宁省现行的体育彩票发行管理体制。上半年分别考察了河北、河南、山东三省，回来后起草拟订了《辽宁省体育彩票发行管理体制改革方案》，上报财政厅和省体育局，并首先在营口、朝阳二市进行试点。上述准备工作促成了省体育局于 2002 年 11 月下发了《关于体育彩票发行费实行统一核算包干管理的通知》。

（二）进行基本建设，购置一幢新办公楼。省体彩中心原有的办公条件已不适应电脑彩票发展的需要，摇奖、兑奖以及电脑彩票系统等存在着安全隐患，为此，经省体育局批准，购置了一幢新办公楼。国家体彩中心的领导和技术专家对新楼已进行了考察，认为布局设计合理、机房符合标准、能够满足当前和未来较长时间内体育彩票发展的需要。

（三）加强销售人员培训，调整投注站布局，加快专营店建设步伐。省体彩中心对全省销售员统一培训过两次，各市中心也分别进行定期培训。辽宁省用销量末位淘汰的办法调整投注站布局，采取资助装修费等办法，鼓励投注站由兼营向专营转变。目前全省 30% 的网点已成为专营店。

（四）加强宣传营销工作力度。2002 年在体育彩票宣传方面所做的工作有：在全国首开先河，在公交车上设立播报中奖信息的服务项目；与辽沈晚报、球报、辽宁电视台等多家媒体分别联合推出了多个体育彩票专栏；与中央电视台合作，在《早安中国》节目中进行辽宁省电脑彩票 29 选 7 玩法的摇奖，提高了节目覆盖面和收视率，扩大了体育彩票的影响。

（五）积极开展市场调查研究，开发新的玩法。

四、2002 年度工作中存在的问题

（一）省体彩中心内部一些管理制度尚未建立健全。如仓库保管、财务库房盘点、对账等存在问题，历史形成的一些账务问题始终未能解决。

（二）宣传促销工作的经常性、持续性不够。

（三）在市场竞争中反应不够迅速、对策不多。

（辽宁省体育彩票管理中心供稿）

吉林省

彩票管理概况

一、彩票市场管理情况

为认真履行财政部门对彩票市场的监管职能，支持和促进吉林省彩票市场健康有序发展，吉林省财政厅把“巩固成果、强化监管、搞好服务、促进发展”作为 2002 年度彩票监管工作的重点，进一步规范了彩票市场管理。

（一）完善制度，健全约束机制。根据吉林省实际情况和财政部下发的《彩票发行与销售管理暂行规定》等有关文件精神，吉林省各级财政部门建立了彩票监管目标责任制，并注重落实，全面实行把监管目标责任制执行情况与年度系统工作考评挂钩，与个人年度工作全面考核挂钩的“两挂钩”办法。通过实行这一办法，增强监管人员责任心，激励各级财政部门做好彩票市场监管工作的主动性和积极性。各彩票机构按照财政部门的要求，在认真总结经验的基础上，进一步健全完善了一批管理制度和岗位责任制，基本上形成了一整套较为全面、覆盖到各项工作、各个岗位和各工作环节的制度保障体系。

（二）深入调研，强化监督管理。一是深入彩票销售市场广泛听取各个方面对彩票业发展和管理的意见，掌握市场动态；二是加强与各彩票机构主管部门的工作联系，互通情况；三是保持与各彩票机构的经常联系和情

况沟通，及时掌握有关工作状况和相关信息；四是开展了即开型彩票销售管理情况的专项调查。根据调研了解掌握的情况，有针对性地加强和改进监管工作，对彩票机构提出工作建议和要求，起草了《吉林省即开型彩票销售管理暂行办法》。坚持对彩票开奖现场及电脑彩票机房进行定期检查和临时性检查，确保各项安全防范措施落实到位。查处了三起以有奖电影票、有奖销售名义变相销售彩票的违规行为。全年审核批准了53项即开型彩票销售方案，纠正了部分设奖方案中脱离实际设定销售额，销售方案内容不全，安全措施不完善等问题。市县级财政部门对即开型彩票全面实施了现场监督。按照财政部要求，对各彩票机构在彩票销售、运输、保管中出现的废票和尾票，实行了由省级彩票机构统一集中，省级财政部门审核和公证机关公证，报经彩票发行机构批准，省级财政部门监销制度。

（三）规范管理，实施专项检查。根据财政部统一部署，对全省彩票市场及2001年度彩票公益金和发行经费使用等情况进行了为期两个月的专项检查。取消了设立奖池彩票品种的保底资金，规范了彩票上市前的公告制度及变更游戏规则和发行销售方式的审批制度，进一步强化了彩票公益金和发行经费管理。

（四）坚持监管与服务并举原则，搞好服务，支持促进彩票市场发展。对彩票机构报送的审批材料、发行经费使用申请等各类申报文件，在规定期限内及时审核批复；有关彩票管理政策和彩票市场动态、信息及时向彩票机构传递和沟通；指派专人到彩票机构对其财务管理、会计核算进行指导；彩票机构提出的建议和要求，只要有利于彩票业发展，按照现行政策规定都予以积极支持。

在财政部门和彩票机构的共同努力下，吉林省彩票市场健康发展，除发现个别县(市)变相销售彩票并被制止查处外，未发现其他违规违纪行为。

二、彩票机构财务及彩票公益金管理情况

（一）全面实施对彩票机构财务管理。根据财政部下发的《财政部关于加强和完善彩票机构财务及彩票资金管理的通知》、《彩票发行与销售机构财务管理办法》和《财政部关于彩票发行与销售机构执行〈事业单位会计制度〉有关问题的通知》，自2002年起，全省各级财政部门对彩票机构全面实施了财务管理职能。一是对彩票销售机构年度收支计划实行同级管理。彩票销售机构年度收支计划和年度收支决算报送同级财政部门审核批复。二是严格执行“收支两条线”管理，对彩票发行经费按规定比例缴入各级财政专户，发行经费使用根据年

初批复的收支计划由同级财政部门核拨。三是通过月度报表和专户审核对彩票公益金和发行经费上缴财政专户情况进行定期检查。四是监督彩票机构按规定提取和使用各项调节基金。五是对彩票机构的各项收入进行统一核算，统一管理。有关彩票购、销、调、存等业务的会计核算，严格按《彩票业务会计处理规定》进行核算与检查。彩票机构支出严格执行国家规定的范围及标准，国家尚无统一规定的，经彩票机构主管部门提出，同级财政部门参照相应规定批准执行。

（二）严格彩票公益金归集使用管理。对彩票机构销售彩票所提取的公益金，按照规定及时定期监缴入库。基本上杜绝了截留、挤占、拖欠上缴彩票公益金的违规现象。按照国家规定的比例，2002 年度吉林省共筹集彩票公益金20 309万元，其中上缴国家 11 469 万元，省本级留用 3 508万元；分配市县5 332万元。在彩票公益金使用上，各级财政部门根据国家关于彩票公益金使用的有关规定，对有关部门的年度使用计划认真审核，符合规定的及时批复，拨付资金。2002 年吉林省使用福利彩票公益金支持社区服务设施建设、“星光计划”和其他社会福利公益项目 40 个，投入资金1 061万元；使用省级体育彩票公益金支持全民健身、奥运争光体育场馆建设等项目 52 个，投入资金1 056万元；运用中央分配和返还的专项资金，扶持国家级青少年学生校外活动场所建设项目 3 个，扶持省级青少年学生校外活动场所建设项目 1 个，补助原有青少年学生校外活动场所维修和设备购置项目 11 个，投入资金 593 万元。

三、彩票市场发展情况

2002 年吉林省销售彩票58 025.93 万元，比 2001 年增加9 777.74万元，增长 20.3%。其中：福利彩票销售 25 229.36 万元，比 2001 年减少 7 848.65万元；体育彩票销售32 796.57 万元，比 2001 年增加17 626.39万元，彩票销售继续保持较快增长。全省年人均购买彩票约 21 元。

吉林省取得以上销售业绩，主要得益于：1. 彩票销售宣传力度不断加大，2002 年仅省级彩票机构就投入宣传和广告费用 677 万元，彩票公益形象被越来越多的人所接受。2. 彩票市场运行日趋规范，透明度越来越高，赢得彩民的普遍认可和信任。3. 先后增加了体彩 29 选 7、足球彩票、福彩 21 选 5 等彩票玩法，取得了较好的收益。4. 结合市场需求，增加销售网点。截止到 2002 年末，全省彩票销售网点达到了3 286个。

（吉林省财政厅综合处供稿，刘永兴执笔）

福利彩票发展概况

黄振全主任

吉林省 2002 年共销售福利彩票 25 229.36 万元，其中乐透型彩票 23 104.43 万元，即开型彩票2 124.93万元，共筹集彩票公益金8 830.28 万元。截至 2002 年底，吉林省福利彩票发行中心代征中奖者个人所得税2 796.8万元，共有 47 人次中得 100 万元以上奖金。

一、彩票销售

1. 即开型大奖组彩票销售。

2002 年共开 31 个大奖组，总销量 2 000 万元，比 2001 年增长 42.85%。全年主要强化了三个方面的工作。一是抓“三早”，即早部署、早策划、早销售。从 1 月份起，省福彩中心就派员深入到市、州、县（市、区）进行调研和发动工作，在春节前就初步确定了上半年可以展开销售的大奖组。春节过后，正月初十（2 月 21 日）德惠市在全省首开大奖组，紧接着桦甸市、辽源市等相继展开销售。上半年有 16 个市、县进行了销售，下半年有 15 个大奖组销售。二是抓认识。省福彩中心针对近几年来部分市、县大奖组销售下滑的情况，深入基层调研，帮助市、县分析形势，研究销售措施，提高了市、县民政部门对大奖组的重视程度，认识到大奖组是基层彩票机构生存和发展的“饭碗子”，是市、县民政局发展福利事业筹措资金的重要措施，增强了各地销售的积极性。三是结合各地实际抓成功率。省福彩中心根据各市、县的不同情况，精心策划，在大奖组销售的成功率上做文章。针对一些地方民政局筹备销售费用不足的实际，省福彩中心协助它们慎重选择商家进行合作销售；对于能力较强的地方则鼓励民政局自己组织销售。无论哪种办法，目的都是力争一次多销。

2. 电脑彩票销售。

2002 年吉林省电脑彩票销售了 2.3 亿元，主要抓了三方面的工作。一是注重市场研究，及时增加玩法。为了应对电脑彩票市场的激烈竞争，从 7 月初开始根据市场变化情况设计新玩法，9 月 2 日 21 选 5 电脑福利彩票正式上市。这一新玩法增强了福彩在市场上的竞争力，并成为电脑彩票的主导玩法。二是加强了管理和服务。省福彩中心制定了十几项内部工作制度，用以规范部门工作行为；投注站的信息管理和档案归档工作渐趋规范；按规定对各投注站重新进行了审查和续签了协议；备品发放更加科学合理，方便基层；对全省投注机集中时间进行了一次免费检修；摇奖工作质量有所提高。三是加强宣传工作。以《城市晚报》为主打阵地，报纸、广播、电视多媒体联动，实现了宣传方式的多样化。3 月 17 日起《城市晚报》“福彩天地”栏目创刊，解决了电脑彩票没有固定宣传阵地的问题，确保了摇奖次日在《城市晚报》、《新文化》、《东亚经贸新闻》都刊发福彩中奖信息，使宣传工作天天有文字，天天有声音，天天有影像，为彩民及时提供服务。

3. 即开型网点票销售。

2002 年全省即开型网点票销售了 200 万元。全年的销售活动分为两个阶段。第一个阶段是“中华风采”贺岁彩票的销售与销毁。1 月初至 3 月末销售，5 月末之前销毁剩余彩票。整个销售和尾票销毁工作圆满完成。第二阶段是从 6 月初开始筹划新的即开型网点票销售。首先派人考察了四川、重庆等兄弟省、市的网点票试点工作，然后做出了具体工作部署。一是因地制宜确定四平、通化、长春三市先行试点，在试点取得阶段性成果的基础上逐步铺开销售。二是实行“六统一”规范操作。即统一悬挂销售牌，统一销售许可证，统一彩票销售箱，统一销售员胸卡，统一宣传，统一培训，使新的票种在推向市场时以崭新的面貌展现在人们面前。三是利益分配向下倾斜，调动各方的销售积极性。规定销售员发行经费为销售额的 8%；社区居委会自己销售的，资助社区的公益金不低于 10%，电脑站销售，发行经费和公益金分配向市、县募捐办倾斜。四平、通化、长春三市已分别于 8 月 31 日、10 月 20 日、11 月 1 日开始试点销售即开型网点票。

二、加强市场研究，精心指导彩票销售

为了使福彩在不断发展和变化的彩票市场上提高竞争力，2002 年，吉林省福彩中心十分注重对市场的研究和对基层彩票工作的指导，并针对发现的问题采取了有效对策。

电脑彩票方面主要研究了设奖问题。从 2001 年下半年开始，电脑票销售势头趋缓。2002 年初省福彩中心在对市场进行了大量的、多渠道的分析调研后，感到这种状况是玩法的吸引力降低所致。借鉴外省的一些成功做法，省福彩中心 7 月初开始设计新玩法，于 9 月 2 日推出 21 选 5 的玩法，很受彩民的欢迎。这个新玩法将成为吉林省相当一段时期内的主导

玩法。

即开型大奖组销售方面呈现出恢复性增长的势头。近几年来大奖组销售一直不景气，主要是因为存在着三个问题，即认识问题、筹备销售的资金问题和组织销售的经验问题。省福彩中心采取的对策，一是提高认识抓“早”字，让市、县民政局认识到搞好大奖组销售的重要社会意义和经济利益，在提高认识的基础上早策划，赶在农忙之前展开销售。二是帮助销售筹备资金不足的销售单位选择合作伙伴。三是对于销售经验不足的基层民政局加强具体指导，帮助其研究销售方案，力争销售的成功。

即开型网点票试点方面在稳步运行。网点票是中国福利彩票发行管理中心2002年推出的新票种，2002年试点，2003年逐步推开。吉林省福彩中心对此项工作制定了完备的工作计划，保证了2002年即开型网点票试点工作的稳步进行。

（吉林省福利彩票发行中心供稿）

体育彩票发展概况

宋智光主任

在国家体育总局体育彩票管理中心和吉林省体育局的正确领导下，2002年吉林省体育彩票战线的全体员工发扬无私奉献和拼搏进取的精神，克服无数困难，提前并超额完成各项工作指标。具体销售情况如下：

2002年初，国家体育总局下达给吉林省的工作任务指标为，基础任务全省全年销售体育彩票2.1亿元，其中电脑彩票2亿元，即开型彩票1 000万元。下达给吉林省全年目标任务为2.7亿元，其中电脑彩票2.6亿元，即开型彩票1 000万元。吉林省体育局确定的年任务指标为3亿元。2002年，吉林省共销售体育彩票32 796.57万元，比2001年1.5亿元的销量翻了一番，增长117.49%。其中乐透型彩票24 390.12万元，即开型彩票1 619.31万元，竞猜型彩票6 787.14万元。电脑彩票中，七位数玩法彩票销售102期，累计销售1.8亿元；29选7玩法销售153期，累计销售6 340万元；竞猜型足球彩票销售24期，累计销售6 787.14万元。

（吉林省体育彩票管理中心供稿）

黑龙江省

彩票管理概况

一、彩票市场概况

2002年，黑龙江省财政厅认真贯彻落实国务院和财政部的有关文件精神，积极探索、开拓创新，彩票管理工作取得了明显成效，彩票市场秩序进一步加强，彩票销量跳跃式增长。2002年全省共销售彩票117 798.85万元，比上年增加32 538.55万元，增长38.2%。其中：福利彩票67 728.98万元，比上年增加25 948.46万元，增长62.1%；体育彩票50 069.87万元，比上年增加6 590.09万元，增长15.2%。

2002年，在全省各级财政部门和彩票机构的共同努力下，黑龙江省彩票销售主要有以下三个特点：

一是彩票玩法多样化，彩民的积极性明显提高。福利彩票和体育彩票各自在原有乐透型玩法的基础上，又分别增加两种玩法。即开型大奖组彩票作为传统玩法，采取了灵活多样的销售方式，继续在农村、乡镇彩票市场发展壮大。同时，新增发的足球彩票也一炮打响。各种玩法层次鲜明，互为补充，为黑龙江彩民提供了更多的选择空间，满足了不同层次彩民的需求，彩民购买彩票热情高涨。

二是宣传和营销工作透明度明显提高。为了让彩民更直接地看到彩票开奖的全过程，福利彩票和体育彩票的开奖从原来的录播，改为在黑龙江电视台每天19:00—19:30现场直播，同时邀请热心彩民和单位参与开奖，在彩民中引起很大反响。福利彩票和体育彩票分别在省内两家发行量较大的报纸《生活报》、《新晚报》开辟彩票专版，刊登当期中奖号码、彩市新闻、大奖得主趣闻，宣传彩票的有关政策法规，为彩民及时全面地了解彩票市场情况提供了便捷。

三是彩票的公开、公平、公正性得到较好体现。福利彩票和体育彩票通过设立举报投诉电话，邀请彩民到开奖现场监督等办法，建立行之有效的社会监督机制。这些办法赢得了彩民信任，同时也进一步完善了管理手段。

二、彩票市场监管情况

在积极规范市场的同时，财政部门充分履行彩票监管职能，在财务监管和市场监管上下功夫，监管力度进一步加强。

一是抓住基础管理环节，加强制度建设。针对黑龙江省彩票管理现状，按照国家彩票管理制度和政策，结合当地实际情况，提出了操作性比较强的贯彻意见，使全省彩票监管工作有章可循。省财政厅先后转发了《财政部关于印发〈彩票发行与销售机构财务管理办法〉的通知》、《财政部关于印发〈彩票发行与销售管理暂行规定〉的通知》、《财政部关于加强彩票市场监管的紧急通知》等文件，同时针对本省福利彩票资金滞留基层的问题，及时下发了《关于规范福利彩票资金结算管理的通知》等彩票监管文件，为彩票监管工作的顺利开展奠定了基础。

二是大力打击非法彩票活动。会同工商、公安、民政、体育等部门加大对非法彩票的违法犯罪行为的打击力度，对于群众举报的违法销售彩票的线索，迅速组织有关部门和人员进行检查和打击，净化了黑龙江省的彩票市场。

三是加强彩票资金管理，提高资金的使用效益。对彩票公益金和发行经费实行“收支两条线”管理，对彩票机构实行彩票发行经费计划审批。

四是研究下发了《省财政厅关于对全省福利彩票资金结算银行进行公开招标的通知》，为实行全省福利彩票资金统一结算进行公开招标。继体育彩票资金实行全省统一结算后，又通过严格的公开招标方式，确定工商银行为福利彩票资金全省统一结算银行。进行统一结算系统软件的设计和测试，为确保统一结算顺利实施做了大量的准备工作。进一步保证了福利彩票资金及时缴交和安全运转。

五是认真学习彩票的游戏规则，严格审核派送奖金等有关方案，积极促进两家彩票机构公平竞争，有效地维护全省彩票市场的正常秩序，促进了彩票市场的发展。

2002年，全省共筹集彩票公益金41 229.60万元。其中，上缴中央23 204.01万元，地方留用5 616万元，下拨地市12 409.59万元。彩票公益金支持了一大批社会公益事业的发展。其中，利用三年省级体育彩票公益金共6 000万元，建设了一个颇具规模的体育会展中心；利用国家返还的彩票公益金建设了8个青少年学生校外活动场所，同时还创造了4 000多个就业机会并带动了相关产业的发展，取得了良好的经济效益和社会效益。

（黑龙江省财政厅综合处供稿，于晓非执笔）

福利彩票发展概况

王国黎主任

2002年，黑龙江省福利彩票取得了跨越式发展，销售总额达到67 728.98万元，其中乐透型彩票64 930.09万元，即开型彩票2 798.89万元，共筹集彩票公益金23 705.14万元。销售总额列全国第六位，创历史新高。另外，黑龙江省自行研制开发的电脑福利彩票全热线销售系统安全运行，独具优势，得到民政部和中国福利彩票发行管理中心的肯定。

一、解放思想，与时俱进，不断开拓福利彩票发展市场

2002年初，黑龙江省福彩中心提出“围绕销量做营销，面向市场求发展”的工作思路及确保销量4个亿，力争6个亿的奋斗目标。在这一思想指导下，全省彩票工作者解放思想，大胆创新，努力工作，掌握了市场竞争主动权。

首先，通过买断投注机，加强对投注站的管理，充分调动投注站经营者的积极性。借鉴其他省市的作法，黑龙江省福彩中心于年初决定，将投注机卖给投注站经营者。这一做法不仅实现了风险分担，提高了彩票系统安全运行的能力，而且充分调动了投注站经营者的积极性，促使他们千方百计做好营销、宣传和服务工作，提高销量，同时也增强了他们爱护设备的责任心和积极性，延长了投注机的使用寿命。

其次，通过增加玩法和派奖，增强福彩的新鲜感和吸引力。7月15日，在纪念“龙江风采”电脑福利彩票发行两周年之际，省福彩中心适时推出22选5新玩法。这是继36选7和数字型6+1玩法之后推出的第三种玩法。这种玩法中奖面更宽，一等奖中奖机会更高，被称为“万元户的摇篮”。新玩法与两种老玩法一起形成了高、中、低搭配的合理布局，为不同喜好的彩民提供了更多的选择空间。玩法的创新进一步活跃了黑龙江彩票市场，福彩销量屡创新高。

二、提高投注站经营者的整体素质，提升彩票销售人员的服务质量和营销水平

2002年，黑龙江省福彩中心以“树福彩形象，创福彩品牌”为目标，

以开展优秀投注站评比为手段，加强了对投注站的规范化建设和管理。首先，在已有1 220个投注站的基础上，陆续增加了480多个投注站，使投注站总数达到1 700多个。同时，省福彩中心于年初开始对全省所有投注站进行了清理，对转让、迁址、注销等情况重新登记建档，提高了投注站管理工作的规范化、制度化建设水平。针对有些地方出现的销售人员随意更换，不经培训就上岗，业务不熟，出现差错和服务态度、服务质量不好等情况，省福彩中心及时制定了投注站持证销售管理办法，要求投注站必须持有销售许可证且悬挂于明显位置，销售员必须经培训后方可持证上岗。为了全面提高销售人员的营销观念和销售技术水平，黑龙江省福彩中心组织了一次巡回培训，聘请专家专门讲授市场营销理论和彩票的营销观念、营销策略。黑龙江省福彩中心有关业务部门的工作人员也接受了针对工作中存在的实际问题进行的培训和指导。省福彩中心还对投注站实行动态管理，不定期对各投注站销售情况进行通报，督促地市组织力量到销售不好的站点了解情况，分析原因，研究对策，帮助其提高单机销量。对确因地点偏僻、站点设置过于拥挤而影响销量的，及时调整；对业务不熟的进行培训；对责任心不强，经营不善，又不积极采取措施改进的给予批评指正，情况严重的取消销售资格。此外，还对投注站作废票功能使用情况存在的问题及时采取措施，取消了投注站作废彩票功能，将彩票的作废权限收到地市一级彩票机构。

三、以市场化为导向，走社会化营销宣传之路

面对竞争日益激烈的彩票市场，省福彩中心在2002年采取了“润物细无声”的宣传策略，充分利用各种媒体做好宣传营销工作。《生活报》、《新晚报》每周3期福彩专版。《中国社会报》、《公益时报》、《黑龙江日报》、省电视台的文艺台、省电台的交通台、西岸网讯、168台、信息网站等媒体上经常报道福彩信息，多层次、全方位地宣传福彩深得人心的发行宗旨、国际水平的热线系统、玩法技术的多样性、大奖的奖金和中奖情况等内容。同时，在农村书写福彩的宣传标语13 800多条，使福彩的形象深入到农民群众中。

开奖本身也是一种重要的宣传形式。省福彩中心利用各种条件，协调省、市电视台和省公证处等单位，创造便利条件，保证开奖的顺利进行。在数据传输、摇奖机和摇奖球的维护保养管理、中奖信息记录等环节上都做到责任到人，严格把关，确保了全年在开奖环节上没有出现问题。

四、强化机构内部管理和职工队伍建设

黑龙江省福彩中心坚持每个季度召开一次各地市主管局长及彩票中心主任参加的例会，交流各地彩票工作的情况，经验共享。同时对人均销量、布点情况、投注机完好率等指标实行考核奖励制度，有效地激发了各地的工作热情。

黑龙江省福彩中心担负着全省电脑福利彩票的总体策划、组织管理和开奖、宣传、技术服务、财务核算、兑奖等具体业务工作，必须要有一支过硬的职工队伍，有一套科学严密的管理办法和灵活高效的管理机制。为此，省福彩中心围绕福利彩票的发行宗旨和工作特点，在对职工开展爱岗敬业教育的同时，落实岗位责任制，实行科学化、制度化管理，并确定了与工作责任、工作质量挂钩的奖励办法，强化了激励、约束机制，从而增强了每个职工的责任意识，充分调动了大家的积极性，提高了工作质量和工作效率。

在资金管理方面，黑龙江省福彩中心严格按财政部门的要求，实行了收支两条线管理，将福利彩票资金纳入财政专户存储，制定收支计划，报财政部门审批并严格控制，自觉执行。在内部财务管理方面严格执行规定，限额内自行控制，超限额报主管领导审批，保证了资金合理运行，良性循环。

（黑龙江省福利彩票发行中心供稿）

体育彩票发展概况

郭廷秀主任

2002年，是黑龙江省体育彩票事业持续发展、走向成熟的一年，全年共销售体育彩票50 069.87万元，其中乐透型体育彩票销售40 076.92万元，即开型体育彩票销售3 276.35万元，竞猜型体育彩票销售6 716.60万元。年销量首次突破5亿元大关，较2001年提高15%，再创历史新高。

一、抢抓机遇，开拓市场，扩大电脑体育彩票发行规模

（一）足球彩票成功上市，一炮打响。

足球彩票是真正意义上的体育彩票，黑龙江省体育局对发行足球彩票工作十分重视，先后参加了国家体育总局体育彩票管理中心举办的足球彩票业务、技术培训并赴辽宁省学习考察，之后制定了本省的业务、技术、财务培训方案。

为做好足球彩票的宣传工作，黑龙江省体彩中心与新闻媒体密切合作，在生活报、新晚报的彩票专版上开辟了足球彩票专栏，介绍足球彩票的知识，向广大彩民和球迷宣传足球彩票。

经过几个月紧锣密鼓的筹备，2002 年 4 月 8 日，足球彩票在黑龙江省正式发行，首期销售 313 万元，第二期销售 382 万元，第三期销售 434 万元，在新发行足球彩票的省市中位于前列。

（二）适时推出新举措，电脑体育彩票销售再创新高。

第一，新增乐透型 21 选 5 玩法。经过精心策划，黑龙江省于 7 月 15 日推出了小盘玩法 21 选 5 乐透型彩票，并把 21 选 5 新玩法的上市与哈尔滨申办 2010 年冬季奥运会结合起来。新玩法一上市，第一期销售额就达 110 万元，2002 年平均期销量达到 55 万元，显示出了应有的生机与活力。

第二，增加开奖次数。将 29 选 7 玩法由每周两次开奖调整为每周四次开奖，同时新上市的 21 选 5 玩法周一至周六天天开奖，这样加上足球彩票，黑龙江省电脑体育彩票每周开奖达 13 次。

第三，调整兑奖权限。将单注彩票 10 万元以下奖金的兑付工作下放到各地市，这样绝大多数彩民都可在当地领到奖金，方便了彩民兑奖。

（三）继续扩大电脑体育彩票市场覆盖面，基本上消灭空白点。

2002 年年初黑龙江省体彩中心成立了“黑龙江省中国电脑体育彩票农垦分支站”，在农垦系统设立了 46 个电脑体育彩票销售网点，并在漠河、呼玛、抚远等边远县市设立了电脑体育彩票的销售点；2002 年 9 月份又在牡丹江、佳木斯、绥化、鹤岗、黑河等地的电脑彩票的销售盲点布设了网点；2002 年 10 月 18 日在方正林业局进行电脑体育彩票销售的试点工作。以上工作使全省电脑体育彩票销售点达到1 278个，基本消灭了电脑体育彩票销售的空白点。

（四）抓住关键，积极谋划，做好体育彩票的宣传工作。

宣传工作的好坏，直接影响到体育彩票的销售，可以说宣传工作是销售工作的生命线。为此，黑龙江省一方面积极配合出台的新举措扩大宣传，另一方面，把重点放到形象宣传上，体现体育彩票的公益性。例如把 21 选 5 的上市与哈尔滨申办 2010 年第 21 届冬奥会结合起来，请杨扬等著名运动员现场开奖、做节目，用孔令辉、杨扬形象制作宣传画等，取得了较好的效果。

（五）加强对各分支站和销售网点的管理，维护体育彩票正常销售秩序。

2002年，黑龙江省进一步建立健全各项管理制度，加强对销售网点的管理，树立典型并进行推广，对销售员的培训也由简单的业务、技术培训扩大到营销基本知识、宣传要点、规范服务等方面，建设起一支业务通、技术过硬、思想端正的能打硬仗的管理队伍和销售队伍。

（六）加强开奖管理，保证开奖活动万无一失。

一是保证数据的绝对安全。中心机房是电脑体育彩票销售系统的中枢，为保证数据的绝对安全，省体彩中心先后建立完善了各种规章制度，对重要数据及时备份。二是规范开奖管理。严格执行《黑龙江省中国电脑体育彩票开奖活动管理暂行办法》的有关规定，加强开奖现场人员的力量，各项具体工作分解责任落实到人，重要工作还指定替补人员。每次摇奖前均对摇奖机进行详细检查、测试，较好地完成了全年的开奖工作。

二、转变思路，深入挖潜，积极稳妥地开展即开型体育彩票销售活动

在电脑体育彩票保持良好销售势态的同时，省体彩中心积极与各地市县体育部门联系，介绍宣传即开型彩票规模销售的现场示范性、轰动性、规模性、宣传体育的直观性等电脑体育彩票所不具备的特点，调动各市地销售即开型彩票的积极性。还抓住契机，开展世界杯即开型彩票的销售工作。2002年，黑龙江省13个地市及农垦系统均进行了即开型彩票的分散销售，还有9个地市、32个县（市）进行了即开型彩票的规模销售，使销售额达3 276万元，较上年增长76%，居全国中上游水平。

（黑龙江省体育彩票管理中心供稿）

上　海　市

彩票管理概况

一、彩票市场概况

2002年上海市彩票销售额为182 801.32万元，比上年增加25 238.69万元，增长16%；其中，乐透型113 776.43万元，即开型18 937.68万元，竞猜型50 087.21万元。2002年上海市共筹集彩票公益金63 980.46万元，上缴中央35 493.88万元，上海市留用28 486.58万元。

2002年上海市各类彩票兑付奖金金额9.17亿元，1万元以上中奖者缴纳个人所得税0.86亿元。2002年年末，上海市共有电脑彩票销售终端机3 000台，比2001年年末的2 450台净增550台。

二、健全制度，进一步规范彩票资金管理

为了进一步完善彩票管理制度，强化对彩票销售机构的财务监督，规范彩票资金管理，2002年初上海市根据《财政部关于加强和完善彩票机构财务及彩票资金管理的通知》精神，制定了《上海市关于加强和完善彩票机构财务及彩票资金管理的通知》，从以下几个方面做出了规定：

（一）本市财政部门内部对彩票机构的财务管理，由财政预算部门负责。彩票机构的财务收支预算和决算不纳入其行政主管部门的预决算，单独报同级财政预算部门审批。

（二）彩票机构销售彩票筹集的公益金和提取的发行经费，由彩票机构缴入财政专户，按“收支两条线”原则进行管理。

在上海市区域内销售彩票所筹集的公益金，由市级彩票机构统一集中，并于每月10日前将公益金全额缴入市财政专户。

彩票发行经费缴入同级财政专户管理。彩票机构应于每月10日前，将按规定属于本级使用的彩票发行经费缴入同级财政专户，需上缴上级和

下拨下级机构的彩票发行经费，由彩票机构直接按规定的比例划拨。

（三）彩票机构在国有商业银行开设彩票资金专用账户，专门用于归集彩票资金。

三、加强彩票市场的监管，促进彩票市场健康有序发展

（一）全面清理彩票游戏规则，规范彩票销售行为。

2002年初按照财政部的统一部署，上海对全市的福利彩票和体育彩票游戏规则和发行销售方式进行了全面清理，通过审核并报经财政部批准，本市彩票销售机构按照财政部批准的彩票游戏规则和发行销售方式，向社会公布并实施，进一步规范了彩票销售机构的销售行为。

（二）严厉打击赌球等非法彩票活动，切实维护彩票市场秩序。

为了净化彩票市场，打击非法彩票活动，由市财政局会同公安、工商、民政、体育联合印发有关在本市打击赌博活动，大力整顿彩票市场秩序的通知，要求各区县对本区域的彩票市场进行一次全面调查分析，凡涉及违反规定发行销售彩票的行为，以及变相发行彩票和赌博等非法彩票行为，应依法严肃查处。市公安局开展了打击赌球等非法彩票活动的专项治理行动，对严重危害社会治安秩序的赌博案件，以及赌球案件中的庄家、赌头，聚众赌博的窝点，予以严厉打击，并建立了财政部门与公安机关长期的协作工作机制，成立了专项治理领导小组，有效打击和遏制了赌球等非法彩票活动的蔓延势头，为全市彩票业和市场经济的健康发展创造了良好的治安环境。

（三）加强协调配合，切实解决管理工作时效。

根据《财政部关于加强彩票市场监管的紧急通知》精神，为提高彩票机构的开奖、兑奖时效。当奖池不足开奖时，经财政部门批准，彩票机构可以直接在对应的调节基金余额中，调出一定金额补充彩票奖池。财政部门则通过调节基金转账的额度和转账后的月度报表制度，对彩票机构使用调节基金情况进行监督控制。

四、加强收支计划管理，规范公益金和发行经费的使用

彩票发行经费和公益金坚持“先筹后用”的原则。彩票机构支出控制在彩票机构的收入之内，公益金的使用计划坚持收支平衡，略有结余。

2002年上海市留用彩票公益金为28 486.58万元，实际支出2.20亿元。为保证公益金专款专用，财政部门加强公益金项目的计划管理，会同有关部门对公益金使用进行项目评审，使公益金的使用更趋规

范合理，公益金的资金效益发挥得更优。

福利彩票公益金主要用于以建设社区老年人福利设施为内容的“星光计划”。至 2002 年底，第一期“星光计划”项目如期完成，共投入公益金近 1 亿元，新建老年活动室 316 家，在 102 个街道、镇社区事务受理中心增设了老年服务项目，改造了 63 家薄弱敬老院，在 131 个街道（镇）实施了居家养老补贴，补贴 4 万多人次，为 1 万名（户）老年人安装“安康通”紧急援助呼叫器。此外，还进行了社区老年人远程教育网和信息网等信息化项目建设的探索。例如，闸北区陆丰社区街道建成了福利彩票资助的“星光老年之家”，占地约 400 平方米，管理、活动用房 8 间，属本市标志性、示范性老年活动场所。中心设置资讯中介，可进行远程教育、信息化学习和数字化服务，还具有多媒体影视、医疗护理、体育健身、公共娱乐、文化休闲、手工制作等综合性功能，是社区老年人休息、娱乐、学习、保健的理想场所。

体育彩票公益金主要用于实施“全民健身计划”和“奥运争光计划”。近几年在这方面投入 1.9 亿元，建成了健身苑 150 个，健身点3 071 个，健身校园 31 个，场馆健身点 22 个，体育公园 2 个；2002 年还用于青少年素质教育基地建设、东方绿州开办费等。这些项目的建成和完工，为推进上海市全民健身运动，提高市民素质起到了积极的作用。

（上海市财政局预算处供稿，黄永华执笔）

福利彩票发展概况

余建国主任

一、销售概况

2002 年，上海市共销售福利彩票 80 032.30万元，其中销售乐透型彩票 69 636.46万元，即开型彩票10 395.84万元，销售总量在全国名列第五。全市销售福利彩票共筹集彩票公益金28 011.31万元。各类福利彩票兑奖总金额达39 747万元，1 万元以上中奖者上缴个人所得税2 806 万元。2002 年，上海市福彩中心受到中国福利彩票发行管理中心表彰，荣获2001 年度全国福利彩票“销售总量一等奖”、“人均销量二等奖”。

二、市场管理

1. 福利彩票的扩容布点工作。

为方便彩民购彩，2002 年初，市福彩中心在市场调研的基础上，对“上海风采”电脑福利彩票热线系统的扩容工作进行了总体规划和积极筹备。首先从内部入手，抓紧做好系统设备和通讯设施的准备和落实，增加开发电信线路及添置相关设备。另一方面对全市电脑彩票投注站的分布情况进行摸底，为合理布局、均衡布点做好基础工作。经过多方努力，全市新装 AWI 系统的终端机 350 台，“时时乐”系统（SL）终端机 120 台，顺利完成电脑彩票扩容工作。

2002 年，对福利彩票即开票的网点销售做了一些探索性的工作，主要在好德便利、易购 365 等超市系统开设了兼营性的销售网点，共计 350 家。为了实现福利彩票专卖店向 19 个区县辐射的目标，积极开展了专卖店扩展工作。至年底，专卖店从只有南京路上的中国福利彩票上海专卖店 1 家扩展到近 60 家，每个区县平均达到 3 家。目前，全市较大规模的专卖店已有 5—6 家，较小规模的有 50 多家，为推行全国联合发行的电脑彩票“双色球”游戏奠定了基础。

2. 不断开拓广播电视福彩宣传的新形式。

2002 年，上海市自行设计了“上海风采”即开型福利彩票马年套票。彩票配以历代与马有关的画作，是首次以生肖为主题发行的具有“上海风采”福利彩票传统特色的套票。马年套票内藏 20 张彩票，另加一张珍藏卡。彩票面值 5 元，每套售价 100 元。为激发彩民购买热情，使开奖节目更具趣味性、娱乐性和宣传性，市福彩中心与东方电视台合作，推出了以马年套票开奖、摇奖为主要内容的“喜从天降”电视节目。节目以沪上彩民为主要参与者，吸收各种综艺元素，设立 1813688547“电话入围”幸运彩民游戏，于 2002 年 1 月 6 日开播。“喜从天降”开奖节目全年共播出了 50 场，约有5 000人次参加了活动，在广大市民中颇具影响，在该电视频道中成为最受市民欢迎的节目之一，收视率名列前茅。同时，全市拨打 1813688547 参与“电话入围”游戏活动的热线电话达 560 余万次。市福彩中心与上海电视台财经频道共同创办的全国第一个说彩评彩专题栏目“天天精彩”，自 2002 年 1 月 4 日开播以来，得到广大电视观众的认可。之后又扩充了周末真情版，成为电视台的一档意想不到的好节目。下半年，又在东方广播电台开设了“精彩大世界”栏目，在上海广播电台开播了“精彩星期天”栏目，两个栏目受到广大老年彩民的青睐，成为收听率较高的节目。在抓好平面媒体宣传的同时，对广播电视宣传媒体的开发成为 2002 年上海福彩宣传工作的一个新进展。

3. 彩票营销管理工作。

2002 年，上海市加强了电脑彩票投注站的规范化建设，完成了投注站1 700份合同的续签工作。为使投注站的设置、迁移、变更、关闭等工作更趋规范化、程序化、公开化，重新对彩票销售的有关条文做了完善和修订，汇编了《“上海风采”电脑福利彩票投注站管理制度》。在日常的彩票发行管理工作中，不仅注重对投注站站点资料的收集、整理，而且加强对销售员的业务培训和素质教育，特别是做好对新加盟的销售员的业务培训，使新装彩票投注机的销售员很快胜任工作。为贯彻落实新的财务会计制度，规范区县彩票机构彩票核算管理，还为财会人员举办了多次培训。

4. 技术研发和储备。

上海市在引进国外技术的同时，自行开发了彩票热线投注系统并正式投入使用，运行状况良好。随着 IT 技术的进步，为使这套自行开发的系统更趋完善，2002 年又开发了各种通信接口的适用技术，使终端机在通信接口上适应性更广，处于全国领先水平。由于自行开发的系统具有自主性，新游戏的开发在时间上更易掌握，因此当接到中国福利彩票发行管理中心推行全国联网的“双色球”玩法的通知后，上海市仅用了一个月的时间便完成从开发到调试的大量技术工作，为确保“双色球”的开卖赢得了时间。为了使未来高频率开奖的游戏能上马，还开发了音乐摇奖系统。该摇奖机设计合理，受到了国内专家的好评，通过了国家级专家组的鉴定，为今后采用多媒体系统开奖做了技术储备。

在 2001 年首次开通交通银行太平洋卡电话投注业务的基础上，上海福彩 2002 年又先后开通了民生银行民生卡、农业银行金穗卡、招商银行一卡通和手机短信投注业务，为市民投注提供了更多方便。

三、公益金使用

上海市民政局根据民政部的部署，认真实施以建设社区老年人福利设施为内容的“星光计划”。至 2002 年底，第一期（2001 年 4 月至 2002 年 4 月）“星光计划”的项目如期完成。据统计，本市共新建老年活动室 316 家（包括农场、劳改、劳教等非区县所属单位）；在 102 个街道（镇）社区事务受理中心增设了老年服务项目；改造了 63 家基础设施薄弱的敬老院；在 131 个街道（镇）实施了居家养老补贴，补贴 4 万多人次，金额达 400 万元；为 1 万名（户）老年人安装“安康通”紧急援助呼叫器。此外，还对社区老年人远程教育网和信息网等信息化项目建设进行了探索。第一期“星光计划”的实施，共投入8亿元的资金和物资，其中福利彩票所筹集的公益金投入近1亿元。例如，闸北区陆丰社区街道棚户简屋多，公益设施少，是区内旧式房屋最集中的社区之一。该区利用“平改坡”* 工程投入公益金进行改造，在社区内建成了福利彩票资助的“星光老年之家”，占地约400平方米，管理和活动用房8间，属本市标志性、示范性老年活动场所。其中设置了资讯中介、远程教育、信息化学习、数字化服务、多媒体影视、医疗护理、体育健身、公共娱乐、文化休闲、手工制作等10类综合性功能，是社区老年人休息、娱乐、学习、保健的理想场所。

为加强对公益金的使用和管理，市民政局专门设立了资助项目评审办公室对各级“星光计划”公益金的使用进行全面的检查和监督，从而保证管好用好福利彩票公益金，使其发挥出最大的社会效益。

（上海市福利彩票发行中心供稿）

体育彩票发展概况

朱南俊主任

2002年是上海市体育彩票工作取得重大突破的一年。

销售量首次突破10亿元大关，达到102 769.02万元，比上年提高75%，彻底扭转了体育彩票在上海彩票市场中的地位。

一、成绩喜人，全面完成各项任务

国家体育总局体育彩票管理中心给上海市体彩中心下达的2002年度任务，是确保完成6.3亿元，争取完成8亿元销售额。市体彩中心年初确定的以突破销量为中心，以强化管理为抓手，电脑型、即开型齐头并进，完善内部运行机制，召开体育彩票研讨会，建立体育彩票专业网站，研发热线销售系统等各项具体目标任务都基本上圆满完成，上海体育彩票销量达到102 769万元，取得了全面的进步。

* “平改坡”是上海城市改造的一项工程，指在原平顶的房子上加盖坡形顶。

二、强化管理，提高机制运作效能

2002年上海市召开了两次体育彩票工作会议，确保各级管理机构和各从业人员在实际工作中协调一致，提高了工作效率。市体彩中心强化了区县体彩机构的职能，为各区县体彩机构配置电脑，搭建了系统内部资源共享的局域网，加强了与各体彩机构的沟通和协调。对电脑体育彩票销售点的管理，通过各区县单机平均销量浮动的量化统计来评定工作业绩，制定了即开型彩票销售工作的流程规范。

除继续推行3%末位淘汰制、坚持每月结算日等传统制度外，还根据形势需要对原有的规章制度进行了全面修订，编写了内容详实、汇集各种管理制度和体育彩票知识的《上海电脑体育彩票销售点管理制度和销售员培训教材》，在7月份对全体销售员进行了一轮再培训，并对销售员进行全员考核，提高了销售员的整体业务水平。

三、勇于探索，促进销量再攀新高

2002年上海市电脑体育彩票销量超过9.3亿，即开型体育彩票在市场不景气的情况下也销售了8 400多万元。

上海电脑体育彩票的4种玩法都拥有了各自相对固定的消费群体，销售量基本上保持稳定。足球彩票是主打品牌，平均期销量在1 500万上下，一直稳居全国四强之列。其他3种玩法销量也稳中有升。

即开型体育彩票市场近几年一直处于低迷状态，但市体彩中心不畏艰难，为突破市场困境进行了有益的探索和尝试。在继续推广黄浦区长期设点销售的经验的同时，不失时机地组织大规模的联销活动，“五一”黄金周期间，组织了13个区的即开型体育彩票联销活动，取得成功，共销售5 000余万元。

四、研究理论，寻求体彩市场规律

为了进一步发掘上海体育彩票市场，探讨有关体育彩票的实践与理论问题，在市体育局的组织下，召开了体育彩票发展战略研讨会。这次研讨会共收到近80篇论文，围绕着如何改进和发展上海体育彩票工作，在丰富玩法、创新营销、加强管理等方面提出了许多有价值的对策与建议。

为配合研讨会的召开，市体彩中心和上海体育学院研究生部合作完成了一项对体育彩票市场的调查研究课题。这次调查以100个地域不同、业绩各异的销售点为调查对象，调查的时间为6月1日到14日，历时半个月，共收集彩民问卷3 294份，销售员问卷100份，在进行问卷调查的同时，还面访了399名彩民和100名销售员，撰写了具有较高质量的论文。

市体彩中心还在年底对足球彩票进行了专题调研。通过调研发现，上海彩民队伍约有70万人，只占上海总人口的5%，尚有很大的拓展空间。

五、加强宣传，创造良好的舆论环境

上海市体彩中心要求工作人员和销售人员都要树立品牌意识，注意培养体育彩票良好的社会形象，为此加大了宣传力度：规模比较大的体育彩票宣传活动有4次，建立起了一个为彩民服务的专业网站，与《文汇报》合作在世界杯期间组织“我与足彩”征文活动等。

六、居安思危，清醒认识市场困难

目前上海体育彩票工作仍面临不少困难，上海人口总量有限，不能和一些人口大省相比，而且上海彩民相对比较理智，所以体育彩票的销量多年处于平稳中略长的势态，靠足球彩票才取得了突破。因此，上海体育彩票面临着如何进一步扩大彩民队伍的问题。

（上海市体育彩票管理中心供稿）

江　苏　省

彩票管理概况

2002年是江苏省彩票制度建设、资金管理、市场管理走向成熟的一年。江苏省全年共销售彩票255 104.13万元，共有销售终端机4 000台。其中：按系统分，福利彩票72 515.36万元，体育彩票182 588.77万元；按类型分，乐透型彩票1 905 504.13万元，即开型彩票38 795.06万元，竞猜型彩票25 758.37万元。

在制度建设方面，江苏省先后转发了财政部《关于加强和完善彩票机构财务及资金管理的通知》、《关于编制2002年彩票发行与销售机构财务收支计划的通知》、《财政部关于印发〈彩票发行与销售机构财务管理办法〉的通知》、《财政部关于财政专户资金管理有关事宜的通知》、《财政部关于印发〈彩票发行与销售管理暂行规定〉的通知》、《财政部关于加强彩票市场监管的紧急通知》等。根据上述文件精神，结合本省实际情况，江苏省又制定了管理政策：彩票机构收取的彩票投注机设备保证金实行全额专户管理制度；彩票调节基金的使用实行审批制；彩票机构以往年度已提折旧，贯彻新制度后不再重提，也不再返还资金；省级彩票机构实行财务收支计划和财务报告管理制度等。从2002年起，两个省级彩票机构按规定编制财务收支计划（预算），直接报送省级财政部门审核后报省人代会批准执行。两个彩票机构的人员支出费用按一般事业单位标准执行，事业经费按事业发展需要并参照往年同期水平制定。对两个省级彩票机构年初分别下达年度考核办法，从彩票销量、销售管理、宣传工作、技术保障、财务管理、奖励办法等方面进行考核。年度终了，先由彩票机构自行考评，各地财政部门签署意见，最后由省财政厅正式下达考核结果。

资金管理严格执行财政部统一规定的模式，彩票公益金全部上缴省财政专户，由省级财政按规定的比例进行再分配。即开型彩票公益金由省级彩票机构统一结算、收缴，再按月上缴省级财政专户。发行经费的分配，由省级彩票机构呈报分配意见，经省级财政部门同意后下发各地执行。省级彩票机构在每月15日前上报资金结算单，同时上缴应缴资金。一年多来执行情况良好，除即开型福利彩票公益金因国家下达上缴比例时间较晚，且其比例远远超过省内预分配比例，造成部分公益金未及时上缴外，其他全部按期上缴。

在逐步完善彩票制度建设和资金管理的同时，江苏省不断加强对彩票市场的管理，既保护福利彩票和体育彩票之间的适度竞争，形成相辅相成局面，又避免相互排斥，恶性竞争。首先省财政厅约法三章，明确规定不准相互攻击、不准为对方设置障碍、不准在宣传上谈论对方、不准唱“对台戏”、不准做不利于对方的事等，保证双方有一个良好的外部环境。其次是理顺关系，增加接触，促进沟通。在玩法上保持双方各有特色，互不重复。由于市场秩序对彩票机构的销售影响很大，如果不采取有力措施，彩票市场将直接受到非法彩票的冲击。为此，江苏省制定下发了《关于进一步整顿彩票市场秩序　打击私彩活动的通知》，要求全省各地财政部门会同当地公安、工商部门对非法彩票行为进行严肃查处，销毁私彩销售器材，没收其非法所得。经过全省有关部门的共同努力，取得了一定成果。与此同时，江苏省按照财政部关于加强彩票市场监管的紧急通知的要求，重申各级彩票机构必须严格遵守财政部统一制定的各项规则、制度，并针对本省一些薄弱环节，制定了相应的整顿措施。一年多来，财政部的有关规定在江苏省都得到了很好的贯彻执行。

为了更好的研究、探索彩票市场管理，开拓彩票市场，2002 年，江苏组织全省财政综合系统开展对彩票市场的调查研究，各地撰写了大量调研报告，就提高彩票发行量，降低发行成本的有效途径等问题进行了积极的思考研究。

（江苏省财政厅综合处供稿，王少祥执笔）

福利彩票发展概况

谈本大主任

2002 年，江苏省全年销售福利彩票 72 515.36 万元，保持了全国福利彩票销售量第六的位次，其中乐透型彩票销售 51 001.66 万元，即开型彩票销售21 513.70万元，共筹集公益金25 380.38万元。

一、电脑票在逆境中艰难发展

2002 年，江苏省福彩中心面对比较严峻的市场形势，在一无销售基础，二无资金实力的情况下，确立了理性竞争的指导思想，根据江苏彩市的实际情况，于 1 月 12 日将传统型 6＋1 玩法调整为 7 位数，并向奖池投入调节基金1 000万元。4 月 8 日起，将电脑福利彩票销售期结时间由 16∶00 延至 17∶00。7 月 14 日开始，传统型 7 位数由每周双开增加到每周三开。同时，为提高彩民的购彩兴趣，分别推出了传统型胆拖投注和乐透型胆拖投注。通过种种努力，全年销售电脑彩票 5.1 亿元，比上年增长 1.2 %，稳中有升，达到了“巩固市场，稳定销售”的目的。

二、即开票在竞争中再创佳绩

2002 年共销售即开票 2.15 亿元，在全国即开票销量排名中位居第三。为搞好即开票大奖组的销售工作，省福彩中心最大限度地让利基层，有效调动了各地组织大奖组销售的积极性，使上半年销量同比增加了 86%。各地紧紧抓住元旦、春节、“五一”和国庆这四个即开票销售佳期，精心组织，周密策划，共组织奖组 33 个。常熟市以单点销售3 700万元拨得大奖组销量头筹。为了拓展即开票的发展空间，2002年8月，省福彩中心采取统一组织、统一宣传、统一设奖、统一销售的形式，在全省首次通过投注站和所有即开票销售点销售了“和气生财”、“招财进宝”两种即开型彩票，虽然销量不多，但为江苏今后网点即开票的发展探索了经验。

三、管理工作取得新的突破

1. 搞好制度建设。

结合江苏省实际情况，积极做好各项规章制度的建立和完善工作，先后下发了《关于加强投注机安全管理》、《关于做好春节期间福利彩票大奖组销售工作的通知》、《关于中心机房有关制度的通知》、《关于成立省福彩中心安全生产领导小组的通知》等10多项规章制度，进一步细化和规范了销售行为。

2. 建立目标管理考核制度。

2002年首次对市级福彩中心实行了目标管理考核，明确权利和义务，统一操作，规范管理。为此专门成立了目标考核小组，对市级福彩中心的各项工作进行了检查考核。从考核情况看，推行目标管理责任制的成效是明显的。

3. 投注站管理。

对站点实行人性化管理，提出了“寓管理于服务之中”的理念，要求各市转变工作作风和工作方法，实行分片包干的管理制度，变“等待上门”为“服务上门”，变“单纯性管理”为“指导性服务”，增强了从业人员的凝聚力。春节前夕省福彩中心还分别派员对全省100多个优秀投注站点进行了慰问。继续开展了优秀投注站评比活动，从销售量、站点形象、服务质量、资金上缴等方面对全省2 000多个站点进行综合考评，评出省级优秀投注站点128个，其中有17个站点荣获“全国优秀投注站”称号。

4. 销售系统管理。

一方面落实专人定期对中心机房内硬件设备、软件系统检查维修，以保证每台设备、每套系统的正常运行。另一方面要求各市技术员加强对所属地区投注机的巡查，保证了全年400多次开奖工作的顺利进行。

5. 站点缴款管理。

展开了对全省投注站销售款的第二次清理工作，组织清理了大量的原始数据。为进一步规范投注站资金上缴工作，于10月份对缴款方式进行了改革，用交款卡代替存折，实现全省联网。同时代销费实行先交后返，不再内扣，强化了制约机制，有效制止了拖欠款现象。

四、乡镇布点工作初见成效

2002年，省福彩中心根据彩市发展的需要，提出了“以规模取胜”的原则。7月，召开了全省农村电脑彩票工作会议，推广了乡镇布点的经验。会后，各地积极行动起来，乡镇布点工作取得了一定的成效。例如，截至2002年底，盐城市乡镇站点数由年初的58个增加到141个，乡镇站点覆盖率达106.7%，乡镇站点销量占了该市电脑票销量的30%左右。徐州市乡镇投注站数量由年初的57个增加到96个，乡镇的销售量占该市电脑票销量的39%。

五、加强市场调研与培训工作

2002年，省福彩中心采用走访站点、发放问卷、召开彩民座谈会等形式，多次对全省彩票市场进行了调查与分析，避免了急躁蛮干情绪，为制定市场营销策略提供了依据。为了使福彩系统工作人员适应福利彩票事业发展的需要，省、市福彩中心加强了对职工的培训。省福彩中心先后4次组织了对全省宣传、技术、财务等方面的培训活动，邀请专家、学者就市场调研、市场营销等方面的知识为福彩系统人员授课。同时，积极配合省福彩协会举办了2次培训班。开展了销售人员巡回演讲的筹备工作。在新玩法、新软件推出前及时对销售员进行集中或分散培训。一系列的培训工作为提高福彩队伍整体素质打下了基础。

六、积极开辟销售新途径

2002年将手机投注和银行卡投注摆上了议事日程，并分别与江苏移动公司、交通银行南京分行合作进行了技术开发。在中国福利彩票发行管理中心的统一部署下，进行了“双色球”的技术准备工作。同时，提出了在现有准热线系统的基础上进行全热线改造的设想，并在反复调研、充分论证之后，选定了江苏福利彩票全热线销售方案。经过与电信部门的多次谈判协商，就通讯资费等问题达成了协议，解决了热线销售的基础问题。此外，还追加了经费预算，完成了政府采购，在此基础上搭建了热线系统测试平台，完成了软件升级工作。

七、宣传工作进一步深化

为了让有限的资金获得最好的宣传效果，采取软性宣传与硬性宣传相结合的办法。一是开展公益活动，继续打造福彩“扶贫济困”的品牌形象。春节前夕，省福彩中心与南京、无锡、苏州、常州、镇江、南通、徐州、淮安、连云港、宿迁等10个市共同开展了“福彩百万送温暖活动”，资助3 000户特困家庭每户500元。8月底在全省开展了“爱心助才”活动，支出公益金50万元，帮助全省250名城市低保对象子女圆了大学梦。二是利用各种宣传媒体提升福彩品牌形象。坚持紧紧抓住报纸、电视、广播这三大宣传阵地，2002年仅在省级报纸上就发表各类宣传福彩的文章近500篇。编印下发了《“江苏风采”电脑福利彩票宣传册》等各类宣传资料近 400 万份。开展了福彩咨询活动。加大了户外广告宣传的投入。三是开展互动宣传，加强与彩民的沟通。通过召开彩民座谈会和开展“彩民看福彩一日游”活动，倾听他们的意见和建议，增强了彩民对福彩的信任度。同时还开展了“我爱福彩”征文和摄影比赛，让彩民来看福彩、评福彩、宣传福彩。四是组建福彩通讯员队伍，加强了福彩的宣传力量。

（江苏省福利彩票发行中心供稿）

体育彩票发展概况

陈柏主任

2002 年，全年实际销售体育彩票 182 588.77万元，其中乐透型彩票销量 139 549.01万元，即开型彩票 172 81.36 万元，竞猜型彩票 25 758.37万元，创下了江苏体彩史上年销售量的最高纪录，并取得了总销量排名全国第三位的好成绩。

江苏省体育彩票销售总额比 2001 年增加 0.7 亿元，增长率为4.4%。其中电脑彩票比上年增加0.3亿元，增长率为 2.3%；即开型彩票比上年增加 0.4 亿元，增长率为 26%。

一、以成熟的彩票市场为依托，促进电脑彩票积极稳妥地发展

2002 年江苏省从补充新玩法、延长销售时间、增加开奖次数和开展促销活动四个方面来全面提高电脑彩票的销量。在玩法方面，为适应小盘玩法较受欢迎的市场趋势，取消 29 选 7，推出 22 选 5。在销售时间方面，7 位数和 22 选 5 的销售开始时间由 17:00提前至15:30，足球彩票市区的销售截止时间延长至18:00。在开奖次数方面，7 位数改一周三次开奖为一周四次开奖，加上天天开奖的 22 选 5 和每周一次的足球彩票开奖，一周开 12 次奖，比 2001 年增加近一倍。在促销方面，开展了 9 次大规模的派送活动，调用调节基金和发行费结余近7 000万元，7 位数玩法连续 3 个月的“真情回报彩民2 000万元大派送活动”以“一注号码，两次机会”的方式受到彩民朋友的广泛关注，让更多的彩民分享到中奖的乐趣。

二、以规模销售为龙头，加强即开型彩票的销售工作

进入 2002 年以来，全国即开型

彩票销售市场不容乐观，市级发行经费由12%下调到10%，规模销售组织者的经济风险加大，为调动各市的积极性，江苏省体彩中心及时调整即开型彩票预订金，从5%降为3%。苏南地区的规模销售保持了强劲的势头，尤其是苏州，超额680%完成任务指标，创下了2002年即开彩票单日销量的最高记录。连云港通过成功的市场运作取得了736万元的年销售量，对带动苏北市场起到积极的作用。在每一场规模销售中，省体彩中心工作人员都坚持提前到达销售现场，监督检查销售的每一环节，保证了规模销售的有序进行。江苏省还按时完成了“2002世界杯16强大比拼”的销售、统计、公证和核销工作，南京、苏州、无锡的分散销售也取得了一定的成绩。

三、以世界杯彩票的发行为契机，扩大江苏的足球彩票市场

2002年销售足球彩票胜平负玩法31期，加上四强和八强，共计销售足球彩票2.58亿元。2002年5月初国家体彩中心宣布推出世界杯足彩后，江苏省体彩中心立即开展大规模的宣传攻势，5月中旬玩法规则一出台，就组织各市业务、技术人员进行培训。世界杯电脑足彩销售近2 000万元。在此带动下，竞猜德甲、意甲、法甲的玩法推出后，江苏省没有因为竞猜球队比较生疏而使销量受到影响，期销量基本与竞猜英超、意甲时持平。

四、加强全面管理提升体育彩票的品牌形象

管理水平方面。省体彩中心制定出一整套关于对经销商及销售员的管理制度，对销售站的建站、移站、退站制度进行修订，完善了对销售站奖惩及各市管理中心电脑体育彩票量化考核的办法。与此同时，开发了一套电脑体育彩票管理软件，编制可行的操作程序，固定专职人员进行管理，使管理办法能够真正落到实处。

人员素质方面。2002年初江苏制定了全省各级彩票从业人员培训计划。全年组织管理人员培训1次，外出考察1次；业务技术人员培训4次；财务人员培训1次，外出学习1次；销售员培训达5 000多人次。为使培训工作经常化，省体彩中心专门在13个市进行公开招聘，组织考试，选拔了一批高素质的培训教师。

专营点建设方面。学习借鉴福建的先进经验，在全省范围内开展扶持体育彩票专营点活动。首先在试点城市连云港和无锡做了15个初具规模的专营点，然后在苏南、苏北同时推广。从已做好的15个专营点来看，销量都有不同程度的提高，最好的点月销售量比改造前上升了200%。

五、开展有针对性的宣传，挖掘体育彩票的市场潜力

江苏省体彩中心重视宣传工作，调整了南京地区电脑体彩的宣传费用，在全省 12 个市成立了体彩宣传督导小组，把宣传当作一项重要的工作来抓。通过与专业公司的合作，及时和报纸、电视、广播等各大媒体加强沟通，使体彩的宣传工作一直处于强势状态。2002 年在媒体上共发表文章近千余篇次，针对世界杯足彩，在全省 11 个市举行大型的户外咨询活动，设立咨询点 80 个，发放各类宣传单 30 万份，举办广场促销活动和知识竞赛活动等；抓住 22 选 5 新玩法天天开奖的特点，宣传稿件每周均保持在 20 篇次以上，提高了新玩法在彩民中的知名度，使之周销量保持在 650 万元左右。

（江苏省体育彩票管理中心供稿）

浙　江　省

彩票管理概况

2002 年浙江省共发行销售彩票 196 464.30 万元，比上年增加 59 252.02万元，增长 43.2%，销量列全国第 6 位。其中电脑型彩票销售 143 752.63 万元，比上年增加 58 353.53万元，增长 68.3%。福利彩票机构注重在大奖组“实效”上下功夫，即开型大奖组销售量继续保持全国首位。2002 年浙江省福利彩票发行中心共安全组织销售了 57 个即开型大奖组，累计销售即开型 35 163.86万元，列全国第 2 位。特别是温州市组织的8 000万元即开型大奖组销售活动，更是创下了 2002 年全国一次性销售即开型彩票的最高纪录。体育彩票机构在电脑彩票硬软件和对外宣传上做了很多工作，新增销售网点 227 个，使全省销售网点达 1 350个。同时对全省近千个销售点进行了业务培训，完善体育彩票销售网点的管理办法，共销售电脑型体育彩票125 873.97万元，比上年增加

56 734.75万元，增幅82.1%，并使浙江省体育彩票总销量在全国的位次由上年的第6位上升到第4位。

2002年，浙江省财政部门为进一步规范彩票市场，促进浙江省彩票事业健康有序地发展，主要做了以下几方面工作。

一、建章立制，强化财政部门对彩票市场的管理

随着彩票发行规模的不断扩大，彩票市场也出现了一些新情况、新问题，给彩票监管提出了新的要求。为此，浙江省财政厅按照国务院和财政部的有关制度规定，并结合浙江省实际情况，针对彩票市场的安全、宣传、彩票发行销售、彩票资金管理等问题制定了有关规定，如《关于印发2002年度福利彩票资金结算暂行办法的通知》、《关于下发2002年度体育彩票公益金分配暂行比例的通知》、《关于即开型体育彩票销售奖励办法的复函》等，进一步加强了财政部门对彩票市场的监管作用，明确了彩票管理的各项规定，财政部门全面履行了自身的职责。

二、加强培训，提高财政部门工作人员监管的政策水平

彩票监管业务是财政工作的一项新内容，为提高全省财政系统负责彩票监管工作人员的业务水平，使他们熟悉彩票管理理论，提高工作效率，2002年举办了首期全省彩票管理业务培训班，进行了彩票理论、彩票技术和彩票管理知识的培训。同时编制了《彩票管理文件选编》，为规范管理打下了基础。

三、加强彩票机构的财务管理

为进一步增强财政部门对彩票机构财务的监管力度，浙江省财政部门根据国务院和财政部的有关文件精神采取了一些措施。一是对彩票管理机构进行了财务收支计划管理，根据业务发展需要，实事求是合理核定财务收支规模和支出标准。对执行过程中出现的特殊事项，先后两次及时调整或追加预算，保证彩票机构正常开展业务。二是严格支出（包括成本核算）管理，指导彩票机构的财务核算，加强日常财务监管。三是及时清算和催缴公益金和发行经费上缴财政专户，确保其资金的“收支两条线”管理，2002年彩票资金上缴财政专户率达100%。四是严格按规定进行年终决算，以便了解彩票机构财务收支全过程，为下一年度核定财务收支计划打好基础。

四、规范彩票公益金管理，及时做好彩票公益金的上解下拨工作

2002年浙江省共筹集彩票公益金68 762.51万元，上缴中央

36 763.62万元，地方留用31 998.89万元。浙江省财政厅对省级留成的公益金分配使用计划进行认真审核，合理分配和安排公益金，确保公益金专款专用。同时，省财政厅先后下发了《关于返还 2002 年福利彩票公益金的通知》、《关于下拨 2002 年浙江省全民健身活动经费的通知》等，以规范彩票公益金的使用。各级财政部门也积极主动参与彩票公益金项目的跟踪检查工作。

五、加强对用于青少年学生校外活动场所建设及维护的彩票公益金管理

2002 年，浙江省财政厅与共青团浙江省委、浙江省教育厅等单位对拟扶持的建设项目逐个进行了考察，严格按照中央文件精神，确保了公益金的安全使用，发挥了其应有的作用。对确定的项目资金都保证了通过财政专户系统及时下拨到位。

六、严把审核关，按程序申报彩票销售方案和游戏规则

为扩大销售，回报彩民，彩票机构要求动用调节基金，增加二次返奖或增添游戏规则。浙江省财政厅主动参与讨论方案，对可行方案按照规定程序审核后上报财政部审批。2002 年先后上报了浙江省福利彩票“30 选 7”、浙江省体育彩票“6 + 1”和“29 选 7”等二次返奖的游戏规则和销售方案。同时对即开型大奖组销售方案也按照有关规定进行了认真的审核，批准了即开型大奖组销售方案福利彩票 57 个、体育彩票 23 个。

（浙江省财政厅综合处供稿，董达根、孙继霞执笔）

福利彩票发展概况

徐文忠主任

2002 年，浙江省福彩中心狠抓福利彩票的发行销售，取得明显成效。全年共销售福利彩票 53 042.52 万元，其中乐透型彩票 17 878.66万元，即开型彩票 35 163.86万元，共筹集彩票公益金 18 564.88万元。截至 2002 年底，17 年来浙江省累计发行销售各类福利彩票达 41.16 亿元，为国家筹集福利彩票公益金 13.1 亿元，资助各类社会福利事业项目6 000余个。由于 2002

年福利彩票工作做出了较大成绩，浙江省福利彩票发行中心荣获了由民政部颁发的2002年度全国“销售总量二等奖”，“即开票销量一等奖”，省民政厅荣获“组织工作二等奖”。

2002年，地方留用福利彩票公益金9 170.9万元，资助“社区老年福利服务星光计划”和兴办社会福利事业项目648个。其中资助“星光计划”项目366个，资助资金2 729.18万元；资助福利事业、敬老院、社区建设、优抚事业单位等项目282个，资助资金6 441.72万元。福利彩票公益金补充了浙江省各级政府对“星光计划”和各类社会福利事业的财政投入，加快了全省社会福利事业及公益事业的发展步伐，促进了社会稳定和经济建设，改善了老年人、孤儿、残疾人、革命荣誉军人等社会弱势群体的生存状态，提高了他们的生活质量。

2002年，浙江省福彩中心认真抓好即开票的销售，使其销量继续保持全国领先。省福利彩票发行中心对即开票大奖组发行工作非常重视，采取了一些得力的措施。一是明确目标，早发动。省福彩中心从中心领导到工作人员，多次分片深入各地组织动员，协调、督促指导各地制定好计划，落实好报批手续。根据大奖组销售季节性强的特点，紧紧抓住元旦、春节、五一、十一等节日，特别是9—12月秋冬销售高峰季节的大奖组的落实。由于工作做得扎实，2002年不仅奖组数量比上年增加11个，销售额亦超过2001年。二是围绕任务抓措施。省福彩中心给各地下达目标任务，下达资金分配指标，同时给予各地优惠政策，并制定了奖励措施，极大地调动了各地销售彩票的积极性。例如，杭州的萧山区、台州的路桥区一年中都搞了两次大奖组销售。三是采取多种形式，着力抓重点奖组。2002年销量超1 000万元以上的奖组有11个，其中慈溪市3天半就销售3 600万元，温州市三区联销销售了8 000万元，瑞安市4天销售2 300万元。全省2002年平均每个奖组销售近800万元。

在电脑彩票发行销售方面做的工作，主要是保证电脑彩票的稳步发展。一是从改革入手，基本理顺电脑福利彩票管理体制。根据浙江省的实际情况，省福彩中心决定电脑福利彩票实行全省统一的垂直管理体制，即全省一个系统，一个市场，一支队伍，两级机构——在全省建立隶属于省福利彩票中心的市级管理站。这一管理体制的实施提高了工作效率。二是加强站点管理，踏踏实实抓基础练内功。2002年省福彩中心制定、完善了《浙江省电脑福利彩票投注站管理规定》、《浙江省电脑福利彩票投注站工作流程》、《浙江省电脑福利彩票物流管理工作流程》、《投注机配件非正常损坏维修（赔偿）费用规定》等一系列投注站管理制度，并要求各投注站严格遵守。在此基础上，上半年在台州市开展了标准站点试点工作。同时，省福彩中心对省内电脑福彩站点中的300多个进行重点调查，对问题分门别类地进行分析，提出改进措施，产生了良好效果。另外省福彩中心还抓了专卖店建设，先后在丽水、嘉兴、湖州、金华、衢州等市建立了福彩俱乐部（专卖店）。俱乐部既是彩民聚会交流的场所，又是市电脑福彩管理站的办公场所。在俱乐部的带动下，各地都创办了一批专卖店。三是积极探索新的营销手段和玩法，努力使玩法更具活力。上半年，组织了“幸运七”、“新春双喜临门”、“奖外奖”和“喜外喜”及二次开奖等促销活动，对销量起到了一定的刺激作用。此外，将15选5的开奖时间从每周4次调整为每周6次，增加了销量。四是顺利完成技术升级，提高了浙江省福彩的核心竞争力。为使浙江省电脑福利彩票有一个先进的技术平台，配合全国联合乐透“双色球”的发行，11月16日，省福彩中心机房完成了电脑技术升级，并顺利实现了全省电脑福利彩票销售系统的统一升级。

（浙江省福利彩票发行中心供稿，沈福仁执笔）

体育彩票发展概况

黄圣方主任

2002年浙江省共销售体育彩票143 421.78万元，其中即开型彩票17 547.81万元，乐透型彩票95 008.87万元，竞猜型彩票30 865.10万元。全年总销量与上年的8.26亿元相比增幅达73%以上，总销量位居全国第四。这一销量已相当于“九五”期间浙江省体彩五年的销量总和，是历年来成绩最好的一年。

一、即开型彩票销售位于全国前列

2002年，浙江省21个县、市共发行了即开型体育彩票1.75亿元，分别名列全国上半年销量第一和全年销量第二。

在全国即开型彩票市场比较疲软的情况下，浙江省体彩中心一直在为新形势下即开型体育彩票的销售工作努力探索一条适合本省特点，且成本低、效果好的新路子。2002年，浙江省注意针对各个发行地区不同的经济特点，发行适合当地市场情况的奖组。在当地政府和有关部门的支持下，体育彩票的发行工作严格遵守国家有关的法规、政策，不搞恶性竞争，充分运用市场营销策略，制定合理的发行计划，采取自办发行和合作发行两种形式，保证了各市、县即开型体育彩票的销售基本取得了成功，保持了浙江省在即开型体彩发行上的优势。

二、电脑体育彩票销量屡创新高

2002年，浙江省电脑型体育彩票总销量为12.59亿元，居全国电脑型体彩销量排名的第五位。其中6+1总销量6.99亿元，29选7总销量2.51亿元，足球彩票总销量3.09亿元。

电脑体育彩票销量屡创新高，特别是29选7玩法曾达到过1 053万元的单期销量，创下了全国中盘玩法单期销量的神话。足球彩票也不落人后，平均单期销量保持在1 000万元左右。新赛季开始以来，浙江省足球彩票销量排名基本保持在全国前六名。在2002年浙江体彩突破14亿的销售额中，电脑彩票占87.8%。为了取得这一成绩，浙江体彩中心主要做了以下几项工作：

1. 增扩网点。2002年新增网点227个，现全省销售网点已达1 350个，遍布全省各市、县、乡镇、海岛。

2. 业务培训。为了规范网点管理，提高网点服务水平，对杭州的销售点进行了三次业务培训，对全省其他市1 000多个销售点进行两次业务培训。

3. 启动全省体彩网点形象包装工程。详细制定了网点形象包装细则和方案，印制了《浙江省体育彩票销售网点形象手册》，进一步完善了体彩销售网点的管理办法，于2002年底正式启动了全省体彩销售网点形象改造工程。

4. 为彩民创造财富。2002年电脑彩票的三个奖池频繁出奖，全年返还彩民的各类奖金总计为7.17亿元。6+1共产生32注特等奖，奖金均为500万元。29选7共产生72注特等奖，其中500万元1注，100万元以上16注，派送奖100万元1注。足球彩票共产生962个一等奖，其中500万元1注，100万元以上16注，特别奖500万元1注。

（浙江省体育彩票管理中心供稿）

安 徽 省

彩票管理概况

2002年,安徽省财政部门按照国务院和财政部关于加强彩票管理工作的有关规定,以"规范管理、扩大发行"为指导思想,以打击非法彩票行为、整顿彩票市场秩序为契机,以规范彩票发行销售行为、加强彩票资金和财务管理等工作为重点,切实履行监管职责,狠抓制度建设,进一步强化措施,细化管理,抓好有关规章制度的贯彻落实。同时,改进自身的工作作风,牢固树立服务意识,大力支持福利、体育彩票机构开拓市场,努力扩大彩票销售规模。全省各项彩票监管工作取得了新的进展。2002年,全省销售彩票57 630.47万元,其中福利彩票23 206.75万元,体育彩票34 423.72万元。彩票的发行有力地支持了全民健身、社会福利、社会保障、青少年学生校外活动场所建设等公益事业的发展。

一、加强彩票市场监管,维护彩票市场秩序

一是按照《财政部关于印发〈彩票发行与销售管理暂行规定〉的通知》要求,对彩票机构发行和销售彩票活动中涉及修改游戏规则及发行销售方式的,一律上报财政部审批,未经批准不得擅自调整游戏规则和发行销售方式。二是加强即开型彩票发行销售管理,严格额度审批,严禁各地无额度或超额度发行彩票;建立即开型彩票票券的领用、核销、结存管理制度,堵塞管理漏洞。三是严格审核彩票机构的销售宣传方案,严禁对彩民误导性宣传。四是取消保底奖金。从2002年6月10日起,安徽省所有设立奖池的彩票品种统一取消保底奖金。五是严厉打击以赌球等形式进行的赌博活动和以有奖销售、摇号兑奖、"摇奖电影票"、猜谜兑奖等形式非法发行或变相发行彩票的行为,维护社会稳定和市场经济秩序。及时查禁了滁州、阜阳、蒙城、舒城、铜陵、巢湖等地电影放映单位违规变相发行彩票的行为,及时查处合肥等地

彩票销售机构违规代售外省彩票的行为，有力地维护了安徽省彩票市场的良好秩序。

二、加强彩票资金和彩票机构的财务监管

按照财政部规定，安徽省自2002年6月份起，全省彩票公益金通过省级财政专户统一归集、分配，实行“收支两条线”管理。同时，继续开展彩票公益金使用情况检查，纠正违规使用资金现象，提高资金使用效益。在彩票机构财务管理方面，从2002年起，安徽省彩票机构执行统一的财务会计制度，各级彩票机构普遍实行了财务收支计划制度和财务报告制度，彩票机构的发行经费全面纳入了财政监管。此外还建立了彩票销售和公益金缴存月度报表制度,财政部门可以及时了解彩票发行销售中出现的新情况、新问题，为制定彩票监管政策提供数字依据。

三、积极支持彩票机构扩大销售规模

一是支持体育彩票管理中心管理模式改革。实现了由条块结合、以块为主的管理模式向垂直管理模式的转变，提高了管理效率，为体育彩票发展提供了强有力的组织保证。二是加强彩票市场的调查研究，支持彩票机构及时采取应对措施，扩大销售规模。2002年，针对彩票市场变化情况，适时推出37选7玩法、21选5小奖组玩法、25选4+1玩法等彩票品种，6+1玩法特别号由0—4调整为0—9，丰富了彩票市场，满足彩民消费需求，提高了彩票销售量。三是支持彩票机构采取有效措施扩大即开型彩票发行销售规模。2002年在即开型彩票市场低迷的情况下，仍销售4 169.23万元，基本完成全年任务。

四、切实加强青少年学生校外活动场所建设专项资金和项目的监督管理

安徽省财政厅会同有关部门下发了《关于印发安徽省青少年校外活动场所建设专项资金使用和管理暂行办法的通知》，明确中央直接安排的专项资金和中央返还专项资金的使用范围、拨款程序和拨款原则，要求专项建设资金要专门用于青少年学生校外活动场所的建设和维护，严禁截留和挪做他用。在上报项目和专项资金安排上，对国家扶贫重点县和省政府扶贫重点县实行倾斜政策。对专项资金严格执行资金使用和管理办法，按照规定程序和项目施工进度，直接将款项拨付项目建设单位账户，减少中间环节，加快资金周转速度，提高了资金使用效益。

五、建立了对彩票机构的经常性监督检查制度

安徽省财政厅先后组织开展了彩票发行经费和公益金实行“收支两条线”管理情况专项检查，要求彩票机构对检查中发现的问题在规定期限内整改。为了确保彩票发行和销售的安全，还不定期对福利、体育彩票机构的安全防范措施和彩票开奖摇奖器具及数据安全管理情况进行检查，以堵塞管理漏洞，杜绝事故隐患。各市县财政部门也定期组织彩票监管工作人员深入到彩票机构开展专项检查，及时发现存在的问题并认真加以解决，督促彩票机构严格各项管理制度，避免违法违规事件的发生。目前，安徽省彩票市场运行健康、稳定。

（安徽省财政厅综合处供稿，李燕执笔）

福利彩票发展概况

张文达主任

2002年，安徽省销售福利彩票23 206.75万元，其中乐透型彩票21 784.48万元，即开型彩票1 422.27万元，共筹集彩票公益金8 122.36万元。

一、领导重视，任务明确，真抓实干

安徽省各级民政部门都把彩票发行工作列为民政工作的“重中之重”，严格落实责任。各市都加大了年度目标考核力度，继续坚持“一把手工程”，形成了一把手亲自抓，分管领导具体抓，领导班子集体抓，全系统上下齐抓共管的局面。彩票发行工作得到了各级财政部门的重视和支持。特别是即开票大奖组的发行，所在地党委、政府领导以及财政部门，销售前协调工作时出面，发行仪式上出场，发行过程中出谋献智，亲自为发行工作解决实际困难和问题。各级民政部门的领导及彩票机构的同志们，面对市场形势发生较大变化的情况，由原来的与协作公司合作或单独商家销售变为在民政内部挖潜力，组织力量自行销售。尤其是2002年第四季度，铜陵、马鞍山、安庆、巢湖、淮南、蚌埠、宣城、合肥等市抢抓时机积极组织，实现了较好的销量。2002

年，全省共组织了25个大奖组，平均每个奖组销售53.6万元。其中由民政部门自行组织销售的有15个，占奖组总数的60%。

二、管理基础工作得到加强

2002年,安徽省福彩系统上下齐心协力,互相支持与配合,在管理基础工作上取得了五个方面的明显成效:

1. 省福彩中心建立健全了各项规章制度，强化了管理措施和手段。省福彩中心于2002年1月15日印发了《省福彩中心内部管理制度》，对考勤、财务、公文办理、收发管理、值班、车辆管理、公务接待、物品购发、仓库保管、奖惩等十个方面的工作制定了严格要求。中心机房建立健全了《机房值班和交接班制度》、《机房安全制度》、《投注机特权管理办法》等规章制度，以保障网络系统的安全运行。

2. 2001年底至2002年初进行了核查对账，将省市往来账核查清楚，并结算完毕。同时完善了省市之间款物往来的手续。

3. 财务制度实现了由企业财务向事业单位财务制度的平稳过渡。省福彩中心举办了各市彩票机构财务人员培训班，并结合过渡期间存在的实际问题，及时对照有关规定进行账目的调整处理。同时省福彩中心也实现了会计资料由手工进行核对、统计、汇总、上报、查找等操作，过渡到计算机操作。省福彩中心还为部分市配齐了计算机，为财务信息联网奠定了基础。

4. 投注站的管理基础工作得到加强。《安徽省电脑福利彩票投注机使用管理暂行规定》自2001年12月开始实施。原有投注站销售合同到期后，2002年初，全省有近1 600个投注站重新签订了销售合同书，按照买断与押金并举的原则，自主选择使用方式。就此，全省加强了对投注站的管理，省、市福彩中心建立了各个投注站的原始资料档案，对于移机、开停机也实行了严格的报批手续，促进了站点管理的规范化。

5. 合理布局，增点扩面，投注站向乡镇延伸。一方面调整和稳定城区，另一方面鼓励在乡镇设立站点。2002年，全省已有156个投注站设在农村乡镇（不含城关镇）。

三、研究市场，不断增强电脑福利彩票市场的活力

从2002年的彩票市场情况看，取消奖池保底对安徽福利彩票的现有玩法影响较大，自6月10日以后全省各种玩法彩票的销量明显回落，彩票市场竞争日趋激烈。

对此，全省采取了一系列的应对措施。一是针对奖池难以积累，大奖

留不住的情况，2002 年 3 月 4 日推出了 37 选 7 玩法。但由于种种原因，销售一直处于低迷状态，省福彩中心于 11 月 18 日正式停止该玩法彩票的销售。二是在 11 月 18 日推出一种全新的乐透型 25 选 4 + 1 玩法。该玩法的特点是玩法最新，中奖面更宽，中一个特别号就有奖等。该玩法一上市就获得广大彩民的认可和喜爱，达到了预期效果。三是为了回报和感谢彩民对福利彩票的支持与厚爱，省福彩中心报经省财政厅批准，在“五一”期间开展了“庆五一为彩民加奖”活动。7 月初又开展了“复式投注特别奖”活动，以增强福利彩票的趣味性和娱乐性。12 月底省福彩中心报经省财政厅批准，针对 33 选 7 玩法奖池出空的情况，开展了 5 期派送活动，每次拿出 50 万元，以保持该玩法的市场活力。上述措施缓解了福彩销售的下滑态势，保持了一定的市场份额。

此外，省福彩中心还积极加入全国联合销售行列，以寻求新的销售增长点。

四、宣传工作及时有效

2002 年，安徽省福彩中心对全省的宣传工作进行了改进和完善，由原来的省级包揽，变为省、市共同负责，使宣传工作更具针对性和时效性。在宣传手段上形成了声、像、图、文、信息多方位、多层次、多渠道并行的格局，并做到了以最少的宣传投入达到最佳的宣传效果。目前，福彩的开奖信息已在电视、报纸、168 声讯台、手机短信、手机 1258 信息杂志、网站、站点宣传牌等传媒上常年宣传。同时，还利用报纸福彩专栏、电视声像滚动字幕、传单、横幅、彩车等宣传工具进行集中性的宣传。比如，结合 2002 年全国纪念福利彩票发行 15 周年，对公益金的使用去向和使用效果进行了系列报道；通过“春节回报彩民活动”、37 选 7 上市、“庆五一为彩民加奖”、“复式投注特别奖”活动、“福彩知识有奖竞答”活动、25 选 4 + 1 上市以及 12 月底开展的“50 万元回报彩民大派送”等活动，掀起了 7 个集中宣传的高潮。为扩大宣传效果，全省共印发张贴画 20 万张，分发宣传单 150 万份，报纸刊发广告 90 期次，登载新闻稿件 200 篇次。为加大宣传力度，省福彩中心从 2002 年 11 月起，出资 16 万元由《安徽市场报》协办了一年的宣传专版，每周二、四整版刊出福彩宣传内容。省级各大报纸已将福利彩票信息作为一种传播资源，每天都免费刊登福彩开奖公告，天天都有彩票信息传递。省福彩中心创办的《安徽风采》月刊作为内部交流刊物，全年累计刊登 22 万字的业务交流资料，为省市福彩中心提供了一个重要的信息交流平台，在省内外引起了较好的反响。将加强宣传工作与对投注站的管理结合起来，全省评出了50个省级优秀投注站，各市也都评选出了市级优秀投注站，树立了榜样和形象，扩大了社会影响。

五、让利基层，增收减负，加强服务

1. 为调动各级彩票机构的积极性，电脑票、即开票的公益金，按照“谁销售谁受益”的原则，除上缴中央的外，全部留给销售所在地。各地也按照此精神执行，最大限度地调动县级彩票机构的积极性。

2. 按照责权结合的原则，省福彩中心从发行经费中给各市增加0.5个百分点作为宣传费用。一年来的宣传效果证明，这一专项宣传经费确实发挥了较好的作用。

3. 为减轻各地负担，省福彩中心在自身并无盈余的情况下，支付了各市网络设备购置和机房装修的费用。同时拿出400多万元，以借款方式为各市增加了兑奖周转金。

4. 为稳定销售队伍，调动投注站积极性，省福彩中心针对投注站出台了新的规定，微调代销费的同时免收打印纸成本费，并规定对售出大奖的投注站给予奖励。

（安徽省福利彩票发行中心供稿）

体育彩票发展概况

李孝春主任

安徽省自1996年至2002年底，累计销售体育彩票8.84亿元，共筹集公益金2.95亿元。同时，还为社会创造了3000多个就业岗位，为国家增加税收3000多万元，带动了印刷、电信、广告等相关产业的发展。2002年，安徽省体育彩票的销售取得了历史最好成绩，首次突破3个亿，达到34 423.72万元，超额完成了2002年度任务，实现了历史性的突破。

近年来，省体育局利用中国体育彩票公益金实施了“五大工程”，即全民健身路径工程、青少年体育俱乐部工程、全省晨晚练点示范工程、全民健身示范乡镇工程和“双百”工程（指建成全民健身先进乡镇和社区各100个）。这“五大工程”的具体项目有，在全省扶持建设了333条全民健身路径（每条健身路径有8—15套健身器材），215块方便青少年活动的小篮板，8套国民体质监测器材。建立全民体质监测中心10个，全民体质监测站58个。配备了104副乒乓球台，建成18个室内体育健身点。创建了43所青少年体育俱乐部，200个省级晨晚练示范点，17个全民健身示范乡镇，并拿出100多万元公益金捐赠贫困地区和支持三峡库区体育设施建设。此外，还扶持了34个全国体育先进县，维修体育场地设施，资助优秀运动员参加国内外比赛，支付青少年业余训练费用，新建、改建了一批体育运动场馆等。

安徽省体彩中心于2002年9月9日与省希望工程办公室共同设立了“体育彩票助学基金”，并从中拿出43万元体育彩票专项基金，用于“912”工程的建设，共向9个贫困县的36所学校捐赠了18万元的体育器材，资助15万元与蒙城县共建1所“体育彩票希望小学”，对200名失学儿童每人资助500元使其重返校园。还向“安徽省特困妇女儿童爱心救助基金”捐款8万元，向省直单位“扶贫解困”活动捐赠5万元。在抗击“非典”斗争中，安徽体彩中心还向医务人员捐赠10万元，用于安徽省的非典型肺炎防治工作。这些活动充分体现了体育彩票“取之于民，用之于民”的发行宗旨。

2002年11月28日，安徽省体育局从省级公益金中拿出3000万元建设安徽省全民健身活动中心。该中心总建筑面积为19000平方米，现已申报国家级全民健身活动中心项目。中心建成后，将成为省城一道亮丽的风景线。

安徽省体育彩票管理中心一贯遵循“人民的利益高于一切，全心全意为彩民服务”的宗旨，对体彩发行工作严格管理，规范运作，自1996年起，连续7年荣获“全国体育彩票销售先进单位”称号，2001年荣获“省直文明单位”称号。

（安徽省体育彩票管理中心供稿）

福　建　省

彩票管理概况

2002年福建省销售彩票385 834.77万元，比上年增加123 203.35万元，增长46.9%，销售量名列全国第二。分系统看，体育彩票销售318 353.12万元，比上年增加136 739.6万元，增长75.3%；福利彩票销售67 481.65万元，比上年减少13 536.25万元，下降16.7%。分类型看，2002年全省销售乐透型彩票354 818.06万元，占总销售量的92%；销售即开型彩票8 294.33万元，占总销售量的2.2%；销售竞猜型彩票（足球彩票）22 722.38万元，占总销量的5.8%。

一、彩票市场管理情况

为认真贯彻落实国务院和财政部有关彩票管理制度规定，全面强化彩票监管职能，福建省财政厅结合本省实际，制定下发了《关于加强彩票销售管理的通知》，从销售管理、市场运作、技术安全、彩票资金、信息披露、广告宣传，以及监督和违规处理等各方面规范彩票机构的销售行为和运作，认真履行各项监管职责，以确保彩票市场的健康有序发展。

一是监督彩票机构严格执行国家规定的游戏规则。根据《财政部关于清理彩票游戏规则及发行销售方式的通知》精神，对两家彩票机构现行的彩票游戏规则和发行销售方式进行全面清理、审核，并上报财政部予以确认。

二是加强对彩票机构新增或修改的游戏规则和具体销售实施方案的审查。2002年福建省财政厅根据福建省彩票市场特点，积极支持两个彩票机构大力开发彩票市场，先后推出了22选5、29选4＋1等乐透型电脑彩票，并适时调整31选7、36选7设奖方案，按规定动用调节基金开展阶段性派奖活动，丰富彩票市场，挖掘市场潜力。

三是整顿彩票市场秩序，坚决查处彩票机构违规行为。按照财政部要求，及时制止了省体育彩票管理中心和省福利彩票发行中心擅自上市销售“21 选 5”游戏品种等违规行为；及时查处彩票机构和投注站经营者在彩票宣传和信息发布上的违规行为，严格规范彩票机构行为，维护彩票市场的正常秩序。

四是严厉打击非法彩票活动。为净化彩票市场，打击非法彩票，在各级党委、政府的领导下，财政部门积极配合公安、工商、政法等部门开展为期 3 个月的打击“六合彩”违法犯罪活动专项行动，依法从重从快打击“六合彩”违法犯罪活动，切实维护彩票市场健康发展。

二、彩票资金管理情况

随着彩票销售量的增长,彩票资金收入规模不断扩大,为管好用好彩票资金,福建省财政厅根据国家有关政策规定,结合本省实际,采取有力措施,逐步建立并完善彩票资金管理制度。

一是从管理体制上加强对彩票机构的监管。将省级彩票机构的财务关系从其行政主管部门中独立出来，并由二级预算单位升级为一级预算单位，直接由财政综合部门管理。

二是彩票资金全面实行的“收支两条线”管理，把彩票公益金和发行经费纳入财政专户，实行独立的预决算管理制度，并督促彩票机构及时足额上缴彩票资金。

三是对彩票公益金实行省级统管。销售彩票所筹集的公益金，统一由省级彩票机构集中缴入省级财政专户，由财政部门负责按规定比例分配。同时，建立彩票公益金审批制度。公益金使用部门对申请项目进行初审后，提出项目计划建议，财政部门对公益金使用部门的建议进行审核，编制公益金年度项目计划，上报同级人民政府批准后执行。

四是对彩票发行经费实行分级管理。全省联网的电脑型彩票发行经费实行省级统管。即开型彩票(包括大奖组、刮刮彩等)发行经费实行分级管理。

五是加强彩票资金的监督检查。为充分行使财政部门对彩票机构的财务监管职能，全面掌握彩票机构运行情况，省财政厅委派会计师事务所对彩票机构 2000—2001 年财务收支情况进行审计。通过审计，全面掌握彩票机构实际运作情况，强化财政监管职能，同时也提高了彩票机构依法经营和接受财政监督的自觉性。

三、青少年学生校外活动场所建设及维护资金的管理情况

财政厅综合处积极配合福建省青少年校外教育工作联席会议办公室，在调查研究的基础上，制定下发了《福建省青少年学生校外活动场所土建管理办法》、《福建省青少年学生校外活动场所建设项目资金使用管理暂

行办法》、《福建省青少年学生校外活动场所管理办法》、《福建省青少年学生校外活动场所建设项目申报办法》等一系列文件，使青少年学生校外活动场所的建设与管理做到有章可循。在各设区市青少年校外教育工作联席会议推荐、申报的基础上，会同省青少年校外教育工作联席会议办公室，对各项目单位进行调研考评，并上报省青少年校外教育工作联席会议同意后，确定了两批八个单位为彩票公益金扶持青少年学生校外活动场所建设项目。同时，加强资金的管理，按工程进度及时拨付资金，确保国家专项扶持资金的合理使用。

（福建省财政厅综合处供稿，涂华旺执笔）

福利彩票发展概况

苏善丰主任

2002年，福建省福利彩票市场获得了全面发展，电脑福利彩票市场网点建设形成规模，即开票市场取得突破性进展，彩票市场管理工作取得重要进展，市场销售成绩良好。2002年全省实现销售总量67 481.65万元，位居全国第八位，其中乐透型彩票60 027.96万元，即开型彩票7 453.69万元，共筹集彩票公益金23 618.58万元，上缴税收2 751万元。省福彩中心获得民政部颁发的“2002年度中国福利彩票发行先进单位”荣誉称号，并获得民政部颁发的2002年度销售总量二等奖、人均销量三等奖、即开票销量三等奖和组织工作二等奖四项表彰奖励，被评为福建省纳税大户。

2002年福建福彩组织实施了“星光计划”、“爱心救助”、“救灾抗灾”等一系列福彩爱心工程，取得了良好的社会效益，得到全社会的广泛关注和各阶层的大力支持。福建省委、省政府高度重视和赞扬福彩爱心工程建设，已将“星光计划”列为“为民再办10件实事”的项目之一，极大地推动了全省福彩事业与社会公益建设的步伐。

2002年，福建省福彩中心在福建彩民日益成熟、市场竞争激励的形势下，坚持以市场为导向，以彩民为中心，以服务为根本，创造性地推动市场高速发展。其中最重要的一点就是玩法全面创新，推出了大、中、小盘全新玩法，以玩法配套优势迎合福建彩民，以服务和质量取胜于福建彩票市场。4月6日首推的21选5玩法天天开奖，以小盘配套大盘，以“好中”衬托“巨奖”，为全国彩票业创造了可贵的经验。21选5首开全国小盘玩法先河，并引发全国彩市小盘玩法热潮。有需求就有市场。仅19天全省总销量即达到8 405.37万元，日均销量442.39万元，创全国记录。4月6日至4月25日，全省3000多个投注站人满为患，彩站与彩民天天“过新年”。21选5以全新的中奖策略迎合彩民的需求，以完全的平民化风格征服彩市，成功开发出了福建彩市的巨大空间，培育了数百万的“小盘彩民”。在玩法创新上面，福建福彩对“超级乐透”的研究也引领了国内彩市。9月27日上市的29选4+1创造性推动中国彩市向国际潮流靠拢，为全国的“双色球”玩法设计与市场推广做出探索性贡献。

2002年，在新的市场形势下，省福彩中心在市场管理工作中加强理论研究，注重实践提高，努力探索一条市场管理的最优路径，为不断提高市场销量保驾护航。

一是架设福彩市场通路，建设投注站终端网络，制定实施开创性的、积极的市场营销管理策略。通过实施品牌战略，创造强势品牌，以品牌统领市场。至2002年底，全省投注站达到2800多家，其中专营站点达到1200多家。营销工作以彩民为中心，全面落实多元化、网络化营销宣传，设计市场细分，培养营销专才，开展亲情服务，创建彩民家园，建立彩民档案，指导全省投注站建立最有价值的“彩民关系”，全方位服务彩民。同时，通过筹建省、市、县三级营销网络，建立起一支遍及全省各地的营销队伍。省福彩中心在9个地市先后组织了200多场培训，对各地市的50多名市场营销员、管理员和5000多名投注站经营者、销售员进行全面培训，还吸引了10多万的彩民热情参与福彩讲座。

二是以服务市场为核心，在服务中加强管理，在管理中优化服务。省福彩中心要求中心有关部门和各地市管理站实行服务承诺制，同时启动投诉程序，各部门办事效率明显提高。为了更加贴近站点，减少中间环节，提高服务效率，以福州地区为试点，先行建立了3家片区服务站。在试点取得成功的基础上，向全省范围推广，已经在泉州、石狮、惠安、龙岩、莆田等地建立了15家片区服务站。片区服务站为片（组）负责人开展站点管理、站点营销、站点服务以及对突发事件快速反应等具体工作打下了坚实的基础。在服务站点方面，还重点开展了填补乡镇市场空白工作，全年在原空白地区新增站点500多家，使站点数量一度提高了近25%。在市场疲软、销量回落的时期，还适时推出了重点扶持、分类管理等扶持政策，给福彩市场注入新的活力，坚定了广大经营者的信心。

三是以销量为指标，将市场管理成效与市场销量有机地结合起来。全省9个地市管理站开展目标管理和达标竞赛，在重点保证做好电脑票市场管理工作的同时，即开型彩票的市场营销与管理取得重大进展。省福彩中心市场二部在各级民政部门的重视和支持下，对“刮刮彩”的市场推广进行整合，组织了多场大奖组销售。12月23日至28日，泉州8000万元大奖组在6天内销售7964万元，一举打破全国单点日销量的历史记录。省福彩中心主任多次亲临泉州指导大奖组工作，地市有关部门和单位高度协调，上下齐抓共管，注重市场导向，创造了即开票销售新模式，有力地推动了即开票现场持续火爆异常。泉州即开票创造了2002年的两项全国记录：首日热卖捷报频传，创下了单日销售量1800万元的全国最高纪录，共有21人中出特等奖，其中3人捧走各100万元巨奖，3人各获得30万元大奖；创下2002年地市即开票单点周销售总量最高的全国记录。泉州市大奖组的成功运作，为全国各地即开型福利彩票的组织销售和市场推广提供了最佳样板。11月26日，中国福利彩票发行管理中心特地发出贺电，嘉奖福建泉州即开票销售取得的巨大成功。

四是通过管理创新，努力降低市场成本，不断提高市场效率。省福彩中心利用站点续签合同的时机，进一步规范了合同条款，在站点建设、销售纪律、奖惩制度等方面做了进一步的规范。为保证彩票销售资金及时安全回笼，实行了销售款“日结月清”制度，销售数据汇总收集、开奖过程程序操作严谨，全年保持了零差错率，维护了福彩公开、公平、公正的市场形象。

五是狠抓队伍建设。在2001年建立起来的三级管理体系的基础上，省福彩中心引进人力资源管理新理念，对所有福彩员工进行了严格的培训与考核，制定实施了员工培训计划，撤换了一名地市管理站站长，辞退了包括两名技术主管在内的考核不合格的员工，对数名不能担当现职的员工进行了降级处理。通过实行部长承诺制，健全周例会制度，并结合工效挂钩制度推行月月考评与年度考核，较好地发挥了管理效益，有效地提高了工作效率。

（福建省福利彩票发行中心供稿）

体育彩票发展概况

2002 年，按照福州全国体育彩票工作会议精神及省体育局的部署，福建省体育彩票管理中心全体干部员工采取一系列行之有效措施，超额完成了 2002 年体育彩票发行销售任务，再创历史新高，取得良好的社会效益和经济效益，为促进福建省体育事业的发展做出了积极贡献。

福建省体育彩票现有即开型、乐透型和竞猜型三种，乐透型和竞猜型体育彩票占总发行量的 99.8%。2002 年福建省所发行的乐透型和竞猜型体育彩票品种有四种，即 36 选 7、31 选 7、22 选 5 及中国足球彩票，其中三种乐透型游戏占体育彩票总销量的 92%以上。

2002 年是福建体育彩票销售量实现飞跃的一年，全年销售 318 353.12万元（其中乐透型彩票 294 790.10 万元，竞猜型彩票 22 722.38万元，即开型彩票 840.64 万元），名列全国第二，比上年增长 75.3%；筹集公益金 11 1423.59 万元，比上年增长 75.3%；上缴个人所得税 15 991 万元，比上年增长 67.3%。36 选 7、31 选 7、22 选 5 及足球彩票四种游戏共产生头等奖 5953 注，其中百万元以上大奖 141 注，平均 3 天一注，500 万元大奖 64 注，平均一周一注。

这辉煌的成绩是福建省体彩系统全体人员的努力工作得来的。

（一）积极做好彩票销售工作。

1. 在全国彩票市场不断规范的新形势下，福建省体育彩票管理中心认真学习贯彻国务院、财政部、国家体彩中心、省体育局等关于彩票管理的方针政策，紧密团结全省九个分中心，积极做好体育彩票的销售工作。

2. 根据福建省彩票市场实际需求及时推出 22 选 5 新玩法。使福建省彩票市场兼具了小盘、中盘、大盘三种玩法。

3. 重视日常管理工作。4 月至 9 月间，省体彩中心提出达标站点评比标准，在全省展开 2002 年度销售站“达标创优”活动，合格后统一发给《终端达标证书》。

7 月底，为提高全省销售员队伍素质和对彩民服务水平，省体彩中心在评选出 2002 年度优秀销售站点的基础上，在全省开展了评选优秀销售员活动。全省掀起一阵以“金手指”体彩知识技能为主题的竞赛活动热潮，受到销售站特别是销售员的欢迎。

4. 重视站点培训工作，培育体彩、足彩销售的基础力量。省体彩中心规定，每年由省中心组织两场培训，分中心每月组织一次培训，通过培训全面提升全省销售站人员的品牌意识、服务意识。

（二）积极做好宣传工作，进一步提高体育彩票知名度。

1. 为扩大福建体彩的影响力，满足外省彩民邮购体彩的要求，从2002年9月1日起，“天天体彩摇奖专栏”节目由原来在福建电视台1频道播出改为东南电视台卫视频道播出，同时保留该节目在福建电视台体育频道的播出，使收视率及覆盖面进一步扩大。

2.《海峡都市报》和《福州晚报》2002年开辟了体彩专版，后因报刊专版全面停办，体育彩票销售额开始下降。为把国家政策及彩票管理的有关精神、体彩相关信息及时传递给彩民，稳定体彩较好的销售势头，省体彩中心于2002年9月1日起推出《体彩快讯》宣传单，每天一期，每天至少两个版面，有效地填补了报纸宣传的空白。

3. 经济广播电台每晚的“心跳时刻”体彩专栏节目一向深得彩民喜爱。为弥补上述报纸宣传的空白，“心跳时刻”专栏节目的广播时间由原来的10分钟扩展为20分钟。

4. 重新建立“福建体彩网”，并首家实现与国家体彩网的链接。

5. 重新制定《摇奖管理规定》等有关文件。摇奖无小事，事事要重视。为了保证所制定的各项管理规定更加严密和规范，省体彩中心认真修订原有文件，新增加了《摇奖工作岗位职责》、《福建省中国体育彩票公证职责》和《观看摇奖须知》等文件，使各项管理规定更加完善、严密。

6. 在福建体彩发行十周年之际，省体彩中心于6月中旬至7月上旬，先后分三条路线，组织《福建经济快报》、《东南快报》、《福建工商时报》、《海峡体育报》、福建经济广播电台等省级媒体记者赴全省九地市采访，采访作品在各大媒体发表后在社会上引起强烈反响，取得了良好的社会效益。

7. 在新玩法推出之际，宣传科设计出各种宣传品方案并投入印刷，及时把这些宣传品送到销售员和彩民手中。

8. 组织大型宣传活动。2002年2月27日至29日，省体彩中心以全国体彩工作会议在福州隆重召开为契机，大力宣传体育彩票。中央电视台“早安中国”栏目组、《中国体育报》、《假日休闲报》及福建电视台、《福建经济快报》、福建经济广播电台和各地市报纸等多家媒体，都大篇幅地报道了福建体彩艰辛的发展历程和辉煌成绩。

做好福建电脑体彩发行十周年大型纪念活动。通过“我与体彩”征文、

2002 年上半年宣传体彩优秀作品评选、体彩十周年庆祝晚会、体彩公益金记者八闽行等系列活动，加强体彩宣传，扩大体彩的品牌与声誉，让体育彩票与市民生活融为一体。

（三）提高财务人员素质，加强财务管理，确保体彩资金结算、回笼、调拨、上缴工作的安全性，积极配合财政、审计、检察、税务部门的检查工作。

（四）加强系统终端管理，完善网络建设，进一步提高系统的安全系数，为全年 30 多亿的销售量提供安全有力的保障。

（五）强化后勤保障服务功能，确保体彩工作正常进行。

1. 切实做好每天的开奖安全保障工作。2. 建立健全管理制度，用制度规范人的行为。3. 加强信息沟通及资料管理。4. 强化安全工作，将安全隐患消灭在萌芽状态。

（六）积极做好即开型彩票销售工作。

经过对 2000—2002 年即开型“保龄球”体育彩票结算及清理，此种彩票在全省九个地市共发行了 1830.31 万元，其中 2002 年度发行 420.18 万元。与此同时，及时了解彩民想法，认真探索发行即开型分散销售体育彩票的路子，力争使即开型体育彩票的发行工作再上一个台阶。

（福建省体育彩票管理中心供稿）

江　西　省

彩票管理概况

2002 年，江西省彩票销售总体上基本平稳，略呈下滑态势。全省共销售彩票 47 804.77 万元，比上年下降 3.8%；筹集公益金 16 731.67 万元。其中，销售福利彩票 30 992.83 万元，比上年下降 21.7%；销售体育彩票 16 811.94 万元，比上年增长 66.3%。为适应彩票市场和行业自身发展需要，江西省适时推出20选5、21选5、30选7、31选7和35选7等电脑型彩票，停止了33选7和36选7的玩法。根据国务院和财政部关于加强彩票管理工作的有关规定，针对彩票管理中存在的问题，江西狠抓制度建设，加强监督管理，理顺各种关系，强化彩票资金的管理。在各级财政部门和福利、体育彩票机构的共同努力下，江西省彩票市场进一步规范，彩票事业得到有序发展。

一、建立健全规章制度，不断加强财政监管

为有效地规范彩票市场，强化财政监管，根据财政部的相关规定，江西省财政厅制定了彩票管理的一系列具体实施措施。一是规范了彩票销售的申报、核批、公告等程序及资金管理制度，形成了统一的彩票管理基本框架，为江西彩票业健康发展奠定了基础。二是在财政综合部门建立统一的彩票资金财政专户，彩票公益金和发行经费严格实行"收支两条线"管理，及时、足额上缴财政专户，并确保公益金按规定比例落实到位。目前已形成了省、市之间规范、快捷的彩票资金缴拨关系。三是明确了彩票销售月度报告制度。彩票销售机构按要求定期报送彩票销售、资金提取、资金解缴和尾票废票核销等报表，使财政部门能有效地掌握彩票发行销售状况，了解彩票领用、奖池、中奖、兑奖、代扣税金等情况。

二、强化彩票资金管理，规范财务收支

（一）强化彩票机构的财务管理。财政部《彩票发行与销售机构财务管理办法》规定，彩票机构的财务收支管理不纳入其行政主管部门的部门预决算，单独报送同级财政部门审批。省财政厅督促彩票机构执行上述统一的管理办法和彩票业务会计制度，及时审核彩票机构的财务收支计划和财务报告，有效地加强了机构的财务管理，规范了收支行为。

（二）理顺彩票资金管理秩序。为切实管好用好彩票资金，财政部门加强了内部分工协作。同时，彩票机构及其行政主管部门的彩票资金收支活动，均须按规定报财政部门审批，以确保发行经费用于行业发展，公益金专项用于社会公益事业。

（三）规范彩票公益金的解缴管理。省财政厅规定，即开型彩票公益金和发行经费必须全额上缴同级财政专户，财政部门按规定比例逐级上缴公益金。通过严格的奖罚并举措施，彩票资金的解缴管理逐步走上规范化轨道。

（四）严格审批彩票公益金的支出使用。按照财政部规定的彩票公益金使用范围，认真审核公益金支出。同时，与彩票机构行政主管部门联合下达彩票公益金，通过财政专户系统将资金拨

付使用单位，确保资金专款专用。

（五）管好用好青少年学生校外活动场所建设及维护专项资金。按照全国青少年校外联席会议的要求，江西对省内各地的青少年学生校外活动场所情况进行了全面调查，据此制定了江西省青少年学生校外活动场所分年建设总体规划，以确保该项工作有序展开。对于国家财政安排的项目资金和返还省级财政的资金，省财政厅及时与青少年校外教育工作联席会议办公室共同研究，按照分步实施、集中解决的原则，确定项目并部署了具体的项目实施程序和管理工作，切实做到管好项目、用好资金。

三、维护彩票市场稳定，促进健康有序发展

（一）加强沟通协调，防止恶性竞争。自财政部发文要求取消保底奖金后，福利和体育彩票机构转为开展各种形式的回报彩民活动，以刺激销量的上升。针对这一情况，省财政厅主动加强与两个彩票机构的沟通协调，避免恶性竞争。财政部门在审批游戏规则、发行销售方式和设奖方案时，尽量要求方案设计上做到多形式、多渠道，防止撞车。同时，要求彩票机构不得在设奖和宣传方案中含有误导性、鼓动投机性以及对同业者的排他性、诋毁性的内容，不得有损害国家和彩民利益的行为。

（二）严格监督彩票销售过程。在大奖组即开型彩票销售过程中，个别地方存在一些不合规的现象，为此，省财政厅要求各级财政部门认真审核游戏规则和销售设奖方案，监督即开型大奖组彩票销售全过程，及时纠正违规行为，确保销售安全和稳定。另外，总结全国各地以往的经验教训，严格开奖过程的监督，防止程序上的违规行为，避免引发群体事件。

（三）加大彩票市场查处力度，严厉打击非法彩票及其赌博活动。积极关注彩票市场动向，利用群众举报、新闻媒体等，随时掌握情况，对不法组织和个人从事变相发行、非法销售彩票的活动，坚决予以取缔。在江西临近湘、粤、闽、浙边界的乡镇和农村，“六合彩”等非法彩票及其赌博活动时有发生。省财政厅组织力量深入调查，掌握其背景和途径，联合省公安厅开展专项整治，并结合“扫黄”、“打非”行动，严厉打击和取缔各种违法赌博活动，依法追究庄家、赌头和为首分子的刑事责任，维护社会稳定，促进彩票市场的健康有序发展，切实保护了人民群众的合法利益。

（江西省财政厅综合处供稿，毛祖逊、何桑、甘宁执笔）

福利彩票发展概况

朱海滨主任

2002年，江西省共销售福利彩票30 992.83万元，其中乐透型彩票25 549.43万元，即开型彩票5 443.40万元，共筹集彩票公益金10 847.49万元。各设区市中完成任务较好的前三名分别是景德镇、南昌和宜春市，销售总量前三名分别是赣州、南昌和宜春市。

一、与时俱进，迎难而上，销售量再创新高

2002年，江西省福利彩票发行工作面临三大困难。首先是彩票取消保底政策的出台。其次是“江西风采”电脑福利彩票大奖频出，奖池难以积累。第三是彩票市场竞争更为激烈。面对困难，江西省福利彩票系统迎难而上，扎扎实实地工作，在不利的市场条件下超额完成了全年的销售任务，使2002年成为江西省自发行福利彩票以来继2001年后的第二个高峰年。

2002年，江西省各级民政部门领导一如既往支持和重视彩票工作。江西省民政厅全年召开了四次全省性福利彩票工作会议，其中有两次是以省政府名义召开的，对统一思想，坚定信心，适时研究调整工作部署起到了重要作用。省民政厅领导经常过问彩票工作，对一些重大问题还亲自与省福彩中心的同志共同分析、研究，对省福彩中心开拓创新的一些好思路和好做法及时给予支持肯定。南昌、宜春、景德镇市民政局领导也是经常深入彩票工作一线现场办公，并亲自出面协调解决彩票发行工作遇到的各种困难和问题，为彩票发行工作创造了良好的环境。

针对年初彩票销售出现的下滑态势，省福彩中心积极寻求对策，适时调整了“江西风采”电脑福利彩票的玩法。如，增加了31选7玩法的开奖次数；分别于6月下旬和12月初推出了21选5的小盘玩法和35选7的大盘玩法；开展了“爱心回报大派送”活动等，对提升彩票的销量起到了积极的促进作用。同时，省、市两级还加大了彩票宣传力度，使福利彩票“扶老、助残、救孤、济困”的发行宗旨深入人心。省福彩中心还认真做好了电脑彩票销售系统由准热线升

级为全热线的筹备工作，进一步规范了财务制度，电脑彩票系统实行财务报账制卓有成效。

二、开拓创新，不断挖潜，即开票销售工作走出新路子

针对电脑彩票的销量下滑这一现状，江西省民政厅、省福彩中心果断提出加大即开票的销售力度，以即开票补电脑票的工作思路和要求，及时制定出台了销售即开票的公益金、发行经费全部让利销售单位的优惠政策。为弥补即开票发行经费的不足，省福彩中心还从电脑票的发行经费中拿出一部分，奖励即开票销售单位，较好地调动了基层销售即开票的积极性。其次是积极尝试发行乡镇销售网点即开票，开拓彩票销售新渠道，取得了一定成效。第三是大奖组、小奖组、多点联销并举，广开即开型彩票销售渠道。全年全省共组织大奖组58个，共销售即开票3072万元。景德镇和南昌市，早计划早安排，在上半年就启动大奖组销售，下半年又再次组织大奖组销售。景德镇市依靠自身力量，利用“五·一”节日，以文化活动周的形式，成功开展了即开票大奖组销售活动，一个奖组就完成了全市全年即开票的销售任务。他们不满足于现状，下半年再次依靠自身力量组织大奖组获得成功，全年合计销售即开票454万元，完成即开票年度任务的288%，完成任务率居全省之首。南昌市还采取城区多点联销的办法组织大奖组销售，为城区销售大奖组进行了有益的探索。全省2002年即开型彩票销售总量达到5 400多万元，较2001年销售的总量翻了一番。

三、求真务实，规范管理，福利彩票销售工作安全有序

2002年，江西省福利彩票发行中心遵循彩票运作规则，不断规范电脑彩票投注站点的管理，狠抓系统安全，实现了全年彩票发行安全无事故。2002年的“江西风采”电脑福利彩票销售系统还处在准热线状态，保证数据安全，始终是电脑彩票工作的头等大事。全省各级民政部门和电脑彩票销售系统为确保系统安全运行，做了大量卓有成效的工作。特别是当投注站期结期间出现故障时，各级有关部门都是全力以赴，要车派车，要人派人，确保数据安全上传。投注站是“江西风采”的基础和前沿阵地，也是检验各项工作的窗口。全省电脑彩票系统采取了一系列行之有效的措施，本着“一切为了彩民，一切为了投注站”的宗旨，不断规范管理，强化服务，使投注站建设在2002年中又迈上了一个新台阶。省福彩中心投入了近百万元为各站点统一制作门牌，配发新的公告牌、机台

和专营站的走势图等，使站点形象渐趋良好。省福彩中心和市管理站还开展了“优秀联络员”、“优秀投注站”的评比活动，经常组织投注站业主或销售员召开座谈会，交流工作经验和服务彩民的体会，使站点服务质量逐渐提高，对稳定彩票销量起到了很好的作用。

（江西省福利彩票发行中心供稿）

体育彩票发展概况

陈跃平主任

2002年上半年，江西体彩面临着严峻的市场局面。33选6+1玩法单期销量降至2万元的历史最低点，2—4月份销售仅200余万元。上半年全省体彩销量仅仅实现3 200万元，市场占有率不足15%。全省1 300多台销售终端机中，能够正常运转的还不足800台。

面对严竣的形势，江西省体育彩票管理中心的工作人员积极探索发展之路，深入进行市场调研，根据市场的需求不断在玩法上进行创新。6月底，江西体彩推出了“天天乐”20选5小盘玩法，经过一段时间运行，其销量在全国小盘玩法中名列前茅。9月份，江西体彩中心以发行足球彩票为契机，加大宣传力度，期销售额由上半年的100多万元上升到480多万元。由于出台了好的政策，调动了各方面的积极性，即开型彩票的销售情况也有好转，全年发行达61场次，销量为2 324万元。2002年，全省实现销售额16 811.94万元，共筹集公益金5 884.18万元。

2002年下半年江西体彩之所以能够走出低谷，关键因素是江西省体育局高度重视体彩发行销售工作，及时调整了中心领导班子，将体育彩票工作列为各市体育工作年度评估、考核的重要内容，向各市县体育局下达了年度彩票销售任务，并要求各级体育行政部门都要定期听取彩票工作的汇报，及时解决彩票工作中碰到的各种困难和问题，及时协调相关部门支持彩票工作。

同时,江西体彩中心也进行了一系列的改革,在体制上进行创新。根据国家体育总局体彩中心的要求,从2002年9月份起,江西体彩中心对全省体育彩票工作实现垂直管理,成立了11个体彩分中心。这一措施使体彩管理工作增强了对市场的快速反应能力,适应了体彩发行销售网络化、规模化的要求,激发了体彩管理网络的活力。

网点建设是彩票工作的基础，它关系到体育彩票的形象和发展。针对过去网点形象标识不统一，没有便民辅助设施、信息资料不全、销售业务员业务不熟练等问题，江西省体彩中心的业务部门将外省用于体育彩票形象包装的各种设计样板印发给各分中心，同时市场部为各网点的业主、销售员编写了营销方面的培训材料，使网点认识到包装自己和运用营销策略的重要性，省中心还鼓励销售人员改变经营理念，变兼营为专营。

经过半年踏实而有效的工作，江西省体育彩票发行销售工作终于克服了困难局面，驶上了发展的快车道。

（江西省体育彩票管理中心供稿）

山　东　省

彩票管理概况

一、2002 年彩票销售情况

2002 年，山东省共销售彩票 333 516.54 万元，比上年增加 105 578.41 万元，增长 46.3%；筹集彩票公益金116 730.78万元，同比增加 4.83 亿元，增长 70.7%。公益金增长幅度比较大，主要是因为国务院将彩票公益金提取比例由 2001 年的 30% 提高到了 35%。根据中央、省、市（县）分成比例，公益金上缴中央66 641.50万元，省级留用 1.14 亿元，返还各市（县）3.87 亿元。

福利彩票销售 26.59 亿元，同比增加 8.06 亿元，增长 43.5%。其中电脑福利彩票销售 25.44 亿元，同比增加 8.19 亿元，增长 47.5%；即开型福利彩票销售 1.15 亿元，同比减少1 342.53万元，下降 10.4%。提取福利彩票公益金 9.31 亿元，同比增加 3.73 亿元，增长 72.1%；其中上缴中央 5.32 亿元，省级留成

7392.86万元，返还各市（县）3.25亿元。

体育彩票销售6.76亿元，同比增加2.50亿元，增长58.7%。其中电脑体育彩票销售6.55亿元，同比增加2.54亿元，增长63.4%；即开型体育彩票销售2 161万元，同比减少382.45万元，下降15%。提取体育彩票公益金2.37亿元，同比增加9 830.83万元，增长85.1%；其中上缴中央1.35亿元，省级留成4 254.51万元，返还各市（县）5 949.64万元。

在电脑体育彩票中，乐透型29选7、35选7、23选5共销售3.859亿元，同比增加464万元，增长13.7%。足球彩票销售2.69亿元，占电脑体育彩票的41.1%。

二、2002年彩票市场管理情况

2002年是山东省彩票销售量快速增长的一年，也是山东省销售彩票以来市场开发投入最大的一年。在这一年中，彩票机构共投资2897万元，专项用于市场策划和彩票宣传。在电视开奖方面，省福彩中心在每次电脑福利彩票开奖时，都出资邀请上一期的20名幸运彩民参加现场摇奖，并对摇奖器具进行现场检查。这一市场策划方案提高了福利彩票的可信度，使福利彩票的销售量一直保持上升的趋势。彩票机构还在《齐鲁晚报》和《生活时报》上开辟专版，公告彩票信息，传播彩票知识，在巩固现有彩民规模的基础上，逐步扩大彩民队伍。

在市场开发广度上，继2001年县城以上城市全面部署电脑彩票投注站之后，2002年又在人口比较多的中心乡镇部署了电脑彩票投注站。2002年，全省新增加电脑彩票投注机2 125台，其中50%以上部署在乡镇。

在彩票品种开发方面，继36选7、35选7、30选7、29选7和足球彩票之后，又推出了“23选5”的新玩法。这种玩法中奖概率高，中奖面大，深受彩民的欢迎，到年底共销售彩票2.57亿元，占同期彩票销售量的15.3%，占全年彩票销售量的7.7%，比传统的29选7和35选7占全年销售量的比重分别高出0.5和5.6个百分点。

在彩票市场监管方面，山东主要做了三方面的工作。一是配合财政部清理整顿了现有的彩票游戏规则和发行销售方式。对已经公告过的游戏规则进行了全面清理和重新确认，对继续有效的游戏规则，重新公告；对作废的游戏规则，在新闻媒体上声明作废。二是制定了《彩票发行与销售管理暂行规定》的具体实施细则，对容易引起彩票市场混乱的几个因素做了详细规定。如以大奖组形式销售即开型彩票，规定同一地点同一时间两个机构不得同时销售即开型彩票；对设置特别奖，规定除调节基金外，彩票机构不得将其他资金用作彩票返奖奖金；同时还规定电脑彩票零售人员可以同时销售多种彩票，调动了零售人员的积极性。三是严格审查彩票机构的市场宣传方案，杜绝相互诋毁和虚假宣传行为。在管理上，还把市级彩票机构的违规行为同省级机构的行为挂钩，由省级彩票机构对市级机构的行为负责，建立了市场宣传责任制，效果非常明显。2002 年，全省基本没有出现彩票机构相互诋毁、恶性竞争等行为发生。

三、彩票机构财务和彩票资金管理情况

2002 年，是彩票机构财务和彩票资金管理改革的第一年。根据财政部《彩票发行与销售机构财务管理办法》和《关于加强和完善彩票机构财务及彩票资金管理的通知》规定，山东省主要做了三个方面的工作。一是建立了统一的彩票公益金和发行经费财政专户。制定了彩票公益金“省级统管，按比例分成”、发行经费“统一核算计提，分级专户管理”的管理体制，明确了彩票公益金“彩票机构统一归集，省级财政上缴下拨”的缴拨方式。到年底，全省基本理顺了彩票资金的上缴下拨关系。二是建立了独立的彩票机构财务收支预决算制度。彩票机构单独编报财务收支预决算，保证彩票发行经费结余专项用于彩票事业发展或弥补彩票机构的经营亏损。三是制定针对即开型彩票的资金清算办法，充分调动基层销售即开型彩票的积极性。由于我国农村通讯手段比较落后，电脑彩票难以在农村扩大销售，即开型彩票正好可以占领这一市场空白。但是，即开型彩票的销售成本比电脑彩票高，市场风险大。为了调动省以下地方的积极性，山东省对即开型彩票的资金分配做出了特殊规定：除上缴中央外，发行经费全部留归销售组织单位，省、市两级均不参与公益金分成，省财政部门返还时，直接返还给销售地财政部门。同时，省里还对即开型彩票实行“年度集中清算”的办法，允许尾票随同下一次以大奖组方式销售的即开型彩票一起销售，年底对当年即开型彩票领取和销售情况集中清算一次，最大限度地降低即开型彩票的销售风险。

四、彩票管理制度建设情况

《国务院关于进一步规范彩票管理的通知》下发后，山东省根据国务院要求，从理顺关系、建章立制的角度出发，起草下发了《山东省人民政府关于贯彻国发 35 号文件进一步规范彩票管理的通知》，划分了各级财政、民政、

体育、公安和工商部门在彩票销售和管理过程中的职责范围,明确了财政、民政、体育部门对彩票资金的管理、分配、使用和监督权限、明确了各有关部门在彩票监督管理方面的责任。一年来,根据国务院和省政府文件精神,省财政厅下发了《关于加强和完善彩票机构财务及彩票资金管理的通知》,不但明确了财政部门对彩票资金的管理权和分配权,而且在财政系统内部规定了彩票资金的管理和分配由财政综合部门负责,彻底理顺了外部和内部在彩票管理方面的关系。同时,转发了财政部《彩票发行与销售管理暂行规定》,并结合本省实际情况提出了九条补充规定,解决了彩票机构在市场运作中做什么和怎么做的问题。上述监督管理制度,使彩票机构有法(规)可依,监管部门依法(规)管理,为彩票市场的健康、平稳、有序发展做出了有益探索。

(山东省财政厅综合处供稿,侯乃弘执笔)

福利彩票发展概况

祁庆杰主任

2002年山东省累计销售福利彩票265 900.88万元,超出2000年和2001年销量总和2亿多元,年增长率达40%,其中乐透型彩票254 383.84万元,即开型彩票11 517.04万元,共筹集彩票公益金93 065.31万元。与此同时,省内有11个市年销量突破亿元大关,其中济宁和潍坊突破2亿元,济南突破3亿元,青岛达到了5亿多元。国务委员司马义·艾买提专门写贺信嘉勉:“山东省福利彩票2002年发行超过26亿元,谨表祝贺并向为此付出辛勤努力的福利彩票发行工作者表示亲切慰问,希望你们再接再厉,争取更大成绩,为社会福利和社会保障事业作出更大贡献。”

纵观2002年山东省福利彩票系统的工作,主要有以下特点:

一、审时度势,果断决策,把握市场的能力进一步提高

2002年是我国彩票市场竞争极为激烈的一年。面对严峻的形势,全省福利彩票系统始终保持清醒头脑,审时度势,认真分析市场动态,掌握市场规律,适时应对,果断决策。首先,根据市场的发展变化,有针对性地及时调整和优化游戏结构，推出了 23 选 5 的小盘玩法，由每周 5 次开奖改为 9 次开奖，同时不间断地增设特别奖等，满足不同层次彩民的需求，增强了各种玩法的吸引力。第二，占领和巩固宣传阵地，强化市场营销宣传。为最大限度地争取彩民，全省上下转变营销宣传思路，对宣传的方式、时间和内容进行了全面调整。省福彩中心在 5 种省级报纸、3 家电视台和 3 个广播电台分别开辟了福彩专题栏目，并组织力量撰写了一批有分量的文章，产生了良好的效应。第三，从省到各地都结合公益金的使用，开展了社会公益活动。省福彩中心精心策划并成功举行了“福彩之光”大型公益演出、福彩送温暖、资助并命名福彩村等一系列具有较大影响力的活动，更好地树立了福彩的社会公益形象。各地也都在当地主要新闻媒体建立了相对稳定的多元化宣传阵地。强有力的宣传使福利彩票信息家喻户晓，人人皆知，保持了彩票市场和彩票销量的稳定。第四，加快农村市场的开发和拓展。鉴于城市站点基本饱和和农村人口多的实际状况，省福彩中心果断做出拓展农村市场的决策，5 个多月时间在全省 85% 的乡镇布设了 1100 多个站点。经过半年多的市场培育，这些站点彩票销量呈稳步增长的势头，年销量达总销量的四分之一。由于措施得当，使得福利彩票在激烈的市场竞争中始终占据主动，为确保福利彩票的稳定增长奠定了坚实基础。

二、抓管理，促效益，彩票发行逐步走向规范化管理轨道

彩票发行的实践使省福彩中心深刻认识到，彩票事业的稳定发展只有靠严格的、科学的管理才能实现，因此，在年初便确定 2002 年为全省福彩发行规范化管理年，并提出了“向管理要效益，靠管理求生存、谋发展”的口号，全省上下着重抓了四个环节的工作。一是建立和完善各项管理制度，做到有章可循，有法可依。2002 年上半年省中心制定并完善了《内部人员管理规定》、《站点管理办法》、《摇奖和开奖规定》、《对外合作洽谈制度》等 9 项规章制度，各地根据省中心的规定和本地实际也制定了若干制度，在全省福彩系统形成了较为完整的制度体系。二是抓点带面，学习推广先进经验。3 月省福彩中心在青岛召开了站点管理经验交流现场会，在全省大力推广青岛、济宁、潍坊等地加强规范化管理方面的经验。三是加强基础教育，努力提高员工的自身素质。结合人事制度改革和销售系统升级改造等工作，2002 年省、市福彩中心对所属员工和销售人员集中进行了以职业道德、爱岗敬业、维护管理等为主要内容的教育培训，省福彩中心和青岛、济宁、泰安等市还分别举办了由国内权

威专家、教授参加的彩票管理与发展理念讲座等。四是完善措施，狠抓落实。为了确保各项管理制度的落实，全省继续开展了规范化管理达标创优和明星销售站评比活动，并首次将组织管理列为年终单位评比的一个重要项目。省福彩中心利用各种方式加强了对管理工作落实情况的督导检查，并定期进行通报讲评，对问题突出的限期整改。各市也都采取有效措施，加大在管理工作方面的投入，完善监督机制和激励机制。通过这一系列的努力，彩票发行管理工作的效率、效益和正规化程度显著提高。

三、优化系统，确保安全，销售网络的保障能力进一步增强

2002年省福彩中心在销售系统的管理上主要抓了三个方面的工作。首先是大力提高维护管理部门的快速反应能力。省福彩中心和各地都建立了系统保障应急方案和机制，配齐了人员和交通、通讯工具，加大加快了配件和打印票的供应等。不少市还成立了"福彩110"，系统设备一旦出现故障能够马上做出反应，立即解决。其次是大力抓好全热线建设工作。9月中旬山东全热线建设全面铺开，在标准高、涉及面广、组织协调复杂、施工条件艰苦的情况下，全省上下克服各种困难，紧密配合，经过3个多月的艰苦奋战，在不影响彩票销售的前提下，全省4800多个有线通讯投注站全部按期转为全热线运行。从在线投注机的运行情况看，全热线的升级改造是成功的，其效益和优越性正逐步显现出来。第三是强化安全措施，杜绝各类事故的发生。对易出问题的重点环节，如摇奖开奖和兑奖、数据处理、作废票处理、关键设备的维护管理等都采取了严密的防范措施，关键部位都实行专人负责制，定期检查。发现问题，及时纠正。由于思想重视，措施得当，因此整个网络系统全年没有发生任何事故差错，有力地保障了彩票的顺利发行。

四、克服困难，积极探索，即开票发行工作保持了稳定发展的势头

在电脑票销售继续保持全国领先水平的基础上，2002年省福彩中心坚持积极抓好即开票销售工作。在全省遭遇百年不遇特大干旱的严峻形势下，全年共组织大奖组67个，销售彩票1.15亿元，位居全国前列，其中青岛、威海、烟台、潍坊销量均超过千万元。为冲破即开票发行徘徊不前的困境，打开即开票发行的新路子，在经过反复的市场调查论证和精心准备后，正式推出了福利彩票新的票种——"齐鲁风采"电视即开票。这一新的票种开卖一个多月销量即突破千万元，中出特等奖26个，与之配套的大型互动式电视节目“福星高照”也在山东电视台农科频道播出。这是省福彩中心对即开票销售方式的一次新的尝试和突破。

（山东省福利彩票发行中心供稿）

体育彩票发展概况

刘连志主任

2002 年，山东省体育彩票销售总额达到67 615.63万元，比 2001 年增长 59%，超额完成了国家体育总局体育彩票管理中心和省体育局下达的年度销售任务。其中乐透型彩票38 586.04万元，即开型彩票2 161.54万元，竞猜型彩票26 868.05。共筹集公益金23 665.47万元。

在 2002 年度工作总结评比中，山东省体育彩票管理中心荣获国家体育总局体育彩票管理中心颁发的 2002 年体育彩票年度任务奖一等奖、销量奖二等奖、市场开拓奖三等奖、安全运行奖三等奖和特别贡献奖三等奖等五个奖项，连续第四年荣获山东省省直机关文明单位。

2002 年，山东省体育彩票管理中心（以下简称“省体彩中心”）紧紧围绕扩大市场份额、提高彩票销量这一中心任务，大胆改革管理体制，逐步完善运行机制，不断提高队伍整体素质，积极加强和改进宣传营销措施和服务手段，取得了明显效果，确保了全年销售任务的完成。

一、解放思想，完善运行机制和管理模式

2002 年 5 月 8 日，由山东省体育彩票管理中心面向社会直接聘任的全省 17 市分支站负责人及工作人员全部到位，与各市体育局交接工作，正式担负起各市的体育彩票销售和管理工作。这标志着由“双重管理模式”向“垂直管理模式”转变的山东体彩管理运行体制改革初步完成。山东电脑体育彩票自 1999 年 10 月上市以来，一直是依托当地体育部门来运作管理各市销售网点的工作，各市体彩管理机构——分支站，在业务上受省体彩中心领导，人事、行政、财务等方面受当地体育部门领导。这种管理模式在电脑体彩上市启动阶段发挥了它的优势，但随着体彩销售规模的不断扩大和市场竞争的加剧，它的弊端日益凸现：运作不顺畅、行动不快捷、步调不

统一、市场反应慢，等等。因此，尽快建立起有利于体育彩票市场运作的管理模式和运行机制势在必行。在2002年全国体育彩票中心主任会议上，国家体彩中心明确提出了学习福建经验、推广垂直管理模式的改革思路和要求。山东体彩中心经过认真周密的调查研究和考察论证，确定了改革的基本思路，在省体育局的领导和17市体育局的积极配合下，改革工作顺利实施。半年多的工作实践表明，这次改革初步建立的销售管理体制，为全省电脑体育彩票加快发展，顺利完成全年销售任务奠定了坚实的组织基础。

山东省体彩中心在做好垂直管理改革的同时，把建立健全新的运行机制当作一项长期任务来抓，以制度管理人，以效益吸引人，以奖惩激励人，以亲情感染人。一是建章立制，明确工作职责任务，规范管理程序，确保各项彩票销售管理服务工作的顺利进行。二是明确工资福利待遇、改善工作条件，增强工作人员的荣誉感、归属感和责任心。三是制定考核评比办法，建立奖惩激励机制，营造出积极向上、争创一流的工作氛围。四是扩大沟通交流渠道，发现和调动干部职工的创造力、积极性，善于发现他们的亮点，为他们施展才华提供舞台。五是关心干部职工生活，增强集体凝聚力。科学的管理体制和完善的运行机制，为彩票事业的发展提供了制度上的保证。

二、加强队伍建设和业务培训

实施垂直管理后，省体彩中心人员由十几人增加到近百人。新增人员来自社会的方方面面，很多人原来没有从事过彩票工作，必须对他们加大培训力度，以迅速提高业务素质，适应彩票市场日益变化发展的需要。一是加强政治学习和思想教育，努力提高全省体彩系统员工的思想素质和职业道德水平。二是强化业务培训，全面提高业务素质。除抓好常规培训外，还特别加强了彩票营销知识和技能培训，先后十余次邀请大学营销专家、保险公司高级讲师及福建体彩培训讲师、省内优秀投注站业主和销售员等进行专场培训和讲演。各市分支站也因地制宜，组织各种形式的培训。三是注重沟通与交流，大力学习和推广先进经验和成功做法。为更好地学习借鉴外地先进经验，省体彩中心先后三次组织分支站站长、各市体育（文体）局长等共50余人次先后赴河南、湖南、厦门考察学习，取得了明显成效。

三、增强服务意识，完善服务措施

随着彩票市场的不断成熟和发展，服务工作越来越重要，市场对管理者的服务要求也越来越高，市场竞争已逐步由以玩法竞争、规模竞争为主向以服务竞争为主转变，服务水平的高低在很大程度上决定了销量的高低。2002年以来，山东省把“抓服务促销量，靠服务求发展”作为一条最重要的工作思路，坚定不移地付诸实施，从全省体彩系统的管理、分支站的服务、销售网点的服务、对即开型彩票销售的指导服务等各方面着手，全面完善服务措施，提升服务质量。

四、多渠道大力加强宣传和营销工作

宣传力度的大小和营销水平的高低直接关系到彩民对体育彩票的认知程度、购买欲望，从而影响购彩群体兴衰和彩票销量高低。因此，山东体彩中心通过多种方式加强营销宣传工作，力求使体彩的知名度和美誉度在山东省彩市上逐步提高。一是加大与山东电视台的合作力度，实现天天直播开奖，并抓住时机占据中央电视台开奖资源；二是广泛合作，积极开辟省内主要报纸、广播电台、户外广告等各类宣传阵地，使广大彩民可以通过不同的渠道了解体彩、足彩的各方面信息，树立品牌形象，提升体彩的无形资产价值；三是适时推出营销新举措，增加和调整玩法，于2002年5月开展了29选7“百次幸运奖大派送”促销活动，7月份推出天天开奖的小盘玩法23选5，形成大、中、小奖组玩法（35选7、29选7、23选5）并存的“体彩套餐”，吸引了不同层次、不同需求的彩民；四是积极引导、扶持业主、销售员进行网点宣传，通过扶持推广专营店、统一投注站标识、加强宣传物品资料配发、建立健全巡查指导和奖惩激励制度等各种有效手段，提高了网点自身宣传的力度和效果。

（山东省体育彩票管理中心供稿）

河　南　省

彩票管理概况

2002年,河南省彩票市场呈现管理科学、运作规范、竞争有序的良好局面。全省全年共销售彩票176 796.7万元,比上年增加22 405.72万元,增长14.5%;其中福利彩票68 094.52万元,体育彩票108 702.18万元。

一、强化市场管理

保持彩票市场的稳定,是财政部门对彩票市场履行监管职责的首要任务。为此,2002年河南省财政厅从七个方面对彩票市场进行了规范。

1. 规范彩票机构销售行为。主要措施有:严格彩票游戏规则及销售方式的审批;严格执行彩票销售资金的分配比例,避免擅自提高中奖奖金等违规现象的发生;加强即开型彩票销售现场的安全管理;严格彩票额度管理,等等。

2. 坚持正确的舆论导向,规范宣传公告行为。2002年,河南省对彩票机构宣传公告的内容、格式进行了统一,规定彩票机构不得进行排他性、抵毁性宣传;不得发布失实或欺骗性公告;不得在对外公开的比较性信息和宣传中涉及其他同业者;不得鼓动投机,强调彩票的娱乐性,淡化彩民购买彩票的投机心理,引导群众树立正确的博彩观念。

3. 健全内部管理制度,对省级彩票销售实行日常监督,确保彩票发行销售公平、公正。要求彩票机构建章立制,建立监督机制,确保摇奖机具的安全和性能完好。为保证彩票销售各项数据、信息的真实性,省财政厅常年委托会计师事务所,确定专门的注册会计师,协助省财政厅对彩票机构的销售及销售资金的分配等情况进行日常监审。彩票销售机构报送的月报、周报表,均需经过注册会计师审查签署意见后报送监管部门。

4. 依据市场变化,不断推出新的玩法。2002年,先后推出了足球彩票、电脑体育彩票33选7、电脑福利彩票22选5、电脑体育彩票20选5等新游戏，调整了部分玩法的游戏规则。即开型彩票也由单一的大奖组销售，发展为大奖组销售与网点销售相结合等多种形式。

5. 规范彩票市场秩序，坚决打击非法彩票和变相发行彩票活动。针对2001年在河南各地蔓延的"电影彩票"、"有奖猜谜"等私彩和变相发行彩票的活动，河南省财政厅要求各地财政部门将打击私彩作为2002年的一项重要工作，会同公安、工商等部门，采取有效措施进行整治，取缔非法彩票，让私彩和变相发行彩票者无处藏身。各地均配备了专门人员负责此项工作，并设立举报电话，在广播、电视等媒体上广泛宣传，使群众提高了对非法彩票的鉴别能力，自觉抵制私彩等非法彩票，维护了国家彩票的正当权益。

6. 实行目标考核管理。河南省财政厅将彩票监管业务纳入财政综合工作目标考核管理。2002年初制定的工作目标考核办法将彩票市场监管、彩票销售月报、彩票资金管理等内容作为考核内容，明确了工作目标和标准，规定对完成目标好的单位要进行表彰、奖励。

7. 搞好队伍建设，提高监管人员业务素质和管理意识。为了确保彩票销售市场的稳定，省财政厅要求各级财政部门明确专人负责监管，并提供监管人员的通讯方式，以保证省、市、县三级联动，建立起有效的彩票市场监管网络。同时，省财政厅还对市级财政部门监管人员进行了彩票知识、监管业务等内容的培训，提高了监管人员的业务素质和管理意识。

二、规范彩票机构财务管理

2002年，河南省财政厅采取措施，贯彻落实财政部《彩票发行与销售机构财务管理办法》、《彩票业务会计处理规定》，改变了过去两个彩票管理机构财务会计制度不统一的状况，使彩票资金的财务核算规范统一。彩票机构发行经费和彩票公益金实行了"收支两条线"管理，强化了资金的使用监督。

1. 实行预决算审批。具体做法是：根据上年彩票销售状况，考虑本年可能影响彩票销售的因素，估算出本年彩票销售数额。按照规定的发行经费留成比例，结合上年机构的财务支出情况，合理编制彩票机构年度财务收支计划。年度终了，对其财务决算及全年支出情况，彩票销售资金的分配、返奖奖金、调节基金的计算提取等等，通过查账和进行系统分析，提出问题及处理意见。

2. 针对彩票销售资金汇缴不畅和部分销售网点恶意占压彩票销售资金的现象，对彩票机构的资金结算提出新的要求。进一步加强管理，完善措施，建立制约机制，疏通资金结算渠道。

三、加强彩票公益金的管理

彩票公益金实行省级统管。在省级行政区域内销售彩票所筹集的公益金，统一由省级集中，由省级彩票机构于每月10日前将上月计提的公益金从彩票销售资金专用账户全额缴入省级财政专户。彩票公益金按“收支两条线”的原则进行管理，专款专用。2002年，全省共筹集彩票公益金61 878.85万元。

2002年，福利彩票地方留用公益金8 418.93万元。利用福利彩票公益金资助了3 000多个福利事业项目，包括福利院、儿童福利院、敬老院、光荣院、老年公寓、社区服务中心和福利企业等；建立了慈善基金；资助了一批家庭困难的教师和贫困大学生。

2002年体育彩票地方留用公益金19 159.96万元，用于在全省落实奥运争光计划和全民健身工程，包括：安排第五、第六批全民健身工程42个，兴建了一批健身园，被群众誉为“民心工程”；在全省范围内多次开展全民健身周活动，共举办各类大型竞赛、表演活动达200多次，参与群众在3000万人次以上；兴建青少年俱乐部11个，建设了57个单项训练点和12个训练基地，用于加强业余体育训练；成功举办了河南省第九届运动会。通过发行彩票筹集的公益金已成为河南省发展体育事业重要的资金来源，有效地弥补了体育事业资金的不足。

（河南省财政厅综合处供稿，何祖军、殷明执笔）

福利彩票发展概况

麻云田主任

2002年，河南省共销售福利彩票68 094.52万元，超额完成了民政部下达的发行任务，销售量居全国第七位，其中乐透型彩票64 377.74万元，即开型彩票3 716.78万元，共筹集彩票公益金23 833.08万元。

一、电脑福利彩票销售工作

一是增扩了一部分乡镇投注站，进一步扩大了福利彩票的市场覆盖面。二是适时调整了36选7的设奖方案，增加了小奖的数量。由于方案更趋合理，前期宣传到位，方案调整后当期销量就由400万元增至800万元。三是增加了22选5和6+1两种玩法，开展了全国联合销售“双色球”玩法的准备工作。增加玩法后，河南福利彩票在游戏玩法上做到了高、中、低相互结合，难和易相互补充，适应了不同层次彩民的需求。特别是22选5玩法，深受中低收入彩民欢迎，半年时间销售了1.63亿元。四是增加了开奖次数。经过不断调整，开奖次数由2001年的每周两次增加到每周11次，既方便了彩民购票，也提高了经济效益。五是适时开展了“22选5头彩大转盘”、“6+1试发行赠票”、“22选5百万奖金大派送”、“两周年答谢彩民特别奖”等多种多样的促销活动，掀起了阶段性的销售热潮。

二、即开票销售工作

随着电脑票市场规模的不断扩大，即开票工作难度加大。特别是对大奖组销售，各地普遍存在畏难情绪。2002年，河南省福彩中心坚持电脑票、即开票两手抓，两手都要硬的指导思想，下大力气抓即开票销售。一方面制定了网点销售即开票的管理办法，利用现有的投注站销售即开票。为调动管理人员和代销人员的积极性，省福彩中心将网点即开票代销费由原来的8%调增至10%，并制定了对管理人员的奖励办法。由于措施得力，渠道畅通，收效很好。另一方面，省福彩中心经常分头深入基层，逐县动员，帮助基层出主意，想办法。同时明确大奖组15%的发行经费除上交中央的部分，省里一分不留，以调动基层的销售积极性。在当地民政局的领导和支持下，大部分市、县知难而上，积极行动，精心操作，全省全年共开35个奖组，销售近3000万元，其中郑州、开封、焦作等市组织的大奖组取得了较好成绩。

三、公益活动和营销宣传

为了弘扬福彩“扶老、助残、济困、救孤”的发行宗旨，在省民政厅和省财政厅领导的支持下，2002年河南省福彩中心先后开展了“福彩慈善送温暖”、“福彩两周年，爱心洒中原”、“向公园、广场捐赠休闲椅”、“资助残疾儿童手术费”等11项大型公益活动，共资助孤老残幼、下岗职工以及特困学生等困难群体180万元，受资助人员2300多人。这些善举既弘扬了福彩的发行宗旨，塑造了福彩的品牌形象，又促进了福利彩票的销售。各市发行站在当地民政局的支持下，也按照省福彩中心的部署开展了形式多样的公益活动，在社会上引起良好反响。在省委宣传部等部门2002年联合举办的“河南省十大爱心捐助单位”评选活动中，省福彩中心名列榜首。省福彩中心及各市发行站还高度重视促销宣传工作，采取在摇奖节目和报刊专栏中长期宣传和城镇彩车巡游等阶段宣传相结合的形式，投入宣传经费近千万元，常抓不懈，收效明显。

四、管理工作和销售队伍建设

一是通过召开研讨会、业务会议的形式，经常召集各地发行站负责人通报情况，交流经验，研讨业务，提高管理水平。二是通过举办培训班的形式，培训省福彩中心和各发行站的业务骨干，不断提高服务质量。2002 年共举办 6 期培训班，受训 150 人次。通过培训，技术人员的政治素质和业务水平都有较大提高，为彩票销售提供了可靠的技术保障。三是通过召开投注站业主例会、定期上门服务、编印《河南福彩》、开展评选奖励优秀投注站活动等形式，不断巩固基层销售阵地，提高销售人员的政治和业务素质，增强整个系统的凝聚力和战斗力，调动了投注站业主的积极性。

五、财务制度与资金管理

一是严格执行收支两条线的规定，按规定将公益金和发行经费缴入财政专户管理。同时积极协调有关部门，研究发行经费使用和公益金调拨的方式方法，保证了资金正常运行。二是实现了财务电算化，进一步规范了财务管理工作。三是积极配合，接受了财政部驻河南省专员办、省审计厅、省民政厅、省税务局等单位的审计。经审计，各部门对省福彩中心的财务状况均比较满意。四是针对投注站分散经营、资金回收有难度的实际情况，制定措施，改进技术，有效地解决了个别投注站的欠款现象，确保了彩票资金的安全。

（河南省福利彩票发行中心供稿）

体育彩票发展概况

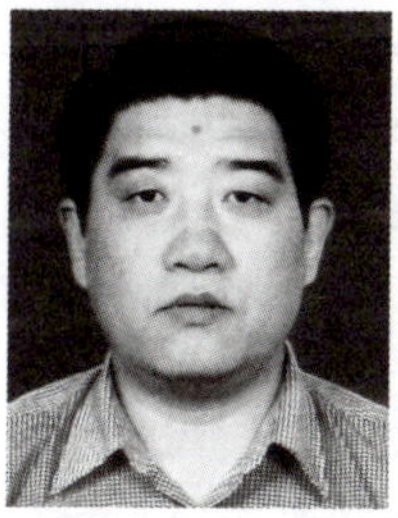

张进堂主任

2002 年，河南省体育彩票总销量为 108 702.18 万元，比上年增长 30%，超额完成了国家体彩中心和省体育局下达的全年任务指标。其中，乐透型彩票100 451.02万元，即开型彩票 2 662.92 万元，竞猜型彩票 5 588.24 万元。共筹集公益金 38 045.76万元，代扣代缴个人所得税 5 700多万元。体育彩票公益金为全省新增青少年俱乐部 25 个，新建全民健身工程 12 个，同时还有力地支持了河南省第九届运动会的圆满召开。

2002 年是河南电脑体育彩票在完成一年多的市场启动阶段以后开始进入持续发展的过渡阶段。这一年省体育彩票管理中心的整体工作思路是稳固基础,拓展市场,主要围绕五个方面开展工作:一是积极慎重扩充网点,占领培育农村市场;二是积极认真筹备,争取足彩上市;三是适时调整、增加玩法,促进销量再攀新高;四是进一步强化网络建设,提高网点整体效益;五是提高人员素质,加快人才储备,完善管理体制,提高管理水平。

为了扩大网络规模,提高市场占有率,开拓广大农村市场,省体彩中心分批在全省 600 多个乡镇及市区空白点增扩销售点,2002 年全省销售点总数比 2001 年增加了 32%。同时省体彩中心继续在"以专营店为重点和突破口推进'四化(品牌化、知识化、专营化、精神质量化)'工程"思路的指导下开展网络建设工作,致力于加强专营店的软硬件建设,不断开发其内涵和外延,先后出台了《河南省体育彩票销售专营店等级标准》和《河南省体育彩票销售网络建设基本要求》两项规定,对全省的专营店进行整改。截止 2002 年年底,全省销售点专营化比例已由上年的 59%增加到 73%,网络建设的"品牌化、知识化和精神质量化"得到了同步推进,销售点的品牌意识、彩票知识、营销水平等均有了不同程度的提高和改进,全省专营店的档次得到了较大提升,体育彩票良好的品牌形象得到了进一步巩固。

2002 年 4 月 6 日,中国足球彩票正式在河南上市发行,为了抓住这一有利时机,逐步扩大河南彩民队伍,体彩中心共分三个阶段、分两次启动河南足彩市场,通过市场调查、建立畅通的宣传渠道以及各种培训等手段宣传足球彩票,重点开发新彩民,使足球彩票销售额稳中有升。

2002 年 5 月份,农忙季节到来;6 月份,按照财政部的规定,保底奖金被取消;7 月份开始,河南进入炎热夏季。由于这些客观因素的存在,致使彩民购买力逐步萎缩,彩民人数逐渐减少,河南彩票市场开始出现下滑。在这种情况下,为了巩固市场份额,河南体彩中心在中体彩中心的正确指导下,立足市场,果断决策,抓住竞争中的种种有利条件,利用自身优势,采取了一系列有效的措施,逐步夯实网络基础,逐渐拓展市场份额。

为了丰富体育彩票的娱乐性,给彩民提供更多的选择机会,在充分研究论证基础上,报请财政部批准同意,河南体彩中心有针对性地开发了 33 选 7 和 20 选 5 两种新玩法。这两种玩法的上市弥补了河南体彩没有小盘玩法和中盘玩法的空缺,加上足球彩票在河南上市销售,至 2002 年 11 月,河南体彩已经拥有四种玩法,彩民可选择的空间增大了，从玩法上讲，体育彩票的市场竞争力得到了有力提高。

为了经营好新增玩法，同时保持原主打玩法的优势，充分发挥各种玩法的作用，河南体彩中心从提高队伍自身素质入手，又采取了“加大宣传，强化品牌”的措施，在赢得彩民、扩大彩民队伍上做文章；再加上扩点增容等办法，努力赢得市场。通过不懈努力，2002年年底河南省彩民人数基本稳定在100万以上。

通过以上工作的开展，至2002年年底，河南体彩已经占据了本省近三分之二的市场份额，为河南体育彩票事业的持续健康发展打下了良好的市场基础。

（河南省体育彩票管理中心）

湖 北 省

彩票管理概况

2002年湖北省彩票管理紧紧围绕“完善制度，强化监管”来进行，使湖北彩票管理向制度化、规范化方向迈进。2002年湖北省共销售彩票141 856.34万元，其中福利彩票40 236.65万元，体育彩票101 619.69万元，共筹集公益金49 649.72万元。

一、理顺了彩票机构财务管理体制

根据财政部彩票发行销售暂行办法、资金管理和财务管理办法，结合本省实际，湖北省财政厅对彩票财务管理体制、资金管理方式进行完善：一是凡涉及彩票资金分配及财务管理的政策，均由省财政部门与民政、体育部门联合下发文件。二是对彩票机构确定了“核定收支、计划管理、结余留用”的财务管理办法。三是对省实行垂直管理的彩票机构的财政财务管理，实行双重领导，以省为主的管理体制。四是规范了彩票资金管理，明确规定彩票公益金不得用于平衡预算，发行经费结余可以按规定提取事业发展基金,用于弥补以后年度单位收支差额,然后再按规定提取相关的福利基金、奖励基金等,但不得用作主管部门经费。五是规范了银行账户管理。规定彩票机构动用调节基金需经同级财政部门批准。彩票机构应在财政部门指定的国有商业银行开设彩票资金专户,专门用于归集彩票资金;彩票发行经费缴入同级财政专户,彩票公益金由省级财政专户集中缴拨。

二、加强了彩票机构财务管理

从 2002 年开始,根据财政部文件精神,湖北省财政厅对彩票机构财务加强了计划管理。首先是做好财务收支计划的编制工作。参照湖北省省直单位人员经费标准确定省级彩票机构人员经费标准,在此基础上,考虑两个彩票机构的特殊性适当提高了其公用经费标准。对业务支出,则按照事业发展的要求,确定开支水平。其次是批复和监督执行财务收支计划。明确财务收支计划一经批复,彩票机构必须严格按照批复的收支计划执行,一般不得调整收支计划。第三是对决算进行批复。由财政部门指定的会计事务所对彩票机构财务进行审计,财政部门在审计报告的基础上审批彩票机构决策。

三、开发应用彩票销售月报软件

为了加强彩票销售月报的管理,提高报表编制的快速、准确性,财政厅与用友财务软件公司合作,开发了湖北省彩票销售月报管理系统,开辟了省彩票机构和市州县等 86 个点,运用这个系统,可以迅速、准确地反映全省每月的彩票销售情况。

四、清理彩票游戏规则和发行销售方式

2002 年,彩票市场具有变化快的特点,湖北省彩票机构根据这一特点,不断推出新玩法。同时,财政部也加强了对过去游戏规则的清理和重新确认。湖北省按照监管职责,加强了对各种游戏规则的审核。特别是针对过去两种彩票促销形式多样,没有报批的实际,加强了对彩票促销活动游戏规则的管理,要求彩票机构对要开展促销活动的每种玩法,必须报经省财政部门审核,经财政部审批后,才能开展促销活动。

五、保持彩票资金分配比例的稳定性,调动各地的积极性,保持湖北省彩票销售的稳定增长

近年来,特别是 2002 年,湖北省彩票销售迅速增长,主要得益于在政策上保持了省级与地方在彩票资金分配政策上的基本稳定。如在彩票发行经费分配政策上,在保持地方和彩票代销点分配比例不变的情况下,湖北省福利彩票机构还拿出一定比例用

于奖励各地即开型彩票的销售。在彩票公益金分配政策上，在中央分配政策变动较多的情况下，省对地方的分配比例保持了不变，中央调高分配比例的部分主要通过减少省本级的分配比例进行消化，较好地调动了各地方销售彩票的积极性。

六、认真做好从彩票公益金中筹集青少年活动场所建设与维护资金的使用与管理工作

2002 年，湖北省下发了《关于印发〈湖北省青少年学生校外活动中心项目建设及资金管理暂行办法〉的通知》，对项目立项条件、程序和可行性论证，资金分配原则和拨付方法，资金管理，项目竣工验收、审计等作出了具体规定，保证该专项公益金的专款专用。

七、坚决打击非法彩票，维护彩票市场秩序

2002 年，根据湖北省部分地方存在“六合彩”、赌球等非法彩票活动的情况，湖北省公安、财政部门对非法彩票等赌博活动比较严重的地方进行了连续 3 个月的查禁赌码专项行动，咸宁、荆州、荆门、潜江等市查处“赌码”案件 1500 多起，抓获“码庄”和“赌码”活动参与者6 500余人，其中逮捕 25 人，劳动教养 93 人，刑事拘留 336 人，治安处罚2 200余人，摧毁赌博团伙 141 个，较好地维护了彩票市场正常秩序。

（湖北省财政厅综合处供稿，邱武执笔）

福利彩票发展概况

杨知宇主任

2002 年，湖北省累计销售福利彩票40 236.65万元，创历史最好水平。这一销量比 2001 年增加7 400 万元，增幅达22.6%。其中乐透型彩票30 146.94万元，比 2001 年增加1 200多万元；即开型彩票10 089.71万元，比 2001 年增加6 000多万元，增幅达 166%，共筹集彩票公益金14 082.83万元，比 2001 年增加5 000万元。同时上缴国家税金近2 000万元，社会效益和经济效益显著。

一、完善玩法结构，精心打造福彩综艺节目

根据市场对玩法多样化的需求，

湖北省福彩中心在巩固32选7和数字7玩法的基础上，深入开展市场调研。经多方比较、广泛论证和精心酝酿，报省财政厅和财政部批准，7月28日，省福彩中心果断停止27选7+1这一不适应市场的玩法，推出小奖组玩法乐透型22选5。这次玩法的调整使市场焕发蓬勃生机，日平均销售额提高了60多万元。

为扩大新玩法的影响，湖北省福彩中心还学习借鉴外省市的成功作法，于6月上旬同省经济电视台合作，共同推出了大型综艺博彩节目——“福彩·好运三级跳”。节目融博彩游戏和现场开奖于一体，互动性和趣味性较强，调动了场内场外彩民的参与热情。

二、强化市场管理，积极开发农村市场

在这方面主要是狠抓了站点管理与建设，重点工作是引导站点进店经营，改善形象和加强销售队伍培训。全省在4月底和7月底先后组织了两次大规模的培训，编发了《电脑福利彩票销售培训手册》及各玩法投注操作指南。各管理站还通过以会代训、组织观摩、交流经验等形式，经常性地开展销售员培训。

3月召开了湖北省福利彩票工作会议。会后，全省福彩系统把开发农村市场摆上重要议事日程，努力扩大农村网点规模。一方面采取风险共担的方式，与设备供应商合作，解决扩点所需的设备投入风险；一方面深入县、乡开展宣传动员和公开征点工作。同时采取押金优惠、公益金配套等政策，迅速推动乡镇扩点工作。全年新增乡镇网点479个。至2002年底，全省网点总规模已达1800个。

三、加大力度，狠抓市场营销宣传

一是继续与新闻媒体进行广泛合作，先后在《楚天都市报》、《博彩报》等8家主要报纸上开辟“福彩测号竞猜擂台”、“福彩杯有奖征文”、“福彩有奖知识问答”等专栏或福彩专刊，在湖北经济电视台开辟“福彩·好运三级跳”大型电视互动游戏节目，在湖北电台、武汉交通电台开辟福彩专题节目。同时利用各市、州的新闻媒体定期公告开奖信息，办宣传专刊，拓宽宣传面，增强了宣传效果。

二是高扬福利彩票的旗帜，开展多种形式的公益性宣传活动。在电脑福利彩票发行两周年之际，推出以“认购福利彩票，关爱弱势群体”为主题和口号的宣传活动，印发公益海报，发放宣传纪念品。在“六·一”节前夕，与省电视台策划推出了“阳光行动”特别节目，并拿出3万元公益金，资助孤独症儿童的康复治疗。7月份，与武汉市政协联手，在武汉

电视台制作一期“政协论坛话彩票”的专题节目。8至9月，拿出55万元福彩公益金与《楚天都市报》携手，推出“三助特困大学生”活动，共资助全省110名特困大学生。20多天的连续报道和省里有关领导出席的现场资助大会，把这一资助活动引入高潮，引起社会强烈反响。

三是针对市场情况推出一系列营销活动。2002年先后推出了“趣味奖”、“楚天福星奖”、“11选7开心奖”、“无序也有奖”等促销活动。

四是通过其他宣传渠道进行广泛宣传。全年共印发各类招贴画、宣传单、投注指南及《楚天风采》小报等宣传资料10余种，1 000多万份。悬挂各类宣传标语横幅5 000多条。出动宣传车400辆次。刊登报纸头版促销活动广告50多次。

四、强化内部管理工作，努力转变工作作风

2002年被确定为福彩系统的“管理年”。按照“管理年”的要求，湖北省福彩中心强化各项管理工作，努力转变工作作风。一是完善工作制度，包括值班工作制度、信息工作制度和目标管理制度。特别是在目标管理制度方面，专门制定了全省福彩工作目标管理办法，将全年目标任务分解到各主任、各部、各市州管理站，任务到人，责任到人，实行绩效挂钩。二是加强财务管理，认真贯彻执行国务院和财政部有关加强彩票财务管理的文件精神，严格收支两条线管理，加大资金结算力度，加强成本核算，降低管理成本，开源节流，减少开支，使管理成本比2001年下降了12%。三是加强系统管理，保证软件系统及时升级、改造，加强对投注设备的维护、维修，确保了数据及设备安全。四是省福彩中心以“学、查、改”活动为契机，树立“彩民是衣食父母，坚持为管理站服务，为站点服务，为彩民服务”的理念，转变作风，提高服务质量。五是加强市场调研。全省以省福彩中心和各市、州民政局为单位，分别于6月和8月开展了大规模的全方位调研。

五、精心组织，狠抓即开票销售

一是争取各级民政系统领导的重视。省民政厅领导逢会必讲即开票发行工作，各县、市民政局一把手亲自抓、分管局长具体抓即开票发行。二是制定系列即开票优惠政策。不仅在公益金、发行费上全部让利基层，还从省级留存的电脑票发行费、公益金中分别拿出0.85%、5%予以补助，确保销售单位所得发行费达到13%，公益金达到20%。同时还出台了组织奖、销量奖和完成任务奖三项奖励政策。

全年从电脑票发行费中支付 150 万元，补贴公益金 700 万元用于即开票的补贴和奖励，极大地调动了各市、州、县民政局组织即开票大奖组销售的积极性。三是分解任务，强化责任。省福彩中心将全年即开票任务分解到各市、州，并由省民政厅领导与各市、州民政局长签订目标责任书，完不成任务，不能评先进。四是精心组织，加强指导。省福彩中心紧紧抓住五一、十一、元旦等有利时机，分组分片，广泛动员，精心组织各地积极销售即开票大奖组。到 12 月底，全省共组织即开票大奖组 72 个，销售即开票 1.01 亿元，成功率高达 80%，创造了近年来即开票销售的最好成绩。

（湖北省福利彩票发行中心供稿）

体育彩票发展概况

彭道海主任

2002 年，是湖北省体育彩票管理体制创新、品牌形象提升和销售业绩再创历史新高的一年。一年来，湖北省体育彩票工作认真履行“人民的利益高于一切，全心全意为彩民服务”的宗旨，在全中心强化“业绩靠创新，岗位靠竞争，收入靠奉献，职位靠实绩”的工作理念。全体干部员工和一线销售人员团结拼搏、务实进取，圆满完成了各项任务指标。

一、一大跨越

2002 年全省体育彩票销售总额跨越 10 亿元，达到101 619.69万元，比 2001 年增长 53%，排名全国第八。最高单期销量 1 542 万元，周销量 2 969万元，月销量 1.19 亿元，三项指标都达到了湖北省彩票发行以来的历史最高点。全年返奖金额为 5.06 亿元，涌现出百万大奖 31 注。共筹集公益金35 566.89万元，同比增长 79%。这些公益金的投入和使用，为推动“奥运争光”计划、全民健身、社会保障、青少年学生校外教育等方面事业的发展发挥了积极作用。

二、两个推动

1. 推动了地方经济建设和相关产业的发展。湖北体彩 2002 年上缴地方税金 5 300 万元，同比增长 39.5%，首次进入湖北省纳税百强行列，成为地方税收的新亮点。体彩的发行销售为社会安排了4 200多个就业岗位，带动了广告、印刷、出版、邮政、金融、媒体、网络、电讯等相关产业的发展，拉动了内需，为提高人民群众物质、文化生活水平做出了重要贡献。

2. 推动了体育彩票良好品牌形象的建设。截至2002年，全省按统一标准装修的专营销售点有1 680个，占销售点总数的80%。

三、三大创新

1. 体制创新。建立了以市州分中心为支点的垂直管理体系，管理工作更为迅捷、有效。

2. 硬件更新。投资1 500万元，为部分地区免费更换了销售终端机。

3. 玩法创新。成功推出了“天天开奖”和“21选5”新玩法，丰富了玩法，贴近了彩民，增强了市场竞争力。

四、四个强化

1. 强化营销宣传工作，提高了体育彩票的知名度和美誉度，营造了良好的彩市氛围。

2. 强化安全责任管理，确保了发行销售整体工作的稳步推进。

3. 强化后勤管理，为一线的发行销售发展提供了有力保障。

4. 强化队伍建设，打造了一支高素质的体彩发行销售队伍。

（湖北省体育彩票管理中心供稿）

湖南省

彩票管理概况

2002年，湖南省各级财政部门和福利、体育彩票机构共同努力、积极配合，认真贯彻落实新的彩票发行与销售管理制度，全面实施彩票机构财务会计制度，彩票资金和彩票机构财务管理得到进一步加强，彩票市场呈现出良性发展态势。全年共销售彩票628 070.76万元，比上年增加2.56亿元，增长68.3%，较全国平均增长速度33.5%高出34.8个百分点。其中福利彩票销售42 816万元，比上年增加18 405万元，增长75.4%，较全国福彩平均增长速度20.4%高出55个百分点。体育彩票共销售19 862万元，较上年增加7 034万元，增长54.8%，较全国体彩平均增长速度45.8%高出9个百分点。全年共筹集公益金2.2亿元，有力地支持了全省福利、体育和教育等社会公益事业的发展。

一、创新求实，彩票销售强劲增长

一年来，湖南全省彩票销售稳步攀升，得益于以下几方面工作的开展。

一是创新宣传，拓展市场。两个彩票机构都把营销宣传这项工作摆在突出位置，利用电视、广播、网络及平面媒体等多种渠道，不断在宣传方式和手段上推陈出新。如，省福利彩票发行中心与省经济电视台共同举办的现场直播节目——“福彩天地”节目通过省委主要领导亲临现场以及主持人深入资助单位采访等生动活泼方式，进一步巩固了福彩的市场品牌形象。

二是建设网点，扩大规模。全年福利彩票增加了近500个站点，达到2500余个。体育彩票销售网点由年初的500个站点上升到1300多个站点，电脑彩票发行地区也从9个市延伸至全省14个市州。随着足彩销售量的迅猛攀升，以足彩俱乐部、足彩沙龙形式出现的足球彩票专营点逐步增多，其中以“圆梦俱乐部”、“好彩专卖店”为代表的专营店，自费添置了电脑供彩民上网查询比赛资料，还订阅了多种足彩报刊杂志，为球迷和彩民创造了宽松、便利的投注环境。

三是调整结构，丰富品种。全年，经财政部批准，福利彩票推出了“22选5”，体育彩票推出了足球彩票、“21选5”和“6位数”玩法。其中天天开奖的福利彩票“22选5”每天销量稳定在60万元以上；足球彩票自上半年在湖南省面市后，每期销量不断攀升，单期最高达到620万元，成为体育彩票最大增长点，当年实现销售9404万元，占到体育彩票销量的47.4%。这些彩票新品种优化了湖南省的彩票销售结构，提高了彩票的吸引力。据统计，全年全省共销售电脑型彩票5.44亿元，占总销售量的86.8%，其比重较上年提升了33.9个百分点。即开型彩票和电脑型彩票在市场份额上已发生逆转，电脑型彩票占据了主导地位，标志着湖南省彩票销售走上了良性循环的轨道。

二、完善制度，彩票管理日趋规范

2002年，湖南省财政厅把建立和完善各项彩票管理制度当作一件大事来抓，引导并推动了彩票管理向制度化、规范化迈进。

1. 加快了彩票管理制度建设。省财政厅相继制定和印发了《彩票发行与销售管理暂行规定》、《彩票发行与销售机构财务管理办法》、《关于加强彩票资金和彩票机构财务管理的通知》、《关于彩票公益金和发行机构财务管理有关问题的通知》以及彩票业务会计处理规定等一系列管理制度和办法。此外还制定了《湖南省青少年学生校外活动场所建设项目申报办法》、《湖南省青少年校外活动场所建设及维护专项资金管理办法》。这些管理制度和办法的实施,为全省彩票管理奠定了坚实基础。

2. 经重新修改和完善,财政厅2002年初下发了《关于规范彩票机构月度报表的通知》,进一步健全彩票销售统计月报制度。

3. 建立了彩票机构预决算制度,促使彩票机构加强自身的财务管理。省财政厅下发了《关于编报2002年彩票发行与销售机构财务收支计划和财务报告的通知》,要求各级彩票机构年初按照财务规定编制年度财务收支计划,报同级财政部门审核批复后执行;年终编制本级以及本系统汇总的财务报告,经国家审计机关或委托中介机构审计后报财政部门。

三、加强管理,彩票监管水平不断提高

1. 强化彩票公益金管理。为逐步推进彩票公益金规范化管理,财政部门从理论和实践两个层面对彩票公益金管理进行了新的探索。省财政厅积极参与财政部"彩票公益金管理的理论及模式"课题研究工作,撰写了"彩票公益金的性质"和"彩票公益金管理的国际经验"。在彩票公益金的筹集、分配、使用、监督等实际工作方面,湖南省实行了"统一筹集,比例返还,计划审批,专户缴拨,社会监督,分级管理"的办法。即财政部门与公益金使用部门联合下达彩票公益金项目资金分配方案,通过各级财政彩票资金专户将资金拨付给项目单位,实行项目直接支付。对应上缴中央和返拨市县的公益金、青少年校外活动场所建设和维护资金、民政和体育部门安排使用的公益金等上解下拨的资金,全部通过财政彩票资金专户系统缴拨。这样既加强了彩票公益金的监督管理,又提高了彩票公益金使用的透明度,有利于社会监督。

2. 规范青少年校外活动场所建设管理。一是严格了专项资金的拨付手续。项目启动时,由项目主管部门向省财政厅提出书面申请,并附有关开工证明资料,待实地考察,经审核无误后,即拨付总金额的70%,项目竣工验收合格后拨付总金额的30%。二是保证了项目资金及时拨付。财政部门积极配合省青少年校外教育工作联席会议办公室考察、审核本省项目,根据项目责任书及建设项目专项资金管理办法,督促各项目县抓落实,动工一个,拨付一个,确保项目资金及时到位。

3. 做好彩票业务培训工作。彩

票管理是一项涉及面广、政策性强、要求很高的新工作，为使彩票管理人员尽快熟悉彩票基本知识，迅速掌握监管政策，湖南财政厅于2002年9月下旬举办了第一期全省财政系统彩票管理业务培训班，对全省各市州、县市区从事彩票监管工作的同志进行了一次全面的专门的业务培训，效果明显。

4. 协调配合，增强服务意识。各级财政部门牢固树立管理就是服务的理念，不断改进工作作风，积极参与福彩、体彩中心的有关管理活动，主动出面协调部门之间的关系，增进相互理解和支持。两个彩票机构也加强了相互间的沟通。同时，各级财政部门支持彩票机构创新方法，激活市场，努力扩大彩票发行规模。

5. 维护彩票市场秩序。在努力扩大彩票发行量的同时，湖南省还注重了彩票发行销售行为的规范，对全省的彩票游戏规则和发行销售方式进行清理，并上报财政部批准和重新确认。同时明确了彩票游戏规则审核程序。各级财政部门对彩票机构提交的彩票发行销售方案进行了认真审核，及时予以批复。为维护彩票市场秩序，对彩票机构的违规行为，财政厅态度鲜明，坚决查处，制止了个别市县违规发行“中一赔十”的“12选1”投注式玩法，并对其顶风违规行为在全省进行通报，追究有关责任人的责任，违规收入也全部没收上缴了省财政；对打着各种幌子发行彩票的非法销售活动严厉打击，予以坚决取缔，有效遏制了地下“六合彩”、赌球等赌博活动的蔓延态势，确保了全省彩票市场的正常秩序。

（湖南省财政厅综合处供稿，陈蔚执笔）

福利彩票发展概况

卢亿龙主任

2002年，湖南福利彩票进入了快速增长阶段。尤其是电脑票的销售，各项指标创下了历史最好水平，其增长速度和幅度均居于全国前列，成为湖南彩票的主力票种。

2002年全省共销售福利彩票42 815.92万元，其中乐透型彩票38 582.24万元，是去年的2.4倍；即开型彩票4 233.68万元，共筹集彩票公益金14 985.57万元。

一、发行和宣传

1. 彩票销售继续快速增长，彩

票发行基础进一步巩固。

2002年,湖南彩票中心加快电脑彩票的发展,不断扩大、调整站点布局。全年增加了近500个站点,站点总数达到了2500个,遍布全省14个市州和所有县区,部分乡镇也开始设点销售,基本形成了一个完整的销售网络。同时,网点布局调整力度加大,根据实际情况,将大部分银行网点转向社会网点,提高了服务质量,增加了销售时间。坚决实行“末位淘汰制”,奖优撤劣。设备维护保养工作明显加强,站点日常管理更趋规范化,出现了一大批专营店。销售人员的操作技能和服务态度有了明显好转,整个队伍销售、管理彩票的能力有了较大提高。在加强网点管理和队伍建设的同时,努力探索新技术,增加新玩法。2002年6月,湖南省福利彩票发行中心经过深思熟虑,推出了天天开奖的22选5小盘乐透型新玩法。这一玩法一经推出即受到全省彩民的热情追捧,半年时间就销售1.34亿元,为全年任务的完成做出了巨大的贡献,并为湖南福利彩票的下一步发展打下了良好基础。为了拓展新的发行销售方式,省福彩中心和省电子邮政局合作,开通了185电话投注系统,并在全省邮政网点代销福利彩票,为彩票销售提供了新的渠道。2002年即开票在发行比较困难的形势下,发挥福利彩票的传统优势,采取各种办法,调动积极因素,全年仍然销售了4 200万元。

2. 营销宣传持续强势,市场份额保持领先。

2001年湖南福利彩票中心、湖南经济电视台合作在全国率先推出了一档专门的大型福利彩票电视节目“福彩天地”,取得了巨大的成功,极大地促进了福利彩票的销售,使每周销量稳定在700万元以上,并创造了单期销量740万元的历史最高记录。2002年为更好地宣传福彩,省福彩中心果断地进行节目改版。改片后的节目受到彩民广泛欢迎,同时报纸、电台、电视台及网点户外广告宣传也力度不减,还通过省委主要领导亲临福彩现场以及主持人深入被资助单位采访等方式,进一步展示了福彩的公开、公平、公正性,使湖南福彩的市场品牌形象更加深入人心。

二、管理和规范

湖南福彩中心一贯遵循“公正、公平、公开”的发行原则,严格执行有关规定和发行纪律,严禁弄虚作假、欺诈勒索等损害购票者正当权益的行为发生。

“湖南风采”电脑票开奖是电视直播,微小差错和失误都会在全省造成巨大的影响和损失,因此,湖南福彩中心对每次开奖过程都高度重视,严格要求,强化管理。2002年全年电脑票开奖350多次,开奖次数之多是从未有过的，但每次开奖都由省福彩中心一位主任亲自到场监督、主持。每周一的“福彩天地”电视开奖节目，民政厅的厅领导和省福彩中心所有的主任都会亲临节目现场。同时，省福彩中心机房24小时值班，各个二级中心随时有工作人员待命，准备解决问题，排除故障。在领导的重视和工作人员的认真努力下，全年在开奖销售、数据传输、兑奖、公告等各个环节都基本做到了规范有序，维护了彩民的利益和福利彩票品牌形象，促进了福利彩票的销售。

在即开票发行上，湖南省福彩中心和各市州彩票中心的发行人员十分重视奖组方案的审批工作，特地加强了设奖方案和安全保卫方案的审查，依靠当地政府，协调有关部门，把事端控制在萌芽阶段，保障了发行的安全。全年全省发行大奖组53个，没有发生一起影响稳定的事件。

除加强彩票发行和销售的管理，湖南省福彩中心还着重加强了彩票中心内部的学习和管理，使干部队伍素质有了显著提高，干部职工的事业心、责任感和廉洁自律观念大大增强。为进一步规范管理，省福彩中心制定出台了不少规章制度。尤其是在将财务纳入财政专户管理、严格执行预决算和收支两条线管理方面，通过了财政、审计等部门的监督检查，得到了它们的好评。

三、资金使用及其他

湖南省福利彩票中心始终坚持将福利彩票所筹集的公益金取之于民，用之于民的原则，管好用好公益金，最大限度地发挥其效益。2002年湖南福彩累计筹集彩票公益金14985.57万元，在各级福利基金使用项目评审委员会的审核下，严格按照申报、调查、立项、评审和投放程序投入使用，全年共资助社会福利项目600多个，进一步弘扬了福利彩票“扶老、助残、救孤、济困”的发行宗旨，有力地支持了社会福利事业。

2002年，湖南福利彩票的2500个销售站点解决了近5000人的就业难题，为社会创造了2560万元的代销费收入，为国家创造了2844万元的税收收入，为湖南经济的发展做出了贡献。

（湖南省福利彩票发行中心供稿）

体育彩票发展概况

傅力强主任

2002年，湖南省体育彩票不仅在销售额、销售结构上有了重大的进步，而且玩法种类也由简单的即开型加33选7扩展为即开型彩票、足彩、21选5、“幸运6位数”及33选7五种玩法并存。一年来，湖南省体育彩票事业得到了健康、平稳的发展。

一、销售量猛增，社会反映良好

2002年湖南省体育彩票销售量创历史最高，总销售量达19 861.74万元，其中，乐透型彩票6 458.01万元，即开型彩票4 000万元，竞猜型彩票9 403.73万元，超额完成了国家体彩中心下达的销售任务。共筹集公益金6 951.61万元，派发奖金近1亿元。全年共产生了1个五百万元大奖得主、2个三百万元大奖得主、1个两百万元大奖得主和2个一百万元大奖得主，而获得十万或数十万元的中奖彩民数不胜数。良好的销售成绩使体育彩票在湖南树立了良好的品牌形象，获得了经济效益与社会效益的双丰收。

二、销售结构转变，玩法丰富多样

2001年以前，湖南省体育彩票以即开型彩票销售为主。从2002年起，电脑体育彩票的销售额占到整个市场份额的80%，形成了以电脑体育彩票销售为主的新格局。

在彩票玩法上，即开型、33选7、21选5、“幸运6位数”及足彩五种玩法并存，涵盖了彩票“大、中、小、智、快”五大方面。

三、足彩成功上市，销售额四级跳

4月12日，湖南省正式开始销售中国足球彩票，在第二批推出足彩的省份中，销售额稳居前列，并且从最开始上市时的每期销售额200多万元，到后来的400万元，500多万元，直到年终最后一期销售突破600万元，实现了销售额的“百万四级跳”。

四、加大管理力度，建立高素质的发行销售队伍

湖南省体彩中心及各级管理站在网点的管理上，加强销售员的培训，提高服务意识，视网点为命脉，对布局不

合理的网点进行调整。中心的工作人员经常下到网点，了解情况，辅导营销，打造样板投注站和宣传窗口。

除了加强管理力度外，省体彩中心还对内部机构进行调整，加强了人力资源方面的建设，在原有基础上，重新整合了各部门人员。同时，对职工进行思想道德教育，培养职工良好的职业道德。

五、回报社会，支持社会公益事业

2002 年，湖南体育彩票共筹集公益金近6 951.01万元，除上缴中央外，地方留用部分主要用于修建体育场地设施，捐赠给全民健身工程，资助运动员参加各级赛事和体育扶贫支出等。如今，在湖南各大中城市的街头巷尾，分布着许多用体彩公益金建成的健身乐园，方便了群众的健身活动，也使人民群众更真切地感受到了体育彩票是一项取之于民，用之于民的事业，树立了体育彩票的良好形象。

（湖南省体育彩票管理中心供稿）

广 东 省

彩票管理概况

2002 年，广东省彩票销售额达628 070.76 万元，其中福利彩票287 606.13 万元，体育彩票340 464.63万元，总销售额、福利、体育销售额均为全国第一，分别比上年增长 99.1%、66.8%和 138%。共筹集彩票公益金219 824.77万元，其中上缴中央123 830.93万元，地方留成95 993.84万元，缴纳个人所得税4.33 亿元，为促进我国各项社会公益事业的发展做出了积极贡献。

一、加强制度建设，促进彩票市场快速发展

（一）狠抓制度落实。为了落实国务院和财政部的有关文件精神，2002 年，广东省财政厅（以下简称省财政厅）组织有关人员参加培训学习，并对全省各级财政部门提出了更加明确责任和具体要求，力求认真贯彻执行各项制度和政策措施，为全省彩票市场有序发展提供有力的保障。

（二）狠抓市场开拓。省财政厅2001年底下发了加强彩票销售网点建设和管理的通知，2002年全力抓落实和检查，重点开辟广大乡镇市场，年底全省福利彩票网点体育彩票分别达5 143个和4 919个，比上年增加1 836个和2 125个，增长55.5%和76.1%，从而使电脑型彩票销售量增长高达77.3%和152%，拉动了全省彩票市场继续快速增长。

二、严格彩票市场监管

（一）严格按规定审核审批彩票销售事宜。广东省2002年彩票管理工作目标之一，就是努力按财政部的要求建立彩票游戏规则审核审批等管理制度。一年来，共办理和批复审核审批事项16件，对不符合规定的，坚决不予通过；对条件尚未完全成熟、管理和技术上没有把握的，谨慎审核上报；而对符合规定的、有利于扩大彩票销售和市场拓展的，则立即办理、主动办理，促进了彩票管理制度化进程，较好地配合了彩票机构的工作，支持了广东省彩票市场的拓展。

（二）及时制止违规行为，确保广东省彩票市场的良好秩序。2002年初，针对彩票机构擅自向社会公告了不符合规定的消息并已做好了实施准备，省财政厅发现后坚决予以要求制止和纠正。同时，要求彩票机构做出更正和公开声明，并重新按规定程序办理。

（三）加强即开型彩票市场的监管。2002年广东省即开型彩票销售6 424.69万元，占总销售量的10.22%。虽然即开型彩票的市场份额较小，但针对即开型彩票大奖组的销售特点，全省财政部门仍然高度重视对即开型彩票市场的监管。一是严格即开型彩票大奖组销售方案的审核审批制度，重点审核设奖方案、资金收缴方案、宣传方案、安全保障措施，加强对销售过程和资金的监督，并尝试在即开型彩票大奖组销售活动中由财政部门直接设立临时账户归集和监缴彩票资金。二是严格执行有关制度规定，坚决不批准在即开型彩票大奖组销售中开展二次竞猜摇奖活动，凡涉及更改彩票游戏规则和销售方式的，也不予批准。三是为维护其他国家彩票的信誉，维护彩票机构国家特许、专营的性质，严禁彩票机构以外的任何公司参与彩票销售活动。

三、加强对彩票机构的监督

（一）加强对彩票机构销售行为的监督，使彩票机构在调整和修改游戏规则、销售方式、对外宣传、网点布设、资金管理等方面完全按规定程序销售彩票。

（二）加强彩票机构财务监管，规范彩票机构财务管理。通过严格彩票机构的财务收支计划和财务报告制度，使彩票机构节约了成本，增加了资金积累，提高了运作保障能力。有的地方还对彩票机构固定资产、设备等的购置，按政府采购制度要求统一办理，提高了资金使用效率。

（三）积极推动彩票机构管理模式改革，提高彩票机构的运作效率和发展能力。广东省彩票机构有三级，实行行政管理为主、条块结合、块块为主的管理模式，这种管理模式成本高，效率低，不利于彩票事业的发展。省财政厅从发行经费分配入手，大胆探索有效的管理模式，推动广东省彩票管理模式的改革。2002 年初，省财政厅下发了《转发财政部关于印发〈彩票发行与销售机构财务管理办法〉的通知》和《做好彩票发行经费管理有关问题的通知》，规定从 2002 年 1 月 1 日起，全省电脑型彩票发行经费实行省级彩票机构统一集中缴拨，不确定返还比例、不按比例返拨各市机构，省财政和省级彩票机构依据所批复的年度收支计划和用款进度分别向省市彩票机构核拨资金。此举增强了省级机构的调控能力，并将集中管理后节约的资金用于提高全省技术装备水平、扩大宣传、帮助困难地区改善办公条件和环境等。

（四）继续做好彩票机构的协调服务工作。自 2000 年接管彩票工作以来，省财政厅确定了每两个月召集两个彩票机构开碰头会的制度。在省财政厅的推动下，广东省大部分地区都推行了碰头会制度，彩票机构之间已能做到互相理解、互相促进、避免矛盾、良性竞争、共同发展。

四、强化彩票公益金管理

（一）加强彩票公益金的核算和清缴。按照《彩票发行与销售机构财务管理办法》的规定，全省电脑型彩票公益金实行省级集中统一缴拨。但为了照顾地方销售彩票的积极性，省财政厅规定即开型彩票公益金实行分级缴拨，即每月终了，属于本级分成部分直接缴入同级财政专户，属于省级和中央分成部分缴入省级财政专户。全省全年彩票公益金基本做到了及时和足额缴交。

（二）加强彩票公益金使用的监督。一是加强对公益金收支计划的审核审批，要求彩票公益金使用既要符合制度规定，又要尽可能突出资金的公益性特征，符合社会公众利益。二是积极做好彩票公益金资助青少年学生校外活动场所的建设及维护。三是加强公益金使用的检查和跟踪问效，严格按计划和规定用途使用公益金。四是督促公益金使用部门定期向社会公告公益金使用情况。

五、坚决打击非法彩票活动

广东省财政部门密切联系公安、监察、工商等部门，加大打击非法彩票活动力度。一是与省公安厅、省监察厅一起到私彩较严重的粤东、粤西督察打击私彩情况。查处了省某单位与某公司合作举办竞猜中国足球甲A联赛活动，制止了某县以电影票为凭证的有奖博彩活动。二是与省公安厅联合下发了《关于广东省举报私彩违法犯罪活动有功人员奖励办法的补充通知》，扩大了举报私彩违法犯罪活动有功人员奖励金的计提基数，调整了奖励办法，鼓励群众踊跃举报。三是安排经费100万元专项用于补助公安系统打击非法彩票活动。

（广东省财政厅综合处供稿，黎树源、蔡文雅执笔）

福利彩票发展概况

刘子鹏主任

一、基本情况

2002年，广东省福利彩票全年共发行销售287 606.13万元（含深圳市，下同），销量名列全国第一，创造了广东省福利彩票年发行销售的历史最好成绩，比2001年多销售11.52亿元，增长66.82%。其中乐透型彩票242 199.16万元，比2001年增长了77.9%；即开型彩票45 406.97万元，销量列全国第一，比2001年增长了26.82%。共筹集彩票公益金100 662.15万元，上缴税收1.68亿元。2002年，广东省福利彩票发行中心被中国福利彩票发行管理中心评为全国福利彩票销售总量特等奖和组织工作特等奖，同时，还被评为全国即开型福利彩票销售一等奖和全国福利彩票销售进步一等奖。

二、电脑福利彩票

为进一步挖掘彩票市场潜力，增强福利彩票的市场竞争力，适应各种彩民的不同需求，广东省福利彩票发行中心在充分调查研究全省彩票市场的基础上，于2002年4月30日推出了“南粤风采”电脑福利彩票26选5的新玩法，首期即销售2 800多万元，取得了发行的成功。为配合全国福利彩票发行15周年以及广东省“南粤风采”电脑福利彩票发行两周年的纪念活动，广东省福利彩票发行中心适时推出了“南粤风采”电脑福利彩票 36 选 7 特别奖，并利用广州市原有的电脑彩票奖池资金和省里的部分奖池资金设立广州特别奖，让广大彩民购买一注彩票有两次至三次中大奖的机会。两个特别奖的推出，在全省范围内引起了很大的反响，大大激发了广大彩民购买福利彩票的热情，有效地促进了电脑福利彩票的发行销售，使每期销售量在原来的基础上增长了 20%。在此基础上，广东省福利彩票中心又推出了“南粤风采”电脑福利彩票 26 选 5 幸运奖，让彩民购买“南粤风采”电脑福利彩票 26 选 5 也有两次中大奖的机会。这一奖项设置增强了广大彩民的购票兴趣，使电脑福利彩票 26 选 5 在原来的基础上增加了三分之一的销售量。

为进一步促进和提高“南粤风采”电脑福利彩票的销售量，广东省福利彩票发行中心在增加特别奖和幸运奖的同时，增加了开奖期数和次数，缩短开奖周期，由原来每周开奖两期增加到每周开奖六期，每期开奖次数也由一次增加到二至三次，并将各销售点的销售截止时间由原来的开奖当日下午 2 点延长至下午 4 点。这些措施有效地促进了“南粤风采”的发行销售。

在电脑福利彩票销售网点的建设方面，2002 年初，“南粤风采”电脑福利彩票的销售网点不到4 000个，与辽宁、山东等彩票发行先进地区相比还有很大的距离。为扭转这种局面，广东省福利彩票发行中心提出，在 2002 年的第三季度末之前，全省销售网点要增开2 000个以上，使全省销售网点总数达到6 000个以上。各地根据省福彩中心的要求积极行动，尤其是广州，在不到半年的时间里网点数由原来不到 600 个猛增至1 200个，全省网点数到第三季度末第四季度初已突破6 000个，实现了年初的计划。销售网点的不断增加，有力地促进了电脑福利彩票销量的不断增长，2002 年全省电脑福利彩票销量比 2001 年增长近 80%，达到了预期的目的。

三、即开型福利彩票

2002 年，在即开型福利彩票发行销售工作中，广东省福利彩票发行中心坚持做到上下齐心，努力拼搏，早计划，早行动。从年初开始，就以省民政厅的名义发文给各地市，并抄送当地政府，要求各市、县（区）都必须组织即开型福利彩票的发行销售，明确要求各市必须完成即开型福利彩票的发行销售任务，并提出即开型福利彩票销售任务完成的好坏是年终评先进和评奖的重要依据。任务下达后各地行动积极，并取得了较好成绩。同时，广东省福利彩票发行中心还组织了经济比较发达的广州、深圳、东莞、中山、佛山、顺德等市开展即开型福利彩票大奖组大联销活动。这是广东自发行福利彩票以来,第一次由省里统一组织的大联销活动。活动中各地积极参加,密切配合,共销售即开型福利彩票2.2亿元。

四、营销宣传

2002年，广东省福利彩票发行中心十分重视福利彩票的营销宣传工作，特别是在营销宣传队伍建设、福利彩票形象宣传以及发挥媒体和销售站的宣传作用等方面做了大量工作。在营销宣传队伍的建设方面，广东省福利彩票发行中心专门设置了市场营销部，配齐了专职工作人员，由一位中心副主任专门分管这项工作。同时，要求各地相应设置专职部门和专门人员负责营销宣传，在组织上保证了这项工作的顺利开展。对福利彩票的正面形象宣传工作，广东省福利彩票发行中心历来十分重视，并重点做好发行福利彩票的宗旨、目的和意义的宣传，让广大彩民了解发行福利彩票的目的是为了帮助社会弱势困难群体，所筹的资金是用于支持社会福利和社会公益事业，吸引更多的彩民积极参与到这项活动中。在发挥新闻媒体的作用方面，2002年，广东省福利彩票发行中心不仅在电视开奖节目中进行实时宣传，而且在电视上开设了“彩源广进”专栏节目，每周六播出；在《羊城晚报》开辟了“晚晚好彩”福利彩票宣传专版，逢周二、周四、周六刊出；在《信息时报》开辟彩票专版，每周一至周五刊登，周六的《信息时报》更是以整个C叠作为“彩票金版”。此外，《南方日报》也经常对福利彩票进行宣传报道，在电台也开辟了一个关于福利彩票的专访节目。通过这些方式，建立了一个形式丰富、覆盖广泛的营销宣传阵地。为了持续深入地做好福利彩票的宣传工作，广东省福彩中心还在有关的报社聘请了三位思想品质好、专业水平高的记者专门从事福利彩票的宣传报道，对广东省的福利彩票宣传工作起到了积极的促进作用。

五、制度管理

建立健全各项规章制度,加强和规范管理,是做好福利彩票发行销售工作,使福利彩票事业长期稳定发展的重要保证。为确保福利彩票发行销售工作安全顺利地进行,广东省福利彩票发行中心高度重视规章制度建设和规范管理工作。2002年,建立和完善的规章制度达15项。特别是在加强和规范即开型福利彩票发行销售,搞好电脑福利彩票投注站的规范管理,严格财务制度的管理,确保各项资金使用合理合法等方面,都按照上级的规定,结合实际情况,制定了切实可行的规章制度。同时,对各部门、各岗位的工作职责都做了详细规定。2002

年，国家审计署、省审计厅对广东省福利彩票的发行销售工作进行了全面审计，并在《中国审计》、《中国监察》、《广东审计》等专刊上刊登广东省福利彩票的发行销售情况，对广东省福利彩票的发行销售工作给予了充分肯定。

（广东省福利彩票发行中心供稿）

体育彩票发展概况

麦良主任

2002 年广东省体育彩票工作在上级部门的正确领导及各相关单位的大力支持和配合下，克服了种种不利因素的影响，圆满地完成了全年的彩票销售任务。

一、销售情况

足球彩票方面，在更换竞猜对象等不利因素的影响下，省体彩中心采取积极措施，调整消费结构，挖掘消费群体，加大人口密集乡镇的销售网络建设，为扩大销售下了很大功夫。在世界杯即开型彩票销售中，又充分利用网络、电话等新的销售手段，取得了不错的效果。全省各地开展了多次即开型体育彩票销售活动。其中在深圳举行的“迎省运”8 000万元即开型体育彩票销售活动引起了社会的广泛关注，取得了很好的销售成绩，为第十一届广东省运动会做出了应有的贡献。截至 2002 年 12 月底，广东省体育彩票共销售340 464.63万元，比上年增长 138％超额完成了国家体育总局体育彩票管理中心下达的 25 亿元的销售任务。其中乐透型彩票 72 476.96 万元，即开型彩票 18 840.72 万元，竞猜型彩票 249 146.95 万元。全年共筹集 119 126.62万元的公益金，个人所得税纳税金额达 2.65 亿元，体育彩票总销售量全国排名第一。

2002 年全国 31 个省（自治区、直辖市）普遍发行足球彩票，且发展势头迅猛，广东省又取消了与广西壮族自治区联网销售。在这种情况下，广东省的体育彩票销量仍能取得这样的成绩，与整个广东经济的发展分不开，是各级政府部门的支持，广大新闻媒体的宣传推动，全省体彩工作人员的艰苦努力以及广大彩民的长期支持和参与的共同结果。

广东省筹集的体育彩票公益金在资助开展全民健身活动、弥补大型体育运动会比赛经费不足、修整和增建体育设施、体育扶贫等方面发挥了重要作用。在广东，体育彩票引导人们关心体育，支持体育，追求健康，奉献爱心，已经成为人们生活中不可缺少的一部分。

二、中奖情况

广东省是体彩销售大户，也是体彩中奖大户。2002 年广东省体彩产生了 211 个百万大奖得主，其中 500 万元大奖 36 个。中奖者交纳个人所得税共计 2.65 亿元。

广东省有很好的足球文化氛围，彩民对足球的熟悉程度高于其他省份，并且广东经济发展水平高，彩民的购买能力强，因此在足彩的销售上广东省一直走在全国前列。2002—2003 新赛季足彩取消了广东彩民最喜爱的竞猜对象英超后，广东体彩中心与广大媒体紧密配合，为彩民及时提供大量竞猜信息，帮助广东彩民迅速熟悉了新赛季的新增竞猜对象德甲、法甲，并且竞猜的综合能力得到了更大提高。

在此基础上，广东彩民再显实力，新赛季足彩广东省销售新赛季足球彩票 9.15 亿元，返奖 5.26 亿元，返奖率达 57%，高于全国平均水平 8 个百分点。

三、管理工作情况

经过几年的发展，广东省已成为全国体彩销售网点数最多的省份，数据处理量也比前几年有了巨幅的增长。省体彩中心技术部门加强了对网络和销售安全监控系统的维护，在确保整个体育彩票销售系统安全运转的同时，投入了近百万元，对原来数据接收系统进行了扩容，通讯线路由原来的 128 条扩展到 222 条，使数据接收速度有了很大的提高，保障了广东省体育彩票销售的安全有序。技术部门还积极开展对足彩、篮彩新玩法热线系统等新技术的研究，为将来的新技术推广应用做好准备。

在建设销售网络的同时，根据原“4 花选四”玩法的销售经验，进行了大量的市场研究后，2002 年又成功推出体彩新玩法“幸运七星”，取代了销量不理想的“4 花选四”。“幸运七星”的成功上市，不仅增加了体育彩票的销量，也满足了广大彩民的需求，丰富了广东省体育彩票的种类。“幸运七星”上市后，取得了比“4 花选四”增长 8 —10 倍的优异销量，充分反映了这一新玩法具有很强的市场号召力。

（广东省体育彩票管理中心供稿）

广西壮族自治区

彩票管理概况

2002年广西壮族自治区彩票销售量有了较大幅度的增长，销售总额为107 097.48万元，比上年增加346 476.1万元，增长47.8%。其中：福利彩票84 519.87万元，比上年增加26 357.64万元，增长45.3%；体育彩票22 577.61万元，比上年增加8 289.97万元，增长58%。

2002年，为了贯彻落实国务院《关于进一步规范彩票管理的通知》精神，切实履行国务院和财政部赋予各级财政部门彩票管理的职责，按照财政部彩票管理的有关要求和工作布置，自治区财政部门主要做了以下几个方面的工作：

一、加强彩票机构财务管理，切实管好用好彩票资金

（一）根据财政部加强彩票资金管理的有关要求，切实管好用好彩票资金。2002年，广西各级财政部门对彩票机构财务管理的工作重点，是将彩票发行经费和公益金全部纳入财政专户，实行"收支两条线"管理。从整个执行的效果来看，彩票发行机构基本按照财政部和自治区财政厅有关彩票资金管理的要求，按时将彩票资金缴入了自治区财政彩票资金专户。2002年共筹集彩票公益金37 484.12万元，其中上缴中央21 359万元，地方留成16 125.12万元。通过财政部门加强对彩票资金的管理，一是提高了彩票机构和彩票公益金使用部门对国家彩票资金实行财政专户"收支两条线"管理必要性的认识；二是有效地加强了对彩票资金的监督管理，纠正了过去彩票机构既负责销售彩票，又负责彩票资金管理和支出等一些不规范的做法；三是为今后彩票机构实行财务收支计划管理打下了良好的基础。

（二）在彩票资金的使用管理方面，自治区财政厅分别对彩票机构和公益金使用部门作出了严格的申报、审批使用管理。要求彩票机构按规定

填报“经常性资金使用申请表”，经财政部门审批后，核拨发行经费。对公益金使用部门，要求对彩票公益金使用项目进行评审，报财政部门批准后核拨使用。同时，在彩票资金使用过程中，加强跟踪问效和监督检查管理，并规定项目完成后必须经过审计部门专项审计等。这些管理措施既保证了彩票机构的正常运转和公益金使用部门对彩票公益金的正常使用，又加强了对彩票资金的严格管理和监督。

二、建立彩票游戏规则申报制度，营造健康的彩票市场

根据财政部有关会议精神和要求，对辖区内上市的彩票游戏品种、规则进行了认真清理，并上报财政部批准确认。同时要求彩票机构今后凡新上彩票游戏品种，必须经自治区财政厅审核同意后方能上报财政部批准，否则，一律按违规发行彩票处理。此外还组织彩票机构加强对国务院和财政部彩票管理有关规章制度的学习，以共同维护彩票市场的正常秩序。

三、加强彩票市场管理，做好打击非法彩票工作

非法彩票行为严重扰乱了国家彩票市场的正常秩序，不仅影响了国家彩票的正常发行，而且影响了人民群众的正常生活，损害了群众的经济利益，甚至带来了严重的社会治安问题。因此，加强彩票市场管理，打击非法彩票，是各级政府，特别是各级财政部门义不容辞的职责。广西财政部门在2001年开展打击非法彩票专项行动取得初步成效的基础上，2002年继续加大力度，在自治区人民政府领导下，与各有关部门积极配合，从严、从重、从快打击了一批非法彩票犯罪分子，对非法彩票庄家和犯罪分子起到了震慑作用。

四、加强财政系统彩票业务知识的培训，提高彩票监管水平

彩票监管工作对财政部门来说是一项新的工作，要履行好国务院和财政部赋予各级财政部门的彩票监管职责，必须加强对彩票业务知识和彩票各项管理规章制度的学习。因此，2002年自治区财政厅及时举办了全区财政系统彩票业务知识培训班。通过培训，提高工作人员对国家发行彩票的意义、目的的认识，了解世界和中国彩票发展的历史以及彩票业目前存在的问题和阻碍彩票业发展的因素，明确财政部门管理彩票的职责等，达到了提高认识，掌握知识，树立信心的目的，进一步增强了财政部门管好彩票的意识和工作责任感。

（广西壮族自治区财政厅综合处供稿，刘金库执笔）

福利彩票发展概况

杜国顺主任

2002年，广西福彩中心全年共销售福利彩票84 519.87万元，其中乐透型彩票84 416.01万元，即开型彩票103.86万元，是全区发行福利彩票15年以来最高的年销量，排名由2001年的全国第七位上升为第四位，并始终保持西部12个省市区排名的第一位。全年共筹集彩票公益金29 581.95万元。优异的成绩来自于广西福利彩票发行中心坚持改革创新、造福社会的工作方针。改革创新可以总结归纳为制度创新、科技创新、业务创新和观念创新四个方面。

在制度创新方面，广西福彩中心根据电脑福利彩票采用计算机网络技术发行管理的特点和要求，继续坚持实行对电脑福利彩票减少发行管理层次，由自治区直接组织发行的销售管理体制，坚持实行以事业单位企业化管理为特征，以全员劳动合同制、岗位聘用制、工效挂钩为主要内容的劳动人事和分配制度改革，充分发挥了各方面的积极性，提高了工作效率，建立了适应电脑彩票发行的管理队伍，使广西福彩走上了迅速的、可持续的发展道路。

在科技创新方面，广西福彩中心建设了高标准的数据中心机房，采用国内一流的先进投注设备，不断完善投注功能。从2002年2月起，广西福彩中心自己组织力量进行科技攻关，于2002年10月25日在全国率先将准热线销售系统改造升级为全热线销售系统，提升了广西福彩的品牌形象，确保了广西福利彩票“广西风采”的安全顺利发行，并为向彩民提供更优质的服务和寻求广西福彩更大的发展奠定了坚实的基础。

在业务创新方面，广西福彩中心重视投注站的规模化建设，以效益为中心办好投注站，在全区范围内共建成2 600家投注站。在搞好硬件建设的同时，还根据彩票市场的需要不断改进游戏方法。从2002年8月16日起，在继续保持37选7和29选7两种游戏不变、每周各开奖两次的基础上，隆重推出了21选5的游戏，天天开奖，极大地丰富和完善了玩法系统，形成了大中小盘三种游戏相互呼应的格局，满足了彩民的各种需要，适应了彩市的发展。同时，积极抵制私彩，搞好媒体对福彩的每日宣传报道，让彩票与文化联姻，在广西形成独特的彩票文化，使广西福彩的基础建设和营销管理不断得到加强。

在观念创新方面，广西福彩中心继续认真学习党和国家改革开放的方针政策，不断解放思想，破除因循守旧、平均主义、无所作为、怕担风险等传统观念，为了维护和增进社会困难群体的利益，敢于在工作中开拓进取，大力争取各级领导和有关部门的支持，使广西福彩各项改革不断排除阻力，取得进展。广西福彩中心在这方面的工作经验还在2002年第11次全国民政工作会议上被推广。

广西福彩中心的改革创新产生了巨大的社会效益和经济效益。两年多来“广西风采”共发行17.16亿元，比过去近13年广西发行的即开型福利彩票的总量还多。通过发行“广西风采”，共筹集公益金5.5亿元，除按规定上缴中央外，广西自治区留用近3亿元。这些资金已投入使用2.6亿元，在全区兴办和资助兴办了敬老院、福利院、社区服务“星光计划”工程等社会福利、社会公益、社会救助项目1 345个，有力地促进了广西社会福利事业的发展。如农村乡镇敬老院的覆盖率已从过去的36%提高到63%，过去一些破烂不堪的福利设施如今已建设成为可以对外开放的窗口。全区社会福利事业总体水平改变了过去在全国处于落后的状态，“十五”期末可望达到全国前10名。不仅如此，“广西风采”还代缴个人所得税8 500多万元，缴纳机构所得税1 000多万元，拥有2 600家投注站，安排了5 000多人就业，带动了电信、计算机、印刷等相关行业的发展，加上各项福利设施的建设，中大奖者将奖金投资兴办实业等等，福彩的发展拉动了经济的发展。“广西风采”还通过奉献爱心、幸运中奖促进了社会主义精神文明建设，增添了人们生活的希望和乐趣。2000年3月至2002年年底的两年多来，“广西风采”共产生106个百万元以上大奖中奖者，其中500万元中奖者39位，仅2002年就产生百万以上大奖41个，500万巨奖16个。因此，“广西风采”被誉为是广西一项重要的建设成就。

（广西壮族自治区福利彩票发行中心供稿）

体育彩票发展概况

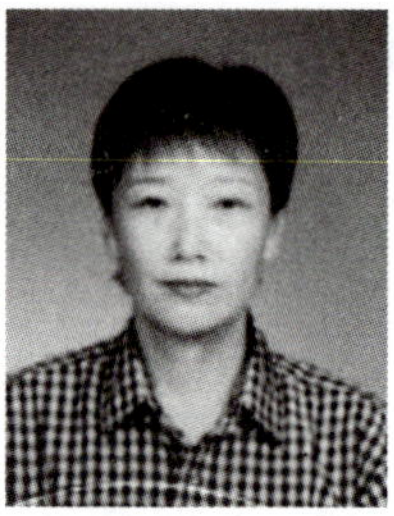

傅丽娜主任

一、彩票销售收益情况

2002年广西体育彩票共销售22 577.61万元，其中乐透型11 121.52万元，即开型937.19万元，竞猜型10 518.90万元，比上年增长58%。

2002年度广西先后销售了六种玩法的电脑体育彩票。各玩法销量分别是：足球彩票1 052万元，22选5玩法4 672万元，30选7玩法3 770万元，36选7玩法1 832万元，28选7玩法652万元，35选7玩法193万元。

2002年广西电脑体育彩票产生50万元以上大奖18注。其中500万元大奖1注，100万元以上500万元以下大奖11注，50万元以上100万元以下大奖6注。

2002年广西销售体育彩票共为筹集公益金10 135万元，实现个人所得税1 427万元。这些资金有力地支持了社会公益事业和体育事业的发展。

二、完善各项制度，走企业化管理模式

2002年，广西体育彩票管理中心制订了一系列规章制度，完善和规范了各项职能，走向了企业化管理模式。中心实行各部门、各二级分中心及个人工作绩效考核制度，奖优罚劣，能者上，庸者下。机构的健全和人员的充实，为广西体育彩票事业的进一步发展打下了坚实的基础。

1. 对各部门的管理。

广西体彩中心制订了《人事考核管理制度》、《中心薪酬管理制度》等各项制度，对人员的聘用、薪酬管理、考勤、考核等做出了具体规定。同时根据各部门的岗位职责，对全体员工进行定岗定职考核，并与效益挂钩。全体人员实行打卡考勤制度，缺勤者按比例扣工资。

中心对各项工作做到“有计划、抓落实、出效果”，对重大工作任务实行“责任分解到人，时间、指标具体明确”的制度，大大提高了工作效率。

中心全体员工在奖优罚劣的管理制度下，明确职责，积极进取，分工合作，展现了良好的精神风貌。严格

的部门管理保证了全中心工作的有序进行和逐步趋向规范化。

2. 对二级分中心的管理。

为加强市场化管理，广西体彩中心于2002年3月颁布实施了《分中心绩效考核办法》，在行政管理、业务管理、技术管理、财务管理及宣传上对全区12个二级分中心的工作业绩进行考核，并将考核结果与年终奖励挂钩。这一举措有效地加强了对二级分中心的管理力度，同时也较大地提高了二级分中心的工作积极性，从而促使广西体彩工作达到了全区一盘棋、步调统一地进行运作的目的。

3. 对销售点的管理。

对销售点，广西体彩中心确立了“以服务为主，以市场为导向”的准则，一手抓管理，一手抓服务。一方面，中心完善了与销售点签订的销售合同，制订了销售点管理规定，要求销售点强化技术要求和操作规范，保证数据传送安全，积极向彩民宣传体育彩票。同时奖优罚劣，对违规的销售点实行警告、暂停销售资格整改直至取消销售资格的惩罚制度，对优秀销售点的前50名实行奖励。另一方面，中心要求技术人员和业务人员对网点定期检查指导，为销售网点提供技术和业务保障。中心还不定期地组织业主进行经验交流，帮助网点做好宣传。例如2002年组织全区2 000多名体彩销售点的业主、销售员进行了世界杯足球彩票和36选7等各种玩法的培训，其间还进行了营销知识的传授。这些业务培训对提高业主、销售员的专业素质起了很大作用，也增强了广西体育彩票销售团队的凝聚力。

三、实现足球彩票在广西的正式销售

争取足球彩票上市是2002年广西体彩工作的重点之一。足球彩票因其竞猜主动性而受到彩民的广泛欢迎，全国12个省市试点销售成绩十分喜人。由于足球彩票全国统一开奖，对管理效率及安全保障要求很高，国家体育总局体育彩票管理中心对新上市地区的验收也很严格。为争取足球彩票正式上市，广西体彩中心积极筹备，利用为广西彩民代购广东省中国足球彩票的机会做了大量宣传，对全区1 000个销售点进行了业务培训，向南宁市电信局申请并开通了通讯线路，就资金结算、数据封存公证等事宜分别与广西建设银行、南宁市公证处积极联系，达成了合作协议。由于有帮助彩民代购广东省中国足球彩票的经验，广西许多筹备工作细致充分，培育了市场，打下良好的基础。2002年3月，广西的足球彩票筹备工作顺利通过了国家体育总局体育彩票管理中心的验收。4月8日，广西获准正式发行中国足球彩票。足球彩票的上市，一方面满足了广西彩民的需要，在一定程度上打击了赌球和私彩，对社会安定起了促进作用。另一方面也给广西体育彩票销售点业主注入了强心剂，稳定了广西体育彩票销售队伍。广西足球彩票正式上市后每期销量约为500—600万元，第02014期创造了707万元的单期最高销量纪录。2002年世界杯足球赛期间发行的世界杯足球彩票，虽然玩法较为复杂，宣传时间也较短，但广西所销售的5期世界杯足球彩票也取得了平均期销量300多万元的成绩。

四、大力宣传体育彩票，树立体育彩票良好形象

广西体彩中心在宣传工作中坚持"宣传体育彩票事业，树立体育彩票形象，促进业务发展，培育和发展市场"的方针，2002年加大了经费及人力的投入。宣传部门制订了各阶段的宣传方案，并组织落实。一是抓销售点的宣传。通过专场讲课、广播信息等各种途径，对销售点进行有关宣传工作的培训；为全区的1 000个销售点统一配发销售台、灯箱，中奖公告、宣传海报，在销售点统一张贴各种宣传画和散发宣传资料，扩大体育彩票在群众中的影响。二是抓报纸、电视等媒体的体彩宣传。广西体彩中心与区内发行量最大的几家报纸《南国早报》、《当代生活报》、《南宁晚报》、《八桂都市报》等签订协议，设立了体育彩票专栏，及时刊登广西体育彩票的开奖结果、彩市动态、市场分析等信息；在广西电视台生活频道开设了开奖现场直播节目，穿插介绍广西体育彩票信息，并根据需要增加专题宣传。三是通过户外广告和组织各类相关活动宣传体育彩票。如举行传统型电脑体育彩票、足球彩票首发式，组织球迷观看世界杯足球预选赛竞猜胜负，召开足球彩票彩民座谈会等，通过这些活动拉近体彩与彩民的距离，增强体彩的亲和力。在一系列的宣传活动中，广西体彩中心逐步确立了与当地宣传媒体稳定的合作关系，并形成了较为规范的宣传运作模式。

（广西壮族自治区体育彩票管理中心供稿）

海　南　省

彩票管理概况

2002年,海南省财政厅加大彩票市场的监管力度,加强彩票的制度建设和规范管理,指导和监督彩票销售机构严格执行国家彩票管理规章制度,将彩票资金纳入财政监管范围,严厉打击非法彩票,彩票市场得到进一步规范和发展。2002年海南省共发行销售彩票9 509.17万元,其中福利彩票3 296.49万元,体育彩票6 212.68万元;2002年全省共筹集彩票公益金3 328.21万元,其中上缴中央1 890.63万元,地方留成1 437.49万元。

一、加强市场监管,规范彩票销售

(一)学习文件,查找问题,及时整改。省财政厅及时转发财政部《关于清理彩票游戏规则及发行销售方式的通知》、《关于加强彩票市场监管的紧急通知》和《关于湖南省福利彩票发行中心严重违规行为通报》等文件,要求省体育彩票管理中心和省福利彩票发行中心(以下简称彩票销售机构),从各种违规事件中吸取教训,查找存在的问题,及时整改。

(二)整顿处理违规行为,规范彩票销售。2002年1—4月,海南省福利彩票发行中心未经批准,采用"11选1"游戏规则和固定赔率设奖方式促销福利彩票。这种销售办法存在违规行为,省财政厅做出了停止销售并予以整顿,没收非法所得的处罚。为加强福利彩票试点销售现场的监管,2002年6月29日海南省还专门指派省彩票管理中心*人员到销售现场指导和监督。

二、加强财务管理,规范公益金使用

(一)加强财务管理。省财政厅

* 海南省财政厅负责彩票市场的总监管,另专设省彩票管理中心负责日常监管。

按照财政部关于彩票资金管理的规定，撤销彩票资金共管专户，将彩票公益金和省本级的彩票发行经费全额纳入财政专户，实行“收支两条线”管理。按照国家规定的彩票公益金分配比例分配彩票公益金，并要求全省范围内销售彩票筹集的公益金由省级彩票销售机构统一集中管理，各彩票销售机构在规定的时间内将彩票公益金通过非税收入征缴管理系统全额缴入省级财政专户，然后由省财政专户将属于中央的彩票公益金上缴中央财政专户，将属于市县的彩票公益金下拨市县财政专户。加强福利、体育两个彩票销售机构的财务管理，将福利、体育两个彩票销售机构的财务收支纳入年初财务收支计划，按计划安排支出并在年终进行财务审计。

（二）规范公益金使用。为用好体育、福利彩票公益金，省财政厅严格按照《体育彩票公益金管理暂行办法》和《社会福利基金使用管理暂行办法》的要求，编制 2002 年海南省省本级体育、福利彩票公益金收支计划，并报省政府审批。在公益金使用的具体审批上，加强了公益金使用的规范性，督促有关行政主管部门严格把好关，确保重点项目的资金供给，严格审查新建或扩建项目，发挥公益金的最大社会效益。

三、打击非法彩票，净化彩票市场

在省政府的统一领导下，海南省各有关部门采取了一系列有效措施，打击取缔非法彩票，净化彩票市场。2002 年累计出动9 600人次打击取缔非法彩票，抓获销售非法彩票人员1 767人，取缔非法彩票摊点3 534个，抓获非法彩票老板 74 人，罚没总金额 394 万元。经过强有力的打击，非法彩票得到有效遏制。

（一）统一思想，提高认识。各有关部门通过学习国务院、财政部出台的一系列彩票管理规章制度，统一思想，提高认识，深刻认识打击非法彩票的意义，并将打击非法彩票作为彩票管理的一项重要工作来抓。

（二）加强打击非法彩票力量，扩大打击范围。针对海南省非法彩票的隐蔽性、广泛性特点，加强打击非法彩票力量，增派工作人员，扩大打击非法彩票范围，将打击面由城市向乡镇延伸。

（三）依靠公安部门的配合，确保打击非法彩票的顺利进行。打击非法彩票时，非法彩票老板常常煽动不明真相的群众，干扰执法。为此，每次安排打击非法彩票行动时，均由省彩票管理中心与公安部门联合行动，相互支持和配合，形成打击非法彩票协作网，在保证稽查人员人身安全的前提下，确保打击非法彩票行动顺利进行。

（四）严格执行打击非法彩票的处罚程序。在查处非法彩票时，严格执行《行政处罚法》的规定，按规定对查处对象进行取证、宣布处罚决定、办理罚款手续等程序，同时做好物证的保管、讯问笔录的归档工作。

四、根据市场要求，开发上报新的彩票品种

通过打击取缔非法彩票，非法彩票的猖獗势头得到有效遏制，但合法彩票发行量一直在低位徘徊。为了使合法彩票发行稳步上升，省财政厅与彩票销售机构采取了“堵与疏相结合”的方法。“堵”即对非法彩票市场进行严厉打击。“疏”即积极销售合法彩票并推出适合海南彩民博彩习惯的彩票。体育、福利彩票销售机构努力扩大市县和乡镇销售网点，甚至在乡镇也对合法彩票进行大量的舆论宣传，引导、吸引彩民购买合法彩票。在学习国内外彩票销售经验和研究海南彩票博彩习惯的基础上，海南省拟以产品开发来促进彩票销售，已设计出3个新品种，并于2002年底上报待批。

（海南省财政厅综合处供稿，符礼伟　蔡兴利执笔）

福利彩票发展概况

纪一豪主任

海南省福利彩票发行中心内部管理机构设有5个科室，下属代销机构共有18个，其工作主要是代销电脑彩票和即开型彩票，以及组织、协调当地相关部门的各项工作。2002年除了常规发行即开型福利彩票以外，海南省还发行销售排列式数字型6+1和15选5小乐透型电脑福利彩票。2002年度，海南省共销售福利彩票3 296.49万元，其中，乐透型彩票172.33万元，即开型彩票3 124.16万元；共筹集公益金1 153.74万元。

（海南省福利彩票发行中心供稿）

体育彩票发展概况

戴斌主任

为确保2002年体育彩票销售任务的完成，海南省体彩中心主要做了以下五项工作：

一、认真贯彻落实财政部、国家体彩中心和省政府有关体彩工作的指示精神，在省财政厅、省文体厅的正确领导下，围绕体彩全年工作的目标和任务，统一思想，统筹安排，抓好落实。

二、针对彩票市场的实际，积极策划和调整体彩营销策略，精心组织体彩促销活动，努力提高和扩大体彩销量。

三、紧紧围绕扩大体彩发行、增加体彩销量这一中心工作，不断加大体彩宣传工作力度，强化宣传工作的舆论导向功能，牢固树立体育彩票的良好形象。

四、狠抓内部管理，严格规章制度，加强廉政建设，努力提高队伍素质，确保体彩销售工作规范、有序、安全运营。

五、加强彩票资金的规范管理，严格执行彩票财务制度，增收节支，开源节流，降低成本，提高发行效益。

在国家体彩中心的指导下，在省文体厅、财政厅的领导和有关部门的大力协助下，遵循体育彩票工作要全心全意为人民服务的宗旨，坚持公开、公平、公正的原则，经过全省体彩工作者的共同努力，2002年，海南省共销售体育彩票6 212.68万元，其中乐透型彩票2 180.29万元，竞猜型彩票3 803.92万元，即开型彩票228.47万元。全年筹集体育彩票公益金2 174.44万元，返还中奖彩民奖金3 592万元，创税347万元。

（海南省体育彩票管理中心供稿）

重 庆 市

彩票管理概况

2002年，重庆市财政局认真贯彻国务院、财政部关于彩票管理的方针政策，积极探索，强化服务意识，不断提高监管水平，在福利、体育彩票机构的共同努力下，彩票管理得到进一步加强，彩票市场平稳发展。

一、增强服务意识，提高管理水平

为了进一步开拓彩票市场，扩大彩票销售规模，重庆市财政局加强对彩票市场的调研，探索本地区彩票市场的特点和规律，积极支持福利、体育彩票机构认真研究彩票市场发展的内在规律，使彩票从单一品种到多样品种、从简单设奖到复合设奖，实现了彩票品种的多样性，丰富了彩票市场。财政局还通过积极支持彩票机构合理运用彩票特别奖规则，灵活使用调节基金设置特别奖，提高了彩票购买者的积极性，取得了较好的效果。

为推出“福彩满堂红”电视开奖节目，重庆市财政局协助重庆市福利彩票发行中心修改了电脑福利彩票“37选7”的设奖方案，报财政部批准后，于2002年8月正式播出。该节目突出灵活多样性、大众参与性和娱乐性，深受电视观众和彩票购买者的欢迎。2002年11月，经财政部批准，重庆市还增加了数字传统型5位数福利彩票的玩法。为使重庆市数字传统型电脑福利彩票“时时彩”顺利实施，重庆市财政局与重庆市福利彩票发行中心对发行销售方案进行了多次论证，制定了《重庆市财政局关于同意市福利彩票发行中心“数字传统型”5位数电脑福利彩票实施意见的批复》，确定了以“大卖场”的形式实施销售。

2002年9月，通过广泛的市场调研，重庆市财政局协助重庆市体育彩票管理中心开发了电脑体育彩票“小足彩”15选5玩法，上报财政部审批。

2002年，重庆市共销售彩票40 775.48万元。其中：分系统看，福利彩票22 350.63万元，体育彩票

18 424.85万元；分类型看，乐透型彩票 23 654.72 万元，即开型彩票 5 261.90万元，竞猜型彩票11 858.86 万元。

二、建章建制，规范彩票机构财务管理

2002 年，重庆市财政局制发了《重庆市财政局关于加强和完善彩票机构财务及彩票资金管理的通知》，并指导福利、体育彩票机构根据本年彩票的发行销售量、彩票的收入计划、业务支出计划等编制了财务收支计划，经重庆市财政局审批后执行。发行经费使用时，由彩票机构报送用款计划，财政部门按经批准的彩票机构年度财务收支计划和业务需要及发行经费上缴财政专户情况拨付。

年度终了，彩票机构还按照规定编制本级机构以及本系统汇总的财务报告，经国家审计机关或委托中介机构审计后，将财务报告连同审计报告一并报送重庆市财政局。通过加强对彩票机构的财务收支计划管理，财政部门把彩票机构的本级发行经费全面纳入了财政监管，促使彩票机构加强自身的财务管理，努力降低发行成本。

三、加强彩票市场监管，坚决打击非法彩票活动

2002 年，重庆市财政局及时将《财政部关于加强彩票市场监管的紧急通知》、《财政部关于警惕伪造彩票管理批文欺骗行为的通知》、《财政部关于近年来彩票市场违规情况的通报》等文件转发各区县（自治县、市）财政局，要求各级财政部门加强彩票市场的日常监管，查处违规发行彩票的行为，有效地遏制“私彩”的泛滥，维护正常的彩票市场秩序。

2002 年 5 月，重庆市梁平县合兴镇出现了利用有奖猜谜变相发行彩票的违法活动。重庆市财政局接到举报后，立即责令梁平县财政局会同县公安机关进行查处，收缴了非法发行彩票的活动工具，退还了参与群众的投注资金，对有关人员进行了严肃处理。

2002年 6 月，重庆市秀山县文体局在即开型体育彩票销售中采用的促销方式违反了彩票发行销售的有关规定，擅自改变了彩票发行销售方式和游戏规则。重庆市财政局获知此事后，立即责成秀山县财政局对县文体局违规发行彩票的行为进行了严肃处理。一是立即停止了违规彩票发行的活动，二是冻结并没收了秀山县文体局违规发行彩票所得 20.2 万元，并对有关责任人员进行了严肃的批评教育。

四、进一步加强彩票公益金管理

2002 年，重庆市财政局印发了《重庆市财政局关于加强和完善彩票机构财务及彩票资金管理的通知》，要求彩票机构将筹集的彩票公益金，

缴入财政专户，实行“收支两条线”管理，由市级财政统一集中缴拨。重庆市财政局根据国家规定的公益金分配比例，将属于中央的彩票公益金定期上缴中央财政专户，并按季返还区县（自治县、市）彩票公益金。

2002年，重庆市共筹集彩票公益金14 271.42万元（福利彩票7 822.72万元，体育彩票6 448.70万元），其中，上缴国家公益金7 708.34万元，地方留用公益金6 563.08万元。2002年，市级福利彩票公益金筹集2 021.37万元，主要用于民政直属福利企事业单位和资助有关区县共14个单位的优抚对象、孤残人员等福利项目。市级体育彩票公益金筹集1 871.26万元，主要用于重庆市袁家岗体育中心游泳跳水馆建设1 100万元，重庆市体育馆塑胶跑道维护256万元，全民健身器材230万元等项目。彩票公益金的合理安排和使用，逐步改变了重庆市福利、体育事业落后的局面，进一步落实了全民健身计划、奥运争光计划，弘扬了扶老助残、救孤济困的传统美德，促进了社会主义精神文明建设。

（重庆市财政局综合处供稿，程家庆、李琦执笔）

福利彩票发展概况

杨启伦主任

2002年，重庆市共销售福利彩票22 350.63万元，其中乐透型彩票20 001.62万元，即开型彩票2 349.01万元，共筹集彩票公益金7 822.72万元。公益金的投入和使用，对促进重庆市社会福利事业发展起到了重要作用。

2002年是重庆市发行电脑福利彩票的第三个年头，彩市面临着彩民兴趣减退、市场疲软的客观现实。在这种情况下，重庆市福彩中心积极开拓市场，寻求新的热点刺激彩市，推出一系列的举措，收到了良好的效果，使重庆彩市得以平稳发展。

一、开拓市场，锐意进取

2002年上半年，重庆电脑福利彩票实行的仍是32选7和37选7并行的玩法。事实证明两种玩法的难度都较大，同质性太强，难以满足彩民对彩票多样性的要求。经过考虑，市福彩中心于7月份果断决策，经上级机关批准，用小盘乐透玩法20选5取代了

32 选 7 玩法。20 选 5 玩法是一种没有特别号，选号和对奖都更简单的玩法，很受彩民欢迎，并在全国掀起了一阵“福彩小盘乐透”的风潮。这种玩法的特点是：概率高，易中大奖；中奖面宽，容易选中；复式投注可全部包号，包中一等奖。重庆福彩还增加了这种玩法的开奖频率，实行除周日外的天天开奖，彩民称其为“天天批发万元户”的小盘乐透。20 选 5 每期销量几十万元，形成了 20 选 5 和 37 选 7 互相补充、相得益彰的玩法格局。

8 月份，重庆市福彩中心对 37 选 7 玩法也做了较大的调整。37 选 7 一直以“大奖池、高奖金、强刺激”的特点受到彩民的广泛关注和喜爱，调整后的 37 选 7 实行每周一、三、六开奖，取消特别号，并将二等奖设置为浮动奖，由三等奖产生，每注最低奖金 5 万元，最高奖金可达 30 万元。

调整奖级和开奖时间后的“重庆风采”37 选 7 有五大特点。第一，取消特别号，中奖号码 7 个，彩民对奖更简单、更方便，并与时下流行的“小盘乐透玩法”的对奖方式雷同，有利于彩票玩法的相对统一。第二，只设 5 个奖级，彩民中奖一目了然，省去了以前“特别号码”给彩民对奖时带来的麻烦。第三，固定奖共设 3 个奖级，每个奖级的奖金更高，末等奖为 10 元，为目前重庆彩市的最高末奖。第四，浮动奖中的二等奖由三等奖固定奖产生，并实行现场博奖，每注奖金最低 5 万，最高 30 万。第五，复式为 8—15 个号码。调整后的 37 选 7 因这五个特点而很快赢得了彩民的认同，彩市销量稳中有升。

在重庆福彩两种玩法基本成熟的情况下，重庆福彩中心和重庆市电视台经过精心策划，在 8 月底推出了一场长达 90 分钟的大型直播博彩节目“福彩满堂红”，每周六黄金时间播出。“福彩满堂红”集彩票博彩、娱乐于一体，将彩民的参与性与游戏的刺激性与趣味性高度统一，场内场外的彩民观众共同参与，大大扩大了福彩的影响力，成为重庆福彩的一个品牌，促进了重庆福彩市场的良好发展。据统计，2002 年重庆福彩的总销量达到 2.2 亿多元，电脑彩票中奖总注数为 3 697 838注，其中一等奖（含 37 选 7、32 选 7 和 20 选 5）有1 246注。37 选 7 和 32 选 7 共产生百万元以上的大奖 12 注，500 万以上的大奖 5 注。20 选 5 由于是天天开奖，一等奖注数多达1 233注，其奖金大多在万元以上，其中最高的近 10 万元。

二、“亿元福彩大联销”再创即开票销售佳绩

2002 年 6 月 1 日，重庆福彩中心引进先进营销方式和奖金设置方式，推出了重庆八区一县统一销售、统一派奖的“实施星光计划，亿元福

彩大联销”。这一即开型福利彩票采用全现金设奖，大奖首次达到了80万元，同时在渝中区、江北区、沙坪坝区、渝北区、九龙坡区、南岸区、大渡口区、北碚区8个区和璧山县联合销售。中奖面达到7.12%，共设7个奖级，特等奖80万元，一等奖8万元，二等奖8 000元，三等奖2 000元，四等奖1 000元。另外还设立50元的五等奖5万个，2元的六等奖150万个，1元的七等奖200万个。设奖方案独特，它的特、一、二、三、四等奖中奖符号都是相同的，为“黑八八八”，平均每5 000张彩票中就有一张。彩民只要刮出了“黑八八八”，就获得了上主席台博取80万大奖的入围资格。“亿元福彩大联销”掀起了重庆彩民购买即开票的热潮，取得了较好的销售业绩。

2002年12月18日，作为全国四个试点城市之一，重庆开始正式销售“星光计划彩票”。重庆的“星光计划彩票”除作为网点即开票在全市各福彩投注站销售之外，还首次尝试在全市各居委会进行销售，江北区所辖社区居委会的580多个销售点成为第一批试点销售“星光计划彩票”的网点。

三、全热线销售系统开发和投注站形象建设

从2001年起，重庆福彩中心投资近千万，为全面升级全热线销售系统进行技术攻关。至2002年底，重庆福彩中心与中国移动通信集团公司合作，为研究开发国内首家省级福彩中心采用无线通讯的全热线销售系统做出了艰苦的努力，基本解决了各种技术问题，并进入了调试和试运行的阶段。整个系统预计于2003年初在重庆市所有福彩投注站全面开通。

2002年，重庆福彩中心还花大力气致力于全市一千多个福彩投注站的形象建设，提高销售人员素质，改善投注站环境。2001年底和2002年初，重庆福彩投资撤换了福彩销售桌。新的销售桌比以前更利于销售员的操作，能够更好的服务彩民。

四、福彩资助社会和“星光计划”项目的实施

2002年，重庆市通过发行福利彩票共筹集公益金7 822.72万元，并全部解缴到中央和地方财政用于各种社会福利、社会救助和社会保障事业项目。

此外，重庆福利彩票还利用筹集的资金对社会特困群体进行了临时捐助。例如：5月份捐助特困家庭陈忠10 000元；7月捐助重庆大学重病学生曾艳治疗费30 000元；9月捐助重病民警洪波治疗费50 000元，捐助优秀转业军人王定海之子重病治疗费30 000元，捐助孤儿侯益平学费3 000元；11月捐助工商系统职工子

女徐致远白血病治疗费30 000元。这些捐助不但解决了很多特困人员的实际困难，还产生了很好的社会效果。

2002 年 8 月重庆市召开了全市“星光计划”工作会议，会议公布消息说，重庆市发行福利彩票所筹集的公益金已有很大一部分用于“星光计划”项目，全市 30 个街道老年服务中心和 130 个居委会老年服务站已建成并投入使用。如今，在全市的大街小巷都能看到福利金资助兴建的“老年星光社区”。

（重庆市福利彩票发行中心供稿）

体育彩票发展概况

李嘉珍主任

2002 年，重庆市体育彩票销量在连续 5 年上升的基础上，又实现大幅度上升。全年销售体育彩票 18 424.85 万元，超额完成全年任务，比 2001 年增长 48%。其中，乐透型彩票 365.1 万元，即开型彩票 2 912.89 万元，竞猜型彩票 11 858.86万元。国家体育总局体彩中心授予重庆市体彩中心安全运行一等奖、完成年度任务二等奖、市场开拓三等奖、即开型彩票销售三等奖、特别贡献三等奖。通过一年努力，重庆体育彩票已为国家筹集公益金 6 468.7万元，代扣代缴税金1 167万元，税收收入列重庆市渝中区地税 50 强第 15 名。2002 年全市获体育彩票奖金 100 万元至 500 万元的有 15 人，10 万元至 99 万元的 49 人，1 万元至 10 万元的 626 人，获万元以下奖金的人则更多。

在 2002 年体育彩票发行销售中，重庆市体彩中心重点抓了足球彩票和电脑彩票的发行销售，同时对即开型体育彩票也不放松。在全年销售总额中，足球彩票共销售11 858.86万元，30 选 7 玩法共销售2 782万元，21 选 5 玩法共销售 870 万元，三项相加占了全市销量的 85%，充分说明足球彩票和电脑体育彩票在体彩市场举足轻重的地位。即开型体育彩票因为即开即兑的优势，有一定群众基础。2002 年重庆每月都开展规模销售，20 个区市县总共销售2 912万元，列全国即开型体育彩票销售第8 名。

为努力做好体育彩票发行工作，根据重庆地域体彩网点分散、交通不便的特点，市体彩中心报经上级批准，在全市设立六个分中心，对全市40个区市县的800多个销售网点加强管理，保证了2002年全年任务的顺利完成。

（重庆市体育彩票管理中心供稿）

四　川　省

彩票管理概况

2002年，四川省彩票市场逐步走向成熟，彩票机构的规范运作、安全防范措施和内部监督机制逐步加强。各级财政部门认真履行职责，严格按照国家彩票管理的有关政策规定，对彩票市场和资金实施有效监管，保证彩票市场的稳定和资金的安全，确保彩票业健康有序发展。

一、彩票销售情况

2002年，四川省共销售彩票116 733.32万元，比上年减少2.04亿元，下降14.9%。其中：按类型分，乐透型彩票74 283.91万元，即开型彩票13 617.82万元，竞猜型彩票28 831.59万元；按系统分，福利彩票销售13 806.77万元，体育彩票销售102 926.55万元。在全省彩票市场疲软，销售难度大的情况下，财政部门和彩票销售机构在加强机构内部管理和彩票宣传，改进彩票品种，抓好站点建设，促进彩票销售等方面做了大量的工作。虽然销量仍较上年下降，但下降幅度比上年减缓。

四川省自从2000年开始销售电脑彩票以来，销售量呈逐年减少的趋势。究其原因，首先是彩票市场进入调整期，人们参与博彩的心理日趋成熟和理智，购买彩票的热情有所降低，购买彩票的人数有所下降。其次，四川省的经济发展相对滞后，可供人们购买彩票的资金有限，普通彩民每期的投入大约10元—20元不等。再次，彩票的品种较少，娱乐性不强和对彩票的宣传力度不够，使彩民缺乏持续购买的后劲。另外，购买彩票人员结构的变化也是原因之一。

二、彩票市场及彩票机构管理

四川省财政厅相继转发了财政部《彩票发行与销售机构财务管理办法》、《彩票发行与销售管理暂行规定》、《关于加强和完善彩票机构财务及彩票资金管理的通知》以及《关于加强彩票市场监管的紧急通知》和《财政部关于近年来彩票市场违规情况的通报》等管理办法和文件，做了补充规定，同时认真履行对彩票市场和彩票机构的管理职责，确保全省彩票市场稳定发展和彩票机构的规范运作。一是支持彩票机构对违规玩法的坚决抵制，要求各级财政部门和彩票机构加强管理，严格执行政策制度，制止各种违规违法行为，维护彩票市场的正常秩序，确保彩票业健康发展。二是对彩票游戏规则及发行销售方式加强监管，严格审核需修改变更的彩票游戏规则，并及时上报财政部审批。三是加强彩票销售安全制度、措施的落实，进行定期和不定期的检查。四是对彩票机构动用调节基金进行严格审批，并及时向社会公告。禁止公布预计销售奖金和保底奖金。五是加强与彩票机构的工作联系，增强相互理解和支持，做好政策引导和协调服务工作，及时协调解决彩票机构工作中的有关问题，制止和规范彩票机构销售中不正当宣传等问题，共同维护和发展彩票市场。

三、彩票资金管理

（一）彩票公益金管理。

2002 年，四川省共筹集彩票公益金 40 856.66 万元，比上年下降 5.54%。其中，上缴中央22 831.33万元，地方留用18 025.33万元。

彩票公益金由省级彩票机构按月缴入省财政专户。为加强即开型彩票公益金的管理，各级财政部门积极参与即开型彩票的销售和资金清算等工作，通过开设有财政部门签章的彩票资金归集过渡账户，有效实施彩票资金管理，确保公益金纳入财政专户管理。

全省彩票公益金支出全部实行“收支两条线”管理，但管理方式不尽一致。有的资金使用计划纳入民政或体育部门的部门预算，有的由民政或体育部门直接向财政综合部门提出公益金使用计划，两种方式均经财政综合部门审核后拨付使用。省级审计部门每年对彩票公益金的使用和管理情况进行审计。2002 年，全省彩票公益金支出约 1.08 亿元，其中，福利彩票公益金支出约2 700万元，主要用于“星光计划”、社区服务、福利院修建、帮困助残、灾区建设等社会福利事业；体育彩票公益金支出约8 100万元，主要用于“奥运争光计划”、“全民健身计划”和大型运动会及体育场馆修建等。

（二）彩票发行经费管理。

四川省财政厅按照《彩票发行与销售机构财务管理办法》的规定，对彩票机构发行经费实行收支计划管理，要求彩票机构的所有收入全部纳入收支计划，严禁赤字预算。彩票机构根据财政部门批复的发行经费收支计划提出用款计划，财政部门审核后拨付资金。在实际执行中，因特殊情况需调整收支计划的，严格履行审批程序，保证彩票机构工作经费的正常需要。省财政厅针对省审计部门审计彩票机构财务收支情况提出的问题，对彩票机构提出整改意见，要求彩票机构予以纠正，加强财务收支的日常监督管理工作。

（三）青少年学生校外活动场所建设和维护专项公益金管理。

为加强青少年校外活动场所建设和维护资金的管理及使用，四川省财政厅按照国家有关规定，与省青少年校外教育工作联席会议办公室联合下发了《关于加强青少年校外活动场所建设及维护专项资金管理的通知》。中央安排的项目资金和中央返还省安排的项目资金全部由省财政专户下拨到市、州财政专户，由市、州财政部门根据项目预算和工作进度直接拨付到项目。各级财政部门严格履行职责，加强资金管理，不定期地对项目建设和资金使用情况实地检查。截至2002年，全省未出现挤占或挪用青少年校外活动场所建设专项资金的问题。

（四川省财政厅综合处供稿，任治俊、袁旭执笔）

福利彩票发展概况

张浦主任

2002年四川省共销售福利彩票13 806.77万元，其中乐透型彩票5 756.31万元，即开型彩票8 050.46万元；筹集公益金4 832.37万元。2002年四川省福利彩票系统主要做了以下工作：

一、电脑彩票的管理与发行

1. 改革管理体制，彩票发行系统内部关系进一步理顺。

2002年，四川省福彩中心参照惯例和借鉴兄弟省的成功经验并结合本省实际，对全省电脑彩票管理体制进行了改革，成立了19个受省福彩中心直接领导、负责本地电脑彩票发行与管理工作的网点管理站，形成了省福彩中心—市（州）网点管理站—投注站三级垂直管理的构架。各地网点管理站成立后，为了保证新的体制正常运行，省福彩中心除对各级管理机构及人员的职责进行明确分工，对相关管理制度进一步规范外，还在省民政厅领导的带领下先后多次深入各市州，帮助网点管理站掌握新管理体制下工作的重点，理顺与本地民政局等部门的关系。经过努力，改革取得了初步成效，全省各市、州网点管理站职能水平有所提高。

2. 提高站点的数量和质量，实现销售网络规模的扩大。

针对四川省网络规模偏小，站点数量不足的情况，省福彩中心在2002年加大市场开发力度，加快扩点步伐，全面加强了投注站的建设和管理。一方面，采取降低投注机押金、实行投注站收入保底等办法巩固现有的投注站。另一方面，积极采取措施加强新点的布设工作，按照“建设一批、扶持一批、影响一批”的原则在一段时间内全面开展销售网络建设工作。通过全系统共同努力，扩点工作取得了较好成绩。截至2002年底，全省共有投注站近千个。

为了巩固和提高站点的工作质量，省福彩中心主要开展了三方面的工作。一是进一步加强了对投注站的管理，先后制定和修改了投注站开关机作息时间制度、数据传输制度、销售款上缴制度、投注机维护和保养制度等，并建立了全省投注站档案管理制度。二是加强对投注站从业人员的培训，制定了专门的培训制度。除了新上岗培训外，还要求各网点管理站每月必须对所辖投注站人员进行一次集中培训。从2002年下半年开始，省福彩中心每月编辑内部培训材料《四川福彩》下发到各投注站，帮助从业人员不断提高业务技能和服务水平。三是在全省开展投注站形象标准化建设，做到专卖店建设及销售人员规范统一。同时实行“规模效益”原则，做到“合理布局、疏密有致、方便彩民”。

3. 提高宣传工作质量，扩大福彩知名度和美誉度。

为了提高福彩宣传工作的质量，省福彩中心加强了与广告公司及高校的合作。2002年上半年，以公开招标的方式，确定了成都一家较有实力的广告公司作为广告合作伙伴。9月份，又与四川大学文学与新闻学院合作，在该学院成立了教学科研基地，学院的老师和同学们长期进行彩票发展理论等方面的研究，并提供广告及市场营销咨询。

4. 总结经验教训，努力搞好玩法建设。

四川省自发行电脑彩票以来，在玩法的设计上走过不少弯路，有过不少深刻的教训，因此2002年在玩法设计方面非常慎重。尽管现有的玩法存在着很多不尽如人意的地方，但考虑到一方面全国联合销售即将推出，另一方面也通过总结深刻地认识到玩法本身并非决定销量的唯一因素，因此只对玩法进行了一次调整，对开奖时间进行了一些微调。从下半年开始，把工作重点放在了全国联合发行“双色球”的造势上，力争营造一种全新氛围，为全国联合发行做好充分的准备。

5. 加强技术管理，形成有力的技术保障。

2002年省福彩中心结合改革后的电脑彩票管理体制，以规范技术工作流程为重点，推进技术保障工作的规范运作。同时在确保系统安全正常运行的前提下，积极开展全热线系统升级改造的调研、考察和测试，已经完成了对四川省通信平台的初步测试，明确了全热线系统升级改造的可行性，为下一年全热线系统建设打下了基础。

二、即开型彩票的管理与发行

1. 积极争取领导重视和支持，保证即开票销售工作正常进行。

针对即开票销售工作出现的问题和困难，省福彩中心一方面多次深入各市州动员、协调当地民政局，共同解决即开票销售中的困难，消除市、州对开展即开票销售的畏难情绪和顾虑。另一方面及时将基层的情况以及实际困难向省民政厅汇报，得到了厅领导的高度重视和强有力的支持。厅领导不仅利用下基层检查工作时讲彩票、做动员、鼓干劲，还采取多种方式有效地解决了各地销售即开票所遇到的实际困难，确保了即开票销售工作顺利进行。2002年全省共组织即开票销售79次，并取得销量全国第七名的较好成绩。

2. 成立省彩票直销公司，建立自己的骨干销售队伍。

2002年省福彩中心在学习借鉴兄弟省份经验的基础上成立了即开型彩票直销公司。公司作为一个独立的法人实体，在经营上与省福彩中心完全脱钩，实行自主经营、自负盈亏，在业务上受省福彩中心的指导和监督。公司成立后，克服了资金短缺等困难，先后在全省范围内组织销售即开票大奖组30多个，销售彩票4 100多万元，占全年即开票总销量的50%以上。

3. 及时总结研究，保证即开票发行规范有序地开展。

在2002年的即开票工作中，省福彩中心加强管理，严肃纪律，规范程序，规定所有奖组的规模、设奖方案、开奖时间、操作方式均必须经省中心审核批准后方可执行，确保彩票销售的公开、公正、公平。另一方面，结合当前的市场状况，尝试了大规模多点联销、二次入围等新方法，取得较好效果。

三、管理工作

1. 建立和完善各项管理制度。

2002年，各地的网点管理站成立后，省福彩中心先后制定颁布了网点管理站站长职责、工作人员职责、工资制度、奖惩办法等一系列规章制度。省民政厅领导及省福彩中心领导班子成员先后多次深入各市州，帮助网点管理站理顺与当地民政局等部门的关系。这些工作对促进全省网点管理站职能的发挥起到了一定作用。

2. 严格财经纪律，强化财务管理。

2002年省福彩中心严格依照规定加强了内部财务管理，按照收支两条线的原则对往来财务账目进行了认真梳理，进一步完善了内部各项财务管理制度。

（四川省福利彩票发行中心供稿）

体育彩票发展概况

谢晋达主任

2002年，四川省体育彩票销售总额达102 926.55万元，年销售额连续第三年突破10亿元大关，排名全国前列。其中，乐透型彩票68 527.60万元，即开型彩票5 567.36万元，竞猜型彩票28 831.59万元。1999年至2002年，四川省体育彩票销售总量达45.5亿元。

2002年9月，按照国家体育总局体育彩票管理中心的安排和要求，四川与西藏成功实现联网销售电脑型体育彩票。同时，四川电脑型体育彩票在甘孜、阿坝和凉山三个民族地区增设了30个销售点。至此，四川省21个市州全部开通了电脑型体育彩票销售系统。

2002年，四川省体育彩票销售共筹集公益金36 024.29万元。从1994年至今，四川省体育彩票累计筹集的公益金总额已经达到了14.17亿元，为各级体育事业、社会保障事业和其他社会公益事业的建设提供了强有力的资金支持。

2002年，四川省利用体育彩票公益金大力开展全民健身运动，如：在全省共新建了62条全民健身路径，使全省全民健身路径达到了307条；

向32个市、县的40个体育建设工程项目提供了补助；为实施四川国民体质监测购置器材，进一步健全监测体系；新建了35个青少年学生校外活动中心，使全省的青少年活动中心达到了118个；对全省30个国家补助的贫困县实施了体育专项扶贫；对四川承办和参加的全国体育大会、省第九届运动会和省第五届残运会等提供了相应的经费补助，等等。

2002年四川体育彩票中奖彩民共缴纳个人所得税4 585.2万元。从1994年到2002年，全省体育彩票的中奖彩民累计向政府缴纳个人所得税达22 338万元。体育彩票中奖者所缴纳的税款已经成为四川地方税收的重要组成部分，为促进地方经济建设和推动社会发展起到一定的作用。

四川省1 100多个电脑型体育彩票销售网点总共向社会提供了2 200多个就业机会，对缓解就业压力，促进社会稳定起到了积极作用。

体育彩票的销售还促进了新闻媒体、印刷、通讯、交通运输等行业的发展。巨额返奖奖金也对扩大内需、刺激消费，拉动经济增长起到了一定作用。

（四川省体育彩票管理中心供稿）

贵州省

彩票管理概况

一、2002年贵州省彩票发行销售情况

2002年贵州省共销售彩票18 622.06万元。其中，按类型分，乐透型13 302.03万元，即开型1 991.74万元，竞猜型3 328.29万元；按系统分，体育彩票销售12 589.17万元，福利彩票销售6 032.89万元。

二、加强彩票市场管理，促进彩票市场发展

2002年贵州省彩票市场受取消保底奖金，发行经费比例下调等因素的影响，销售比2001年大幅减少。彩

票发行销售市场下滑的原因，既有市场周期变动的客观因素，也有组织管理方面的主观因素，在分清主观原因和客观原因的基础上，大力抓好彩票市场的管理，不断开拓新的市场增长点，力争使全省销售下滑状况得到有效控制，是贵州省彩票销售今后面临的重要任务。

三、建立健全彩票管理制度，拟定了《贵州省彩票管理暂行规定》

规定明确了财政部门的主要职责，制定彩票管理制度和政策，监管彩票市场，会同相关行政主管部门研究彩票资金使用，监督彩票资金的解缴、分配和使用；民政、体育部门的主要职责则是销售彩票，并提出公益金使用的初步安排意见。

规定明确，彩票资金包括公益金、发行经费和返奖奖金。彩票资金中，除返奖奖金外，均应纳入财政专户管理。

规定明确了采用电脑系统销售的彩票，必须在公证机构和财政部门人员的直接监督下，将销售截止时限前进入该系统中心数据库的有效数据，刻录在三个不可更改的数据光盘中，分别由公证机构、省级财政部门和省级彩票销售机构保存，摇奖时从刻录的光盘中检索中奖信息。

四、加强彩票理论研究，完成了财政部“彩票公益金管理的理论及模式”的分课题

该课题旨在重点论证政府对彩票公益金的管理形式:公益金筹集方式与政府对公益金管理形式之间的关系,纳入财政如何管理,没有纳入财政如何管理,最好的管理形式是什么。

五、进一步加强对彩票资金和游戏规则的管理，及时查处各种违规行为，促进彩票市场健康发展

省体育彩票管理中心未经财政厅批准，于 2002 年 8 月 7 日在新闻媒介上公布了第 61 期电脑体育彩票 0—9玩法“预计特等奖奖池金 110 万元”(含调节基金 100 万元)。这种做法违反了《彩票发行与销售管理暂行规定》第十六条关于“彩票机构动用调节基金，需报经同级财政部门批准”和第三十条关于“不得公布下期(次) 预计销售额和奖金额”的规定。财政厅对省体彩中心的违规行为及时通报批评，责成其纠正，并做出深刻检查。

上述违规行为和责任事故的发生，反映贵州省规范彩票机构的发行销售，维护彩票市场正常秩序的任务仍然十分艰巨。

六、加强彩票公益金财政专户管理，促进全省体育、福利等各项公益事业的发展

2002年，财政厅严格按照财政部印发的《彩票发行与销售管理暂行规定》的要求，进一步规范贵州省彩票公益金财政专户管理，对省级行政区域内销售彩票所筹集的公益金，由省级彩票机构统一集中，并于每月10日前将上月计提的彩票公益金从彩票销售资金专用账户全额缴入省级财政专户。省级财政部门按照规定分配比例和规定的时间，通过财政专户，分别将属于中央的彩票公益金上缴中央财政专户，属于省以下的彩票公益金，拨入相应级次的财政专户。

彩票公益金的使用，由财政部门会同民政、体育等相关部门研究决定，省本级民政、体育部门收到财政分配的公益金，须按规定用途使用，加强追踪问效。

2002年体育彩票公益金的使用情况是：1. 根据省体育局上报的彩票公益金收支计划，财政厅共安排彩票公益金444万元。其中用于省本级242万元（奥运争光计划），用于地县扶贫、全省少数民族运动会、全民健身工程等202万元（全民健身计划）。2. 本着彩票公益金大头朝下的原则，对销售地销售即开型彩票所留成的27%的彩票公益金，省级不分成，全部留给地县。2002年贵州省各地县共留即开型彩票公益金249.8万元，全部用于开展全民健身活动及维修体育设施。3. 由于2001年国家对电脑型彩票公益金的上缴比例几次调整，而贵州省体育彩票公益金已安排使用，因此共欠国家体育彩票公益金1 310万元。2002年省财政厅同省体育局按照规定，按时将2001年欠国家体育彩票公益金的1 310万元上缴财政部。

（贵州省财政厅供稿，蒋志勇、彭云执笔）

福利彩票发展概况

杨亚军主任

2002年，贵州省福利彩票发行销售工作克服发行经费比例下调、取消奖池保底和贵州省彩票市场长期处于疲软等不利因素的影响，大力拓展市场份额，年末销售实现止跌回升。全年累计销售福利彩票6 032.89万元，其中，乐透型彩票4 966.45万元，即开型彩票1 066.44万元，共筹集公益金2 111.51万元。

一、电脑型福利彩票销售工作

2002年，贵州省福彩中心面对电脑福利彩票严峻的销售形势和众多困难，按照“加强管理、理顺关系、提高技术、保证安全、做好服务、促进发行”的工作思路，大力加强电脑型福利彩票的销售工作。首先，把站点建设作为提升电脑彩票销售量的工作切入点，先后制作了1 000套新标识灯箱、机柜，对全省600个投注站点的旧灯箱、旧机柜进行更换。投注站点焕然一新的面貌充分调动了销售人员的积极性。针对投注机数量不足、投注网络体系薄弱的问题，尝试了采用建立直属投注站点、建立“星光计划站点”等方式，推动站点建设步伐，使全省正常开启的投注机数量由每期500余台上升至700余台。其次，顺应形势变化的需要，在全面完成投注机系统升级的基础上，于2002年3月26日正式推出了“开心6+1”电脑传统彩票玩法。2002年6月1日，贵州省财政厅正式公告取消大奖奖池保底。为遏制因此而导致的销量急剧下滑局面，经财政部、中福彩中心批准，贵州福彩中心于2002年9月6日又推出“22选5”乐透型小盘玩法。新玩法的推出，为贵州省福利彩票赢得了更多的市场份额。至2002年底，贵州省电脑福利彩票玩法共有33选7、数字6+1、22选5三种。第三，挖掘现有技术资源，组织力量开展对系统功能的进一步修缮与改造，实现了单台投注机支持多种玩法需要的技术升级。同时，建立健全技术操作规程和制度，保障了每周开奖时间由2天增加到周一至周日天天开奖。数据归集系统全年安全运行，未出任何差错，实现了技术零故障目标，为获准首批参加全国联销“双色球”电脑福利彩票奠定了技术基础。

二、即开型福利彩票销售工作

由于各种因素的影响，即开型福利彩票在2002年继续面临严峻的销售形势。在这种情况下，全省各级民政系统和福利彩票机构，积极转变思想观念，按照调整宣传策略、调整设奖方案、调整发行措施的“三个调整”原则，结合本地区实际情况创造性地开展工作。2002年5月，省福彩中心在借鉴其他省区成功做法的前提下，成功地举办“贵州省首届彩票文化周暨‘星光五一’福利彩票大联销”活动。这种“文化搭台、彩票唱戏”的发行即开型福利彩票的方式，不仅丰富了群众的文化生活，也对贵州福利彩票事业做了一次全面的展示，使群众对福利彩票有了更为深刻的认识。在即开型福利彩票销售方面还进行了一些有益的探索，例如，按照互利互惠的原则，尝试与贵阳市友谊集团联手在时代广场商业旺地开展了“福彩让您购物更精彩”促销活动，取得可喜成效。这种以购物拉动彩票销售，同时，又以彩票促进购物的活动，受到商家好评，也得到广大购物者的普遍赞同。活动既宣传了商家，又宣传了彩票，取得了较好的社会与经济效益。为促使即开型福利彩票发行销售规模实现最大化，省福彩中心成立了专职即开型彩票发行销售公司，与地县合作或由省公司独立组织“大奖组”即开型彩票发行，转移了地县组织“大奖组”即开型彩票销售带来的亏损风险，调动了各地县组织“大奖组”即开型福利彩票发行销售的积极性，在发行方法和销售渠道方面都取得了较大的突破。

三、销售管理

抓好销售管理，使用好公益金，一直是贵州福彩中心高度重视的工作。2002年，全省民政部门和福利彩票机构严格贯彻执行《国务院关于进一步规范彩票管理的通知》和《财政部关于印发〈彩票发行与销售机构财务管理办法〉的通知》，坚持“收支两条线”管理和福利彩票公益金“取之于民，用之于民”的原则，完善制度，强化纪律，努力搞好福利彩票的发行销售和资金管理。省审计厅对福利彩票发行工作进行审计的结果表明，福利彩票发行销售账目清晰，开支手续齐备，符合彩票发行管理要求，没有出现违法乱纪等问题。

四、体制建设

在电脑彩票逐渐成为发行销售的主力票种的情况下，必须建立充满生机与活力的管理体制，才能适应电脑福利彩票发展的需要。2002年8月15日，在全省福利彩票工作会议上，省民政厅出台了《关于改革福利彩票发行系统管理体制的决定》，建立了8个直属省福彩中心统一管理的市州地电脑彩票网点管理站。网点管理站实行“一级核算、二级机构、三级管理”的指挥体系。通过一段时期运作的检验，新机构符合上下同体、运作协调、提高效率的管理要求，符合彩票市场运作规律，大大地提高了电脑彩票应对市场的快速反应能力，适应了市场竞争的需要。至此，贵州建立了以省福彩中心为轴心，以各市、州、地福利彩票发行中心和电脑彩票网点管理站为网络的管理格局，为促进全省福利彩票事业的进一步发展奠定了基础。

（贵州省福利彩票发行中心供稿，莫光模执笔）

体育彩票发展概况

高德仲主任

2002年，在彩市低迷的情况下，贵州省体育彩票管理中心始终本着“公平、公正、公开”的原则，通过全体员工的共同努力，使全年体育彩票销售总额达到12 589.17万元。其中，乐透型彩票8 335.58万元，即开型彩票925.30万元，竞猜型彩票3 328.29万元。公益金4 406.21万元，代扣代缴个人所得税2 056万元，圆满完成全年任务。

一、2002年体育彩票销售情况

（一）电脑体育彩票。

2002年是中国电脑体育彩票在贵州发行的第三年。在特等奖频频中出，长期低奖池金运行和其他一些不利因素的影响下，全年电脑体育彩票共销售1.1亿元。其中传统型数字式“6+1（0—9）”发行103期，销售6 628万元，产生特等奖10注，最高奖金达384万余元；“6+1（0—4）”发行67期，销售969万元，产生特等奖1注，奖金达206万余元；“4+1（0—2）”发行80期，销售737万元，产生金奖107注，最高奖金达12万余元；中国足球彩票发行31期，销售3 328万元，产生一等奖107注，最高奖金达154万元。缴纳个人所得税2 005万元，造就“万元户”236个。

（二）即开型体育彩票。

贵州省体彩中心在抓好电脑体育彩票销售工作的同时，抢时间、抓机遇，利用春节电脑彩票休市和放长假的时机，积极做好即开型体育彩票的发行销售工作，分别在贵阳市、黔东南州、铜仁地区、黔南州等地组织了规模不等的销售活动共计33次，并于5月1日至7月31日完成了2002世界杯足球彩票（即开型）在贵州的销售工作。2002年即开型体育彩票共销售925万元，其中发行较好的地区有贵阳市、赤水市、威宁县等，销量均在100万元以上。共缴纳个人所得税51万元，产生万元以上大奖得主47位，最高奖金达100万元（2002世界杯足球彩票二等奖）。

二、玩法创新　增加电脑彩票吸引力

为保有电脑体育彩票在贵州的市场份额并不断提高销量，贵州省体彩中心领导班子深入调研，多方征求意见，经过中心办公会多次研究讨论，开发出新玩法。经报财政部批准，贵州体彩分别在5月12日开通传统型数字式“6+1（0—4）”玩法，开奖次数由一周双开变为一周四开；10月12日在全国首家推出传统型数字式“4+1（0—2）”小盘玩法，实现天天销售、天天开奖，形成传统型数字式“体彩套餐”。同时还于4月通过国家体育总局体育彩票管理中心验收，在贵州发行中国足球彩票。这些玩法的推出，在一定程度上稳定了贵州体彩市场，扩大了体育彩票在贵州的影响力。

三、做好宣传工作　加大宣传力度

2002年，贵州省体彩中心投入宣传费300万元加强体彩宣传工作，对开发彩市起到积极作用。除常规宣传外，为迎接足球彩票上市和配合开通新玩法，贵州省体彩中心分别在省内各大媒体开辟专版，制作宣传车，印制150万份宣传单和4万册《足彩资讯》等，在贵州省人民广播电台和贵阳市交通台转播体彩开奖节目，并在两台每天做12次体彩广告。这些宣传活动使球迷、彩民得以及时了解各种玩法的游戏规则，也提高了体育彩票的知名度。

为做好新玩法销售工作，贵州省体彩中心还举办了相应的促销活动，如“庆一周四开”二次开奖活动、庆“4+1（0—2）”全国首开连续12期特别奖活动等。这一系列活动使彩民获得了更多的实惠。

（贵州省体育彩票管理中心供稿）

云 南 省

彩票管理概况

2002年，在各级财政部门和福利、体育彩票机构的共同努力与配合下，云南省彩票发行销售继续增长，彩票管理进一步加强，全省彩票业呈现出良好的发展势头。全年共发行销售彩票87 157.57万元，比上年增长3%。其中，发行销售福利彩票24 168.39万元，体育彩票62 989.18万元。累计筹集公益金30 505.15万元，其中上缴中央17 396.75万元，地方留成13 108.40万元。

一、彩票监管工作取得重要突破

2002年，根据国务院和财政部关于加强彩票工作的有关政策规定，针对彩票管理中存在的问题，在加强彩票机构财务监管的基础上，云南省进一步规范彩票市场秩序，加强彩票公益金的筹集和分配使用的监管，2002年全省彩票监管工作取得可喜进展。

一是彩票公益金管理取得突破性进展。云南省财政厅、民政厅、体育局联合制定了《关于进一步加强彩票公益金管理的通知》，明确了彩票公益金的筹集、分配、使用范围和监督管理办法，较好地解决了过去公益金管理不统一和部门使用不规范等问题，规范了彩票公益金的管理。2002年全省发行销售彩票筹集的公益金(包括地方留成部分和中央返还地方部分)，将全部用于国家规定的公益事业，包括资助和兴办涉及老年人、孤残儿童、优抚对象、残疾人等群体的社会福利服务项目，青少年学生校外活动场所建设及维护，支持大型比赛、全民健身活动、运动场馆设施建设等项目。

二是彩票机构财务管理日趋规范。按照财政部的制度规定，从2002年1月1日起，云南省彩票机构开始执行了统一的财务会计制度，全省相应建立起了彩票机构的预决算管理制度，即彩票机构年度财务收支计划制度和财务报告制度。每年年初，各级彩票机构根据本级留用的发行经费比例和发行销售预测数和事业发展需要编制财务收支计划，报同级财政部门批复后执行；年度终了，各级彩票机构编制本级机构以及本系统汇总的财务报告，经国家审计机关或委托中介机构审计后，将财务报告连同审计报告一起报送同级财政部门。至此，在公益金全面纳入财政监管的基础上，发行经费也全面纳入财政监管，促使彩票机构加强了财务管理，降低了成本费用。

三是进一步加强信息沟通，对全省彩票资金实行动态管理。为全面、及时了解全省彩票发行销售情况，以及公益金、发行经费解缴情况，2002年云南省财政厅与云南省科学技术情报研究所联合开发了“云南省彩票统计查询信息系统”。该系统支持彩票数据远程传输、数据入库、数据查询、统计报表汇总、账务处理等主要功能，实现了与省级福利、体育彩票机构的网络拨号连接，与彩票资金专户银行也实现了连接。其中的账务处理模块可对银行利息自动计算，并生成报表，从而形成了完整的彩票销售原始数据存储及资金管理系统。财政部门能借此及时掌握全省彩票的实际发行销售情况，随时查询每一种玩法的彩票所产生的奖金、调节基金、发行经费、公益金等情况并生成相应的会计、统计报表。“云南省彩票统计查询信息系统”的开发，对全省彩票市场监管及彩票资金管理起到了积极的推动作用。

二、加强沟通协调，开拓彩票市场

为进一步开拓彩票市场，扩大销售规模，云南省财政厅根据本地区市场特点，积极支持福利、体育彩票机构大力开发彩票市场，先后推出了30选7、6+1、29选7、34选7、22选5、21选5等乐透型、数字型电脑彩票。彩票市场实现了从单一品种到多样品种、从简单设奖到复合设奖的转变。彩票游戏规则的合理设置，既丰富了彩票市场，挖掘市场潜力；又拓宽了彩民的选择范围，提高了彩民购买彩票的积极性，扩大了彩票的发行销售。2002年，云南省共发行销售电脑彩票85 211.76万元，与上年基本持平，占全省彩票发行销售总量的97.8%；发行销售即开型彩票1 945.81万元，占全省彩票发行销售总量的2.2%。从发行销售情况看，即开型彩票市场份额逐年减少，电脑彩票已成为云南省彩票市场的主体。值得一提的是，足球彩票在云南省成功发行后，逐渐成为彩票市场中的新亮点，仅6个月销售量就达6 364万元。

三、积极做好服务工作，促进全省彩票市场健康持续发展

为促进云南省彩票业的健康发展，全省各级财政部门在市场规范和政策引导方面积极做好协调服务工作，密切了与同级彩票机构的工作联系，增进相互间的理解和支持。例如云南省财政厅综合处适时召开两个省级彩票机构参加的座谈会，传达国务院和财政部有关文件精神，研究贯彻意见和实施措施，总结和分析彩票发行销售情况，协调两个彩票机构在销售网点的布置、营销、广告宣传等方面的行为，引导两个彩票机构优势互补，共同发展。在各级财政部门的协调下，云南省福利彩票机构和体育彩票机构加强了交流与合作，双方在保护彩票市场的谋求共同发展等方面意识在不断增强，为云南省彩票发展营造了一个良好的市场氛围。

（云南省财政厅综合处供稿，苏莉执笔）

福利彩票发展概况

余国志主任

2002 年，是云南省福利彩票发行工作巩固提高的一年。省福彩中心针对市场出现的新问题及激烈的市场竞争，以社会福利、“星光计划”为旗帜，以规范管理、扩大发行为目标，以改革、开拓、创新、挖潜为手段，练好自己内功的基本思路，坚持一手抓电脑彩票，一手抓即开型彩票，开发新的增长点。一是在认真分析市场形势、彩民心理的基础上，先后推出了乐透型 29 选 7 和 22 选 5 彩票新玩法，新玩法的上市提高了福彩的市场份额，为完成 2003 年的任务打下了基础。2002 年云南省电脑福利彩票共有 3 种玩法，即：34 选 7、29 选 7 及 22 选 5。乐透型 34 选 7 全年共发行 101 期，销售总额为 6 663.94万元；29 选 7 全年共发行 100 期，销售总额为7 848.67万元；22选 5 共发行 149 期，销售总额为 9 600.3万元；上述 3 种玩法共计销售乐透型彩票24 112.91万元，为国家增加税收1 277万元。二是在激烈的市场竞争和即开型彩票市场极度萎缩的情况下，始终抓住即开型彩票销售不放松，克服重重困难，出主意想办法，下基层做工作，全省全年共销

售即开型彩票55.48万元。2002年，云南省福利彩票销售工作取得了喜人的成绩，销售额达24 168.39万元，筹集彩票公益金8 458.94万元。

领导重视，社会的支持是取得成绩的关键。2002年初，省民政厅强调了彩票发行销售工作的重要性，要求各地州民政局必须统一认识，加强领导，确保全年任务的顺利完成。在“云南风采”电脑福利彩票发行一周年之际，以《抓好福利彩票发行 发展社会福利事业》、《总结经验、改进工作、再创佳绩》等专题文章向社会公布了云南省福利彩票发行销售情况和取得的成绩，文章发表于《云南日报》、《中国社会报》、《云南政协报》等报刊，争取了社会各界对福利彩票发行销售工作的大力支持，增强了福利彩票在全社会的影响力。由于云南省民政厅切实将福利彩票发行销售工作作为“一把手工程”来抓，为福利彩票的发行销售工作创造了良好的氛围。

决策果断、精心运作是取得成绩的基础。电脑福利彩票从诞生的那天起，所面对的就是一个激烈竞争的市场，省福彩中心通过市场问卷调查、召开部分投注站座谈会等形式广泛征求意见和建议后，及时推出了29选7的新玩法；针对市场销量下降及竞争形势，3月份及时采取措施，止住了市场销量下滑的趋势，稳定了销售站点及彩民；4月根据彩民需求，针对34选7玩法中奖较难的情况，推出“不中也有奖”的“滑杆奖”活动，受到了彩民的好评。在云南省电脑福利彩票发行一周年之际，6月15日又推出新玩法22选5，由于前期进行了较好的宣传策划，使发行销售一举获得成功。同时，为树立福彩品牌形象，使福彩宗旨及社会公益形象深入人心，省福彩中心在省内各大报纸、广播、电视、户外广告、公交广告等进行了立体交叉、互动式宣传，主要有：推出了“我与福彩”有奖征文活动；《春城晚报》每周两期的福彩专版；交通台、音乐台、都市频道天天播出广告；以电视开奖节目为主，穿插电视主持人串词进行互动报道，等等。这些宣传都为发行销售奠定了基础。

加强技术保障和完善管理服务是取得成绩的核心。云南省福彩中心机房完成了“云南风采”电脑福利彩票销售系统由只支持单一玩法到支持多种数字型及乐透型玩法的技术改造和升级工作，整个销售系统可以保证在同一天进行不同玩法的开奖。配合中国福利彩票发行管理中心在全国首家完成了电脑福利彩票全国联网统一销售的软件测试工作，并提前完成全国联网销售的技术准备工作。为使昆明地区和全省投注站点布局合理，省福彩中心对现有投注站点进行了调整。为了确保彩票销售系统的运行安全，省中心投入大量的人力物力对全省16个地、州、市的投注机系统维护人员分别两次进行了培训，并对全省1 400余台投注机进行了全面的检查和维护，保证了系统的正常运行。

加强队伍和制度建设是取得成绩的根本保障。省级彩票发行中心是彩票发行销售的具体工作机构,对能否组织好发行销售彩票起着至关重要的作用。一年来,云南省福彩中心在注意抓好政治理论学习的同时,树立一切为站点服务的思想,加强对地州彩票机构工作人员业务素质的培训,同时,省中心给16个地州市福彩机构配备了专用维修车辆,根据工作要求,省中心及各地州坚持节假日不休息,随叫随到,出了问题及时抢修,保证整个销售系统工作的正常运行。省中心各部门在对外做好服务工作的同时,根据国家和上级主管部门的政策规定和省福利彩票发行销售工作的要求,建立和完善了各项规章制度,根据中国福利彩票发行管理中心下发的《中国电脑福利彩票系统技术与安全管理规范》修改并完善了《"云南风采"电脑福利彩票技术与安全管理制度》,制定了《云南省福利彩票发行中心财务管理制度》、《"云南风采"电脑福利彩票仓库管理规定》、《"云南风采"站点财务管理规定》、《即开型福利彩票网点销售财务管理暂行管理办法》等 19 项规章制度,完成了《"云南风采"电脑福利彩票销售系统档案整理及管理办法》,并在全国首家实现电脑福利彩票"销售数据光盘"、"摇奖通知书"、"光盘刻录记录"、"开奖公告"纳入档案规范管理。各项管理规定及制度的建立,使省福彩中心的各项工作有据可依,有章可循,管理工作逐步走向规范化制度化。

(云南省福利彩票发行中心供稿)

体育彩票发展概况

卢一兵主任

2002 年云南省体育彩票共销售了62 989.18万元,总销量比上一年增长了2.6%,完成了国家体育总局体彩中心和省体育局下达的年度销售任务。其中乐透型彩票54 735.09万元,即开型彩票1 890.33万元,竞猜型彩票6 363.76万元。共筹集彩票公益金 2.2 亿元,代扣代缴个人所得税2 778万元。

一、积极做好足球彩票在云南省的销售工作

从全国的经验看,一种彩票或一种彩票玩法上市前的筹备工作是否到位、启动是否成功将直接关系到它未

来的发展。于2002年4月6日正式登陆云南彩票市场的中国足球彩票也同样如此。为了做好足球彩票在云南省上市的启动工作，云南省体彩中心从自己的实际出发，在参考先期上市足球彩票的12个试点省份经验的基础上，抓住“足球彩票是真正意义上的体育彩票，是智者的游戏，全国共享一个奖池”这样一些特点，通过采用常规宣传与规模宣传、流动宣传与固定宣传相结合的方式在全省范围内展开全方位、分层次、多渠道宣传。同时，对全省体育彩票的从业人员分期、分批进行培训。由于上市前的准备工作充分，宣传到位，培训扎实，使全年的足球彩票期销量基本保持在250万元左右。

二、完善规章制度，规范销售管理

随着云南省体育彩票销售工作的不断推进，电脑体育彩票上市之初制定的很多管理办法越来越满足不了实际的管理需要。对此，云南省省体彩中心根据过去一年来的实际经验，在广泛听取意见的基础上，借2002年9月续签销售合同之机，对原有的合同内容和《网点管理办法》及时进行了修改。同时，出台了《云南省体育彩票安全管理制度》等规章，进一步规范了云南省体育彩票的销售行为。

三、狠抓网点基础工作，强化销售队伍建设

销售终端是体育彩票直接面对社会的一个服务性的窗口，店面形象的好坏和销售人员素质的高低会直接影响到体育彩票的形象，进而影响到体育彩票的销量。所以，云南省体彩中心始终将销售网点管理作为一项重要工作常抓不懈。借由2002年4月足球彩票首次登陆云南、6月份世界杯足球彩票推出、9月份合同续签和新赛季足球彩票开始销售等机会，先后分四次对全省的销售网点进行了统一的培训。同时对销售网点进行了从门头到门框再到各玩法的出号表、走势图、复式计算表、足彩对阵表等各方面的统一形象包装。经过全省体育彩票从业人员的共同努力，体彩销售网点的整体形象及服务水平都有了不同程度的提高。截至2002年底，全省体育彩票专营店已经发展到了600多个。

四、积极推行垂直管理模式

云南省电脑体育彩票上市之初推行的是“双重管理”模式，即地市分支站由地市级体育行政部门和云南省体彩中心共同管理。随着销售工作的不断推进，这一模式所带来的管理职责不明确、工作效率低、市场反应慢等弊端日益显露。对此，省体彩中心根据

2002 年全国体育彩票工作会议精神，及时向省体育局和省财政厅拟报了在全省推行直管模式的请示，并于 2002 年 6 月、11 月、12 月先后成功地在昆明、楚雄、保山三地实行了直管模式。

五、完善玩法结构

把彩票市场上的竞争完全归结为玩法的竞争固然有些言过其实，但彩票机构要想在竞争激烈的彩票市场中长久地站稳脚跟，适时推出新玩法必不可少。2001 年 4 月云南彩票市场只有电脑体育彩票一家，2001 年 6 月又有了电脑福利彩票，原有的市场份额面临着重组。面对激烈的市场竞争，云南省体彩中心经过反复的市场论证，终于在原有 30 选 7 的基础上推出数字型 6 + 1 玩法，很受市场欢迎。2002 年初，随着电脑彩票市场上竞争的加剧，云南省体彩中心快速做出市场反应，及时向省体育局、省财政厅等有关上级主管部门拟报了推出 21 选 5 的请示。经过积极筹备，这一玩法在 2002 年 11 月 9 日上市，并以首期 287 万元的销量创下了云南彩票市场上小盘玩法的新高。21 选 5 玩法的推出，一方面完善了云南电脑体育彩票的玩法结构，另一方面稳定了云南体育彩票原有的市场份额。

六、成功地推出即开型体育彩票网点分散销售形式

2002 年初，随着新的彩票资金分配比例的出台，原本就不景气的即开型体育彩票销售更是陷入低谷。面对低迷的即开型彩票市场，为了寻求新的即开型体育彩票销售方式，云南省体彩中心先后组织人员到四川、安徽、广东等地考察学习，并结合自己的实际，拟定了《云南省即开型体育彩票网点分散销售实施方案》。这一方案经过 2002 世界杯即开型足球彩票销售的试运行，于 2002 年 9 月在全省正式推出。实施这一方案后，仅仅 3 个月就取得了 1338 万元的销售业绩，为低迷的即开型彩票市场注入新的活力。

（云南省体育彩票管理中心供稿）

西藏自治区

彩票管理概况

2002年以来，西藏自治区根据国家彩票管理的要求，对彩票发行和销售实行了严格的监督和管理。作为彩票业的管理部门，西藏各级财政部门强化彩票市场监管意识，认真贯彻执行国家关于彩票发行的法规、政策和相关规章制度，研究制定适合西藏实际的彩票管理的规章制度和办法，合理分配和控制彩票发行销售额度，严把彩票发行和销售方案的审批关，并对彩票公益金的分配使用进行严格管理，确保了彩票机构的正常运营和全区彩票市场的健康发展，圆满完成了2002年度的彩票发行任务。

一、彩票市场情况

2002年度，西藏的彩票销售额呈现快速增长的势头，全年共销售彩票1 234.39万元。其中：按类型分，乐透型371.73万元，即开型575.39万元，竞猜型287.27万元；按系统分，福利彩票销售572.85万元，体育彩票销售661.54万元。

二、彩票机构财务管理情况

在彩票财务管理方面，西藏自治区财政厅严格执行财政部关于彩票机构财务管理的有关规定，彩票资金全部纳入财政专户，实行“收支两条线”管理，根据《财政部关于加强和完善彩票机构财务及彩票资金管理的通知》规定，西藏的福利和体育彩票机构建立健全了财务核算管理办法，从根源上杜绝了财务方面的违规违纪行为。全区彩票机构也按规定接受了相应的地方审计和税务检查。审计部门对体育彩票的财务管理和政策执行情况给予了充分的肯定。

三、彩票公益金管理情况

根据《国务院关于进一步规范彩票管理的通知》的有关规定，彩票公益金和发行经费全部纳入了财政专户进行管理，全区彩票机构根据国家彩票公益金分配比例和彩票资金构成比例的规定，将发行彩票所筹集的公益金和发行经费根据有关要求及时足额地缴入财政专户管理。与此同时，彩票机构努力降低成本费用，多层次、多渠道、多形式地加强对彩票公益性质的宣传，适当扩大彩票发行规模，增加彩票发行品种，做好彩票发行的各项服务工作。

四、西藏自治区彩票市场发展状况

随着近几年西藏自治区彩票销售数量的持续增长和市场份额的不断扩大，彩票业带动了相关产业的发展，极大地丰富了人们的业余文化生活。特别是足球彩票在西藏自治区上市以来，得到了广大彩民的普遍认可，已经成为全区彩票销售中最大的收入增长点。由于西藏彩票业的发展处于起步阶段，同时受经济发展水平的制约，与内地其他发达省市相比，还存在相当大的差距。人们对彩票的公益性和娱乐性认识不够，彩票发售总量较小，彩票管理还不够规范，使西藏彩票市场的潜力还远远没有发掘出来。

西藏自治区彩票发展的现状证明，利用彩票来筹集社会闲散资金，缓解财政压力，发展社会公益事业，是一件利国利民的好事。在今后的彩票管理工作中，西藏自治区财政厅将继续按照国家有关彩票的法规政策的规定，加强对彩票市场的监督管理，规范彩票发行和销售行为，维护彩票市场正常秩序，适当扩大全区的彩票发行规模，发挥彩票业在经济发展中的积极作用，促进西藏各项事业的发展。

（西藏自治区财政厅综合处供稿，何伯阳执笔）

福利彩票发展概况

覃家明主任

一、彩票销售情况

2002年度，西藏自治区共销售福利彩票572.85万元，其中乐透型彩票118万元，即开型彩票454.85万元，筹集公益金200.50万元。同时，培养和锻炼了一批彩票销售技术骨干，并且通过广告宣传、电视开奖等营销手段，使福利彩票得到了广大人民群众的认同与接受，吸引了一大批热心彩民，为挖掘西藏彩票市场的潜力、扩大销售奠定了基础。

二、公益金管理使用

西藏自治区福利彩票发行中心根据财政部以及中国福利彩票发行管理中心的要求，严格管理公益金的投向和使用，始终坚持“扶老、助残、救孤、济困”的福利彩票发行宗旨。2002年，上缴中央财政公益金90万元。无偿资助西藏自治区儿童福利院21万元，用于儿童宿舍屋顶整治；资助西藏福利企业下岗职工12.9万元，充分体现了福利资金的“取之于民、用之于民”，树立了福利彩票造福社会的良好形象，赢得了广大人民群众和社会各界的高度评价。

（西藏自治区福利彩票发行中心供稿）

体育彩票发展概况

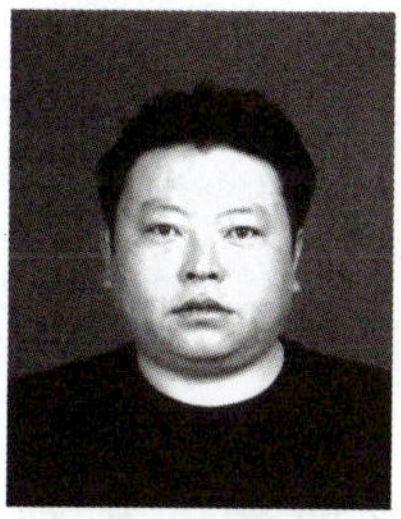

拉巴次仁主任

按照国家体育彩票管理中心的要求，西藏体彩中心在2002年体育彩票的发行销售中主要抓了几个方面的工作。第一，对发行程序的管理做到严格化、制度化、规范化。第二，继续与发行地的政府、财政、工商、税务等部门进行协调，促使西藏地区早日加入到全国电脑型体育彩票销售的行列，以解决将来发行工作的后顾之忧，保障发行渠道的顺畅。第三，为了提高体育彩票的发行量，与电视台、电台、报社等新闻媒体合作，加强对体育彩票的宣传；用过街横幅、宣传单的方式扩大宣传的范围；与报社协商，不断发表关于体育彩票的文章，宣传发行体育彩票的意义。这些宣传活动大大促进了西藏体育彩票的发行。第四，继续加强2002年即开型体育彩票的销售，对各个销售点实施系统的管理，采取多种销售方法，尽可能地提高销售量。

2002年西藏自治区即开型体育彩票销售120万元。其中那曲地区销售了17.5万元，阿里地区销售了34万元，昌都地区销售了37.5万元，拉萨销售了31万元。筹集公益金42万元，为国家创税3.8万元。

2002年9月9日电脑型体育彩票开始在西藏拉萨发行，这种新型的发行方式为西藏的体育彩票注入了新活力，为西藏的体育彩票市场带来了新的发展。从2002年9月9日到2002年12月31日的四个月中，电脑型体育彩票（6+1、足彩）共销售了536万元，筹集公益金187万元，为国家创税8.1万元。

（西藏自治区体育彩票管理中心供稿）

陕西省

彩票管理概况

2002年是陕西省财政部门接管彩票管理后的第三年，也是监管彩票工作由起步走向成熟的一年。在这一年里，财政部门认直履行监管职能，规范彩票市场，不断强化彩票管理，全省全年共发行销售彩票69 762.04万元，其中体育彩票27 153.05万元，福利彩票42 608.99万元。

一、建立健全制度，使彩票管理走向规范化

一是建立彩票销售月度报表制度。彩票机构按月向财政部门报送彩票销售情况、兑奖情况、即开型彩票的领用情况及其彩票发行经费和公益金的解缴情况。二是彩票公益金实行省级统一集中，彩票发行经费上缴财政专户，实行“收支两条线”管理制度。彩票机构将公益金上缴省级财政专户，将发行经费上缴同级财政专户，使用时，财政部门按批准的收支计划从财政专户核拨到彩票机构账户。三是实行彩票机构财务收支计划和财务报告制度。彩票机构年初向财政部门报送年度财务收支计划，经财政部门审批下达后执行，年度终了报送财务报告。四是建立“大奖组”即开型彩票发行销售、变更彩票游戏规则和开展彩票促销活动设立特别奖等的审批制度。五是建立彩票机构财务管理监督检查制度。定期或不定期对彩票机构财务收支进行检查，发现问题及时纠正。六是建立彩票公益金的使用管理制度。财政部门与公益金使用部门按照国家规定的彩票公益金使用范围，联合制定彩票公益金项目和资金分配方案。省级财政按照下达的项目计划，通过各级财政彩票资金专户将资金拨付到项目单位，并追踪问效，确保资金专款专用。

二、加强彩票机构财务会计管理

一是要求彩票机构严格执行《彩票发行与销售机构财务管理办法》、《事业单位会计制度》和《彩票业务会计处理规定》。督促和指导彩票机构加强财务管理,按规定编制年度财务收支计划,促进彩票机构财务管理规范化。二是加强彩票资金的管理。督促彩票机构将彩票资金严格按照返奖奖金、公益金、发行经费的分配比例,将公益金及时上缴省级财政专户,发行经费上缴同级财政专户。三是对彩票机构财务进行日常监督检查。检查彩票机构是否按规定分配彩票资金,是否按规定上缴彩票公益金,返奖奖金是否超过或低于规定比例,发行经费是否用于补充主管部门行政经费,不同彩票品种的调节基金是否分别核算,是否在调节基金没有保障的情况下开展促销活动或设立特别奖等。

三、加强彩票监管力度,开展彩票工作专项检查

省财政厅按照财政部《彩票发行与销售管理暂行规定》、《关于加强彩票市场监管的紧急通知》等文件的规定,下发了《陕西省财政厅关于对全省彩票监管进行检查的通知》,在全省范围内开展了彩票工作专项检查。通过对各地财政部门彩票监管工作的全面检查,发现彩票管理工作中的问题,并有针对性地加以解决、完善。

四、整顿彩票市场秩序,维护彩票市场健康有序发展

一是对全省彩票游戏规则和发行销售方式进行了认真清理,上报财政部审核确认,按财政部批准后的游戏规则和销售方式组织实施。二是统一了彩票发行销售宣传广告的内容、格式,规定不得进行排他性、诋毁性宣传,不得发布失真、欺骗性的公告,保证彩票发行销售遵循公平、公开、公正的原则。三是做好即开型彩票发行销售的审批工作。各地销售即开型彩票,逐级申报,未经省级彩票机构上报、省级财政部门审批,任何地方或部门不得擅自销售彩票。同时省级财政始终坚持对于额度不足、手续不全、方案不合规范、安全无保障的销售活动不予批准。四是按照国家有关规定,取缔了一些地方以有奖销售形式变相发行彩票的活动,妥善处理了彩票市场中的违规事件。五是及时转发财政部对彩票市场违规情况的通报,深刻反省,增强监管责任意识,减少不安全事件的发生。六是引导彩票机构树立正确的竞争意识,营造良好的市场氛围并促进彩票机构的相互沟通和交流。省财政厅适时召集两个彩票机构负责人进行座谈,消除误会,增进了解,共同发展。同时,督

促彩票机构增强服务意识，树立品牌形象，进行公平竞争。

五、彩票公益金的使用情况

2002年陕西省共筹集彩票公益金24 416.71万元，其中上缴中央13 972.55万元，地方留成10 444.16万元。体育彩票公益金地方留成4 052.82万元，主要用于全民健身和训练基地的建设。2002年，修建全民健身路径300余条，为陕西省20家困难国企捐献了价值50多万元的全民健身器材，建立了一批国民体质监测中心和全民健身运动中心。福利彩票公益金地方留成6 391.35万元，主要用于“星光计划”项目。2002年，资助社区老年活动站388个，资金1 400万元；街道办老年之家19个，资金234万元；乡镇敬老院45个，资金450万元；县区老年福利中心1个，资金150万元。此外，用50万元资助了100名贫困大学生上学。彩票公益金的投入和使用，有力地支持了陕西省体育、福利和教育事业的发展。

（陕西省财政厅综合处供稿，倪莉执笔）

福利彩票发展概况

朱立忠主任

2002年陕西省福利彩票共销售42 608.99万元，其中乐透型彩票42 003.49万元，即开型彩票605.50万元，共筹集公益金14 913.15万元，缴纳个人所得税3 000多万元，完成了中国福利彩票发行管理中心下达的年度销售任务。

陕西省福利彩票2002年工作的总体情况可以概括为一句话：前进当中有困难，困难当中有前进。这一年，不仅“陕西风采”电脑福利彩票继续保持平稳良好的发展态势，而且全省发行系统在管理、营销、技术及自身建设等方面都取得了较大的进步，使“陕西风采”乃至福利彩票的整体形象更加深入人心，核心竞争力进一步增强。

一、业务管理进一步规范化

2002年,陕西省福利彩票发行系统始终把加强管理作为彩票发行的基础工作,力求抓出实效。首先是完善了规章制度。省福彩中心修订和制定了一系列规章制度，基本形成了较为完整的制度体系，使管理工作向制度化、规范化方向迈出了一大步。其次是建立了激励机制。年内，省福彩中心相继出台了《陕西省福利彩票宣传工作考核奖励办法（试行）》和《陕西省福利彩票综合考核办法（暂行）》。据此，各地市管理站也针对县（区、市）销售管理机构制定了考核办法。激励机制的建立，使各级管理机构和员工的工作责任心普遍增强，工作热情明显提高。第三是加强了对基层工作的指导和帮助。一方面建立了省福彩中心各部门与地市的联系制度，保证上下信息畅通，问题及时解决；另一方面经常派员深入基层，到实地，查实情，办实事。特别是省福彩中心财务部门逐地市上门帮助整理账务，培训财务人员，受到普遍欢迎和好评。

二、营销宣传取得良好效果

2002 年，陕西省福利彩票发行中心在营销思路的确立和营销措施的制定及宣传上，坚定不移地围绕“塑造良好品牌，实现销售目标”这一总体思路开展工作，赢得了良好的社会反响，有力地推动了销售形势的持续稳定发展。所做的主要工作，一是开展公益宣传活动，提升了福利彩票的声誉。2002 年持续时间最长、社会影响最广的宣传内容是“星光计划”。从年初以省政府名义召开的公益金首批资助“星光计划”项目新闻发布会，到 9 月中下旬组织 20 多家新闻单位的 40 多名记者参加“星光计划”采访团，奔赴西安、宝鸡、咸阳、渭南等四个地市参观采访，8 个多月中，报纸、电视、广播等新闻媒体共刊（播）有关“星光计划”的文稿（消息）130 多篇（条）。在省、地电视台播出的反映全省“星光计划”项目建设、使用情况的电视专题片《爱心永恒》，使人们对“福利彩票，造福社会”有了更加真切的感受。此外，第二批 50 万元福利金资助大学贫困新生，以及针对陕西部分地区遭受严重洪水灾害而开展的“陕西风采”赈灾销售活动，宣传持续时间均达 4 个月以上，赢得了社会各界对福彩事业的广泛好评。二是增加了新的投注方式和玩法，丰富了“陕西风采”的趣味性。省福彩中心经过反复测试，先后开通了移动电话和固定电话投注方式，增加了“陕西风采”的投注途径，壮大了电脑票的发行体系。同时在新玩法的研究开发方面进行了积极的探索，特别是 21 选 5 的上市，对实现年度总体销售目标起到了重要作用。三是多次推出加奖活动，增强了电脑福利彩票的亲和力。先后推出的“每周福星”、“开心 369”、“幸运点击”、“特别号码奖”、“追加 21 选 5 头奖”等加奖活动共计十多次，受到了彩民的普遍欢迎，产生了良好的市场效应。四是稳定并扩大了外围宣传队伍,新闻媒体的配合力度进一步加大。粗略统计,2002 年仅各报刊载的福利彩票宣传文稿即达两千多篇。电视、广播两类媒体也继续对福彩保持较高的关注度。五是地市宣传意识显著增强,上下互动的宣传局面初步形成。省福彩中心制定的宣传考核办法的实施,有效地调动了各地的宣传积极性,一半以上的地市管理站设立了宣传员,并加强了和当地新闻媒体的联系。渭南、宝鸡、汉中等地已经实现了媒体宣传的经常化。

三、技术保障能力得到加强

一是配合有关单位,设计开发了手机投注和电话投注。二是从技术上保证了新玩法和各种幸运奖活动的顺利实施。三是全系统技术人员的业务能力得到了进一步锻炼和提高。全年举办了 4 期技术员培训班,顺利进行了 3 次投注机终端软件的升级。各级管理站处理投注站故障报告 400 余起,保证了全系统的正常销售和数据传输。四是省中心技术人员在配合有关单位进行全热线软件编程、测试及模拟销售中表现出了较高的专业水平,为今后全热线系统升级和安全运行奠定了基础。

四、自身建设迈出新步伐

自身建设的成绩突出体现在思想认识的进步、业务素质的提高、自我管理的加强、队伍力量的充实、基础设施的改善等五个方面。思想认识方面,各级对福彩事业发展前景的信心普遍增强。业务素质方面,一是随着工作实践,自身经验不断丰富;二是通过自觉学习和省福彩中心组织的企业管理、市场营销、财务管理讲座,以及赴外省参观,福彩工作者开阔了眼界,提高了素养。自我管理方面,在抓好劳动纪律,培养良好工作作风的同时,特别注重了坚持从源头上完善并落实防止腐败的措施。省福彩中心一贯坚持经费支出民主决策、大宗采购多部门参与的制度,得到了审计等有关部门的充分肯定。队伍建设方面,地县两级福彩从业人员有所增加,职责分工和岗位设置日趋合理,向建设一支管理、营销、技术、财务体系完备的专业化队伍迈出了重要的一步。基础建设方面,各地管理机构的工作条件均得到不同程度的改善,展示了新的形象、新的风貌,起到了很好的示范作用。

五、即开票在困境中摸索前进

面对严重萎缩的大奖组销售市场,在省福彩中心的多方动员下,各地知难而进,全年共销售 13 场,销售量 605.50 万元。虽然遇到了困难和挫折,但也为今后提供了经验。

(陕西省福利彩票发行中心供稿)

体育彩票发展概况

贾安庆主任

一、陕西省体育彩票工作的主要成绩

2002年，陕西省只用了不足三个月的筹备时间就建成了西北首个电脑体彩销售系统，填补了西北地区没有电脑体彩的空白。在国家体彩中心、陕西省体育局和陕西省财政厅的大力支持下，经过全省体彩工作者的共同努力，2002年陕西体育彩票销量在2001年1.19亿元的基础上翻了一番，总销售量达到27 153.05万元。截至2002年底，陕西体彩销售总发行量达4.19亿元，为国家募集1.35亿元公益金，安排3 600多人就业，并且为地方上缴税收1 700余万元，刺激和带动了一批相关产业的繁荣和发展。

电脑型体彩所筹公益金为陕西全民健身工程和“奥运争光计划”提供了强有力的支持，也为陕西建设西部经济强省和体育强省的目标奠定了基础。2002年底，陕西已利用体彩公益金在全省建成了300余条全民健身路径和一批青少年活动中心及国民体质监测中心，并为陕西省20家困难国企捐赠了价值50余万元的全民健身器材，掀起了省内的全民健身热潮。此外，西安市南郊占地1 500亩的体育公园和已投资4 000多万元的陕西省全民健身中心都已陆续向社会开放。由国家体彩公益金资助300万元的雪炭工程*——延安市全民健身中心和13个县的青少年活动中心也开始启动。体彩正在成为陕西体育振兴和社会发展不可或缺的强劲动力。

二、陕西省体育彩票的管理情况

（一）内部管理

2002年1月，为进一步提高体彩销售队伍的整体素质，陕西省体彩中心对全省管理站业务员进行了业务、技术等级考核，81%的业务人员达到了标准，其中优秀的占24%。不合格者被地市体彩管理站解聘。3月又在全省体彩系统推出“首问负责制”和服务岗位及职责“公示制”，

---

* 雪炭工程：国家体育总局一个公益金使用项目的名称。该项目一为三峡库区移民迁入地新建体育设施，二为贫困地区小学校提供体育设施、修建体育场地。

接受业主和彩民对体彩工作的监督。陕西省体彩中心还于 2001 年在全省推行销售员等级制度，并开展了销售员评比活动。2002 年 2 月首期评出的 50 名星级销售员获得了省体彩中心的表彰奖励，被评为优秀投注站的业主和优秀管理站站长还被省体彩中心邀请出国考察。这些活动有力地提高了业主和各地管理站的工作积极性。

为促进即开型彩票的销售，方便业主购票和兑奖，2002 年 3 月省体彩中心在西安市建成了即开型彩票配送系统。系统建成后仅半个月时间，就配送即开型彩票 4 万张，兑奖 11 万多元。自电脑体彩上市后，陕西省体彩中心在财务管理和依法纳税方面规范操作，严格按国家税法规定按时申报、及时缴纳税款，被西安市地税局评为“诚信纳税先进单位”，并获得三年免检的殊荣。

为充分体现“体彩一家人”的宗旨，陕西体彩中心为投注站业主冬送温暖，夏送清凉，把投注站业主、彩民的需求逐一落到实处。体彩中心工作人员在积极贯彻“首问负责制”的基础上，牢固树立“热爱体彩，献身体彩，以苦为乐，以俭为荣”的工作作风，确保了电脑体彩销售系统的安全运行，全年无一差错及漏传数据现象出现。

2002 年 6 月，陕西体彩中心组织工作人员亲赴河南、河北，考察学习当地成功销售 6+1 玩法的先进经验。6 月底，省体育局又带领全省各管理站站长前往三门峡市体彩管理站学习兄弟省市的体彩工作管理经验。

市场调研始终是体彩中心的一项重要工作。为了满足广大彩民对小奖组玩法的需求，适应取消保底奖金后的市场形势，陕西省体彩中心在充分进行市场调研后及时推出了 22 选 5 新玩法以及 30 选 7 和 6+1“贺岁幸运奖”活动，使陕西彩市的体育彩票品种更加丰富多彩。

陕西体彩中心还把缓解下岗职工再就业作为己任，全省体彩从业人员中有 60% 是国有企业下岗职工。2002 年 11 月，陕西体彩中心在西安市建成了三个“体育彩票大世界”，陆续开办下岗职工再就业培训课堂，将经过培训考核的合格者推荐给体彩投注站。至 2002 年底，已经有百余名下岗职工参加了培训，40 多名下岗职工走上了新的工作岗位。

（二）销售网络管理

为了使体彩销售网点布局更加合理，填补乡镇空白点，解决农村、乡镇买彩难的问题，2002 年陕西体彩中心将网点扩展的重点放在了农村各乡镇，提出了让体彩销售网点“上山下乡”的口号，受到群众的热烈欢迎。

为了突出体育彩票的品牌形象，陕西体彩中心在全省销售点统一标志，统一宣传口号，统一规范用语。

在逐步建成一批体彩专营店后，提高网点专营化程度，重视专营店软件建设又成为一项重要的工作。为了提高销售员和业主素质，促进网点知识化、业务化，陕西体彩中心为业主和销售员编写了多本培训教材和营销知识手册，组织中心和管理站的同志以及销售经验多、销售业绩好的投注站业主为体彩投注站销售员讲课，传授彩票知识、营销理念、服务意识，并组织多种形式的投注站之间的交流活动，增强了投注站之间的争先创优意识。2002 年 8 月，陕西体彩中心还在全省范围内开展了“销售员技能大比武”活动，进一步调动起投注站业主、销售员学习业务知识、练习操作技能的积极性。

进入 2002 年以来，陕西体彩中心将工作的重心从管理逐渐转向市场营销。通过对销售网络整体的把握和对投注站的不断调整，使得网点布局逐步合理，绝大多数网点取得了较好的收益。

三、宣传工作

陕西省电脑体彩上市伊始就非常重视开展各项宣传活动。在陕西省体彩中心的努力下，全省各大媒体纷纷对电脑体彩给予了很高的重视度。省内发行量较大的《华商报》、《西安晚报》、《三秦都市报》、《经济新报》、《西安商报》、《今早报》等都开辟了“体彩专版”，并在覆盖全省区的几家广播电台开办了“体彩空间”、“足彩时间”等栏目。陕西省体育彩票网也伴随着电脑体彩在陕西的成功上市而投入使用，点击率逐月上升，截至 2002 年底已达到每月 30 余万人次。多种媒体的立体式交叉宣传，对向全省彩民普及体彩知识起到了很好的作用。

为了更好地宣传体育彩票，巩固和壮大彩民队伍，2002 年 7 月陕西体彩中心与美报社合办了陕西体彩第一份面向彩民的专业性报纸——《美报·神州体彩》，每周一期，每期八版，向投注站免费投送。这份体彩自办的宣传品为投注站业主宣传体育彩票提供了有力的帮助，深受业主和彩民的青睐。

（陕西省体育彩票管理中心供稿）

甘 肃 省

彩票管理概况

2002 年，甘肃省彩票管理工作以全面贯彻落实财政部《彩票发行与销售管理暂行规定》和《彩票发行与销售机构财务管理办法》为核心，各级财政部门主要做了以下工作。

一、进一步规范彩票机构的发行与销售工作，坚决制止各种违规现象

一是结合清理彩票游戏规则，对甘肃省现行彩票游戏规则中与新的彩票管理制度不符的内容进行修正，补充完善了相关内容，报经财政部审核确认后重新公布。在此基础上，进一步明确各类彩票的游戏规则及发行销售方式的审批权限，强调未经财政部批准，任何彩票不得上市发行销售。2002 年上半年，省财政厅及时制止了省级彩票机构拟擅自改变游戏规则的行为，督促彩票机构按规定程序报批游戏规则。二是严格彩票机构信息公告管理。纠正了彩票机构发布“预计销售额和奖金额”一类信息的违规做法，下发了《关于严格彩票机构信息公布管理有关问题的紧急通知》，强调电脑彩票不得对销售额和奖金额进行预计，并要求彩票机构加强对所属彩票销售网点的监督和管理，将信息公布制度化，按规定的格式于开奖次日在媒体上公布销售总额、各奖级中奖情况、奖池资金、拟从调节基金转入奖池的资金数额等相关信息，完善了开奖公告制度。三是密切关注彩票市场，及时掌握彩票销售动态。建立彩票销售情况报告制度，要求彩票机构按电脑彩票销售期次向省财政厅报送发行销售及中奖情况。对彩票销售量变动较大的期次，省财政厅及时与彩票机构联系，了解情况，探讨应对措施。不断完善彩票机构月度报表制度，将彩票销售额统计到县一级以掌握全省各地彩票销售和资金管理情况，并合理设计发行经费缴拨统计表。四是正确引导和处理财政部门与福利、体育彩票机构的关系，加强两

个彩票机构之间的相互沟通。随着彩票销售市场的升温，彩票机构之间的竞争比较激烈，通过各种渠道将属实或不属实的问题反映到财政部门的情况时有发生，甚至有部分彩民将电话直接打到财政部反映情况。对此，省财政厅在充分调查了解情况的基础上冷静处理。对确属违规的及时制止和查处，对反映不属实的向上级部门和有关方面进行汇报和解释，消除误解，促进彩票机构之间的有序竞争。

二、审批彩票机构财务收支计划，规范彩票机构财务行为

根据财政部《彩票发行与销售机构财务管理办法》及相关配套文件的规定，甘肃省各级财政部门在参考预算定额标准的基础上，结合彩票机构业务特点，合理地核定了彩票机构的财务收支计划，节约了开支，保证了彩票机构正常的业务运转，提高了资金使用效益。为及时了解彩票机构的经营状况和经营成果，甘肃省还实行了彩票机构财务报表月报制度。

三、加强彩票资金管理

一是完善彩票资金财政专户管理，理顺资金缴拨渠道，确保彩票资金规范运作。2002 年，甘肃省福利、体育彩票公益金和彩票机构的发行经费全额纳入了各级财政专户，实行了公益金省级统管、发行经费各级分管的办法。为全面反映彩票资金收支情况，规范彩票资金会计核算，方便对账和统计分析，省财政厅下发了《关于财政专户彩票资金管理有关问题的通知》。同时，省财政厅与省民政厅、省体育局分别制定了福利、体育彩票公益金在省内各级之间的分配比例，通过省级财政专户将公益金及时下拨到各级财政专户，并在规定的时间内及时上缴了应缴中央财政专户的彩票公益金。二是严格按照彩票公益金管理办法，合理地审批和拨付了彩票公益金，确保公益金用于发展扶老、助残、救孤、济困等社会福利事业和全民健身等体育事业。2002 年，甘肃省地方留用彩票公益金6 437.13万元，资助兴建“星光计划”项目 213 个，新建健身路径 17 条，对兰州体育馆、七里河灯光球场进行了改造和维修，开展了资助特困劳模、复退军人的活动，有效地弥补了社会公益事业资金缺口，充分体现了国家彩票的公益性特点。三是严格管理青少年学生校外活动场所建设及维护的资金，会同省教育厅制定了《甘肃省青少年学生校外活动场所建设项目管理办法》，对项目资金管理做出了明确规定，并按进度将项目资金分批拨付到各个项目，确保资金专款专用。同时，用中央返还省级财政的公益金，扶持新建了 3 个青少年学生校外活动场所项目。四是加强调节基金管理，规定彩票机构动用调节基金必须经省级财政部门批准。五是根据年初批复的财务收支计划和发行经费专户储存情况，按进度拨付发行经费。

四、根据市场变化合理设置游戏规则，努力扩大彩票发行规模

2002年，省财政部门在对彩票市场加强监管的同时，积极扶持和培育彩票市场，主要做了以下工作：先后审核上报财政部批准了“电脑福利彩票20选5”、“电脑体育彩票21选5”的新游戏规则；合理使用调节基金，适时审核推出了“黄河风采爱心奖、接力奖”、“电脑体育彩票奖金派送”等一系列活动，丰富了甘肃省彩票市场，扩大了彩票销售规模；根据彩票市场销售情况，建议甘肃省体育彩票管理中心及时停止电脑体育彩票“33选7”和“6+1”玩法，财政部审查后予以批准，降低了彩票销售成本。通过规范市场运作，甘肃省彩票市场得到了健康发展，全年共销售彩票42 040.26万元，其中福利彩票32 861.07万元，体育彩票9 179.19万元；销售总额比上年增加了17 459.98万元，增长71%。

五、坚决打击非法彩票，保障彩票市场健康发展

针对省内部分地区非法彩票现象死灰复燃的情况，省财政厅及时会同省工商局、省公安厅下发了《关于进一步加强彩票市场管理，坚决取缔非法变相彩票的通知》，净化了彩票市场。此外，采取果断措施，及时制止了有关部门拟在“五一”国际劳动节期间发行“有奖明信片”的活动，维护了彩票市场的正常秩序。

（甘肃省财政厅综合处供稿，杨之春、马凌云执笔）

福利彩票发展概况

岳用书主任

2002年，甘肃省福利彩票发行销售工作按照年初确定的目标，上下配合，齐心协力，扎实工作，狠抓落实，取得了可喜的成绩。全省共销售彩票32 861.07万元，其中乐透型彩票32 363.16万元，即开型彩票497.91万元，共筹集彩票公益金11 501.37万元。

一、"黄河风采"电脑福利彩票销售创历史新高

2002年，甘、青、宁三省区共销售"黄河风采"电脑福利彩票5.059亿元，其中甘肃省共销售3.24亿元，占三省总销量的64%，比2001年增加1.0775亿元，同比增长49.9%。筹集彩票公益金1.13亿元，比2001年增加4 824万元，同比增长74.5%。经济状况比较落后的甘肃省，取得了彩票销量居全国第15位的优异成绩。

从销售总量上来看，全省业绩比较好的市地有兰州市、酒泉市、天水市、白银市。年人均购票在20元以上的有甘肃矿区、兰州、嘉峪关、东风场区、金昌、酒泉。无论是销售总量还是人均购票，绝大多数地区都比2001年上了一个大台阶。

同时，全省各地共开展了7次大奖组即开票销售活动，共销售灵活设奖即开票497.91万元。销售最好的是"三朵金花"、"卡通车"、"同心乐"等票种。

二、积极占领市场，管理工作逐步规范

2002年的彩票发行销售工作充满了挑战性，各级民政部门和彩票销售系统在发行经费大幅度下调、即开型彩票市场疲软、电脑彩票取消奖金保底和一等奖奖池金额预计等不利的客观条件下，坚持按照年初全省福利彩票工作会议确定的"进一步加强管理，挖掘市场潜力，提高营销水平，扩大市场份额"的工作思路，开拓创新，战胜困难，积极占领销售市场。全年着重抓了三个方面的工作。一是结合实际情况，认真做好扩点、调点工作。在2001年布点830台投注机的基础上，根据市场需要，2002年新增投注机310台。有的地方将投注

机布设到了小县城和大乡镇，对增加销量起到了很好的作用。二是及时增加福彩的电视开奖次数，推出 20 选 5 新游戏。从 4 月份开始，省福彩中心将 32 选 7 游戏由原来每周开奖两次变为三次，加快了开奖的频率，调动了彩民购票的积极性。在巩固 32 选 7 游戏的基础上，于 8 月份成功推出了 20 选 5 小盘游戏，首期销量达到 841 万元，仅次于广东、广西而排名全国第三，受到中国福彩中心领导和各省同行的好评。三是在管理上进一步建立和完善了各项规章制度，确保了开奖和运营安全。

三、强化宣传，树立了福利彩票的品牌形象和社会形象

甘肃省福彩中心始终牢记福利彩票“扶老、助残、救孤、济困”的发行宗旨，坚持福利彩票“取之于民、用之于民、造福于民”的原则，2002 年共投入彩票公益金近6 000万元，用于发展社会福利事业，启动“星光计划”，开展社会救助。省民政厅用省级留成的公益金投入福利事业建设达1 524万元。全省用福利彩票公益金3 100万元资助“星光计划”项目 214 个。对 2001 年度全省福利彩票销售业绩突出的 15 个单位的福利项目资助公益金 323 万元。在“五一国际劳动节”、“八一建军节”举行的“爱心献劳模”、“爱心献功臣”活动中，拿出 100 万元资助1 000名特困劳模，200 万元资助了4 000名在乡老复员军人。在“黄河风采”发行两周年纪念日，又用彩票公益金 80 多万元资助省内特困大学生、城市“三无老人”、部分地区的失学儿童。各地也拿出很大一部分公益金，进行了类似的资助活动。5 月，甘肃省部分地区遭受严重自然灾害，省民政厅又用民政部返还的福彩公益金1 300万元赈灾。这些彩票公益金的投入使用，将福利彩票的影响扩大到千家万户，对于全面塑造和提升福利彩票的品牌形象和社会形象起到了重要作用。

（甘肃省福利彩票发行中心供稿）

体育彩票发展概况

赵玉林主任

2002年是甘肃省体育彩票发行史上具有重要意义的一年。电脑体育彩票的全面上市使全省体育彩票事业取得了重大进步。经过一年的努力，体彩已占据了一定的市场份额，发展了一定规模的彩民群体。甘、青、宁三省区销售系统的全面联网，壮大了销售规模，为西部经济欠发达地区进一步做好电脑体育彩票发行销售工作奠定了良好的基础。

一、销售业绩显著

2002年甘肃共销售体育彩票9 179.19万元，比上年增长82.9%。其中乐透型彩票5 614.47万元，竞猜型彩票2 608.07万元，即开型彩票956.65万元。全年共上缴税收624万元，安排就业岗位约1 200个。

二、体彩公益金促进了各级体育事业的发展

2002年甘肃体彩共筹集公益金3 213万元，其中上缴中央1 705万元，省级提留666万元，地县提留842万元。国家体育总局统筹的公益金向甘肃下拨1 586.5万元，用于全民健身工程、雪炭工程*及体育扶贫等，有力地支持了全省体育事业的发展。2002年全省共建成全民健身工程及健身路径项目33个，得到群众的好评，提升了体育彩票的社会影响力。

三、坚持公开、公正、公平的原则，努力塑造品牌形象

甘肃省体彩中心始终把严格管理、遵守规定作为工作准则。按照三省区销售总额，2002年返还彩民的奖金总额为6 065万元。其中共产生特等奖882个，奖金总额2 674万元，单注奖金最高为284万元；一等奖68 528个；二等奖1 006 081个。100万以上大奖得主共11人次，10万元以上46人次，1万元以上653人次。返奖工作做到了应返还的全部返还。为了刺激市场，2002年还组织了三次派送活动，共派送奖金61万元。

---

* 雪炭工程：见P206注释

四、以网点建设为重点，积极培育市场

2002年甘肃省体彩中心在市场开拓中以网点建设为重点，视广大业主和销售人员为体彩工作队伍中的重要力量，对他们进行全方位的培训。为此，中心全年共举办培训六期。甘肃省体育局也于8月份专门召开网点建设会议，与全省各地体育部门的负责同志共商做好网点建设的有关问题，同时安排优秀网点在兰州进行经验交流。这些工作，保证了体彩网点在不断变化的市场环境中经受住了考验。

五、努力做好宏观调控，积极探索市场规律

为了做好三省区联网销售，甘肃省体彩中心始终注意研究和分析市场动向，努力探索市场规律。2002年先后召开了三次三省区体彩主任联席会议，三省区体育局长在兰州也召开了一次协调会议，分析市场，征求意见。为了应对市场变化，2002年几次对玩法、奖级奖金设置和开奖次数做了调整，有些取得了成效，也有些调整不甚成功。三季度在玩法与开奖设置保持相对稳定之后，市场逐渐趋于平稳。

六、足球彩票成为体彩的主打品种

2002年4月足球彩票在甘肃省上市发行，显示出了具有体育特色的彩票的独特优势。足球彩票竞猜22期共销售2 608万元，占电脑彩票销售总额的31.71%。足球彩票有其专门的彩民群体，显现出良好的发展趋势和市场潜力。

七、即开型彩票销售取得重大进展

2002年甘肃全省即开型彩票销售额为956万元，是近几年销售额最高的一年，是2001年销售额278万元的344%。在即开型彩票的销售中，甘肃省采取了分散销售与规模销售相结合、省里直销与省地联合销售相结合的方式，积极动员各地尽可能地开辟市场，掌握时机，做好销售工作。

八、良性市场运行规律尚未形成，存在风险与困难

甘肃省体育彩票工作虽然取得了一定的成绩和发展，但由于进入彩票市场较晚，在激烈的市场竞争中遇到了许多困难和挫折。其中主要的问题有彩民群体小、市场份额少、体彩品牌影响力尚未健全等。尤其是体彩进入市场时在思想准备、竞争实力、宣传力度、游戏规则、资金实力、彩民群体、网点规模以及相应措施等方面是否具备了一定的优势和决策是否具有准确性，对其发行状况起着至关重要的作用。2002年甘肃曾经历了在

外省普遍看好的体彩玩法在甘肃不被接受的沉痛教训，出现了为积累大奖而使小奖奖金很低的失误，也发生了当奖金出现倒挂时未采取及时有效措施而挫伤彩民积极性的情况。实践证明市场有其必然的运作规律和特性，任何一个环节的薄弱都会导致市场失灵。因此，总结经验，加强研究，努力将市场导入良性循环，是甘肃体彩重要的工作任务。

（甘肃省体育彩票管理中心供稿）

青　海　省

彩票管理概况

2002年，青海省逐步建立了符合本地实际的彩票发行销售管理模式，管理日趋完善，彩票发行规模逐渐扩大，公益金的使用效益得到了充分发挥，为促进青海省公益事业的发展做出了贡献。

一、彩票市场的发展状况

青海省的彩票业在前进中探索，在探索中前进，彩票市场正朝着健康有序的方向发展。随着彩票销量的不断增长，彩票收入规模也在不断扩大。2002年全省彩票销售量为4 663.22万元，比上年增加2 626.73万元，增长129%，筹集彩票公益金1 632.13万元。彩票市场具有很好的发展前景。

二、彩票市场的管理情况

为了扩大彩票的发行销售规模，青海省按照市场需求，在人口密集、经济相对发达、交通和通讯条件较好、具有一定彩票市场基础的地区，合理布局电脑彩票的销售网点。截至2002年，销售网点已发展到300多个，全省6州1地1市和51个县（市、区）都设立了彩票销售网点，促进了彩票市场的有序发展，同时也加大了监管力度。

1. 建章立制，加强彩票规范化管理。从2000年3月财政部门接管彩票监管职能以来，首先以建章立制为着手点，加大监管力度：明确彩票机构的职责，对其收入分配、资金使用等方面实行审批制度，下发《财政部关于印发〈彩票发行与销售机构财务管理办法〉的通知》和《财政部关于编制2002年彩票发行与销售机构财务收支计划的通知》。这些管理制度为规范化管理奠定了基础。

2. 加强监管，规范彩票销售行为。青海省除严格按国家彩票发行销售规定和审批额度发行销售彩票外，为了对彩票发行全过程进行监督和管理，还采取定期检查与不定期抽查相结合的办法，有效地防止违规违法行为的发生。2002年，针对省内个别地区出现销售“私彩”的现象，财政部门积极会同公安、工商、民政、体育部门及时下发《关于坚决打击赌博活动大力整顿彩票市场秩序的通知》，大力打击非法彩票活动，维护了彩票市场的正常秩序。

3. 定期统计，及时分析。青海省财政部门为及时掌握彩票的发行销售量及彩票机构的动态，建立了定期统计与分析制度，加强对彩票机构容易出问题的薄弱环节的跟踪管理，促进了彩票机构的日常管理。

三、彩票机构财务管理情况

2002年是彩票发行与销售机构执行全国统一财务会计制度的第一年，财政部门按照有关规定对彩票发行与销售机构的财务会计制度和会计核算进行了规范管理。

一是督促彩票机构认真执行国家统一的彩票机构财务会计制度，规范彩票机构的账户设置，明确了彩票机构各项收支统一核算、统一管理的具体做法。

二是由于省级福利、体育彩票机构预算管理形式不同，导致两个彩票机构在彩票市场竞争中存在不公正的问题，省财政厅根据《财政部关于印发〈彩票发行与销售机构财务管理办法〉的通知》规定，结合事业单位经费改革，对两个彩票机构采取了同一的财政预算管理形式，即实行“核定收支，计划拨付，结余留用”的自收自支事业单位管理办法。此举为彩票发行机构创造了一个良好的公平竞争环境，提高了彩票机构的积极性。

三是建立了彩票机构预决算制度。规定彩票机构年初必须填报当年的财务收支计划，财政部门严格审核后予以批复执行，年终上报财务报告。凡未完成彩票发行销售计划的，相应调减支出；而在实际执行中遇特殊情况需调整收支计划的，须报财政部门批准。预决算管理制度的建立，对于督促、指导彩票机构加强财务管理，合理使用发行经费，保证彩票机构正常业务的开展起到了积极作用。

四、彩票公益金的管理情况

为使彩票公益金使用更加合理、

规范，根据国家有关彩票公益金的管理规定，结合本地实际，青海省对彩票公益金的管理严格按以下规定执行。

1. 彩票公益金缴入财政专户，按“收支两条线”原则进行管理，专款专用。

2. 允许彩票机构在财政部门指定的国有商业银行开设彩票资金过渡账户，专门用于归集彩票销售资金。

3. 彩票公益金由省级彩票机构统一集中全额缴入省级财政专户。省财政厅根据各级公益金分配比例，通过财政专户系统，分别将属于中央的彩票公益金上缴中央财政专户，属于州（地、市）、县（市、区）的彩票公益金直接划拨到相应级次的财政专户。省、州（地、市）、县（市、区）的彩票公益金分配比例由省财政厅分别会同省民政厅、省体育局确定。

4. 各级民政、体育部门使用彩票公益金时，要编制公益金使用计划，由同级财政部门按照彩票公益金管理规定认真审核后拨付。

规范的管理增强了公益金收支的计划性，避免了公益金收支过程中的随意性和盲目性，使有限的彩票公益金发挥出更大的使用效益。2002年省级预算安排使用公益金122.5万元，主要用于创建青少年体育俱乐部、大型体育运动会补助及扶弱济困的社会公益活动。

（青海省财政厅综合处供稿，王西秦、马莉萍执笔）

福利彩票发展概况

史志英主任

截至2002年底，青海省共发行福利彩票3 545.14万元，其中乐透型彩票3 482.97万元，即开型彩票62.17万元，创出了历年来的最高销售水平。筹集公益金1 240.80万元，为全省社会福利事业的发展做出了积极贡献。

一、即开型福利彩票的发行与销售

2002年，青海省福利彩票发行中心在即开型福利彩票销售方面采取了合理设奖、大力宣传等措施，但由于大奖组的主要销售城市西宁市没有合适的场地销售即开型福利彩票，以及其他各州县彩民观念的转变，全省大奖组即开型福利彩票的销售不尽如人意，总销量只有 60 多万元。为此，青海省福利彩票发行中心打算从网点即开票着手，弥补大奖组销售不景气的缺憾。2002 年 12 月初，青海省福彩中心组织西宁市福利彩票发行站的工作人员到吉林省四平市考察，学习四平市发行与销售网点即开票的先进经验，同时开始筹备下年在西宁市各个社区销售网点即开票。

二、电脑福利彩票的发行与销售

2002 年是青海省电脑福利彩票发行以来成绩最好的一年，为了取得优异的成绩，青海省福彩中心主要做了以下工作。

1. 在原有基础上扩建站点。2002 年，为了搞好电脑彩票投注站点的扩建工作，青海省福彩中心总结了 2001 年建点的经验，又结合 2002 年的实际情况，在取消保底奖金、销量有所下滑的情况下，对布点工作进行了一些调整。省福彩中心从这项事业的长期性、稳定性出发，把经济效益、社会效益、长期效益结合起来，采取有效措施，使得各站点获得了经济效益，保证了布点工作的顺利开展。截至 2002 年底，全省 200 台投注机已全部布完，2002 年比上一年增加了近 80 个投注点，电脑福利彩票的总体销量也相应地有所上升。

2. 加强了投注站的管理工作。为了保证“黄河风采”电脑福利彩票承销工作顺利进行，加强对投注点的规范化、标准化管理，青海省福彩中心将不断健全电脑福利彩票投注点的管理制度作为 2002 年工作的一个重点。投注站的建设和管理是一项较为复杂的工作。站点分布直接影响着彩票的销量，2002 年对部分间距不足 300 米的站点进行了限期调整和整顿。对站点的彩票销售人员执行“不经培训，不准上岗”的规定，加强培训力度，提高了销售人员的业务水平。管理水平的提高促使电脑票销量明显上升。

3. 增加玩法，细水长流。2002 年下半年“黄河风采”电脑福利彩票又增加了 20 选 5 新玩法，这种玩法采取天天开奖的办法，每期平均销量可达 3 万元左右。新玩法上市首期，青海两种玩法销量达 70 多万元。20 选 5 玩法成为电脑福利彩票销售新的增长点。

4. 加大宣传工作力度，彩票销售有了新的转机。2002 年，青海省福彩中心通过《西海商报》、《福彩快讯》两家报纸对电脑票展开了全面宣传。《西海商报》每周两期利用两个整版宣传电脑彩票。《福彩快讯》每周出版三期，是广大彩民不可缺少的精神食粮。青海省福彩中心还印制了大量电脑福利彩票的宣传材料分放到各站点，又为站点制作了统一的标牌。现在只要去买彩票，远远就能看到明显的电脑福利彩票标志，在站点上也能随时拿到所需的宣传材料，大大方便了彩民，也为青海福利彩票树立了良好的形象。此外，2002 年 9 月中旬省福彩中心还利用西部宣传周搞了一次“爱心起航”大型文艺汇演，当场为西宁儿童福利院、贫困大学生等特殊群体捐款 50 万元。汇演在青海电视台的一套、二套节目中播出，并在中央电视台西部频道以新闻的形式播出，大大提高了青海福彩的透明度，引起了社会各界的关注，使人们对福彩有了新的认识，彩民队伍也在不断扩大。

三、加强自身建设，提高业务水平

青海省福彩中心为了更好地发行与销售福利彩票，筹集更多的彩票公益金，一贯注重加强自身建设，提高业务水平。

1. 不断加强领导班子建设，努力把福彩中心领导班子建设成为坚持民主集中制、关心职工、有事业心和责任感、求真务实、勤政廉政的班子。

2. 建立了各项规章制度，以制度规范中心工作。明确了岗位责任制，每项工作都有专人负责，重大事项通过中心会议讨论决定，实行民主化决策。大的活动分工不分家，中心工作一盘棋。干部职工在制度面前人人平等，奖罚分明。严格而规范的管理使青海省福彩中心上上下下都显得生机勃勃，富有朝气。

3. 组织政治业务学习，提高思想认识和业务水平。社会主义市场经济的不断完善，彩票玩法的不断丰富，给青海省的福利彩票工作者提出了更新、更高的要求。为了适应新形势的要求，青海省福彩中心始终坚持学习制度，每周一、五上午两小时组织政治、业务学习，平时强调自学，并抓紧思想道德教育，培养职工树立良好的职业道德。

4. 组织考察学习。宁夏与青海省条件相差不大，但宁夏电脑票销量远远高于青海省。为了学习宁夏的先进经验，2002 年 6 月中旬，青海省福彩中心组织部分工作人员，在省民政厅主管厅长的带领下，到宁夏考察学习，找出差距，改进工作，使青海省的电脑票销售上了一个台阶。

四、公益金的使用情况

中国福利彩票筹集的公益金，对促进青海省社会福利事业的发展做出了积极的贡献。在使用公益金方面，全省各级民政部门严格遵照《有奖募捐社会福利资金管理使用办法》的规定，始终坚持“扶老、助残、救孤、济困”的宗旨，坚持“统筹规划、注重成效”的办事原则，使所有的资金项目都发挥了较好的社会效益。2002 年，省民政福利事业依靠福利彩票公益金的大规模投入，开展了声势浩大的“爱心救助”和“星光计划”系列工程，在全社会引起了强烈的共鸣，取得良好的社会效益和经济效益，为青海福彩树立了良好的公益形象。

（青海省福利彩票发行中心供稿）

体育彩票发展概况

于利国主任

青海由于长期以来经济发展滞后，无力单独发行电脑体育彩票。2001年9月25日，在国家体育总局体彩中心的关心支持下，青海与甘肃、宁夏三省联网发行了电脑体育彩票。2002年4月8日三省又发行了电脑足球彩票。电脑体育彩票的发行，使体育彩票种类和玩法更加灵活多样。电脑体育彩票上市以来，三省已先后联合推出了6+1、33选7、30选7、21选5等多种形式的玩法，使体育彩票市场销售更加活跃，销售方式也更加先进。这使得2002年青海省的电脑体育彩票发行工作进展顺利，市场平稳。

2002年青海省体育彩票总销量为1 118.08万元，创下了历史最高水平。其中在西宁市、民和县、互助县、果洛州、海北州等地共销售即开型体育彩票169万元（含世界杯即开型足球彩票）；电脑体育彩票销量557万元；足球彩票销量392万元。全年共筹集公益金391.34万元。体育彩票万元以上中奖者累计纳个人所得税12.8万元。体彩行业安排了近200人就业，许多下岗人员又重新找到了工作岗位，减轻了社会的就业压力。

青海省体育彩票业的发展与沿海省份相比较还有很大的差距，但就自身的发展来说已迈出了可喜的一步，2002年的销量首次突破了1000万元大关。青海的体彩工作者有信心，抓住机遇，团结一致，刻苦努力，积极奋进，在今后的体彩发行销售工作中迈上一个新台阶。

（青海省体育彩票管理中心供稿）

宁夏回族自治区

彩票管理概况

一、彩票销售量大幅增长

2002年是宁夏回族自治区彩票发展历史上最辉煌的一年，福利彩票销售首次突破亿元大关，创造了15 110.71万元销量的好成绩。体育彩票虽然起步较晚，基础条件比较薄弱，但也积极开拓市场，8个多月销售了3 078.50万元，超额完成了国家下达的销售任务。2002年全年全区共销售彩票18 189.21万元，人年均购买彩票近30元。这一成绩表明，宁夏自治区彩票业的发展有着非常广阔的前景。

二、彩票管理工作趋于规范

2002年，宁夏自治区的彩票发行管理工作逐步趋于规范。财政部门不断完善管理制度，强化监管措施。彩票机构认真执行有关规定，自觉接受财政部门的监管，不断完善内部管理，积极向规范化管理的方向努力，管理水平有了很大的提高。

1. 发行与销售工作严格按规定执行。各彩票机构在发行额度的申请、游戏规则的设置、销售方案的报批、资金缴拨、奖金兑付以及信息宣传和市场运作等方面都基本做到了按规定执行。个别由于政策理解偏差造成的不规范行为，一经指出也能及时纠正。管理的规范化使宁夏自治区的彩票市场保持了健康稳定的发展秩序。

2. 内部管理制度逐步健全。各彩票机构按照市场经济的原则和彩票行业的运行规则，自我约束，自我完善，建立健全了各项内部管理制度。自治区福利彩票发行中心在原自治区募捐办的基础上，按照彩票机构的建制进一步修改完善了各项管理措施，并根据工作需要，制定了电脑彩票《投注站考核评比暂行办法》、《网点即开型彩票发行暂行办法》等管理办法，强化了日常管理措施，调动了中心职员和投注站工作人员的积极性，增强了他们的服务意识，有力地促进了彩票销售量的稳步上升。自治区体育彩票管理中心虽然机构组建较晚，但起点高，发展快，在组建之初就建立了各项管理措施，制定了《财务管理暂行规定》和《人事管理办法》等20多项规章制度。这些措施为规范化管理提供了有力的保障。

3. 财务管理实行了“收支两条线”管理。按照国务院《关于进一步规范彩票管理的通知》和财政部《彩票发行与销售机构财务管理办法》及《关于加强和完善彩票机构财务及彩票资金管理的通知》的要求，自治区财政厅于2002年4月下发了《关于一步规范彩票销售机构财务管理的通知》，从5月份开始，将彩票机构的彩票资金正式纳入了财政专户，实行了“收支两条线”管理。彩票机构在年初上报收支计划，财政厅按照量入为出、收支平衡的原则，审批后按月执行，实行分级管理、计划拨付的制度，简化了管理程序，保证了发行经费按时拨付。对公益金实行了自治区统一管理、部门计划使用、按比例缴拨的办法，规范了彩票机构的财务和公益金的管理。各彩票机构都能按规定及时解缴彩票资金。去年5—12月，两个彩票机构共上缴财政专户彩票资金7 000多万元。财政厅通过财政专户按照规定的比例及时上缴下拨了公益金，按月拨付了发行经费。

三、与时俱进　不断改进工作

宁夏自治区的彩票业虽然已有了很大的发展，但和彩票强省相比，无论在销量上还是管理上都存在一定的差距。

1. 虽然电脑彩票为彩票市场注入了活力，但即开型彩票却相对萎缩。2002年全区共销售彩票18 189.21万元，其中即开型彩票只有486.88万元，仅占销售总量的2.7%。主要因为目前电脑彩票的销售集中在城镇，要开发农村市场的潜力，在现有条件下还要靠传统即开型彩票。两个彩票机构虽然都在2002年组织了几次规模不等的大奖组销售，但效果不理想。在即开型彩票的销售上思路不够开阔，方法不够灵活，销售方式单一。主要的原因是对市场经济条件下的彩票市场特点和彩民消费心理缺乏研究，没有充分挖掘市场潜力。

2. 宁夏自治区虽然尚未发现像发达省区那样大规模的私彩现象，但以有奖销售、竞猜等为名的各种小型私彩活动在各市县时有发生，扰乱了彩票市场的正常秩序。2002年，自治区财政厅有关部门会同彩票机构，在当地财政和公安部门的配合下，对大武口、青铜峡、平罗等市、县、区的私彩活动进行了调查处理。但由于缺乏相应的法规依据和执法手段，打击力度不够,致使私彩活动至今仍然存在。2002年12月,财政部会同公安部、工商总局、民政部和体育总局,联合下发了《关于坚决打击赌博活动大力　整顿彩票市场秩序的通知》,首次对私彩进行了界定,并要求各地采取有效措施,严厉打击私彩活动,维护彩票市场秩序,为打击私彩提供了有力的法律依据。宁夏自治区财政厅将协同有关部门在全区开展一次大规模的扫除私彩行动,净化自治区彩票市场。

3. 福利和体育两种彩票的存在,客观上形成了市场竞争的局面,在操作和运行中难免出现撞车。对此,财政部门注意发挥监督、协调和引导的作用,促使两个机构加强交流,团结协作,从比较中找差距,在竞争中谋发展。自治区财政厅于2002年6月和10月两次召开有彩票机构及其主管部门参加的彩票工作座谈会,组织大家共同总结自治区彩票工作情况,交流彩票发行、销售和管理中的经验和做法,分析自治区彩票市场的前景和潜力,探讨加强彩票公益金管理的新思路。通过座谈交流,增进了各方之间的相互了解,消除了误会,密切了协作关系。

(宁夏回族自治区财政厅综合处供稿,马瑞学执笔)

福利彩票发展概况

王宁生主任

2002年宁夏福利彩票销售工作实现了跨越式的发展,在人口只有560万的西部落后地区,全年共销售福利彩票15 110.71万元,超过前12年发行量的总和,其中乐透型彩票14 742.83万元,即开型彩票367.88万元,共筹集彩票公益金5 288.75万元。全区人均购买彩票达27元,是全国平均水平的2倍。因此,宁夏福彩中心受到民政部的嘉奖,荣获了人均销量一等奖、销售进步一等奖、组织管理三等奖和销售总量鼓励奖四项殊荣。这是宁夏福彩中心自1988年开始发行福利彩票以来荣获奖项最多的一次。

一、团结奋进开拓市场

宁夏地域狭小,人口少,覆盖全区的400个站点直属区福彩中心管理,各市县区没有设立专门的福彩发行机构。在此情况下,中心10名工作人员每位员工都是身兼数职，从宣传策划到大奖组发行，从设备维护到站点布局，工作做得有条不紊，有声有色，全年的销售任务指标由年初的5 500万元、8 000万元，不断地调整到1.5亿元，最终完成了1.51亿元。

根据彩票市场的发展和彩民的需求，甘宁青三省区共同考察论证，于2002年8月23日适时推出“黄河风采”电脑福利彩票20选5的小盘玩法。20选5一经推出，就受到了广大彩民的喜爱，宁夏的首期销售额就达282万元。以后实行天天开奖，平均每天销售近10万元。同时，经过深入调查，三省共同商定，32选7玩法保留不变。为了克服取消保底奖金带来的销售额大幅度下滑，保护彩民的积极性，三省商定先后设置了“爱心特别奖”、“接力奖”，宁夏又自主开展了“贡献奖”、“连续购买电脑复式彩票奖”等活动，在一定程度上提升了彩民的热情，稳定了销量。此外又增设了100多个投注站，使站点数量达到400多个，基本覆盖了全区各市县（区），占领了全区主要市场。

二、加大宣传力度福彩深入百姓家

2001年，宁夏彩民只中得2个大奖，但是从2002年开始，便频频“触彩”，2002年元旦第1期开奖就有2注近百万大奖被宁夏彩民独揽。其后，“黄河风采”首个500万大奖花落固原市。宁夏福彩中心紧紧抓住这个大奖频频产生的契机，加大宣传力度，装饰了宣传车，在全区各县市巡回宣传，敲锣打鼓散发喜报、宣传单。同时，对每次中一等奖的地区，采取所有投注站在同一时间燃放鞭炮祝贺的做法，让中奖喜讯飞入千家万户，激发彩民的热情，形成踊跃购彩的局面。

宁夏福彩为做到统一标识、确立品牌，决定对全区所有投注站进行标准包装，使投注站“门头”、“黄河风采”投注站标牌和开奖公告牌三统一，并为每个投注站配备了投注机防尘罩和即开型彩票销售盒。针对彩民希望现场观看开奖情况的要求，分期分批组织彩民到兰州参加“黄河风采”现场开奖活动，让彩民亲眼目睹和深切感受到了福彩的公开、公平、公正。

宁夏福彩还充分利用各种媒体，千方百计争取各界对社会福利事业的支持。主要的宣传活动有：在宁夏《新消息报》、《银川晚报》、《宁夏广播电视报》等多个报刊上开辟了彩票专版；与广告公司合作编制《博彩天地》宣传品，为广大彩民提供彩票动态和知识；以“黄河风采”发行一年多来的历程为主线，以进一步激发群众购彩热情为目的，制作了电视专题片，在各电视台播出；与有关电台合作，播出福彩广告、福彩相关信息及“福彩专栏”节目；在宁夏福彩中心办公楼前制作了电子屏幕，播出每期的开奖内容；在银川市北塔商业街路口和建筑物上树立大型广告牌，通过科技馆的科技广场和吴忠市利通区广场电子大屏幕播出“黄河风采”开奖公告及专题片；开展让彩民参与评选优秀投注站等多种交互式活动，积极宣传福利彩票的公益性、社会性，加大对福利彩票所募集的公益金带来的社会效益的宣传。这些宣传活动大大增强了福利彩票的影响力。

三、强化管理积极探索新思路

2002年，宁夏福彩中心建立健全各项规章制度，强化管理措施和手段，增强服务意识，先后制定了《维修管理规定》、《值班、加班管理规定》、《投注站考核评比暂行办法》、《网点即开型彩票发行暂行办法》等一系列规章制度，调动工作人员及各投注站的积极性，促进电脑票销售稳步上升，也为网点即开票的销售打开了良好的局面。

由于电脑票的影响，即开票市场受到极大冲击，销售跌至低谷，工作遇到了前所未有的困难。面对此种情况，宁夏福彩中心本着改革要有新思路，发展要有新举措的精神，积极探索即开票的销售渠道，于2002年6月与区内知名企业“西夏贡酒业公司”合作发行了第一张宁夏版即开票——“宁夏壁画”。该票一经上市就受到社会各界人士的好评，6个月发行200万元，成为与企业合作销售彩票的成功范例。此后，宁夏福彩中心又与银川铁路体协达成协议，在旅客列车上发行网点即开票。

四、福利彩票惠泽宁夏百姓

2001年以来，国家民政部先后资助宁夏4 070多万元，用于实施“星光计划”工程。首批资助项目100个，建成老年综合福利服务中心1个，街道办事处“星光老年之家”2个，社区居委会“星光老年之家”97个，形成了社区居委会和街道办事处一体化的老年服务设施网络。此外还有120个“星光计划”项目正在实施之中。

福利彩票事业还为缓解全区的就业压力、促进社会稳定做出了积极贡献。福利彩票的销售人员近1 000人，其中80%都是下岗职工或是无业人员。2002年全区销售最好的站点是由一对同为下岗职工的夫妻经营的，他们不仅因福利彩票而实现了再就业，而且年收入达到9万多元，除去一系列的销售费用外，两人的年纯收入在6万元左右。对于这些曾为下岗职工或无业人员的销售人员来说，福利彩票的发行使他们的生活不仅有了保障，而且向小康迈进了一步。

（宁夏回族自治区福利彩票发行中心供稿）

体育彩票发展概况

汪斌主任

2002年宁夏体育彩票总销量为3 078.5万元，其中乐透型彩票1 857.10万元，即开型彩票119万元，竞猜型彩票1 084.4万元。共筹集公益金1 077.48万元。宁夏体彩提前半年完成了国家体育总局彩票管理中心下达的任务指标，销量超过了1996年宁夏开始发行即开型体育彩票以来6年销量的总和。同时电脑体育彩票上缴个人所得税近300万元，安排就业岗位近500个。虽然宁夏电脑体育彩票2002年3月31日才开始正式销售，但截至2002年底，宁夏电脑体育彩票销售网点已遍布全自治区所有市县和部分乡镇矿区，销售站总数达270余个。

一、电脑彩票上市前的筹备工作

宁夏体育彩票管理中心2002年前为临时机构，工作人员均是由原自治区体委各处室人员兼任。2001年4月经宁夏自治区编制委员会批准，机构正式成立。2001年11月，通过在自治区体育局里进行公开选拔、竞争上岗，产生了中心主任和副主任。从中心开始组建到电脑体育彩票正式上市发行的三个多月内，宁夏体彩中心相继完成了办公地点的选址和维修改造、组建班子、选聘人员、建立各项规章制度、业务培训、市场调查、征召网点、前期宣传、建立资金结算系统等多项筹备工作。中心首先制定了《彩管中心人员选聘办法》、《彩管中心人员管理办法》、《彩管中心财务管理暂行规定》、《销售站管理规定》、《销售站违规处理规定》等共22个规章制度。同时根据岗位设置，通过考试录用和人才市场推荐的方法择优选聘了中心工作人员。网点征召是筹备阶段的重点工作，宁夏体彩中心组织人员进行了前期市场调查，对全自治区经济状况、城市人均收入水平、人口分布情况进行了摸底，在此基础上组织了网点报名和考察，先后对全自治区近500个报名的网点进行了逐一考察，反复筛选，首批确定网点近240个。

二、网点建设工作

宁夏体彩中心在电脑体育彩票正

式上市运行后，根据市场的变化和发行销售中存在的问题，对全自治区的网点进行了调整优化，对销售额达不到中心要求的网点进行帮扶、移点，要求其限期达标。通过这些措施，使销售网点的布局更加合理，销售业绩不好的网点情况也有了一定的转变。此外，对全自治区进行了考察，分期分批在适宜布点的空白点布设销售网点。截至2002年年底，终端机数量已由首批的近240台扩大到270余台。

宁夏体彩中心还注意根据市场的需求和彩票从业人员的状况，开展经常性的培训工作。首先对体彩中心人员安排内部培训2次，到外省学习培训36人次。同时对业主和销售人员，以地市为单位开展培训13次，以县区为单位开展培训17次。为配合培训，中心还先后编印了《销售员营销手册》、《新赛季足彩培训手册》、《销售员考试大纲》、《数据维护应急措施》等培训资料。

三、宣传工作

2002年，宁夏体彩中心主要抓了以下几项宣传工作：一是与一家广告公司合作创办了四开八版的体育彩票专业报纸《体彩指南》发往各销售点，到2002年12月底共发行35期。二是在宁夏主要报刊如《新消息报》、《银川晚报》、《宁夏煤炭报》、《青年生活导报》等开辟了专栏或专版，同时在上述报纸和168信息台、中国移动手机1258短信台、广播电台等媒体上建立了开奖信息栏目。三是开展有针对性的宣传工作，改装了宣传车，安装了扩音设备，组织了自行车宣传队，走街串巷宣传体育彩票。四是动员全体员工踊跃投稿。从业务部人员到中心领导都积极撰稿，每周发出的稿件近10篇，全年总计发出稿件200余篇，在各类报刊上刊登稿件约100余篇。

四、即开型彩票发行与销售工作

宁夏体彩中心按照国家体育总局体育彩票管理中心的要求，积极做好2002年即开型世界杯足球彩票销售工作。通过在自治区内各种媒体上的广泛宣传和各电脑体育彩票销售站的积极推销，“世界杯”即开票共销售了77万元，完成了国家体育总局体彩中心下达的任务指标。

2002年9月，宁夏体彩中心在石嘴山市陶乐县组织了一次即开型体育彩票规模销售活动。根据陶乐县的实际情况，设置了小奖组销售，使仅有3万多人的陶乐县创出了销售13万多元的好成绩。

从2002年9月开始，宁夏体彩中心与宁夏体育局体工大队兴体公司合作，开展即开型体育彩票的网点销售和在乡镇集市上组织大篷车销售，主要在乡镇大集市和城市农贸市场、批发市场设点，同时在电脑彩票网点销售即开型彩票。

此外，宁夏体彩中心与农业银行宁夏自治区分行签订了即开型彩票资金结算、彩票配送、兑奖彩票回收服务合同，由农业银行将彩票直接配送到基层储蓄所，方便了销售点领票、兑奖，开创了一条利用银行系统完成彩票配送、结算全过程的新路子。

（宁夏回族自治区体育彩票管理中心供搞）

新疆维吾尔自治区

彩票管理概况

一、加强监管，优化服务，搞活彩票市场

1. 及时推出新的玩法，进一步搞活市场。新疆福利彩票发行中心利用调节基金在“35 选 7”和“18 选 7”的基础上，进行二次开奖，吸引彩民踊跃购买，进一步搞活了新疆福利彩票市场。

2. 在兵团范围销售彩票，拓宽彩票销售市场。由于新疆特殊的行政体制，以前福利彩票、体育彩票不能在兵团地域内销售，经与兵团有关部门多次协商，2002 年新疆福利彩票、新疆体育彩票开始在兵团各师、团销售，拓宽了新疆彩票销售市场。

3. 加强对新疆福利彩票发行中心、新疆体育彩票管理中心销售、财务监督管理，促使其规范经营，快速发展。自治区财政厅采取座谈会、专题报告等形式，与新疆福利彩票发行中心、新疆体育彩票管理中心交流、探讨，结合新疆实际，转发制定了新疆关于彩票发行销售管理、彩票机构财务管理办法等规定，并认真督促检查，保障新疆福利彩票发行中心、新疆体育彩票管理中心规范经营，持续、快速、健康地发展。

4. 科学、合理批复两中心预算，按预算、按进度拨付两中心发行经费，保障两中心资金需求与正常运转。按财政部彩票发行销售机构编制财务收支计划的规定，自治区财政部门认真核定了新疆福利彩票发行中心、新疆体育彩票管理中心2002年财务收支计划，严格执行“收支两条线”的管理规定，及时拨付发行费，使新疆福利彩票发行中心、新疆体育彩票管理中心财务正常运转。

2002年，新疆共销售彩票46 471.02万元，其中：按系统分，福利彩票销售41 266.53万元，体育彩票销售5 204.49万元；按类型分，乐透型彩票40 792.07万元，即开型彩票3 311.09万元，竞猜型彩票2 367.86万元。2002年共筹集彩票公益金16 264.86万元，其中上缴中央9 200.65万元，地方留用7 064.21万元。彩票公益金的投入和使用，极大地支持了新疆社会福利、体育、教育等社会公益事业的发展。

二、合理安排使用公益金，确保彩票公益金使用效益

1. 2002年初，自治区财政厅主动与民政厅、体育局联系，认真研究讨论新疆本级公益金安排使用的原则、范围，努力使自治区本级公益金安排的项目科学、合理，最大限度地发挥彩票的使用效益，保证使彩票公益金“取之于民，用之于民”。2002年，新疆区本级共安排公益金1 240万元。

2. 加强对地州市彩票公益金使用的指导、监督，及时拨付各地州市彩票公益金。2002年上半年，财政部门在认真核对各地、州、市彩票销售情况的基础上，合理确定公益金分配比例，及时拨付各地公益金1 348万元，并对公益金的使用方向、管理办法进行指导、监督。

三、认真做好青少年学生校外活动场所建设和维护专项公益金管理工作

1. 2002年下半年，财政部门与教育厅等部门组成调查组，对中央扶持的第一、二批青少年学生校外活动场所建设项目的工程进展情况进行监督检查，督促其保质保量按时完工，严防出现“豆腐渣”工程。及时拨付第一批项目建设资金650万元。

2. 认真做好第三批国家资助青少年学生校外活动场所建设项目申报的前期调研和审核工作，努力保证申报项目申报一个、成功一个。

3. 按照国家关于青少年学生校外活动场所建设管理规定积极开展自治区资助项目的前期调研和准备工作，对奎屯市、沙湾县等申报市、县关于青少年学生校外活动中心建设申报进行实地检查指导。

（新疆维吾尔自治区财政厅综合处供稿，刘玉剑执笔）

福利彩票发展概况

尹明奎主任

2002年，新疆共销售福利彩票41 266.53万元，比上一年度增长了1.5倍，其中乐透型彩票38 601.80万元，即开型彩票2 664.73万元，为国家筹集公益金14 443.29万元，代扣代缴个人所得税2 000多万元。该年度，新疆福利彩票发行中心获得了中国福利彩票发行管理中心颁发的全国销售总量三等奖、全国人均销量二等奖、全国销售进步一等奖、全国组织销售三等奖四项奖励。

一、各级领导给予福利彩票销售工作多方面的支持

新疆维吾尔自治区党委和人民政府对自治区2002年的福利彩票发行工作给予了大力支持。10月14日，中央政治局委员、自治区党委书记王乐泉同志在新疆福利彩票发行中心接见山东省民政代表团时，对全区福利彩票事业做了重要指示，亲切勉励福彩系统的同志力争全年销售3.5亿到4.5亿，使新疆福利彩票各级机构深受鼓舞，焕发出巨大的工作热情。为强化各级民政部门对福利彩票工作的支持力度，2002年，新疆维吾尔自治区民政厅在全疆民政系统继续实行福利彩票工作一把手负责制和一票否决制。在厅领导的带动下，各地、州、市（县）民政部门也对电脑票发行工作给予了大力支持。2002年新疆福彩中心相继组织了几次促销活动，由于是手工兑奖，边远县城的彩民兑奖比较困难。在这种情况下，很多县市民政局主动承担起兑奖任务，方便了广大彩民。各级领导的重视和民政系统的通力协作为福利彩票销售工作的顺利开展提供了保障。

二、不断优化服务，赢得市场

2002年初，新疆福彩中心在全疆福利彩票系统推广了哈密、吐鲁番地区规范管理、优化服务的成功经验。一年来，自治区福彩中心在为各地提供技术支持、进行网络的日常维护和管理、保证物资配给、加强硬件配备、进行品牌形象宣传方面做了大量工作。同时，新疆福彩中心还要求各地彩票发行机构加强对投注站的管理服务职能，促使各地彩票销售机构因地制宜，建立健全内部工作制度和工作规范，为投注站提供优质服务。为了达到这些要求，2002年加

强了对销售员的业务培训，使全疆投注站的精神面貌、人员素质、操作水平、服务质量有了很大的提高。

三、规范管理，打造“新疆风采”品牌

2002 年，为进一步加强内部管理的规范化，新疆福彩中心着重抓了五个方面的工作。

首先，进一步建立健全了内部工作制度和工作规范，制定了单位规章制度、部门工作制度、岗位目标责任制度、机房管理制度、兑奖制度等，用制度规范全系统的工作。

第二，由于新疆地广人稀，销售系统面广线长，通讯条件不发达，交通不便，日常管理和维护工作比较困难。一年来，新疆福彩中心精心组织，周密安排，对工作人员、基层彩票发行机构和投注站严格管理，要求各个工作环节都严格按照操作规程办事，保证了系统的安全运行和销售工作的正常开展。新疆福彩中心特别对保障摇奖工作的绝对安全和准确给予高度重视，摇奖号码球由公证处封存，福彩派专人 24 小时监控管理。开奖前由开奖嘉宾任选一套球，由公证处启封。为增加开奖工作的透明度，2002 年新疆福彩中心多次请媒体记者到电视台，对摇奖全过程进行现场报道，还多次请彩民到现场参观摇奖过程，逐步赢得了彩民信任。

第三，进一步抓了兑奖工作的规范化。2002 年，新疆福彩中心进一步规范了地州的兑奖程序，同时采取措施，对站点兑奖的真实性进行严格监控。发现差错，及时处理。同时，还强化了区福彩中心兑大奖程序。兑奖工作的规范化受到了彩民的好评和信赖，社会口碑良好。

第四，加强了资金监控规范化。新疆福彩中心与承担结算业务的中国工商银行新疆维吾尔自治区分行共同设置了资金监控系统，做到日清日结，并指定专人负责，每天对1 250个投注站的交款情况进行监控，发现问题及时通知各地彩票机构处理。2002 年，共处理危险苗头1 000多起，3.86 亿元电脑彩票销售款无一起丢失事故发生。

第五，服务工作进一步规范化。首先，新疆福彩中心要求各投注站严格遵守中心的各项规章制度，诚实守信，优质服务，严格按照开机时间进行销售和数据传输。其次，新疆福彩中心工作人员接待和处理彩民来电、来信、来访工作也进一步规范化。中心市场科全年接听各种彩民电话48 000余次，平均每个工作日 194 次。无论是处理电话、来信，还是接待来访，工作人员都能不厌其烦地做解释、说服、沟通工作。

四、广泛宣传，大力开展公益活动

2002 年，新疆福彩中心和 25 家新

闻单位建立了长期友好的合作关系。这些媒体不但平时积极报道福彩的销售动态，开奖消息，而且每逢福彩中心有重大活动，这些媒体都积极参与宣传，做到电视里有镜头，广播里有声音，报纸上图文并茂，为福彩扩大了宣传阵地，丰富了宣传形式。2002 年，新疆福彩中心与新疆人民广播电台合作，开办了周三、周六播出的“福彩之友”栏目，通过这个栏目讲解彩票知识，回答彩民提问，报道彩市动态。在新疆电视台每周一的开奖节目中，增加了“周一访谈”栏目，福彩中心的工作人员作为特邀嘉宾走上屏幕，与主持人一起聊彩市热门话题，解答彩民提问，介绍彩票知识。与此同时，福彩中心还与《消费晨报》合作，创办了博彩专版。专版的指导性和可读性更强，新闻稿件也更接近彩市和彩民，发挥了较好的宣传作用。

新疆福彩中心还组织了一系列公益活动。主要有，对“福心爱心吉瑞祥”摇奖节目进行改版，恢复了“爱心关注”栏目，通过这个栏目向受社会关注的困难对象提供捐助。新疆福彩中心全年共投入25 000多元，对 18 名困难对象进行了捐助。2002 年元旦前夕，新疆福彩中心出资 20 万元，对全疆 100 名特困职工进行捐助。4 月 28 日，中心又捐资 20 万元，对乌纺集团、东风机械厂等困难企业的1 800户特困职工进行了五一劳动节慰问活动。这些活动树立了福利彩票“扶老、助残、救孤、济困”的社会形象，扩大了福利彩票的社会影响，使“买福彩就是献爱心”的观念深入人心。

（新疆维吾尔自治区福利彩票发行中心供稿）

体育彩票发展概况

谢亚斌主任

一、体育彩票发行销售管理工作取得良好成效

2002 年，新疆体育彩票管理中心在国家体育总局体彩中心正确领导下，在各有关方面的关心、支持下，全力以赴筹建电脑体育彩票销售系统。5 月 21 日，新疆电脑体育彩票系统正式开通和销售。截至 2002 年底，先后在乌鲁木齐市、伊犁州、昌吉州、石河子市、克拉玛依市、吐鲁番地区、哈密地区、巴州、阿克苏地区、喀什地区、奎屯市等 11 个地州市建立了体育彩票管理分部，在全疆 40

个市县开通了销售终端机，销售运动项目型32选7、组合型20选5、组合型32选7和全国联网的2002—2003赛季“中国足球彩票”（含世界杯胜负玩法，竞猜八强玩法、竞猜四强玩法）等玩法，受到了彩民的欢迎，销售情况较好。电脑体育彩票的发售，填补了新疆体育彩票的空白，使体育彩票管理和销售进入新阶段。

新疆体彩中心一方面加强学习，强化管理，切实保障系统安全运行，按时开奖。一方面积极学习，借鉴内地省区推出小盘玩法的做法，于8月份推出20选5玩法，并且实现了天天开奖，仅用100天的时间就达到了内地省区一至两年的发展规模。新疆体彩中心克服新疆区域辽阔、地州市县通讯距离普遍长、气候恶劣多变等困难，严格管理，精心操作，未发生一起取消终端开奖的事故，切实保障了彩民的权益。

2002年新疆体彩中心还在全区16个县市组织了即开型体育彩票的销售，并首次尝试销售即开型世界杯足球彩票，扩大了体育彩票在新疆的影响力。

二、体育彩票销售迈上新台阶

1. 2002年，新疆体彩中心克服各种困难，重视培育市场，扩大彩民队伍，认真苦练内功，加强内部管理和业务培训，提高员工队伍素质，7个月的时间销售电脑体育彩票就达5 204.49万元，比2001年增长237.4%，其中乐透型彩票2 190.27万元，即开型彩票646.36万元，竞猜型彩票2 367.8万元。共筹集公益金2 367.86万元。

2. 2002年新疆销售电脑体育彩票共产生特等奖112个，其中212万元1个，129万元1个，万元以上大奖32个。足球彩票共产生一等奖53个，二等奖1 121个，特别奖3 792个。其中10万元以上3个，万元以上87个。全年缴纳个人偶然所得税151.3万元。

3. 足球彩票成为体育彩票的主打产品，年内共销售了2 367.8万元（含世界杯足球彩票），占电脑体育彩票销量的52%，而且单期销量呈稳步攀升之势。足球彩票正被越来越多的群众所接受。

4. 电脑体育彩票全年开奖154期，其中32选7开奖64期，20选5开奖90期。新疆体彩中心与新疆电视台第四套节目合作制作的电视开奖专栏节目“激情百万”产生了较好的社会影响。每期都在彩民和公证员监督下公开摇奖，体现了公正、公平、公开、透明、诚信的原则。

5. 在12个地州市的16个市县及部分兵团团场组织了21次即开型彩票销售活动。各地州市体育局领导都对此项工作给予高度重视，积极协调各有关方面。即开型体育彩票全年共销售646.36万元。

6. 遍布在全疆的电脑体育彩票终端机600余台，提供1 200多个就业岗位，为政府减轻了负担。

7. 体育彩票宣传工作取得了积极成效，在《新疆都市消费晨报》、《新疆都市报》、《新疆广播电视报》等媒体上开辟了体彩专版，广泛宣传电脑体育彩票的知识、玩法和积极作用，受到群众的好评。宣传工作中，还注意使用汉、维吾尔等语言，通过文字宣传品，广泛深入宣传体育彩票的政策及其社会效益等，增强彩票工作的透明度。同时注重与新疆电视台、新疆公证处以及各新闻媒体紧密协作，通过舆论渠道共同维护体育彩票的良好形象和各族彩民的合法权益。

三、继续加强党风廉政建设和两个文明建设

新疆体彩中心党支部坚持认真学习贯彻中央有关党风建设的精神和国家法律，提高廉政反腐的自觉性；认真贯彻落实国务院、财政部、国家体育总局有关体育彩票工作的法规、政策和规章制度，严格管理，规范运作。在电脑彩票销售系统建设中，中心工作人员做到了自觉遵守有关规定和工作程序，保质保量做好各项工作。

（新疆维吾尔自治区体育彩票管理中心供稿）

深圳市

彩票管理概况

深圳市目前是我国惟一一个获准单独发行销售福利彩票的计划单列市，深圳市委、市政府和财政部门以及福利彩票发行部门对福利彩票的发行和管理工作历来高度重视，深圳市福彩市场近年来得到稳健发展，福利彩票公益金在支持深圳市社会公益事业发展方面发挥了积极的作用。

一、福利彩票管理概况

2002年度是深圳市福利彩票纳入财政监管的第三年。经过前两年的努力，深圳市福利彩票市场已初步实现了规范化管理。由于福彩市场的特殊性，市财政部门将2002年福利彩票管理工作的重点定为“规范管理、提高服务、严防违规”。深圳市财政部门在加强福利彩票管理方面主要抓了以下几项工作：

1. 积极学习和贯彻国务院和财政部加强彩票监管工作的文件。2001年和2002年国务院和财政部陆续出台了一系列规范彩票管理的文件，认真领会这些文件的精神是规范管理的前提，对严格彩票市场管理非常重要。因此，2002年深圳市财政部门多次组织本系统和彩票发行中心的有关人员深入学习了《国务院关于进一步规范彩票管理的通知》、《财政部关于印发〈彩票发行与销售管理暂行规定〉的通知》和《彩票发行与销售机构财务管理办法》等文件。通过学习，提高了财政部门管理人员的业务水平和解决实际问题的能力，同时促使彩票发行机构能自觉接受财政部门的监督和管理，为进一步完善深圳市彩票管理打下坚实的基础。

2. 加大公益金和发行经费实行“收支两条线”管理的力度。根据财政部《彩票发行与销售机构财务管理办法》的规定，深圳市财政局下发了《关于福利彩票发行经费纳入财政专户的通知》，要求福彩发行机构从2002年起，在每月10日前将上月计提的电脑型福利彩票发行费扣除代销点经费后全额缴入市财政专户。为落实上述规定，市财政部门对福利彩票的公益金和发行经费收入予以重点检查，确保应缴财政专户的公益金和发行经费能全额上缴专户。与此同时，财政部门还规范了公益金和发行经费的支出管理，成立包括市主管领导、财政局、民政局等部门领导在内的公益金项目评审委员会，凡涉及使用公益金（地方部分）的项目必须由项目评审委员会审定，由财政部门根据评审委员会的会议纪要拨款，提高了公益金使用的透明度和效益。对于彩票发行机构的发行经费，2002年开始实行年度收支计划的管理模式，具体由彩票发行机构参照部门预算的标准和要求编制经费的年度使用计划，并由财政部门审核批准后执行，彩票发行机构根据财政部门批复后的年度经费收支计划申请经费。经过不懈努力，2002年深圳市的彩票销售收入和经费支出管理工作，全面实行了“收支两条线”管理。

3. 规范市场监管和提高服务水平。2002年，根据国务院和财政部有关文件的规定，深圳市进一步加大对福彩市场的监管力度，要求福彩发行机构首先必须做好自身的管理，对规定要报财政部门审批的事项必须履行相关的报批手续和程序，应报送财政部门的报表、财务分析报告和其他资料必须及时报送，建立了彩票销售机构月报表制度。2002 年，深圳市按照财政部文件的要求，停止设置保底奖金，并按财政部的要求对全市是否存在未经批准开设自动投注机销售电脑型彩票进行清查。由于财政部门和福彩发行中心之间经常保持沟通，使福彩发行中心遇到的问题得到及时有效解决。例如，2002 年在“私彩”的影响下，“深圳风采”电脑福利彩票的发行一度面临十分严峻的形势，为确保福利彩票的主导地位，及时打击“私彩”的苗头，深圳福彩发行机构申请动用调节基金设置特别奖，并举办福利彩票（即开型）销售文化周活动，以增强“深圳风采”的吸引力。深圳财政部门收到报告后，根据财政部《彩票发行与销售管理暂行规定》第十六条的规定，并结合深圳市福利彩票调节基金的实际情况，及时批复同意福彩发行机构使用调节基金设置特别奖。全市福利彩票在设置特别奖后销售量很快回升，福利彩票销售文化周活动导致福利彩票人气急升。在福利彩票和公安部门的双重打击下，“私彩”在深圳市得到有效遏制，重树了政府办彩票的地位和严肃性。

在加大市场监管的同时，深圳市财政部门还加强对福利彩票发行机构内部财务的管理工作。针对彩票机构执行《事业单位会计制度》和对发行经费实行财政专户管理方面存在的疑问，深圳财政部门专门对彩票机构有关人员进行业务指导。由于强化了业务培训工作，全市福利彩票发行机构日常财务管理工作得到进一步规范。

4. 积极争取维持深圳市福利彩票单列发行的地位。2002 年 8 月，中国福利彩票发行管理中心（以下简称“中彩中心”）就深圳市福利彩票并入省级发行等问题征求意见。接到中彩中心的通知后，深圳市财政部门和福利彩票发行中心迅速行动，及时向省、市领导汇报，并取得了有关主管领导的支持，很快准备了书面汇报材料，向财政部和中彩中心阐明了继续维持深圳市福利彩票现有发行管理模式的理由，指出深圳由于毗邻港、澳，受港、澳地区“六合彩”、赌球、买外围码等“私彩”的影响很大，保持深圳市单列发行福利彩票的地位，有利于深圳采取灵活、有效的措施打击非法彩票等赌博活动。由于深圳市福利彩票监管到位、市场秩序良好，而且在市场培育和工作创新方面也取得骄人成绩，财政部和中彩中心最后决定维持深圳市单列发行福利彩票的地位，继续发挥深圳在福彩事业的“排头兵”和“试验田”的作用。至此，通过相关职能部门细致的工作，维持了深圳福利彩票现有的相对规范的发行管理模式，保证了全市福利彩票事业健康快速发展。

5. 开展专项检查，纠正违规行为。依法开展财政专项检查，既是财政部门的职责，也是避免和纠正违规行为的有力措施。2002 年，深圳市财政部门对本市社会福利有奖募捐委员会办公室（即深圳市福利彩票发行中心，以下简称市募委办）历年彩票资金的使用进行了检查，检查发现市募委办近年来能依法建账和编制财务会计报表，会计档案管理较为规范，在返奖奖金和彩票公益金使用管理方面的管理制度也较为完善，电脑型福利彩票发行系统安全措施到位，并建立了一套严格的即开型彩票库存管理制度。同时，检查中也发现市募委办存在一些历史问题，这些问题主要集中发生在移交财政部门管理之前。对于在财政检查中发现的问题，市财政部门已下达了整改通知书，要求市募委办及时予以纠正。市募委办正在积极配合落实，部分存在问题已得到有效解决。

二、福利彩票发展概况

1. 健全彩票发行管理制度。市募委办积极学习和贯彻国务院、财政部和民政部在彩票发行领域的各种规范性文件，并按照文件的要求加强福利彩票的发行管理工作，重点是抓好各项规章制度的落实。2002 年是实行事业单位会计制度的第一年，发行中心通过与财政部门的紧密配合，在较短时间内，将新的财务制度全面准确实施到位。同时，市募委办还建立一套加强彩票销售安全的管理制度，并定期做好彩票的查账、清点工作，确保做到账实相符，保证彩票市场按公平、公开和透明的要求进行规范运作。

2. 升级彩票发行管理系统。市募委办积极建设具有深圳特色的热线发行管理系统，深化彩票发行管理系统的技术改造和技术更新，2002 年对电脑福利彩票发行管理系统进行全面升级改造，把运行了 9 年的非热线、准热线发行管理系统升级改造成热线发行管理系统。深圳市发挥各方面的优势，成功地引进了国外进口的设备，并与国产化的设备相配套，大量采用自行研制的应用软件，使深圳市电脑福利彩票发行管理系统成为国内几大城市使用的彩票热线发行管理系统专用设备中性能价格比最优的系统设备。2002 年，深圳投资4 500万元人民币建成的福利彩票热线发行管理系统，数据处理能力为 1 秒钟内可完成4 000万元销售数据摇奖，终端机装机能力1 000台以上，并可以实现多种玩法同机同时进行，为进一步增加深圳福利彩票的销售量提供了强大的技术保障。

3. 2002 年福利彩票发行情况和成效。2002 年，深圳市福利彩票发行中心只发行一种电脑福利彩票 35 选 7，每周开奖两次，逢周一、四 20

点 08 分在深圳电视台第八频道现场直播电脑福利彩票开奖实况；全市投注站同时销售网点即开型票。2002 年初，全市设立电脑福利彩票投注站 160 个，期发行销售额 231.79 万元；12 月底全市共设立投注站 193 个，期发行销售额1 618.36万元。投注站增长了 20%，投注额上升了近 7 倍。2002 年共发行和销售福利彩票 36 784.76万元，其中电脑型福利彩票36 060.10万元，即开型福利彩票 724.66 万元。计提奖金18 396.12万元（其中“双喜临门”彩票中奖奖金 37.14 万元上缴中彩中心，在应付账款反映），公益金上缴财政的比例为 35%，共计12 874.67万元，发行经费计提比例为 15%，共计5 513.97万元(其中上缴中彩中心 381.33 万元,上缴本级财政3 239.96万元,内扣代销费1 892.68万元)。随着深圳市福利彩票发行中心热线发行管理系统的建成投入使用,2002 年全市福利彩票的发行能力明显增强,效率显著提高,安全性有了更大保障。2002 年 12 月份深圳市创造了国内电脑福利彩票前所未有的销售记录——最高单期发行销售彩票收入3 338万元,得到了国家民政部的肯定和表扬,也为继续开拓和发展国内彩票市场奠定扎实稳固的基础。

（深圳市财政局供稿，陈昱宇执笔）

福利彩票发展概况

王简主任

深圳市 2002 年发行和销售福利彩票 3.68 亿元，其中电脑型福利彩票 3.61 亿元，即开型福利彩票 724.66 万元。公益金上缴财政的比例为 35%，共计上缴 1.29 亿元。发行经费计提比例为 15%，其中上缴中国福利彩票发行管理中心 381.26 万元，上缴本级财政3 239.27万元，内扣代销费 189.27 万元（另有6 883元在待收财政专户款中反映），共计 5 513.83万元。

2002 年深圳市福利彩票发行中心主要抓了五个方面的管理工作。一是贯彻落实《国务院关于进一步规范彩票管理的通知》及《财政部关于印发〈彩票发行与销售管理暂行规定〉的通知》。二是贯彻落实财政部《彩票发行与销售机构财务管理办法》，认真执行《事业单位会计制度》。三是抓好对深圳市福利彩票发行中心的财务检查。四是对社会公益金的规范使用。五是落实对公益金和发行经费的收支两条线财政专户管理。

2002年，配合国家对彩票管理政策的调整，深圳市福彩中心进一步规范了福利彩票的发行管理细则，电脑软件也做了相应的修改。彩票资金执行新的分配办法，从2002年1月1日起调整为奖金占50%（其中调节基金1%，当期奖金49%），公益金占35%，发行经费占15%。在彩票发行管理上，严格依照财政部《彩票发行与销售管理暂行规定》实施管理，例如，按规定自当年5月15日起停止了“保底奖金”，依照深圳市财政局的有关文件用调节基金设立特别奖金和管理使用调节基金。

深圳市财政局综合处与深圳市福彩中心经常互访，正确处理监管与被监管的关系，因此，在财务检查中出现的一些问题能得到及时整改。2002年对公益金和发行经费全面执行“收支两条线”管理。公益金和发行经费实施了财政专户管理，由市财政局根据市使用公益金项目评审委员会的《会议纪要》，按照福利项目的建设进度拨款；发行经费由市福彩中心编报预算，经财政局审批后按计划拨付给市福彩中心。

2002年深圳市福利彩票发行工作重点抓了两个方面。一是在彩票发行领域全面贯彻执行国务院和财政部的有关文件精神，重点是抓好各项规章制度的落实。例如，2002年是福彩发行机构由实行企业单位会计制度改为实行事业单位会计制度的第一年，市福彩中心与财政部门紧密配合，保证了在较短时间内使新的财务制度全面准确实施到位。二是建设具有深圳特色的热线发行管理系统，深化彩票发行管理系统的技术改造和技术更新。2002年市福彩中心抓紧落实对电脑福利彩票发行管理系统的全面升级改造工程，把运行了9年的非热线、准热线发行管理系统升级改造成热线发行管理系统。工程中发挥各方面的优势，成功地采用了国外进口的设备，并大量采用了自行研制的应用软件。改造后的深圳市电脑福利彩票发行管理系统成为目前国内几大城市的彩票热线发行管理系统专用设备中性能价格比最优的一个。投资4 500万元建成的这一福利彩票热线发行管理系统，使后台数据处理能力为1秒钟内完成4 000万元销售数据摇奖，终端机装机能力1 000台以上，并实现了多种玩法同机同时进行。

2002年初，全市设立电脑福利彩票投注站160个，期发行销售额231.79万元，到12月底，全市共设立投注站193个，期发行销售量1 618.36万元，投注站增长了20%，投注额上升了近7倍。12月份深圳市创造了国内电脑福利彩票前所未有的销售记录——期发行3 338万元。显著的成绩得到了民政部的肯定和表扬。

（深圳市福利彩票发行中心供稿）

四、彩票游戏规则

2003

福利彩票游戏规则

2002年发行的福利彩票主要有即开型和电脑型两个品种。

即开型福利彩票

即开型彩票，全称为“即开即兑型彩票”。购票者可在一个销售点一次完成购票、对奖和兑奖全过程。即开型彩票有三个特点：一是玩法简单，趣味性强，即开即兑，销售节奏快；二是设奖灵活，操作简便，市场广阔；三是印制精美，收藏价值高。

即开型福利彩票，按印制工艺和票面对奖的形式分，主要有揭开式、撕开式、刮开式三种。已发行过的即开型福利彩票的面值有1元、2元、3元、5元四种。2002年销售的全部是刮开式彩票。

规模销售方式

规模销售亦称大奖组销售方式，是指在一个销售点或一个较小的地域内，集中较大量的彩票，通过较大规模的宣传，在较短的时间内(一般一周左右)突击销售。这种销售方式要求组织者具有较高的组织、协调能力。同时，需要当地政府和有关部门的大力支持和密切配合。2002年销售的即开票绝大多数是以这种方式完成的。

分散销售方式

分散销售亦称网点销售，是指在较大范围内(大、中以上城市)建立广泛的销售网络，通过网络进行销售。它要求有固定的销售网点、统一的销售标识、统一的宣传和统一的管理。2002年，全国共有26个省市销售了网点即开票，建立销售网点约3万个，销售网点即开票约1.5亿元。

电脑福利彩票

电脑福利彩票采用计算机网络系统发行销售，定期开奖。实行自愿购买，凡购票者均被视为同意遵守中国福利彩票发行管理中心指定的有关规则。彩票不记名，不挂失，不流通，不返还本金，不计付利息，不得向未满 18 周岁者出售或支付中奖奖金。

电脑福利彩票的返奖奖金不低于销售总额的 50%。彩票销售机构可以从返奖奖金中提取调节基金。调节基金由几部分组成，按不高于彩票销售总额 2%的比例提取的资金、浮动奖金取整后的余额、弃奖收入及逾期未退票的票款收入。调节基金专项用于该品种彩票不可预见情况下的奖金风险、调节浮动奖奖金或设立特别奖。按不同品种彩票设置的调节基金，必须全部用于相应品种彩票的返奖，不得相互挤占或挪作他用。当调节基金超过 200 万元时，超出部分可用于调节浮动奖奖金或设立特别奖；当调节基金累计达到3 000万元时，销售机构应及时将超出部分用于调节浮动奖奖金或设置特别奖。

电脑福利彩票的设奖分为低奖等和高奖等。低奖等采用固定设奖，高奖等采用比例浮动设奖。当期可用奖金减去低奖等奖金后的余额为高奖等奖金。电脑票设置奖池，奖池基金由未中出的浮动奖奖金及超出头等奖单注封顶限额部分的奖金组成。奖池基金与当期返还奖金中用于头等奖的部分及调节基金转入部分合并用于颁发头等奖奖金。在头等奖达到一定数额或连续多期未中出时，可按适当比例将头等奖累积额分配给其他高等奖使用。

单注奖金最高限额实行上限封顶，最高不得超过 500 万元人民币。超过部分进入奖池基金。特别奖单注奖金限额与高奖等单注奖金最高限额相同。当期高奖等的单注奖额在未达封顶限额时，应高于下一奖等单注奖额，当期可用奖金不足部分由调节基金补足。

电脑彩票通过摇奖器确定中奖号码，开奖使用中国福利彩票发行管理中心指定的专用摇奖器。开奖过程应公开进行，并由公证机关现场进行公证。摇奖前，将当期投注的全部数据刻入不可改写的光盘。摇奖后，以光盘记录的数据为准进行开奖处理。

开奖设备必须处于彩票发行或销售机构的直接管理和控制之下，存放地点要有相应的安全管理措施，并配备两名以上的专门管理人员。每次开奖前，必须在公证人员的直接监督下，对开奖设备进行一次检查和启动测试。销售机构在每期开奖后，将当期销售总额、中奖号码、各奖等中奖情况，通过新闻媒体向社会及时公布，并在各投注站张贴开奖公告。同时还应公布奖池基金数额，调节基金数额和拟从调节基金中调入奖池基金的奖金额。公布的奖池基金数额不得包括预计的奖金额。

高奖等中奖者按各奖等的中奖注数均分该奖等的奖金，低奖等中奖者按各奖等的单注固定奖额获得奖金。当期每注投注号码只有一次中奖机会,不能兼中兼得,另行设奖的除外。

兑奖当期有效。每期开奖后的兑奖期不得少于30天,逾期未兑奖者视为弃奖,弃奖奖金进入奖池。中奖彩票是兑奖凭证,因玷污、损坏等原因不能正确识别的,不能兑奖。

高奖等中奖者,须持中奖彩票和本人有效身份证件,在兑奖期限内到承销机构指定地点验证登记和兑奖。低奖等中奖者,在准热线条件下,持中奖彩票到原购票的投注站兑奖;在热线条件下,持中奖彩票在各投注站通兑。

中奖者须依法缴纳个人所得税。

凡伪造、涂改中奖彩票冒领奖金者,送交司法机关追究法律责任。

电脑福利彩票分乐透型和数字型两种。

乐透型

乐透型彩票采用组合式玩法,即从M个数字号码中选择N个号码进行投注,一组N个号码的组合称为一注。每注金额不超过5元。

乐透型彩票按期销售,期号以开奖日界定,按日历年度编排。不同奖池的彩票期号分别排序。

投注方式可分为投注站投注和电话投注等;投注方法可分为自选号码投注和机选号码投注,当期投注和多期投注,单式投注、复式投注和基数组合投注(亦称胆拖投注)等。自选号码投注即将投注者选定的号码输入投注机确定,机选号码投注即投注号码由投注机随机产生确定。

在乐透型彩票上可扩展为“超级乐透”游戏。其一般形式是将投注号码分为两个区域,即基本号码和超级号码投注区,根据游戏规模确定区域大小和投注号码(基本号码+超级号码)的取值。此种游戏适用于规模大的彩池。

乐透型彩票根据投注号码与中奖号码相符个数的多少确定中奖资格。

数字型

数字型彩票是以一组自然数为投注号码的彩票。3位自然数(000—999)或4位自然数(0000—9999)可直接作为投注号码,分别称作“数字3”和“数字4”。一组5位自然数(00000—99999)或6位自然数(000000—999999)构成10万或100万的基本奖组,该号码称基本号码,通过设定1位特别号码(0—9)组成若干个10万或100万的奖组。特别号码在基本号码后,与基本号码不形成排列关系,根据特别号码的取值决定奖组规模,这两种游戏分别称为“数字5”和“数字6”。

数字型彩票每注金额不超过2元,按期销售,期号以开奖次序界定,按日历年度编排。不同奖池的彩票期号分别排序。

数字型彩票的投注方式为投注站

投注；投注方法为当期投注和多期投注，自选号码投注和机选号码投注，单选投注、复选投注和组选投注。当期投注是指只购买当期彩票。多期投注是指购买从当期起连续若干期的彩票。

单选投注、复选投注和组选投注只限于“数字3”和“数字4”游戏。单选投注是将一组投注号码以唯一的排列方式进行单注投注；复选投注是将一组投注号码的所有排列方式均作为一注投注号码进行的多注投注；组选投注是将投注号码的所有排列方式只作为一注投注号码进行的单注投注。对“数字3”组选投注时：如果一注投注号码的3个数字各不相同，则有6种不同的排列方式，因而就有6个中奖机会，这种投注方式简称为“组选6”；如果一注投注号码中有2个数字相同，则有3种不同的排列方式，因而就有3个中奖机会，这种投注方式简称为“组选3”；对“数字4”组选投注时：如果一注投注号码的4个数字各不相同，则有24种不同的排列方式，因而就有24个中奖机会，这种投注方式简称为“组选24”；如果一注投注号码中有2个数字相同，则有12种不同的排列方式，因而就有12个中奖机会，这种投注方式简称为“组选12”；如果一注投注号码中两两数字相同，则有6种不同的排列方式，因而就有6个中奖机会，这种投注方式简称为“组选6”；如果一注投注号码中有3个数字相同，则有4种不同的排列方式，因而就有4个中奖机会，这种投注方式简称为“组选4”。

彩票销售机构可以从返奖奖金中提取调节基金，调节基金按不高于彩票销售总额3%的比例提取，专项用于该品种彩票不可预见情况下的奖金风险、调节奖金结构和设置特别奖。

“数字型彩票”可采用固定设奖，“数字3”游戏和“数字4”游戏一般采用这种方式；“数字型”彩票也可采用固定设奖加浮动设奖。当期可用奖金减去固定奖奖金后的余额为浮动奖奖金，“数字5”、“数字6”游戏一般采用这种方式。

“数字3”、“数字4”游戏可采用两种固定设奖方式。第一种方式：采用一组中奖号码，“数字3”设置三个奖等，单选投注和复选投注中一等奖，“组选3”中二等奖，“组选6”中三等奖；“数字4”设置五个奖等，单选投注和复选投注中一等奖，“组选4”中二等奖，“组选6”中三等奖，“组选12”中四等奖，“组选24”中五等奖。第二种方式：采用若干组中奖号码，对应不同的中奖奖等，一般设置3—5个奖等，各奖等奖金额在《实施细则》中规定，报中国福利彩票发行管理中心批准。

“数字型彩票”设置奖池。“数字

3”和“数字4”游戏的奖池基金由设奖奖金兑付余额、弃奖奖金及逾期未退票款构成。奖池用于调整奖金结构，补充支付各期中奖奖金缺额、偿还由发行费垫付的奖金数额及设置特别奖。当期中出奖金未达设奖金额时，奖金兑付余额进入奖池；当期中出奖金超出设奖金额时，差额由奖池补充。若奖池总额不够时，可暂由发行费垫付。

“数字3”和“数字4”的任一投注号码均设置投注限额,不论单选、组选或复选投注,超过这个限额,投注机显示“该号码本期销售截止”,不再接受投注。投注限额由各销售机构视当地市场规模情况设定和调整,并报中国福利彩票发行管理中心批准。

根据市场情况，“数字3”和“数字4”游戏也可采用固定设奖加浮动设奖方式。

“数字3”、“数字4”游戏中单选投注和复选投注的号码与中奖号码按位数完全相同，即中所设定奖等。组选投注号码与中奖号码按位数或不按位数相同，均中所设奖等。

“数字5”、“数字6”游戏根据投注号码与中奖号码按位数连续相符个数的多少确定中奖资格。浮动奖中奖者按各奖等的中奖注数均分该奖等的奖金，固定奖中奖者按各奖等的单注固定奖额获得奖金。

“数字型彩票”不同奖等出现相同中奖号码时可兼中兼得。不同的中奖号码,组选投注不能兼中兼得。其余情况每注投注号码只有一次中奖机会,不能兼中兼得,另行设奖的除外。

（中国福利彩票发行管理中心供稿）

体育彩票游戏规则

即开型体育彩票

即开型彩票，全称为“即开即兑型彩票”。购票者可在一个销售点一次完成购票、抽奖和兑奖全过程。即开型彩票有三个特点：一是玩法简单，趣味性强，即开即兑，销售节奏快；二是设奖灵活，操作简便，市场广阔；三是印制精美，文化品位高，收藏价值高。即开型体育彩票，按印制工艺和票面对奖的形式分揭开式、撕开式、刮开式三种。已发行过的即开型体育彩票的面值有 1 元、2 元、5 元、10 元等种类。

即开型体育彩票主要销售方式有四种。

大规模集中销售，实物返奖

1998 年以前，即开型彩票大规模销售是即开型体育彩票的主流销售形式。它最早是 1992 年从江苏宜兴发起的，其特点是时间集中、人员集中，采用大奖组、高奖额、低中奖率的促销方法，有一定的规模效应。这种销售方式一直沿用至今。早期的大规模集中销售是同实物兑奖相结合的，这种销售方式较为适合我国部分群众的文化习惯和心理需要，现场摆放的大量奖品，给人以很强的视觉冲击，容易调动购买欲望，吸引大量人群集中购买。也就是说，它既能满足人们喜欢聚集热闹的心理，又可以给参与者带来娱乐和机遇，还可以体现购买者对体育事业的支持与奉献。

规模销售，现金返奖

中国人民银行在银发［1999］36 号文件中指出："积极创造条件，逐步调整体育彩票兑奖方式。1999 年 7 月 1 日以后，500 元以下的奖级兑奖要全部改为现金兑奖方式；500 元以上的奖级兑奖由中奖者任选现金兑奖或实物兑奖方式"。2000 年财政部在《关于认真做好彩票发行和管理工作的通知》（财综字［2000］17 号）中规定："从 2000 年 4 月 1 日起，福利彩票和体育彩票一律以人民币现金形式兑付奖金，取消实物兑奖"。从此，实物返奖逐渐退出了历史舞台。

分散销售，现金返奖

从 2000 年开始，体育彩票大力推广即开型彩票的分散、常年销售网络，规避大规模集中销售中的风险，降低销售组织成本，将即开型体育彩票的日常销售渗透到每个人的身边。2000 年印制投放了 19 种适合于网点销售的彩票品种，分散在全国约 5 万个销售网点。这种销售方式的基本要求是，固定销售地点，统一销售标识，统一宣传方式，统一管理标准。目前，此种方式正在成为即开型体育彩票的主要销售方式。

全国同时统一发行、专项印制，为专项体育竞赛而发行的即开型体育彩票

在 2002 年，借鉴足球彩票发行的成功经验，国家体育总局体育彩票管理中心精心设计开发了在全国统一设奖、统一宣传、统一印制、统一组织、统一时间、分散销售、全国通兑的"2002 世界杯十六强大比拼"即开型体育彩票。该彩票采用意大利的玩法，以 2002 年韩日世界杯比赛前 16 名队伍的实际比赛成绩作为开奖结果，购买者以所购得彩票中预设的结果与实际比赛结果相同和部分相同为中奖，彩票共设 10 个奖级，最高奖金 200 万元。“16 强大比拼即开型彩票”分“套票”和“散票”两种，“散票”每张 10 元，“套票”每套 6 张 60 元。这种玩法对于国内即开型体育彩票来讲属于首次，它设计独特，印制精美，包含了足球竞赛知识和彩票文化，具有知识性、观赏性、收藏性。

传统型电脑体育彩票

传统型（也称“乐透型”）电脑体育彩票，采用计算机网络系统发行销售，定期开奖。实行自愿购买，凡购票者均被视为同意遵守相关彩票规则。彩票不记名，不挂失，不流通，不返还本金，不计付利息。

按照国家有关规定，传统型电脑体育彩票的返奖奖金不低于销售总额的 50%，彩票销售机构可以从返奖奖金中提取调节基金。传统型电脑体育彩票设调节基金，按国家相关规定，调节基金的组成为：按不高于彩票销售总额 2% 的比例提取的资金、浮动奖金取整后的余额、弃奖收入及逾期未退票的票款收入组成。调节基金专项用于该品种彩票不可预见情况下的奖金风险、调节浮动奖奖金或设立特别奖。按不同品种彩票设置的调节基金，必须全部用于相应品种彩票的返奖。当调节基金超过 200 万元时，超出部分可用于调节浮动奖奖金或设立特别奖。

传统型电脑体育彩票的设奖分为浮动奖和固定奖。低奖等采用固定设奖，高奖等采用比例浮动设奖。当期可用奖金减去低奖等奖金后的余额为高奖等奖金。电脑体育彩票设置奖池，奖池基金由未中出的浮动奖奖金及超出头等奖单注封顶限额部分的奖金组成。单注奖金最高限额实行上限封顶，最高不得超过 500 万元人民币。超过部分进入奖池基金。特别奖单注奖金限额与高奖等单注奖金最高限额相同。高奖等中奖者按各奖等的中奖注数均分该奖等的奖金；低奖等中奖者按各奖等的单注固定奖额获得奖金。当期每注投注号码只有一次中奖机会，不能兼中兼得，另行设奖的除外。兑奖当期有效。

每期开奖后的兑奖期不得少于 28 天，逾期未兑奖者视为弃奖，弃奖奖金进入奖池。中奖彩票是兑奖凭证，因玷污、损坏等原因不能正确识别的，不能兑奖。高奖等中奖者，须持中奖彩票和本人有效身份证件，在兑奖期限内到承销机构指定地点验证登记和兑奖。低奖等中奖者持中奖彩票到原购票的投注站兑奖。中奖者须依法缴纳个人所得税。凡伪造、涂改中奖彩票冒领奖金者，送交司法机关追究法律责任。

传统型电脑体育彩票采用摇奖器确定中奖号码，开奖过程公开进行，并由公证机关现场进行公证。开奖全过程必须处于彩票发行或销售机构的直接管理和控制之下，每次开奖前，必须在公证人员的直接监督下，对开奖设备进行一次检查和启动测试。销售机构在每期开奖后，将当期销售总额、中奖号码、各奖等中奖情况，通过新闻媒体及时向社会公告，并在各投注站张贴开奖公告。

传统型电脑体育彩票分为数字型和项目型两种。

数字型

这是以一组自然数为投注号码的彩票。5位自然数(00000—99999)或6位自然数(000000—999999)构成10万或100万以上的基本奖组，该号码称基本号码，通过设定1位特别号码(0—9)组成若干个10万或100万的奖组。特别号码在基本号码后，与基本号码不形成排列关系，根据特别号码的取值决定奖组规模，这种游戏分别称为“5+1”和“6+1”。每注彩票金额为2元，按期销售，期号以开奖次序界定，按日历年度编排。不同奖池的彩票期号分别排序。

项目型（也称组合式“M选N”）

此种玩法即从M个数字号码中选择N个号码进行投注，一组N个号码的组合称为一注(简称“M选N”)。投注方法可分为自选号码投注和机选号码投注，还可分单式投注、复式投注和基数组合投注(亦称胆拖投注)等。自选号码投注即将投注者选定的号码输入投注机确定，机选号码投注即投注号码由投注机随机产生确定。

足 球 彩 票

自2001年10月22日起，国家体育总局体育彩票管理中心开始发行足球彩票，目前为一种玩法，取名“足球胜负”彩票。

足球胜负彩票以国家体育总局体育彩票管理中心（以下简称总局彩票中心）选定的足球比赛为游戏媒介，由购票人预测每一轮次指定的13场比赛的胜平负结果。所选足球联赛的每一轮次，为足球胜负彩票的一个发行周期，并在每一轮次比赛开始前销售。在每一轮次比赛中，每一场比赛的胜平负共有3种预测结果：

（一）“3”：主队胜，客队负；

（二）“1”：主队与客队平；

（三）“0”：主队负，客队胜。

购票人在投注时，可以在每一场比赛的3种预测结果中，任意选择1种或1种以上（复式投注）预测结果。购票人投注时，必须对指定的全部13场比赛的结果作出预测选择，方构成有效投注。购票人所选择的全部13场比赛的每一种预测结果的组合，即构成一注。若购票人对其中某些场次的预测结果做出2种（含）以上的选择，即构成复式投注，则按数学组合计算其投注数量。足球胜负彩票每注2元。

购票人可以直接在体育彩票电脑销售终端口授预测结果投注、随机投注，也可利用足球彩票销售终端提供的投注单辅助投注。购票人的实际预测结果，以销售终端出具的兑奖彩票记录为准。

足球胜负彩票采取全国联网销售、统一彩池的计奖方式，以购票人预测的胜平负结果与对应的实际比赛结果相符的数量，确定其中奖与否以及中奖等级。具体奖级设置如下：

一等奖　猜中全部13场比赛的胜平负结果；

二等奖　猜中其中12场比赛的胜平负结果。

2003—2004赛季增加三等奖，即猜中其中11场比赛的胜平负结果。

足球彩票提取奖金总额的2%作为奖金调节基金，并确定一、二、三等奖均为浮动奖级。奖金数额划分办法：

2001—2002赛季、2002—2003赛季，一等奖为当期总奖金额的50%；二等奖为当期总奖金额的50%。一、二等奖均按照中该等奖级的投注数量平均分配。2003—2004赛季增加三等奖，一、二、三等奖奖池金额分配比例调整为：48%、42%、10%。根据国家有关规定，足球胜负彩票单注最高奖金封顶为500万元。中奖金额1 000元（含）以下的，在其原购票的销售终端兑付；中奖金额1 000元以上的，由各地方彩票中心指定地点兑付，并须出示身份证明进行登记。足球彩票中奖公告、重大事项通告，在国家体育总局体育彩票管理中心及地方彩票中心指定的报刊上登载，并在足球彩票销售终端予以公布，足球彩票发行人不再承担直接通知购票人的责任，购票人须自行知晓。

（国家体育总局体育彩票管理中心供稿）

2002年全国福利彩票游戏品种一览表

序号	地区	品种		每周开奖次数
1	北京	乐透	组合32选7	3
			组合36选7	2
		数字	000~999全排列	7
		即开型	古典车、热气球、三朵金花、黑桃皇后、招财进宝、迷宫寻金、小猫钓鱼、六六大顺、神秘纸牌、数字游戏、迎接新世纪、三星高照、变幻魔方、动物图形	
2	天津	乐透	组合15选5	5
			组合30选7	2
		即开型	幸运魔方、趣味麻将、三朵金花、生活天地一、喜洋洋-1、小猫钓鱼、动物图形	
3	河北	数字	0000000~9999999	3
		乐透	组合20选5	7
			组合29选7	3
		即开型	古典车、心心相印、丰收的果实、三朵金花、趣味麻将、马术、幸运台球、数字游戏、招财进宝、动物图形、迷宫寻金、喜从天降、恭喜发财、中华风采（普）	
4	山西	乐透	组合21选5	6
			组合35选7	3
		即开型	福禄寿喜、唐马之一、中华风采（名）	
5	内蒙古	乐透	组合21选5	7
			组合35选7	3
		即开型	趣味麻将、同心曲之四、招财进宝	
6	辽宁	乐透	组合25选4+1	7
			组合29选7	3
			组合35选7	3
		即开型	彩蝶、心心相印、趣味麻将、卡通火车、丰收的果实、生活天地二、三朵金花、幸运台球、变幻魔方、数字游戏、和气生财、小猫钓鱼、星光彩2、喜从天降、招财进宝、恭喜发财、动物图形、变魔“数”	
7	吉林	数字	0000000~9999999全排列	3
		乐透	组合21选5	7
			组合30选7	3
		即开型	趣味麻将、丰收的果实、三朵金花、喜从天降、和气生财、变幻魔方、小猫钓鱼、星光彩1、动物图形、恭喜发财	

续表

序号	地区	品种		每周开奖次数
8	黑龙江	数字	000000～999999+0～1 全排列	6
		乐透	组合 22 选 5	6
			组合 36 选 7	3
		即开型	心心相印、卡通火车、动物图形、恭喜发财、变魔“数”	
9	上海	乐透	组合 35 选 7	2
		数字	000～999 全排列	7
			0000～9999 全排列	7
		即开型	上海风采、趣味麻将、黑桃皇后、喜从天降、迎接新世纪、招财进宝、动物图形	
10	江苏	数字	0000000～9999999 全排列	3
		乐透	组合 15 选 5	5
			组合 30 选 7	2
		即开型	古典车、卡通火车、赛马、马术、趣味麻将、迷宫寻金、黑桃皇后、和气生财、招财进宝、幸运台球、数字游戏、动物图形、恭喜发财	
11	浙江	乐透	组合 15 选 5	7
			组合 30 选 7	2
		即开型	心心相印、趣味麻将、赛马、唐马之一、唐马之二、名马、福临门－羊、喜洋洋－1	
12	安徽	乐透	组合 15 选 5	7
			组合 33 选 7	3
		即开型	趣味麻将	
13	福建	乐透	组合 31 选 7	3
			组合 37 选 7	3
		即开型	唐马之一、趣味麻将、唐马之二、福临门－羊、门神报喜、春秋鼎盛、五福同春	
14	江西	乐透	组合 21 选 5	7
			组合 31 选 7	3
		即开型	趣味麻将、彩蝶、喜从天降、招财进宝、甜甜水果	
15	山东	乐透	组合 23 选 5	7
			组合 30 选 7	3
			组合 36 选 7	2
		即开型	古典车、趣味麻将、鞭蝴蝶鱼、星光彩 1、动物图形、喜从天降、水浒人物	

续表

序号	地区	品种		每周开奖次数
16	河南	数字	000000～999999+0～4 全排列	2
		乐透	组合 22 选 5	7
			组合 36 选 7	2
		即开型	福禄寿喜、京城夜景、幸运魔方、三朵金花、热气球、趣味麻将、动物图形、恭喜发财、京剧脸谱	
17	湖北	乐透	组合 22 选 5	7
			组合 32 选 7	3
		即开型	福禄寿喜、趣味麻将、恭喜发财、变魔“数”	
18	湖南	乐透	组合 22 选 5	7
			组合 35 选 7	3
		即开型	趣味麻将、招财进宝	
19	广东	乐透	组合 26 选 5	3
			组合 36 选 7	3
		即开型	福禄寿喜、心心相印、丰收的果实、生活天地二、卡通火车、马术、趣味麻将、名马、福临门－羊、中华风采（名）、星光彩 1	
20	广西	乐透	组合 21 选 5	7
			组合 29 选 7	3
			组合 37 选 7	3
21	海南	数字	000000～999999+0～4 全排列	2
		乐透	组合 15 选 5	2
		即开型	福禄寿喜、九龙壁	
22	重庆	乐透	组合 20 选 5	6
			组合 37 选 7	3
		即开型	三朵金花、招财进宝、星光彩 1、动物图形	
23	四川	乐透	组合 22 选 5	2
			组合 29 选 7	2
		即开型	鞭蝴蝶鱼、生活天地二、丰收的果实、趣味麻将、欢乐彩、恭喜发财	
24	贵州	数字	000000～999999+0～4 全排列	2
		乐透	组合 22 选 5	7
			组合 33 选 7	2
		即开型	热气球	
25	云南	乐透	组合 34 选 7	2
			组合 22 选 5	7
			组合 29 选 7	2
		即开型	动物图形、恭喜发财	

续表

序号	地区	品　　种		每周开奖次数
26	西藏	即开型	珍禽	
27	陕西	乐透	组合 21 选 5	6
			组合 33 选 7	3
		即开型	趣味麻将、星光彩 1、黑桃皇后、数字游戏、和气生财、喜从天降、变幻魔方、动物图形、迎接新世纪	
28	甘肃	乐透	组合 20 选 5	5
		即开型	三朵金花	
30*	宁夏	即开型	鞭蝴蝶鱼、和气生财、招财进宝、幸运台球、宁夏壁画、动物图形、恭喜发财	
31	新疆	乐透	组合 18 选 7	2
			组合 35 选 7	2
		即开型	新疆风光	
32	深圳	乐透	组合 35 选 7	2
		即开型	黑桃皇后、迷宫寻金、星光彩 1	

* 缺少青海的资料。

（中国福利彩票发行管理中心供稿）

2002 年全国电脑体育彩票游戏品种一览表

地区	游戏名称		每周开奖次数
北京	乐透	36 选 7	2
	数字	7 位数	7
		4 项 13 选 1	2
天津	乐透	21 选 5	7
	数字	6 + 1	3
		6 + 0	3
河北	乐透	29 选 7	3
	数字	7 位数	3
辽宁	乐透	35 选 7	3
		21 选 5	7
		29 选 7	3
吉林	乐透	29 选 7	3
	数字	7 位数	2

续表

地区	游戏名称		每周开奖次数
黑龙江	乐透	29 选 7	3
		35 选 7	3
		21 选 5	7
	数字	6＋1	2
上海	乐透	36 选 7	2
		22 选 5	2
		30 选 7	2
江苏	乐透	22 选 5	7
	数字	7 位数	4
		4＋1	7
浙江	乐透	20 选 5	6
		29 选 7	2
	数字	6＋1	2
安徽	乐透	30 选 7	3
		21 选 5	7
	数字	6＋1	3
福建	乐透	36 选 7	3
		31 选 7	4
		22 选 5	7
江西	乐透	30 选 7	3
		20 选 5	7
	数字	6＋1	3
山东	乐透	29 选 7	3
		23 选 5	7
	数字	6＋1	3
河南	乐透	20 选 5	7
	数字	7 位数	2
湖北	乐透	21 选 5	7
		29 选 7	3
	数字	7 位数	3
湖南	乐透	21 选 5	7
		33 选 7	2
	数字	足球 7 位数	1
广东	乐透	36 选 7	3
	数字	7 位数	3

续表

地区	游戏名称		每周开奖次数
广西	乐透	20 选 5	7
		36 选 7	4
	数字	7 位数	3
海南	数字	6 + 1	2
		4 + 1	2
重庆	乐透	30 选 7	3
		15 选 5	5
	数字	6 + 1	2
四川	乐透	4 项 13 选 1	
	数字	7 位数	
贵州	乐透	21 选 5	7
	数字	6 + 1（0 – 9）	2
		6 + 1（0 – 4）	2
西北六省	乐透	22 选 5	3
		30 选 7	3
	数字	6 + 1	2
云南	乐透	30 选 7	2
		21 选 5	6
	数字	6 + 1	2

（国家体育总局体育彩票管理中心供稿）

2002 年全国即开型体育彩票游戏品种一览表*

彩票名称	枚数/套
福寿对联	1
龙凤呈祥	1
乒乓擂台	1
高台之花	1
马年生肖	32
马年生肖	8
少儿体育	10
足球幽默	10
世界杯十六强	6
捉迷藏	1
杂技	10

* 即开型体育彩票由国家体育总局体育彩票管理中心统一印制，全国各地区所销售的即开型体育彩票品种相同。

五、法规和文献

2003

（一）国家彩票管理法规和文献

财政部关于春节期间全国电脑彩票休市的通知

（2002 年 1 月 17 日　财政部　财综［2002］2 号）

中国福利彩票发行中心，中国体育彩票管理中心，各省、自治区、直辖市财政厅（局）：

为使电脑彩票销售系统得到全面维护，提高系统运行的安全性，经研究，决定今年春节期间在全国范围内暂停销售电脑福利彩票和电脑体育彩票。现就有关事项通知如下：

一、自 2002 年 2 月 12 日 0:00 起至 2002 年 2 月 18 日 24:00 止，各级彩票机构停止销售各类电脑彩票。在此期间可按原定时间开奖，但兑奖时间顺延。

二、各级彩票机构要做好电脑彩票春节休市的各项准备工作，重点做好投注点的休市宣传和电脑系统的调整、维护工作，保证休市的顺利进行。

三、电脑彩票休市期间，可以继续销售即开型彩票。各级彩票机构要严格按照有关规章制度做好即开型彩票销售的组织、兑奖等项工作，尤其是大奖组销售的安全保卫工作，防止出现突发性、群体性事件。

四、各级财政部门要加强监督管理，严厉查处违规行为，维护春节期间彩票市场的正常秩序。

关于规范彩票机构月度报表的通知

（2002 年 1 月 25 日　财政部　财办综［2002］2 号）

各省、自治区、直辖市财政厅（局），中国福利彩票发行中心，中国体育彩票管理中心：

为了及时、全面、准确地掌握全国彩票销售以及彩票资金的解缴情况，在总结 2001 年彩票销售月报统计工作的基础上，根据《财政部关于印发〈彩票发行与销售机构财务管理办法〉的通知》（财综［2001］84 号）和《财政部关于彩票发行与销售机构执行〈事业单位会计制度〉有关问题的通知》（财会［2001］63 号）的有关规定，我们对彩票机构月度报表作了相应的修改和完善，现将有关事项通知如下：

一、从 2002 年 1 月份起，各省级财政厅（局）、中央级彩票机构应分别按本通知附件一、附件二的报表格式上报彩票机构月度汇总报表。

二、各级彩票机构应按期对彩票发行销售情况进行财务结算，销售期以彩票销售结束日所在月份确定。月度终了，财务部门应将财务结算销售数与销售业务部门的统计数进行认真核对，保证财务销售数据同业务部门销售统计数据一致，编制本级彩票机构月度报表，并将本级月度报表和经审核过的所属下级彩票机构月度报表汇总后上报同级财政部门和上级彩票机构。

三、各省级财政厅（局）和中央级彩票机构应在认真审核的基础上根据不重、不漏的原则，汇总上报本地区或本系统彩票机构月度报表，确保汇总数据的真实和完整。

四、有关项目口径

（一）“本月销售额”按“彩票销售结算”科目本月贷方发生额填列；“本年销售额”按“彩票销售结算”科目贷方累计发生额填列。

（二）“彩票机构应缴财政资金清算表”中项目按以下要求填列。

1．“年初未缴财政资金”项目，根据“应缴财政专户款”和“待收财政专户款”科目年初余额合计填列。其中，“年初应缴财政专户款”根据“应缴财政专户款”科目年初余额填列；

2. “应缴财政专户款”项目，根据“应缴财政专户款——公益金、发行经费”科目贷方累计发生额填列；

3. “待收财政专户款”项目，根据“待收财政专户款——公益金、发行经费”科目贷方、借方累计发生额的差额填列；

4. “已缴财政专户款”项目，根据本年“应缴财政专户款——公益金、发行经费”科目借方累计发生额填列；

5. “期末未缴财政资金”项目，根据“应缴财政专户款”、“待收财政专户款”科目期末贷方余额合计填列；

6. “期末应缴财政专户款”项目，根据“应缴财政专户款”科目期末贷方余额填列。

（三）“即开型彩票领用、结存情况月度报表”根据“库存彩票”辅助账的数量记录乘以面值填列。其中“领票额”和“调拨额”栏，分别根据本级从上级彩票机构领票额和向下级彩票机构调票额填列；“销售额”栏，根据本级销售数量填列，该栏数字与“彩票销售额月度报表”和“彩票机构销售、兑奖情况月度报表”中相关的销售额对应。彩票机构在汇总时，应将本级机构调拨额与下级机构领票额相互冲抵，汇总后的调拨额为零。

五、其他需要进一步明确的事项

（一）省级财政和中央级彩票机构应在每月15日之前，将上月报表完整报送财政部。为了便于财政部及时汇总月报数据，各单位在报表填报完成后，请先传真一份，传真号码为：010－68551585（可自动接收）。

（二）报表必须注明填报单位并由填报经办人和单位负责人签字或签章，并加盖单位公章。

（三）报表数字单位为万元，小数点后保留两位数字，第三位数字四舍五入。在汇总及累计时，请注意以汇总数、累计数为准的数字微调。

附件：

一、彩票机构月度汇总报表（财政系统）

二、彩票机构月度汇总报表（两中心系统）

附件一

______省（自治区、直辖市）

彩票机构月度汇总报表

（　月份）

编制单位：　　　　　　　　　　单位负责人：

填　报　人：　　　　　　　　　填报时间：200　年　月

表一

彩票销售额月度报表

（200　年　月）

编制单位：　　　　　　　　　　　　　　　　　　　　　　　　　　金额单位：万元

项目＼类型		福利彩票	体育彩票	合　计
本月发生	本月销售额			
	其中：电脑型			
	即开型			
本年累计	本年销售额			
	其中：电脑型			
	即开型			

表二

应缴财政资金清算表

（200　年　月）

编制单位：　　　　　　　　　　　　　　　　　　　　　　　　金额单位：万元

类型 项目	栏次	汇总			福利彩票机构			体育彩票机构		
		小计	公益金	发行经费	小计	公益金	发行经费	小计	公益金	发行经费
一、年初未缴财政资金	1									
其中：年初应缴财政专户款	2									
加：应缴财政专户款	3									
待收财政专户款	4									
减：已缴财政专户款	5									
二、期末未缴财政资金	6									
其中：期末应缴财政专户款	7									

注：6栏 = 1栏 + 3栏 + 4栏 − 5栏

7栏 = 2栏 + 3栏 − 5栏

表三

即开型彩票领用、结存情况月度报表

（200　年　月）

编制单位：　　　　　　　　　　　　　　　　　　　　　　　　　　　　金额单位：万元

项目／类型	月初库存额	本月发生				年初库存额	本年累计				期末库存额
		领票额	调拨额	销售额	核销额		领票额	调拨额	销售额	核销额	
栏次	1	2	3	4	5	6	7	8	9	10	11
福利彩票											
体育彩票											
合计											

注：11栏 = 1栏 + 2栏 - 3栏 - 4栏 - 5栏
　　　= 6栏 + 7栏 - 8栏 - 9栏 - 10栏

表四

________彩票机构销售、兑奖情况月度报表

（200　年　月）

编制单位：　　　　　　　　　　　　　　　　　　　　　　　　金额单位：万元

类型	品种	期　次	销售额	中奖额	兑奖额
电脑型		第　期			×
		第　期			
		第　期			
		第　期			
		第　期			
		第　期			
		第　期			
		第　期			
		第　期			
		本月小计			
		第　期			×
		第　期			
		第　期			
		第　期			
		第　期			
		第　期			
		第　期			
		第　期			
		第　期			
		本月小计			
		第　期			×
		第　期			
		第　期			
		第　期			
		第　期			
		第　期			
		第　期			
		第　期			
		第　期			
		本月小计			
	本月合计				
	本年累计				
即开型	本月合计				
	本年累计				
本月销售合计					
本年销售累计					
电脑型彩票销售终端数量		本月数量（台）		其中：本月增加数量（台）	

附件二

中国______________________中心

彩票机构月度汇总报表

（　　月份）

编制单位：　　　　　　　　　　单位负责人：

填 报 人：　　　　　　　　　　填报时间：200　年　月

表一

彩票销售额月度报表

填报单位：　　　　　　　　（200　年　月）　　　　　　　　金额单位：万元

序号	地区	本月销售额			本年累计销售额								
		合计	电脑型	即开型	合计	电脑型							即开型
						小计	其中						
							M 选 N 组合	数字型 6+1	四花选四	足球彩票	其他		
1	北京												
2	天津												
3	河北												
4	内蒙古												
5	山东												
6	黑龙江												
7	吉林												
8	辽宁												
9	河南												
10	山西												
11	陕西												
12	甘肃												
13	青海												
14	宁夏												
15	新疆												
16	四川												
17	西藏												
18	重庆												
19	贵州												
20	云南												
21	上海												
22	江苏												
23	浙江												
24	安徽												
25	江西												
26	湖北												
27	湖南												
28	福建												
29	广东												
30	广西												
31	海南												
合计													

表二

应缴财政资金清算表

（200　年　月）

填报单位：　　　　　　　　　　　　　　　　　　　　　　　　　　　　金额单位：万元

序号	地区	年初未缴财政资金		年初应缴财政专户款		应缴财政专户款		待收财政专户款		已缴财政专户款		期末未缴财政资金		期末应缴财政专户款	
		公益金	发行经费	公益金	发行经费	公益金	发行经费	公益金	发行经费	公益金	发行经费	公益金	发行经费	公益金	发行经费
	栏次	1	2	3	4	5	6	7	8	9	10	11	12	13	14
1	北京														
2	天津														
3	河北														
4	内蒙古														
5	山东														
6	黑龙江														
7	吉林														
8	辽宁														
9	河南														
10	山西														
11	陕西														
12	甘肃														
13	青海														
14	宁夏														
15	新疆														
16	四川														
17	西藏														
18	重庆														
19	贵州														
20	云南														
21	上海														
22	江苏														
23	浙江														
24	安徽														
25	江西														
26	湖北														
27	湖南														
28	福建														
29	广东														
30	广西														
31	海南														
小计															
中彩中心															
合计															

注：11栏 = 1栏 + 5栏 + 7栏 − 9栏　　　12栏 = 2栏 + 6栏 + 8栏 − 10栏

13栏 = 3栏 + 5栏 − 9栏　　　14栏 = 4栏 + 6栏 − 10栏

表三

即开型彩票领用、结存情况月度报表

填报单位：　　　　（200　年　月）　　　　金额单位：万元

序号	地区	月初库存额	本月情况				年初库存额	本年累计情况				期末库存额
			领票额	调拨额	销售额	核销额		领票额	调拨额	销售额	核销额	
	栏次	1	2	3	4	5	6	7	8	9	10	11
1	北　京											
2	天　津											
3	河　北											
4	内蒙古											
5	山　东											
6	黑龙江											
7	吉　林											
8	辽　宁											
9	河　南											
10	山　西											
11	陕　西											
12	甘　肃											
13	青　海											
14	宁　夏											
15	新　疆											
16	四　川											
17	西　藏											
18	重　庆											
19	贵　州											
20	云　南											
21	上　海											
22	江　苏											
23	浙　江											
24	安　徽											
25	江　西											
26	湖　北											
27	湖　南											
28	福　建											
29	广　东											
30	广　西											
31	海　南											
小　计												
中彩中心												
合　计												

注：11栏=1栏+2栏-3栏-4栏-5栏

=6栏+7栏-8栏-9栏-10栏

财政部关于制止对纳入财政专户管理的彩票资金征收调节费的通知

（2002 年 2 月 9 日　财政部　财综［2002］8 号）

各省、自治区、直辖市、计划单列市财政厅（局）：

最近，国家彩票发行机构向财政部反映，一些地方政府以政府调节基金、山区发展基金、城市住房基金、省长基金等各种名目，对纳入财政专户管理的彩票资金征收调节费。这种做法明显违反了国家彩票资金管理的有关规定，必须立即加以纠正。现就有关事项通知如下：

《国务院关于进一步规范彩票管理的通知》（国发［2001］35 号）明确规定，“彩票公益金和发行费用必须纳入财政专户，支出应符合彩票发行与销售机构财务管理制度和彩票公益金管理制度。彩票公益金不得用于平衡预算。”《财政部关于印发〈彩票发行与销售机构财务管理办法〉的通知》（财综［2001］84 号）中第七条规定：“彩票公益金和发行经费缴入财政专户，按收支两条线原则进行管理，专款专用”。对纳入财政专户管理的彩票资金征收调节费等做法，违反了国务院和财政部的上述规定，严重干扰了彩票资金的监督和管理，扰乱了彩票市场的正常分配秩序。为维护彩票资金管理制度的严肃性，促进彩票事业的健康发展，财政部重申：对纳入财政专户管理的彩票资金，任何地方和部门无权改变资金用途，不得征收任何名目的调节费。各级财政部门必须严格执行国务院和财政部的有关规定，确保彩票资金专款专用。

财政部关于同意在北京等26个地区发行足球彩票的函

（2002年2月10日　财政部　财综［2002］10号）

国家体育总局：

你局《关于申请扩大足球彩票试点发行地区的函》（体彩字［2001］608号）收悉，经研究，函复如下：

一、同意将足球彩票发行范围从已试点发行的北京等12个省市，扩大到河北、山西、吉林、黑龙江、安徽、江西、河南、湖南、广西、海南、云南、贵州、陕西、甘肃等14个省（自治区），并将试点发行改为正式发行。

二、请严格按照财政部批准实行的游戏规则及管理办法，在确保安全的前提下，稳步扩大发行范围，可以采取成熟一个发展一个的方式，分期分批推进扩大发行范围的工作。

三、坚持正确的舆论导向，彩票机构不得散发中奖预测，对投入大量资金进行复式投注的行为要给予提醒和劝告，防止出现过激投注行为。

四、扩大发行地区的体育彩票机构，要主动与当地财政部门配合，做好本地区足球彩票销售工作，在正式销售前一周，将足球彩票的广告、宣传及销售方案，报送当地省级财政部门审核备案。

附件：

一、中国足球彩票发行与销售管理办法

二、足球胜负彩票游戏规则

三、足球进球彩票游戏规则

四、足球比分彩票游戏规则

附件一

中国足球彩票发行与销售管理办法

第一章 总 则

第一条 为了加强对足球彩票的发行与销售管理，保障公民公开、公正、公平参与足球彩票活动的权利，根据国家有关规定，制定本办法。

第二条 足球彩票是以足球比赛为彩票游戏媒介，由购票者预测比赛结果，并以实际比赛结果为彩票兑奖依据的一种体育彩票。

第三条 本办法适用于在中华人民共和国境内从事的足球彩票活动及参与活动的组织和个人。

第四条 国家体育总局授权国家体育总局体育彩票管理中心负责全国足球彩票的组织管理工作。

第二章 组织机构

第五条 国家体育总局体育彩票管理中心（以下简称总局彩票中心）负责拟定足球彩票的发行区域、销售方式、游戏方法及规则，经国家体育总局审核并报财政部批准后实施。

第六条 拟销售足球彩票的省、自治区、直辖市，由省、自治区、直辖市体育局所属体育彩票管理中心（以下简称地方彩票中心）向总局彩票中心提出申请，并由总局彩票中心统一汇总报财政部审核批准。

第七条 经批准销售足球彩票的地方彩票中心，在总局彩票中心的直接领导下，负责对本地区的足球彩票销售活动实施具体管理。

地方彩票中心根据足球彩票销售业务需要，可在本地区设立若干直属分支机构，为特定区域内的销售终端提供管理和技术服务。

第八条 总局彩票中心根据足球彩票发行的需要，可以对地方彩票中心直接进行业务监督、市场调控和技术管理。

第三章 发行管理

第九条 足球彩票由总局彩票中心统一发行。

第十条 足球彩票以总局彩票中心选定的足球比赛为发行媒介，每一轮次比赛为一个发行周期。

第十一条 每期足球彩票发行的开始时间和截止时间由总局彩票中心根据足球比赛赛程安排确定。

第十二条 每场比赛的结果，以当值主裁判在比赛结束时的判决结果为准。本实施办法特别规定除外。

第十三条 在每期足球彩票发行过程中，如遇以下情形发生，则特别规定如下：

（一）如参赛一方或双方赛前弃权，则该场比赛的开奖结果将采取统一摇奖的方式产生。

（二）如参赛一方在比赛过程中罢赛，无论对方已实际得分（进球）多少，均认定对方以三比零胜；如参赛双方在比赛过程中罢赛，无论双方已实际得分（进球）多少，则该场比赛的开奖结果采取统一摇奖的方式产生。

（三）如某场比赛因客观因素推迟或中断，又不能在比赛地当日 24 时前继续完成比赛，则该场比赛的开奖结果采取统一摇奖的方式产生。

（四）如某场比赛因故提前（当期彩票截止销售前）举行，则无论其实际比赛结果如何均不作为开奖依据，该场比赛的开奖结果将采取统一摇奖的方式产生。

（五）一轮比赛结束后，如足球比赛组织机构裁定其中某场比赛结果无效，或更改某场比赛的结果，将不对足球彩票开奖产生任何影响，本期足球彩票仍以原当值主裁判实际裁定的比赛结果为本期开奖依据。

第十四条 当出现第十三条（一）、（二）、（三）、（四）情况需要统一摇奖时，由公证人员封存销售数据资料之后，并在其监督下根据游戏规则摇出该场足球比赛结果，并与其他场次比赛结果作为本期开奖依据。

第十五条 每期足球彩票的开奖结果以总局彩票中心的公告为准。

第十六条 供足球彩票购票者选择填写的专用投注单，以及销售终端机用于打印正式预测结果的兑奖彩票，由总局彩票中心统一印制。

第四章 销售管理

第十七条 根据足球彩票游戏规则确定的每一组有效组合数据称为一注，每注 2 元。严禁溢价或折价销售。

第十八条 足球彩票须采用总局彩票中心统一设立的中国体育彩票计算机销售系统销售。

第十九条 足球彩票销售点出具的正式兑奖彩票为足球彩票的唯一兑奖凭证，并以兑奖彩票所记录的预测结果为准。

足球彩票专用投注单只用于辅助购票者投注，不作为足球彩票兑奖凭证，也不作为购票者投注结果的间接证明。

第二十条 足球彩票购票者每次

复式投注的数量不得高于10000注。

第二十一条 足球彩票的兑奖有效期为28天（自开奖第二日起计），逾期未兑奖者视为自动弃奖，不再予以兑付。

第五章 资金管理

第二十二条 每期足球彩票销售总额为足球彩票资金，按以下比例分配：

（一）公益金35%；

（二）奖金50%，其中调节基金为奖金总额的2%；

（三）发行成本费15%。

第二十三条 足球彩票的公益金统一纳入体育彩票公益金管理，依照财政部及国家体育总局的有关规定执行。

第二十四条 足球彩票的中奖奖级根据不同的游戏种类，可同时设固定奖级和浮动奖级，或只设浮动奖级。

固定奖级按照预先设定的奖金金额派发奖金；浮动奖级按照预先划定的比例派发奖金。

第二十五条 每期足球彩票资金中提取的奖金（50%），优先扣除调节基金及当期固定奖级应派发中奖奖金总数，剩余部分为浮动奖级奖金总额，称之为“浮动奖彩池”。按照预先设定的“浮动奖彩池”分配比例划分各级浮动奖级的奖金数额。

浮动奖奖金按该奖级的中奖总注数平均分配。

如当期某奖级无人中奖，则该奖级的奖金转入下期最高奖级奖金总额。

第二十六条 如果一注同时中多个奖级，则只按其所中的最高奖级兑付奖金，不可兼中兼得。

第二十七条 总局彩票中心从每期足球彩票资金中，提取奖金总额的2%作为调节基金，用于支付各种不可预见情况下的奖金支出风险、调节浮动奖奖金以及设立特别奖。

第二十八条 逾期未兑奖者，视为自动弃奖，弃奖的奖金存入调节基金。

第二十九条 发行成本费（15%）按下列比例划分（以足球彩票资金数为基数）：

（一）总局彩票中心足球彩票印制费、系统运行维护和开发费等2%；

（二）总局彩票中心中央发行费1%；

（三）地方彩票中心发行和销售费用12%。

第六章 系统管理

第三十条 足球彩票由中国体育彩票计算机销售系统（以下简称系统）统一发行和销售。

第三十一条 系统由三级运营网络构成，即：总局彩票中心数据主中心（以下简称主中心）、地方彩票中心数据分中心（以下简称分中心）和销售终端。

主中心负责足球彩票全国发行技术参数的确定、全国销售统计数据的汇总以及开奖和计奖等管理；分中心根据主中心的指令，负责足球彩票本地区发行技术参数的下达、本地区销售数据的采集和统计、本地区的计奖检索以及奖金兑付等工作；销售终端按照数据分中心的指令实施足球彩票销售和奖金兑付等工作。

第三十二条 足球彩票的系统应用软件由总局彩票中心统一管理，其他任何单位或个人均不得擅自更换和更改。

第三十三条 各分中心每期足球彩票的原始销售数据汇总后，须先行认定其中的有效数据和无效数据，确认可参与开奖的有效数据，并在公证人员的现场监督下备份封存，作为鉴别数据有效性和真伪性的依据。

第三十四条 销售终端在售票过程中，如果发生售票数据输入完结，但购票人未付款或输入数据与购票人的选择存在误差的，已输入的数据为无效数据，视为取消票，并须立即按照取消票的操作规定，将已输入的无效数据做取消票处理。

第三十五条 每期足球彩票销售结束，如果销售终端因故未将销售数据在规定的时间内传输至分中心，则该销售数据为无效数据，所售出的彩票视为无效票。

无效票经公证人员公证后，不列入开奖有效数据，并由各地方彩票中心在开奖前予以公告。

出现无效票的销售终端须在其销售现场公告，并将本销售终端售出的无效票原价回收；无效票购买者应在二十八天内到其购票的销售终端，按其实际购票金额办理退票、退款手续。

第七章 附 则

第三十六条 足球彩票的具体游戏规则将另行制定和发布。

第三十七条 本办法由国家体育总局授权国家体育总局体育彩票管理中心负责解释。

第三十八条 本办法自发布之日起施行。

附件二

足球胜负彩票游戏规则

第一条 本规则依据《中国足球彩票发行与销售管理办法》（以下简称《管理办法》）制定。

第二条 本规则所指足球胜负彩票系足球彩票游戏方法之一。

第三条 本规则中有关术语遵循以下特别定义：

（一）注：根据本规则确定的每一组有效组合数据。

（二）投注：购票人根据本规则以人民币现金购买足球彩票的行为。

（三）投注单：购票人用于辅助投注的专用表格。

（四）随机投注：由销售终端机随机产生的有效组合数据作为购票人的预测结果的投注方式。

（五）单式投注：购票人对于所有球队的比赛成绩均只选择一种预测结果的投注方式。

（六）复式投注：购票人对于某一场次的比赛成绩选择两种以上的预测结果的投注方式。

（七）兑奖彩票：由足球彩票销售终端出售的、记录有购票人预测结果的凭证。

第四条 凡购买足球胜负彩票者，均视为已知晓本规则，并接受本规则约束。

游戏方法

第五条 足球胜负彩票以国家体育总局体育彩票管理中心（以下简称总局彩票中心）选定的足球比赛为游戏媒介，由购票人预测每一软次指定的13场比赛的胜平负结果。

第六条 所选足球联赛的每一轮次，为足球胜负彩票的一个发行周期，并在每一轮次比赛开始前销售。

第七条 每一轮次比赛中，每一场比赛的胜平负共有3种预测结果：

（一）“3”：主队胜，客队负；

（二）“1”：主队与客队平；

（三）“0”：主队负，客队胜。

第八条 购票人在投注时，可以在每一场比赛的3种预测结果中，任意选择1种或1种以上（复式投注）预测结果。

第九条 购票人投注时，必须对

指定的全部13场比赛的结果作出预测选择，方构成有效投注。

购票人所选择的全部13场比赛的每一种预测结果的组合,即构成一注。

若购票人对其中某些场次的预测结果做出2种（含）以上的选择，即构成复式投注，则按数字组合计算其投注数量。

第十条 足球胜负彩票每注2元。

投　注

第十一条 购票人可以直接在足球彩票销售终端口授预测结果投注，或随机投注；亦可利用足球彩票销售终端提供的投注单辅助投注。

第十二条 投注单投注。

（一）投注单由两部分组成：

1. 投注单左侧为足球比赛本轮次所指定场次主、客场球队队名，列前位的为主队，列后位的为客队。

2. 投注单右侧为五个供购票人填写预测结果的独立表格，即投注栏。

（二）购票人可在投注单右侧的五个投注栏中，任意选择一个或一个以上填写。但是，在一个投注栏中必须填写全部13场的预测结果，方为有效投注，否则为无效投注。

（三）购票人将填写有效的投注单交给足球彩票销售终端，确定其有效投注数量和需要交纳的现金数额，销售人员收款后将其预测结果输入电脑系统记录在案，并出具兑奖彩票。

（四）每一张投注单的投注数量不得高于10 000注。

第十三条 购票人的实际预测结果，以销售终端出具的兑奖彩票记录为准。

购票人领取兑奖彩票后，须在电脑销售终端进行下一次售票操作前，立即予以核对；如发现兑奖彩票记录的预测结果与本人选择的不符，可要求销售终端立即更换。但是，如购票人未当场提出异议，而电脑销售终端已进行新的售票操作，则无法予以更换。

第十四条 因数据传输故障等特殊原因，致使购票人投注的电脑记录未能列入当期开奖时，经国家公证机关认证，确定为无效票；购票人需到原销售终端办理退票手续，按其持有的兑奖彩票面值退还同等金额的现金。

中奖与兑奖

第十五条 足球胜负彩票采取全国联网销售、统一彩池计奖方式。

第十六条 足球胜负彩票以购票人预测的胜平负结果与对应的实际比赛结果相符的数量，确定其中奖与否以及中奖等级。

具体奖级设置如下：

一等奖　猜中全部13场比赛的胜平负结果；

二等奖　猜中其中12场比赛的胜平负结果。

第十七条　足球胜负彩票的奖金提取和分配原则，遵照《管理办法》第二十二、二十四、二十五和二十六条之规定执行。

第十八条　总局彩票中心根据《管理办法》第二十七条之规定，提取奖金总额的2%作为调节基金。

第十九条　本规则第十六条确定的一、二等奖为浮动奖级，奖金数额划分办法：

一等奖为当期总奖金额的50%；

二等奖为当期总奖金额的50%。

一、二等奖均按照中该等奖级的投注数量平均分配。

根据国家有关规定，足球胜负彩票单注最高奖金封顶为500万元。

第二十条　如出现《管理办法》第十三条规定的特别情形，则以《管理办法》确定的结果作为开奖结果，并以总局彩票中心的公告为准。

第二十一条　中奖人须提交完整的兑奖彩票兑奖，兑奖期限为28天(自开奖第二日起计)；逾期未兑奖，视作自动弃奖，未兑付的奖金纳入调节基金。

中奖金额1 000元（含）以下的，在其原购票的销售终端兑付；中奖金额1 000元以上的，由各地方彩票中心指定地点兑付，并须出示身份证明进行登记。

附　　则

第二十二条　本规则未尽事宜，均遵照《中国足球彩票发行与销售管理办法》的有关规定执行。

第二十三条　本规则执行中，随时发布的变更决定、中奖公告、重大事项通告等，将在总局彩票中心及地方彩票中心指定的报刊上登载，并在足球彩票销售终端予以公布，足球彩票发行人不再承担直接通知购票人的责任，购票人须自行知晓。

第二十四条　本规则由国家体育总局授权国家体育总局体育彩票管理中心负责解释。

第二十五条　本规则自发布之日起施行。

附件三

足球进球彩票游戏规则

第一条 本规则依据《中国足球彩票发行与销售管理办法》(以下简称《管理办法》)制定。

第二条 本规则所指足球进球彩票系足球彩票游戏方法之一。

第三条 本规则中有关术语遵循以下特别定义:

(一)注:根据本规则确定的每一组有效组合数据。

(二)投注:购票人根据本规则以人民币现金购买足球彩票的行为。

(三)投注单:购票人用于辅助投注的专用表格。

(四)随机投注:由销售终端机随机产生的有效组合数据作为购票人的预测结果的投注方式。

(五)单式投注:购票人对于所有球队的比赛成绩均只选择一种预测结果的投注方式。

(六)复式投注:购票人对于某一球队的比赛成绩选择两种以上的预测结果的投注方式。

(七)兑奖彩票:由足球彩票销售终端出售的、记录有购票人预测结果的凭证。

第四条 凡购买足球进球彩票者,均视为已知晓本规则,并接受本规则约束。

游 戏 方 法

第五条 足球进球彩票以国家体育总局体育彩票管理中心(以下简称总局彩票中心)选定的足球比赛为游戏媒介,由购票人预测每一轮次中指定的 13 支球队的进球数量。

第六条 所选足球比赛的每一轮次,为足球进球彩票的一个发行周期,并在每一轮次比赛开始前销售。

第七条 每一轮次比赛中,每支球队的进球数共有 4 种预测结果:

(一)"0" 代表未进球;

(二)"1" 代表一个进球;

(三)"2" 代表二个进球;

(四)"M"代表三个(含)以上进球。

第八条 购票人在投注时,可以在每支球队的 4 种预测结果中,任意选择 1 种或 1 种以上(复式投注)预测结果。

第九条 购票人投注时，必须对指定的全部 13 支球队的进球数做出选择，方构成有效投注。

购票人所选择的全部 13 支球队进球数的每一种预测结果的组合，即构成一注。

若购票人对其中某支球队的进球预测结果做出 2 种（含）以上的选择，即构成复式投注，则按数学组合计算其投注数量。

第十条 足球进球彩票每注 2 元。

投 注

第十一条 购票人可以直接在足球彩票销售终端口授预测结果投注，或随机投注；亦可利用足球彩票销售终端提供的投注单辅助投注。

第十二条 投注单投注。

（一）投注单由两部分组成：

1. 投注单左侧为足球比赛本轮次所指定球队队名。

2. 投注单右侧为五个供购票人填写预测结果的独立表格，即投注栏。

（二）购票人可在投注单右侧的五个投注栏中，任意选择一个或一个以上填写。但是，在一个投注栏中必须填写全部 13 支球队的进球预测结果，方为有效投注，否则为无效投注。

（三）购票人将填写有效的投注单交给足球彩票销售终端，确定其有效投注数量和需要交纳的现金数额，销售人员收款后将其预测结果输入电脑系统记录在案，并出具兑奖彩票。

（四）每一张投注单的投注数量不得高于10 000注。

第十三条 购票人的实际预测结果，以销售终端出具的兑奖彩票记录为准。

购票人领取兑奖彩票后，须在电脑销售终端进行下一次售票操作前，立即予以核对；如发现兑奖彩票记录的预测结果与本人选择的不符，可要求销售终端立即更换。但是，如购票人未当场提出异议，而电脑销售终端已进行新的售票操作，则无法予以更换。

第十四条 因数据传输故障等特殊原因，致使购票人投注的电脑记录未能列入当期开奖时，经国家公证机关认证，确定为无效票；购票人需到原销售终端办理退票手续，按其持有的兑奖彩票面值退还同等金额的现金。

中奖与兑奖

第十五条 足球进球彩票采取全国联网销售、统一彩池计奖方式。

第十六条 足球进球彩票以购票人预测的进球数与对应的实际比赛结果相符的数量，确定其中奖与否以及中奖等级。

具体奖级设置如下：

一等奖　猜中全部 13 支球队的

进球数。

二等奖　猜中其中 12 支球队的进球数；

三等奖　猜中其中 11 支球队的进球数；

四等奖　猜中其中 10 支球队的进球数；

五等奖　猜中其中 9 支球队的进球数；

六等奖　猜中其中 8 支球队的进球数。

第十七条　足球进球彩票的奖金提取和分配原则，遵照《管理办法》第二十二、二十四、二十五和二十六条之规定执行。

第十八条　总局彩票中心根据《管理办法》第二十七条之规定，提取奖金总额的 2%作为调节基金。

第十九条　本规则第十六条确定的一、二、三等奖为浮动奖级，奖金金额划分办法：

一等奖为“浮动奖彩池”奖金额的 70%；

二等奖为“浮动奖彩池”奖金额的 15%；

三等奖为“浮动奖彩池”奖金额的 15%。

一、二、三等奖均按照中该等奖级的投注数量平均分配。

根据国家有关规定，足球进球彩票单注最高奖金封顶为 500 万元。

第二十条　本规则第十六条确定的三、四、五等奖为固定奖级，奖金金额分别为；

四等奖　每注 300 元；

五等奖　每注 30 元；

六等奖　每注 5 元。

第二十一条　如出现《管理办法》第十三条规定的特别情形，则以《管理办法》确定的结果作为开奖结果，并以总局彩票中心的公告为准。

第二十二条　中奖人须提交完整的兑奖彩票兑奖，兑奖期限为 28 天（自开奖第二日起计）；逾期未兑奖，视作自动弃奖，未兑付的奖金纳入调节基金。

中奖金额 1000 元（含）以下的，在其原购票的销售终端兑付；中奖金额 1000 元以上的，由各地方彩票中心指定地点兑付，并须出示身份证明进行登记。

附　　则

第二十三条　本规则未尽事宜，均遵照《中国足球彩票发行与销售管理办法》的有关规定执行。

第二十四条　本规则执行中，随时发布的变更决定、中奖公告、重大事项通告等，将在总局彩票中心及地方彩票中心指定的报刊上登载，并在足球彩票销售终端予以公布，足球彩票发行人不再承担直接通知购票人的责任，购票人须自行知晓。

第二十五条　本规则由国家体育

总局授权国家体育总局体育彩票管理中心负责解释。

第二十六条 本规则自发布之日起施行。

附件四

足球比分彩票游戏规则

第一条 本规则依据《中国足球彩票发行与销售管理办法》（以下简称《管理办法》）制定。

第二条 本规则所指足球比分彩票系足球彩票游戏方法之一。

第三条 本规则中有关术语遵循以下特别定义：

（一）注：根据本规则确定的每一组有效组合数据。

（二）投注：购票人根据本规则以人民币现金购买足球彩票的行为。

（三）投注单：购票人用于辅助投注的专用表格。

（四）随机投注：由销售终端机随机产生的有效组合数据作为购票人的预测结果的投注方式。

（五）单式投注：购票人对于所有球队的比赛成绩均只选择一种预测结果的投注方式。

（六）复式投注：购票人对于某一球队的比赛成绩选择两种以上的预测结果的投注方式。

（七）兑奖彩票：由足球彩票销售终端出售的、记录有购票人预测结果的凭证。

第四条 凡购买足球比分彩票者，均视为已知晓本规则，并接受本规则约束。

游戏方法

第五条 足球比分彩票以国家体育总局体育彩票管理中心（以下简称总局彩票中心）选定的足球比赛为游戏媒介，由购票人预测每一轮次中指定的6场比赛的主客队比分结果。

第六条 所选足球比赛的每一轮次，为足球比分彩票的一个发行周期，并在每一轮次比赛开始前销售。

第七条 每一轮次比赛中，每一场比赛的主客队比分共有16种预测结果，分别为：

1:0、2:0、M:0、2:1、M:1、M:2、0:0、1:1、2:2、M:M、0:1、0:2、0:M、1:2、1:M、2:M

其中“0”代表未进球,“1”代表进一个球,“2”代表进两个球,“M”代表进三个(含)以上球;列前位为主队进球数,列后位为客队进球数。

第八条 购票人在投注时，可以在每场比赛的16种比分预测结果中，任意选择1种或1种以上（复式投注）预测结果。

第九条 购票人投注时，必须对指定的全部6场比赛的比分预测结果做出选择，方构成有效投注。

购票人所选择的全部6场比赛的每一种比分预测结果的组合,即构成一注。

若购票人对其中某些场次的比分预测结果做出2种（含）以上的选择，即构成复式投注，则按数学组合计算其投注数量。

第十条 足球比分彩票每注2元。

投　　注

第十一条 购票人可以直接在足球彩票销售终端口授预测结果投注，或随机投注；亦可利用足球彩票销售终端提供的投注单辅助投注。

第十二条 投注单投注。

（一）投注单由两部分组成：

1.投注单左侧为足球比赛本轮次所指定场次主、客场球队队名，列前位的为主队，列后位的为客队。

2.投注单右侧为五个供购票人填与预测结果的独立表格，即投注栏。

（二）购票人可在投注单右侧的五个投注栏中，任意选择一个或一个以上填写。但是，在一个投注栏中必须填写全部6场的预测结果，方为有效投注，否则为无效投注。

（三）购票人将填写有效的投注单交给足球彩票销售终端，确定其有效投注数量和需要交纳的现金数额，销售人员收款后将其预测结果输入电脑系统记录在案，并出具兑奖彩票。

（四）每一张投注单的投注数量不得高于10 000注。

第十三条 购票人的实际预测结果,以销售终端出具的兑奖彩票记录为准。

购票人领取兑奖彩票后,须在电脑销售终端进行下一次售票操作前,立即予以核对;如发现兑奖彩票记录的预测结果与本人选择的不符,可要求销售终端立即更换。但是,如购票人未当场提出异议,而电脑销售终端已进行新的售票操作,则无法予以更换。

第十四条 因数据传输故障等特殊原因,致使购票人投注的电脑记录未能列入当期开奖时,经国家公证机关认证,确定为无效票;购票人需到原销售终端办理退票手续,按其持有的兑奖彩票面值退还同等金额的现金。

中奖与兑奖

第十五条 足球比分彩票采取全国联网销售、统一彩池计奖方式。

第十六条 足球比分彩票以购票

人预测的比分结果与对应的实际比赛结果相符的数量，确定其中奖与否以及中奖等级。

具体奖级设置如下：

一等奖　猜中全部6场比赛的比分结果；

二等奖　猜中其中5场比赛的比分结果；

三等奖　猜中其中4场比赛的比分结果；

四等奖　猜中其中3场比赛的比分结果；

五等奖　猜中其中2场比赛的比分结果。

第十七条　足球比分彩票的奖金提取和分配原则，遵照《管理办法》第二十二、二十四、二十五和二十六条之规定执行。

第十八条　总局彩票中心根据《管理办法》第二十七条之规定，提取奖金总额的2%作为调节基金。

第十九条　本规则第十五条确定的一、二等奖为浮动奖级，奖金金额划分办法：

一等奖为“浮动奖彩池”奖金额的60%；

二等奖为“浮动奖彩池”奖金额的40%。

一、二等奖均按照中该等奖级的投注数量平均分配。

根据国家有关规定，足球比分彩票单注最高奖金封顶为500万元。

第二十条　本规则第十六条确定的三、四、五等奖为固定奖级，奖金金额固定为：

三等奖　每注800元；

四等奖　每注50元；

五等奖　每注5元。

第二十一条　如出现《管理办法》第十三条规定的特别情形，则以《管理办法》确定的结果作为开奖结果，并以总局彩票中心的公告为准。

第二十二条　中奖人须提交完整的兑奖彩票兑奖，兑奖期限为28天(自开奖第二日起计)；逾期未兑奖，视作自动弃奖，未兑付的奖金纳入调节基金。

中奖金额1 000元(含)以下的，在其原购票的销售终端兑付；中奖金额1 000元以上的，由各地方彩票中心指定地点兑付，并须出示身份证明进行登记。

附　　则

第二十三条　本规则未尽事宜，均遵照《中国足球彩票发行与销售管理办法》的有关规定执行。

第二十四条　本规则执行中，随时发布的变更决定，中奖公告、重大事项通告等，将在总局彩票中心及地方彩票中心指定的报刊上登载，并在足球彩票销售终端予以公布，足球彩票发行人不再承担直接通知购票人的责任，购票人须自行知晓。

第二十五条　本规则由国家体育总局授权国家体育总局体育彩票管理

中心负责解释。

第二十六条 本规则自发布之日起施行。

财政部关于印发《彩票发行与销售管理暂行规定》的通知

（2002 年 3 月 1 日 财政部 财综［2002］13 号）

民政部，国家体育总局，各省、自治区、直辖市、计划单列市财政厅（局）：

根据《国务院关于进一步规范彩票管理的通知》（国发［2001］35 号）的有关规定，财政部制定了《彩票发行与销售管理暂行规定》，现予发布，请遵照执行。

附件：彩票发行与销售管理暂行规定

附件

彩票发行与销售管理暂行规定

第一章 总 则

第一条 为加强彩票管理，规范彩票机构行为，促进彩票业健康发展，保护彩票购买者的合法权益，根据《国务院关于进一步规范彩票管理的通知》（国发［2001］35 号）的有关要求，制定本规定。

第二条 彩票是国家为支持社会公益事业而特许专门机构垄断发行，

供人们自愿选择和购买，并按照事前公布的规则取得中奖权利的有价凭证。

第三条 彩票机构指国家特许负责彩票发行和销售的专门机构。

彩票发行分别由隶属于民政部的中国福利彩票发行管理中心和隶属于国家体育总局的体育彩票管理中心（以下简称彩票发行机构）承担，按省级行政区域组织实施。

省级行政区域内的彩票销售工作，由受彩票发行机构业务指导，隶属于省和省以下各级民政、体育部门的专门机构（以下简称彩票销售机构）承担，也可由彩票发行机构直接承担。

第四条 发行彩票由国务院批准。未经国务院批准，任何地方、部门、组织、个人均不得在中华人民共和国境内发行或变相发行彩票。

第五条 发行销售彩票应当遵循诚信和自愿购买原则，严禁以欺诈方式发行销售彩票，严禁采取任何摊派或变相摊派等强迫性手段发行销售彩票。

第六条 彩票不记名，不挂失，不流通，不返还本金，不计付利息。

第二章 发行与销售管理

第七条 跨省级行政区域发行和销售彩售，必须由彩票发行机构报财政部批准。

第八条 本规定第三条所指的彩票机构之外的任何组织和个人，均不得参与在中华人民共和国境内的彩票发行销售活动。

彩票机构可以对外委托电脑系统开发、彩票印制和运输、彩票零售、广告宣传策划等业务。彩票发行机构应当制定本系统对外业务委托管理办法，并报财政部备案。

第九条 国家对年度彩票发行规模实行额度管理。每年11月15日前，彩票发行机构应向财政部提交下年度彩票发行额度申请，经财政部审核并报国务院批准后，由财政部下达给彩票发行机构执行。

彩票发行机构可将财政部下达的额度分配给省级彩票销售机构，并将分配方案抄送财政部和有关地方省级财政部门。省级彩票销售机构对下分配额度，比照彩票发行机构的办法执行。

年度执行中，如需增加发行额度，彩票发行机构应提前45个工作日向财政部提出增加发行额度的申请，经财政部审核并报国务院批准后下达执行。

第十条 各类彩票的游戏规则及发行销售方式，由彩票发行机构报财政部审核批准。未经财政部批准，任何彩票不得上市发行销售。

彩票游戏规则包括彩票名称、具体游戏方法、单注彩票价格、设奖和兑奖方式，以及发行销售细则等。

发行销售方式，指发行销售彩票

所采用的形式和手段，包括采用电脑网络系统（离线和在线系统）、电话系统（移动电话和固定电话网络系统）、大规模集中销售（大奖组）、邮售、网点销售等。禁止利用因特网发行销售彩票。

第十一条 彩票机构拟修改彩票游戏规则或发行销售方式，应先报同级财政部门审核，并由彩票发行机构向财政部提出申请。未经财政部同意，彩票机构不得擅自修改经财政部批准的彩票游戏规则和发行销售方式。

彩票机构拟停止发行销售已经财政部批准上市的彩票，应经同级财政部门同意，并由彩票发行机构报财政部批准。

第十二条 彩票以人民币计价，按面值发行销售，禁止溢价或折价发行销售彩票。

第十三条 彩票机构只能接受现金或银行贷记卡投注。

第十四条 彩票奖金实行单注奖金额上限封顶，单注奖金额最高不得超过500万元人民币。各种彩票单注奖金封顶限额，按财政部批准的具体游戏规则执行。

第十五条 彩票机构不得设置奖池保底奖金。但初始发行某种彩票时，可用发行经费结余一次性设置不超过200万元的保底奖金，具体数额在游戏规则中报财政部审批。

第十六条 调节基金按不同彩票品种分别设置和使用，不得相互挤占和挪用。调节基金累计超过200万元时，超出部分可转入奖池或设立特别奖；调节基金累计超过3000万元时应及时向社会公告，并将超出部分从调节基金转入奖池或设置特别奖。

彩票机构动用调节基金，需报经同级财政部门批准。

第十七条 彩票机构对中奖者个人信息负有保密责任，未经中奖者本人同意，不得对外公开。

第十八条 禁止向未满18周岁者出售彩票和支付中奖奖金。

第十九条 彩票机构应将彩票奖金以现金或现金支票方式，一次性全部支付给中奖者。

第二十条 通过电脑系统发行销售的有纸彩票，以当期投注截止时限前系统中心数据库收到完整数据，并由该系统终端在彩票发行机构统一印制的彩票纸上打印出清晰可辨的相应数据为有效彩票。

第二十一条 以非电脑系统方式发行销售的有纸彩票，以彩票发行机构统一印制的完整彩票为有效彩票。如果出现票面模糊不清，兑奖区覆盖层撕（刮）不开，兑奖符号空白、残缺、错误、号码无法正确识别，保安区裸露等问题，均为无效彩票。

第二十二条 由于电脑系统或印制、存储等原因造成的无效彩票，应取消已输入的数据，收回无效彩票，并按购买者的意愿，或退还其所付款项，或更换同等金额彩票。

第二十三条 在彩票销售、运输或保管过程中出现的废票和尾票，应由省级彩票销售机构统一集中，经省级财政部门审核和公证机关公证后，报彩票发行机构批准销毁，省级财政部门监销。

第三章 安全管理

第二十四条 有纸彩票必须由彩票发行机构统一印制。彩票的版式、票面图案、规格、制作形式、包装参数等技术工艺指标，由彩票发行机构统一制定。

有纸彩票储存应实行出入库登记制度，出入库记录应保存5年，调运有纸彩票应由专车运输，专人押运。

第二十五条 彩票发行机构应按照统一软件，统一标准，统一管理的原则，建立本系统电脑彩票发行销售系统。

第二十六条 彩票安全保密技术必须由彩票发行机构统一制定，摇奖设备由彩票发行机构统一购置。

第二十七条 摇奖设备必须处于彩票机构的直接管理和控制之下，存放地点要有可靠的安全保障措施，并有专门人员负责管理。

每次摇奖前，必须在公证人员监督下对摇奖设备进行检查和启动测试。

第二十八条 采用电脑系统发行销售的彩票，必须在公证人员的直接监督下，将销售截止时限前进入该系统中心数据库的有效数据，刻录在两个不可更改的数据光盘中，分别由公证机构和彩票机构保存，摇奖时从刻录的光盘中检索中奖信息。

第二十九条 彩票机构必须制定彩票安全管理制度，并报同级财政部门备案。

财政部门要不定期地对彩票机构安全管理制度执行情况进行检查。

第四章 彩票监督

第三十条 彩票机构应及时向社会公布以下信息：

（一）在正式发行销售彩票前，公布相应的游戏规则；

（二）每期（次）发行销售活动结束后，公布当期（次）发行销售总额，各奖级中奖情况，奖池资金，拟从调节基金转入奖池的资金数额。不得公布下期（次）预计销售额和奖金额；

（三）销售即开型彩票前，应公布当期彩票的编号范围、奖组规模、奖组数、设奖规则和兑奖程序，销售结束后应在当地主要媒体上及时公布销售总额和中奖、兑奖、弃奖情况；

（四）财政部门要求公布的其他信息。

第三十一条 彩票机构应及时向财政部门报告以下情况：

（一）每周向同级财政部门报送一周彩票发行销售及中奖情况；

（二）每月按月报制度向同级财政部门报送月度彩票发行销售及资金上缴情况；

（三）每年1月20日前，向同级财政部门报送上年度彩票发行销售情况总结报告，内容应包括全年彩票发行销售数量，中奖、兑奖、弃奖情况，资金上缴情况，安全管理情况，发行销售管理的主要措施，存在的主要问题，以及本年度工作安排等；

（四）彩票发行销售工作中出现的重大工作失误和违法违规行为；

（五）财政部门要求报告的其他情况；

（六）彩票机构认为应向财政部门报告的其他情况。

第三十二条 彩票机构对外公开发布信息和进行市场宣传时，应遵守国家有关法律，不得含有误导性内容，不得鼓动投机，不得含有对同业者的排他性、诋毁性内容，也不得在对外公开的比较性信息和宣传中涉及其他同业者。

第三十三条 彩票机构应自觉接受国家财政和审计机关的监督。财政和审计部门可根据工作需要，随时对彩票机构进行检查，彩票机构应积极配合，不得拒绝。

第三十四条 对违反本规定的行为，财政部门应当责令改正，并按照有关规定予以惩处。

第五章 附 则

第三十五条 本规定自发布之日起施行。

第三十六条 此前实施的有关彩票管理办法和规定，与本规定抵触的，以本规定为准。

第三十七条 本规定由财政部负责解释。

财政部关于中国红十字会总会使用彩票公益金的函

（2002 年 3 月 6 日　财政部　财综［2002］30 号）

中国红十字会总会：

国务院办公厅转来你会报送的《关于使用彩票公益金支持红十字会总会开展人道主义救助工作的请示》(红办字[2002]14 号,办 0362 号),根据国务院领导批示,经研究,现函复如下：

一、从 2002 年至“十五”末期,中央财政从统筹的彩票公益金中安排33 700万元支持你会开展人道主义救助工作。

二、每年 3 月底前，你会应向我部提出年度公益金使用计划申请，经我部审核批准后下达执行。

三、该项资金使用情况应由国家审计部门或社会中介机构进行专项审计。年终你会应将资金使用情况及审计结果报送我部，同时向社会公告。

财政部关于清理彩票游戏规则及发行销售方式的通知

（2002 年 3 月 18 日　财政部　财综函［2002］4 号）

各省、自治区、直辖市财政厅（局)：

根据《国务院关于进一步规范彩票管理的通知》（国发［2001］35 号）精神，财政部近日发布了《彩票发行与销售管理暂行规定》（以下简称《规定》）。为保证《规定》的顺利实施，财政部决定对目前全国彩票机构所实行的游戏规则及发行销售方式进行清理，现就有关事项通知如下：

一、自本通知发布之日起，全国各级彩票机构所实行的游戏规则和发行销售方式一律暂时维持现状，不得更新或修改。财政部将对各地的彩票游戏规则和发行销售方式进行清理，并在清理工作结束后，对允许继续实行的游戏规则及发行销售方式发文确认。

二、各地财政厅（局）应在2002年3月底之前，将本地区彩票机构正在实行的游戏规则和发行销售方式上报财政部，具体内容按本通知附表要求填写（可根据填报数量另行制表）。同时，将有关游戏规则的批准文件及实施细则，以及发行销售方式的技术方案一并上报财政部。

三、各地财政厅（局）要认真填写上报情况，并在表中提出审核意见。在清理工作期间，要加强市场管理和监督，确保清理工作顺利进行。

附件：彩票游戏规则及发行销售方式情况表

附件

______省（自治区、直辖市）彩票游戏规则及发行销售方式情况表

	游戏规则				发行销售方式		审核意见
	品　种	奖金设置	开奖期	审批单位及时间	名　称	审批单位及时间	
福利彩票							
体育彩票							

填报日期：__________　　填表人：__________　　负责人（处级）：________（签字）

财政部关于同意发行 2002 世界杯体育彩票的批复

（2002 年 4 月 19 日　财政部　财办综［2002］21 号）

中国体育彩票管理中心：

你中心报送的《关于申请发行 2002 世界杯体育彩票的函》（体彩字［2002］198 号）收悉，经研究，批复如下：

一、同意你中心在 2002 年 5 月 8 日—6 月 30 日期间，在全国范围内，按所报游戏规则发行 2002 世界杯体育彩票。

二、根据现行彩票管理规定，你中心向省市中心调拨该彩票，必须将调拨单抄送有关地方省级财政部门。在彩票销售、运输或保管过程中出现的废票和尾票，应经省级财政部门审核和公证机关公证后，报你中心批准销毁。废票和尾票如由省级彩票机构销毁，由省级财政部门监销，如由你中心直接销毁，则由财政部监销。

三、拍卖具有特殊流水号码的彩票，应按国家有关规定组织好拍卖活动。拍卖所得收入，面值部分按有关规定纳入彩票销售资金管理，超过面值部分由你中心用于捐助社会公益事业，并做好相关公证事宜。

四、各地方彩票机构在组织销售两周前，应将销售方案报当地财政部门备案。

五、你中心应在彩票销售、兑奖活动结束后 20 天内，向财政部报送彩票销售、资金结算等情况。

财政部　国家税务总局关于发行福利彩票有关税收问题的通知

（2002年4月23日　财政部　国家税务总局　财税［2002］59号）

各省、自治区、直辖市、计划单列市财政厅（局）、国家税务局、地方税务局，新疆生产建设兵团财务局：

为贯彻落实国务院《关于进一步规范彩票管理的通知》（国发［2001］35号）文件精神，支持促进我国彩票事业的发展，根据《中华人民共和国营业税暂行条例》、《财政部国家税务总局关于企业收取和交纳的各种价内外基金（资金、附加）和收费征免企业所得税等几个政策问题的通知》（财税字［1997］22号）的有关规定，现对福利彩票发行和销售机构（含销售站点）（以下简称福利彩票机构）营业税、企业所得税征免问题通知如下：

一、福利彩票机构发行销售福利彩票取得的收入不征收营业税。对福利彩票机构以外的代销单位销售福利彩票取得的手续费收入应按规定征收营业税。

二、福利彩票机构发行销售福利彩票取得的收入，包括返还奖金、发行经费、公益金，暂免征收企业所得税。

三、本通知自2002年1月1日起执行。

财政部关于批复发行
2002年世界杯竞猜足球彩票的函

（2002年4月26日 财政部 财综函［2002］7号）

国家体育总局：

你局送来的《关于申请发行2002年世界杯竞猜足球彩票的函》（体经字［2002］121号）收悉。经研究，批复如下：

一、同意你局在2002年世界杯足球赛期间，在已批准发行足球彩票的26个省份，按所报游戏规则发行2002年世界杯竞猜足球彩票。

二、该彩票发行及兑奖工作结束后，未中出奖金、弃奖奖金及提取的调节基金全部并入以意甲、英超为竞猜对象的足球彩票调节基金中，并向社会公告。

三、你局应在本次世界杯足球彩票销售、兑奖工作结束后20天内，向财政部报送彩票发行销售、资金结算等情况的报告。

财政部关于加强彩票市场监管的紧急通知

（2002年4月30日 财政部 财综［2002］29号）

各省、自治区、直辖市财政厅（局），民政部，国家体育总局：

《财政部关于印发〈彩票发行与销售管理暂行规定〉的通知》（财综

［2002］13号）发布后，全国彩票市场管理得到进一步规范，但一些地方的彩票机构仍存在着违规行为，个别地方甚至出现了彩票机构公然违反现行制度规定进行恶性竞争的事件。为维护彩票市场的正常秩序，保持彩票业的健康发展，必须采取措施制止各种违规行为。现就加强彩票市场监管的有关事项通知如下：

一、彩票机构所采用的彩票游戏规则及发行销售方式，必须报经财政部审核批准。未经财政部批准，彩票机构不得擅自更新和修改彩票游戏规则及发行销售方式。经财政部批准的游戏规则及发行销售方式正式面市前，彩票机构必须向财政部门报送具体实施方案，经财政部门核准后才能面市。全国统一采用的游戏规则和发行销售方式报财政部审核批准；部分地区采用的游戏规则和发行销售方式报有关地方省级财政部门审核批准。

二、彩票上市销售前，彩票机构必须将有关彩票游戏规则、发行销售方式，以及具体实施方案向社会进行公告，并在公告中注明财政部门的批准文件名称及文号。彩票机构停止某项游戏规则和发行销售方式时，也必须向社会公告，并在公告中注明财政部的批准文件名称及文号。

三、从2002年5月15日起停止实行保底奖金。所有设立彩池的彩票品种，必须按规定在2002年5月15日前取消奖金保底。省级彩票机构动用调节基金补充奖池，须报经省级财政部门批准；中央级彩票机构动用调节基金补充奖池，须报经财政部批准。经财政部门批准调入奖池的资金不得再调回调节基金。

四、财政部门要加强对彩票市场的监管。各级财政部门要严格按照现行彩票管理制度的有关规定，切实履行好彩票市场监管职责，准确地把握和执行政策，坚决制止各种违规行为。对违反《财政部关于印发〈彩票发行与销售管理暂行规定〉的通知》（财综［2002］13号）和本通知的有关规定，进行恶性竞争和扰乱彩票市场秩序的行为，财政部门应予以坚决制止，并责令其改正；造成严重后果的，进行通报批评，并按有关规定，追究有关责任人责任。

财政部关于财政专户彩票资金管理有关事宜的通知

（2002年5月27日　财政部　财库［2002］31号）

各省、自治区、直辖市、计划单列市财政厅(局),民政部,国家体育总局：

为全面反映彩票资金收支情况，规范彩票资金会计核算,加强财政部门对彩票发行和销售工作的管理,方便对账和统计分析,根据《彩票发行与销售机构财务管理办法》和《财政部关于加强和完善彩票机构财务及彩票资金管理的通知》,现将彩票资金纳入财政专户后的有关事宜通知如下：

一、在预算外财政专户收入类增设“上级补助收入”（编号406）一级会计科目，并在此科目下设（体育彩票）／（福利彩票）／（青少年公益金）二级会计科目；在支出类增设“补助下级支出”（编号532）一级会计科目，并在此科目下设（体育彩票）／（福利彩票）／（青少年公益金）二级会计科目。同时，在“专项预算外资金收入”、“专项支出”、“专项预算外资金结余”的会计科目下分别设立“彩票资金收入”（体育彩票）／（福利彩票)、“彩票资金支出”（体育彩票）／（福利彩票）／（青少年公益金)，“彩票资金结余”（体育彩票）／（福利彩票）／（青少年公益金）二级会计科目进行明细核算。

二、“上级补助收入”科目用于核算上级财政部门拨来的彩票资金等预算外资金补助款；“补助下级支出”科目用于核算本级财政对下级财政的彩票资金等预算外资金补助支出。

三、“彩票资金收入”科目用于核算财政部门本级收到的体育彩票资金或福利彩票资金。

四、“彩票资金支出”科目用于核算财政部门本级拨付使用的发行经费和公益金。

五、中央财政收到彩票机构上缴的和省级财政部门按规定比例划分上缴的彩票资金，列“专项预算外资金收入——体育（福利）彩票”会计科目。中央财政返还给省级财政的彩票资金，列“补助下级支出——青少年公益金”会计科目。

省级财政收到属于本级使用的彩票资金，列“专项预算外资金收入——体育（福利）彩票”会计科目；省级财政收到按规定比例上解中央财政的彩票资金，列“应缴代收上级财政专户——体育（福利）彩票”会计科目；省级财政收到中央财政返还的彩票资金，列“上级补助收入——青少年公益金”会计科目；省级财政按规定比例返还市、县级财政的彩票资金，列“补助下级支出——体育（福利）彩票、青少年公益金”会计科目。

市、县级财政收到属于本级使用的彩票资金，列“专项预算外资金收入——体育（福利）彩票”会计科目；市、县级财政收到省级财政返还的彩票资金，列“上级补助收入——体育（福利）彩票、青少年公益金”会计科目。

六、各彩票机构及地方财政按规定将公益金和发行费上缴财政专户时，必须在上缴单据上注明“体育彩票（福利彩票）公益金”或“体育彩票（福利彩票）发行经费”。

七、各彩票机构和省级财政上缴的公益金和发行经费，缴入我部在农总行开设的中央财政专户，单据上注明：收款人：中央财政专户；开户银行：农总行营业部；账号：600001040002042。

八、2002 年彩票资金缴拨已列至其他账户的，请按本通知进行调整。以前年度管理的公益金和发行费用，转入本通知所设立的相关科目。

九、本通知自 2002 年 1 月 1 日起开始执行，由财政部负责解释和修订。

财政部　国家体育总局关于下达体育彩票公益金上缴比例的通知

（2002 年 6 月 11 日　财政部　国家体育总局　财综［2002］36 号）

各省、自治区、直辖市财政厅（局）、体育局：

根据《国务院关于进一步规范彩票管理的通知》（国发［2001］35

号）确定的彩票公益金分配原则和国务院批准的 2002 年彩票公益金基数，按照全年体育彩票发行计划 150 亿元，我们确定了 2002 年各省、自治区、直辖市体育彩票公益金上缴比例，现将有关事项通知如下：

一、电脑体育彩票（含足球彩票）公益金按发行额的 17% 上缴中央。

二、即开型体育彩票公益金按发行额的 2% 上缴中央。

三、各省、自治区、直辖市财政厅（局）应按上述比例及时向财政部上缴体育彩票公益金。

四、执行中，如果实际发行额超过 150 亿元，超出部分的公益金缴入财政专户后暂不得动用。待年度终了，根据体育彩票全年实际发行额对公益金上缴比例进行调整后再做分配。

财政部关于第 29 届奥运会组委会使用彩票公益金的函

（2002 年 6 月 14 日　财政部　财综［2002］39 号）

第 29 届奥运会组委会：

你委《关于恳请尽快拨付体育彩票公益金的函》（奥组委［2002］037）收悉。经研究，现函复如下：

一、经国务院批准，从 2001 年至 2008 年度，财政部从统筹的彩票公益金中计划安排 27.5 亿元用于举办 2008 年北京奥运会。

二、该项彩票公益金限定用于第 29 届奥运会组委会负责的体育场馆建设和运作经费。

三、该项公益金每年均通过北京市财政局拨付。北京市财政局应将该款项纳入预算外资金财政专户，实行专项管理，保证专款专用，不得与本级其他彩票公益金混用，也不得截留挪用。

四、你委每年应编制公益金使用年度计划报财政部，财政部根据实际需要审核批准后由北京市财政局监督执行。年终应编制公益金使用年度决算，报财政部批复。

附件：2001—2008 年奥组委彩票公益金安排计划表

附件

2001—2008 年奥组委彩票公益金安排计划表

单位：亿元

年　度	数　额
2001	3
2002	3.5
2003	3.5
2004	3.5
2005	3.5
2006	3.5
2007	3.5
2008	3.5
总　计	27.5

财政部关于湖南省福利彩票发行中心严重违规行为的通报

（2002 年 7 月 18 日　财政部　财综函［2002］17 号）

民政部，国家体育总局，湖南省人民政府，各省、自治区、直辖市、计划单列市财政厅（局）：

2002 年 6 月 16 日，湖南省福利彩票发行中心未经财政部批准，擅自采用“12 选 1”的游戏规则，按1:10 的赔率设奖方式，发行所谓“低保专项彩票”。这种行为，严重违反了

《国务院关于进一步规范彩票管理的通知》（国发［2001］35号）中关于“彩票发行的审批权集中在国务院，任何地方和部门均无权批准发行彩票”的规定，以及《财政部关于彩票发行与销售管理暂行规定》（财综［2002］13号）第十条关于“各种彩票的游戏规则及发行销售方式，由彩票发行机构报财政部审核批准。未经财政部批准，任何彩票不得上市发行销售”的规定。湖南省福利彩票发行中心的这种行为是在上述两个文件发布后发生的，影响恶劣，严重扰乱了彩票市场秩序。湖南省财政厅没能及时坚决制止湖南省福利彩票发行中心的违规行为。为严肃彩票管理制度，规范彩票市场和彩票机构的行为，保持彩票市场的健康发展，特对湖南省福利彩票发行中心进行如下处理：

一、责成湖南省福利彩票发行中心就擅自发行“低保专项彩票”向财政部做出书面检查，并建议湖南省人民政府对湖南省民政厅有关责任人给予训戒，按照国务院有关彩票管理的规定，整顿湖南省彩票市场秩序。财政部将视湖南省福利彩票发行中心的检查情况，决定是否做进一步处理。

二、责成财政部驻湖南省财政监察专员办事处对湖南省福利彩票发行中心有关“低保专项彩票”的财务进行清查，派发奖金后的所有收入全部没收，作为公益金上缴中央财政。

各级彩票机构要从湖南省福利彩票发行中心的违规事件中汲取教训，严格执行国家彩票管理制度，自觉维护彩票市场的正常秩序。各级财政部门要切实履行好对彩票市场的监管职责，坚决按政策和制度规定管理彩票市场，防止再次发生类似违规事件。

财政部关于批复社保基金会彩票公益金拨款申请的函

（2002年7月19日　财政部　财综［2002］45号）

全国社会保障基金理事会：

你会《关于申请彩票公益金拨款的函》（社保基金会函财［2002］11号）收悉。根据《国务院关于进一步规范彩票管理的通知》（国发［2001］35号）确定的彩票公益金分配原则和国务院批准的2001年彩票公益金基数，财政部决定，从2001年发行彩票筹集的公益金中，安排23.75亿元补充全国社会保障基金。请你会严格按照社会保障基金管理的有关规定管理该项资金，不得挪作他用。

关于批准发行一元面值网点即开型彩票的通知

（2002年8月2日　财政部　财办综［2002］119号）

中国福利彩票发行管理中心：

你中心向我部报送的《关于销售一元面值网点即开型彩票的报告》（中彩发字［2002］79号）收悉，经研究，现就有关事项通知如下：

一、同意你中心发行一元面值的即开型彩票。

二、在进行广告、宣传时，要坚持正确的舆论导向，不得误导彩民。

三、请你中心严格按照现行彩票管理制度，做好即开型彩票发行销售工作。

关于批准《中国足球彩票发行与销售管理办法》（修改稿）的函

（2002年8月8日　财政部　财办综［2002］126号）

国家体育总局办公厅：

你局报送的《关于申请修改〈中国足球彩票发行与销售管理办法〉的函》（体经济字［2002］253号）收

悉，经研究，现函复如下：

一、同意你局提出的三项修改意见。

二、《中国足球彩票发行与销售管理办法》（修订稿）第五章《资金管理》中部分内容与现行彩票管理制度不符，我们进行了修改（见附件），请按修改的意见执行。

附件：中国足球彩票发行与销售管理办法（修订稿）

附件

中国足球彩票发行与销售管理办法

（修订稿）

第一章　总　则

第一条　为了加强对足球彩票的发行与销售管理，保障公民公开、公正、公平参与足球彩票活动的权利，根据国家有关规定，制定本办法。

第二条　足球彩票是以足球比赛为彩票游戏媒介，由购票者预测比赛结果，并以实际比赛结果为彩票兑奖依据的一种体育彩票。

第三条　本办法适用于在中华人民共和国境内从事的足球彩票活动及参与活动的组织和个人。

第四条　国家体育总局授权国家体育总局体育彩票管理中心负责全国足球彩票的组织管理工作。

第二章　组织机构

第五条　国家体育总局体育彩票管理中心（以下简称总局彩票中心）负责拟定足球彩票的发行区域、销售方式、游戏方法及规则，经国家体育总局审核并报财政部批准后实施。

第六条　拟销售足球彩票的省、自治区、直辖市，由省、自治区、直辖市体育局所属体育彩票管理中心（以下简称地方彩票中心）向总局彩票中心提出申请，并由总局彩票中心统一汇总报财政部审核批准。

第七条　经批准销售足球彩票的地方彩票中心，在总局彩票中心的直接领导下，负责对本地区的足球彩票销售活动实施具体管理。

地方彩票中心根据足球彩票销售业务需要，可在本地区设立若干直属分支机构，为特定区域内的销售终端提供管理和技术服务。

第八条 总局彩票中心根据足球彩票发行的需要，可以对地方彩票中心直接进行业务监督、市场调控和技术管理。

第三章 发行管理

第九条 足球彩票由总局彩票中心统一发行。

第十条 足球彩票以总局彩票中心选定的足球比赛为发行媒介，每一轮次比赛为一个发行周期。

第十一条 每期足球彩票发行的开始时间和截止时间由总局彩票中心根据足球比赛赛程安排确定。

第十二条 每场比赛的结果，以当值主裁判在比赛结束时的判决结果为准。本实施办法特别规定除外。

第十三条 在每期足球彩票发行过程中，如遇以下情形发生，则特别规定如下：

（一）如参赛一方或双方赛前弃权，则该场比赛的开奖结果将采取统一摇奖的方式产生。

（二）如参赛一方在比赛过程中罢赛，无论对方已实际得分（进球）多少，均认定对方以三比零胜；如参赛双方在比赛过程中罢赛，无论双方已实际得分（进球）多少，则该场比赛的开奖结果采取统一摇奖的方式产生。

（三）在一期足球彩票销售过程中，如某场比赛因客观因素推迟或中断，则：

1. 该场比赛在下一竞猜轮次比赛前补赛，则该场比赛的开奖以实际比赛结果为准，当期计奖工作推迟进行；

2. 该场比赛在下一竞猜轮次比赛后补赛或取消比赛，则该场比赛的开奖结果采取统一摇奖的方式产生。

（四）在一期足球彩票销售过程中，如某场比赛因故提前（当期彩票截止销售前）举行，则：

1. 该场比赛提前一天（24 小时）进行，则该场比赛开奖结果以实际比赛结果为准，当期销售截止时间提前一天（24 小时）；

2. 该场比赛提前超过一天（24 小时）进行，则该场比赛的开奖结果将采取统一摇奖的方式产生。

（五）一轮比赛结束后，如足球比赛组织机构裁定其中某场比赛结果无效，或更改某场比赛的结果，将不对足球彩票开奖产生任何影响，本期足球彩票仍以原当值主裁判实际裁定的比赛结果为本期开奖依据。

（六）在一期足球彩票开始销售前，如确知已公布的竞猜场次中有提前或推迟比赛的场次，则总局彩票中心可从同一轮次的其他比赛中选择场次替换该场比赛，并及时在指定的媒体予以公告。

第十四条 当出现第十三条（一）、（二）、（三）、（四）情况需要统一摇奖时，由公证人员封存销售数据资料之后，并在其监督下根据游戏规则摇出该场足球比赛结果，并与其他场次比赛结果作为本期开奖依据。

第十五条 每期足球彩票的开奖结果以总局彩票中心的公告为准。

第十六条 供足球彩票购票者选择填写的专用投注单，以及销售终端机用于打印正式预测结果的兑奖彩票，由总局彩票中心统一印制。

第四章 销售管理

第十七条 根据足球彩票游戏规则确定的每一组有效组合数据称为一注，每注 2 元。严禁溢价或折价销售。

第十八条 足球彩票须采用总局彩票中心统一设立的中国体育彩票计算机销售系统销售。

第十九条 足球彩票销售点出具的正式兑奖彩票为足球彩票的惟一兑奖凭证，并以兑奖彩票所记录的预测结果为准。

足球彩票专用投注单只用于辅助购票者投注，不作为足球彩票兑奖凭证，也不作为购票者投注结果的间接证明。

第二十条 足球彩票购票者每次复式投注的数量不得高于10 000注。

第二十一条 足球彩票的兑奖有效期为 28 天（自开奖第二日起计），逾期未兑奖者视为自动弃奖，不再予以兑付。

第五章 资金管理

第二十二条 足球彩票销售总额按以下比例分配：

（一）公益金 35%；

（二）奖金 50%，其中调节基金为奖金总额的 2%；

（三）发行经费 15%。

第二十三条 足球彩票的公益金统一纳入体育彩票公益金管理，依照财政部及国家体育总局的有关规定执行。

第二十四条 足球彩票销售总额的 50% 用于返奖奖金，奖金总额的 2% 为调节基金；专项用于支付各种不可预见情况下的奖金支出风险、调节浮动奖奖金以及设立特别奖。调节基金由以下几部分组成：

（一）按不高于返奖奖金 2% 提取；

（二）浮动奖奖金取整后的余额；

（三）设置奖池的弃奖收入；

（四）逾期未退票的票款。

第二十五条 足球彩票设置奖池，奖池由滚存的未中出的浮动奖金额组成，包括：

（一）未中出的浮动奖奖金；

（二）超出头等奖单注封顶限额部分的奖金。

奖池用于头等奖奖金支出。奖池与当期奖金中用于头等奖的部分及调节基金转入部分合并颁发头等奖奖金。

第二十六条 发行经费（15%）按下列比例划分（以足球彩票销售总额为基数）：

（一）总局彩票中心足球彩票印制费、系统运行维护和开发费等 2%；

（二）总局彩票中心中央发行费 1%；

（三）地方彩票中心发行和销售费用 12%。

第二十七条 足球彩票的中奖奖级根据不同的游戏种类，可同时设固定奖级和浮动奖级，或只设浮动奖级。固定奖级按照预先设定的奖金金额派发奖金；浮动奖级按照预先划定的比例派发奖金。

第二十八条 每期足球彩票返奖奖金扣除应提取的调节基金及当期固定奖级应派发中奖奖金总数的剩余部分，按照设定的浮动奖分配比例划分各级浮动奖级的奖金数额。浮动奖奖金按该奖级的中奖总注数平均分配。

第二十九条 如果一注同时中多个奖级，则只按其所中的最高奖级兑付奖金，不可兼中兼得。

第三十条 逾期未兑奖者，视为自动弃奖，弃奖奖金纳入调节基金。

第六章　系统管理

第三十一条 足球彩票由中国体育彩票计算机销售系统（以下简称系统）统一发行和销售。

第三十二条 系统由三级运营网络构成，即：总局彩票中心数据主中心（以下简称主中心）、地方彩票中心数据分中心（以下简称分中心）和销售终端。

主中心负责足球彩票全国发行技术参数的确定、全国销售统计数据的汇总以及开奖和计奖等管理；分中心根据主中心的指令，负责足球彩票本地区发行技术参数的下达、本地区销售数据的采集和统计、本地区的计奖检索以及奖金兑付等工作；销售终端按照数据分中心的指令实施足球彩票销售和奖金兑付等工作。

第三十三条 足球彩票的系统应用软件由总局彩票中心统一管理，其他任何单位或个人均不得擅自更换和更改。

第三十四条 各分中心每期足球彩票的原始销售数据汇总后，须先行认定其中的有效数据和无效数据，确认可参与开奖的有效数据，并在公证人员的现场监督下备份封存，作为鉴别数据有效性和真伪性的依据。

第三十五条 销售终端在售票过程中，如果发生售票数据输入完结，但购票人未付款或输入数据与购票人的选择存在误差的，已输入的数据为无效数据，视为取消票，并须立即按照取消票的操作规定，将已输入的无效数据做取消票处理。

第三十六条 每期足球彩票销售结束，如果销售终端因故未将销售数据在规定的时间内传输至分中心，则该销售数据为无效数据，所售出的彩票视为无效票。

无效票经公证人员公证后，不列入开奖有效数据，并由各地方彩票中心在开奖前予以公告。

出现无效票的销售终端须在其销售现场公告，并将本销售终端售出的无效票原价回收；无效票购买者应在二十八天内到其购票的销售终端，按其实际购票金额办理退票、退款手续。

第八章 附 则

第三十七条 足球彩票的具体游戏规则另行制定和发布。

第三十八条 本办法由国家体育总局授权国家体育总局体育彩票管理中心负责解释。

第三十九条 本办法自发布之日起施行。

财政部关于警惕伪造彩票管理批文欺骗行为的通知

（2002 年 8 月 27 日 财政部 财综函［2002］19 号）

各省、自治区、直辖市财政厅（局）：

最近，个别地区出现不法分子伪造财政部彩票管理批文，企图通过与地方政府联合兴建赛马场，进而举办赛马会的欺骗活动。财政部从未批准过任何地方、部门或公司举办赛马会。这种伪造国家公文的行为，侵犯了国家机关的行政权力，触犯了国家法律，是一种严重的刑事犯罪。目前，财政部已将发现的伪造财政部批文事件移交公安机关处理。

彩票管理是国务院赋予财政部门

的一项新的职能。各级财政部门要提高警惕，加强对国家彩票管理政策和制度的学习了解，加大对国家彩票管理政策和制度的宣传力度，增强鉴别彩票领域违法犯罪行为的敏锐性和识别力，避免受骗上当，并积极主动地协助执法机关打击彩票领域中的各种违法犯罪活动，维护彩票市场正常秩序。

财政部关于彩票资金结余专户管理问题的复函

（2002 年 9 月 17 日　财政部　财综函［2002］21 号）

福建省财政厅：

你厅《福建省财政厅关于彩票资金结余专户管理问题的请示》（闽财综［2002］106 号）收悉。经研究，现函复如下：

根据财政部、民政部《关于印发〈社会福利基金使用管理暂行办法〉的通知》（财社字［1998］124 号）和国家体育总局、财政部、中国人民银行《关于印发〈体育彩票公益金管理暂行办法〉的通知》（体经济字［1998］365 号）的有关规定，社会福利基金和体育彩票公益金应全额缴入同级财政专户，实行收支两条线管理。因此，2002 年度以前的彩票公益金（社会福利基金）应全部纳入同级财政专户管理。凡尚未纳入财政专户的，应立即补缴入库，并由同级财政部门按《财政部关于印发〈预算外资金管理实施办法〉的通知》（财综字［1996］104 号）的有关规定进行处理。

此复。

财政部关于包号销售彩票的意见

（2002 年 9 月 26 日　财政部　财综［2002］59 号）

中国福利彩票发行管理中心：

你中心向我部报送的《关于呈送四川省福利彩票“包号”一事的请示》（中彩发字［2002］107 号）收悉，经研究，意见如下：

根据《四川省 22 选 5 电脑福利彩票游戏规则》第十五条规定，“单式投注是在 22 个号码中选择一组 5 个号码的组合为一注的单式投注；复式投注是在 22 个号码中选择 6 至 14 个号码，将每 5 个号码的所有组合方式均作为一注投注号码的多注投注”，彩民通过采用多个单式投注、多个复式投注或多个两种投注方式组合的集合购买彩票，均可产生包号结果，也就是说，若投注者购买 22 选 5 游戏的所有组合，其结果即是游戏规则中规定的所有单式投注或复式投注的集合，因此，彩票机构应购买者的要求包号销售电脑彩票，没有违反《四川省 22 选 5 电脑福利彩票游戏规则》中有关规定，符合现行国家彩票管理有关规定。

关于确认北京市福利彩票电话投注系统方案的批复

（2002 年 9 月 28 日　财政部　财办综［2002］173 号）

北京市财政局：

你局报来的《关于报送北京市福利彩票电话投注系统方案的请示》（京财综［2002］1940 号）收悉。我们对请示及所附的“北京风采”电脑福利彩票电话投注系统结算方式和规则、“北京风采”电脑福利彩票电话投注规则、“北京风采”电脑福利彩票电话投注系统的安全性认证与规则、“北京风采”电脑福利彩票电话投注系统编码规则和操作说明、北京市福利彩票电话投注系统实施方案等进行了认真审核，同意福利彩票机构按照上述方案在北京进行福利彩票电话投注方式试点，请严格按照现行彩票管理制度的有关规定，督促北京市福利彩票中心做好试点工作，发现问题请及时报告财政部综合司。

附件：一、“北京风采”电脑福利彩票电话投注系统结算方式和规则

二、“北京风采”电脑福利彩票电话投注规则

附件一

“北京风采”电脑福利彩票
电话投注系统结算方式和规则

北京市电脑福利彩票电话投注系统支持三种类型的结算方式：即银行（卡）结算、移动和联通代收费及电话投注卡结算方式。

1. 银行（卡）结算

北京市电脑福利彩票电话投注系统支持个人银行卡和银行储蓄账户作为投注付款结算账户，简称银行（卡）结算，下同。银行（卡）结算提供直接扣款和子账户两种方式。直接扣款是当彩民投注时，电话投注系统直接通过与银行的连接进行在线对银行账户实时扣款并完成支付。由于直接扣款方式每一笔交易都要求银行进行在线实时扣款，在投注高峰期或者投注量较大时会对银行主机处理形成很大的压力，除此之外，购买彩票的单笔交易金额一般较小，单笔交易成本较高，因此不推荐使用这种结算方式。投注子账户方式是指在电话投注系统中为投注者设立银行账户的子账户。投注子账户与银行子账户具有如下的约束和关系：

• 投注子账户是银行子账户在远程的影子账户。

• 投注子账户由电话投注系统

进行管理。

• 银行端对于银行子账户有关余额增减、查询方面的任何操作将导致两者发生通讯，并将投注子账户的余额回送至银行端进行处理，同时对投注子账户的余额进行相应的增减操作。

• 电话投注系统端不提供账户现金业务。

• 开户可以在任何一端进行。

• 北京市福利彩票中心在相应银行开设保证金账户，各个投注子账户的余额记入保证金账户中。

• 每期投注结束后，同银行的结算金额为当期通过银行子账户结算产生的投注发生额减去低等级奖金额，并从相应银行保证金账户中划出结算金额即可完成银行(卡)结算工作。

• 为安全起见，银行转账可以设定限额。

• 银行卡或储蓄存折等、开户时的身份证件、投注密码是领取大奖的凭证。

2. 手机话费结算

• 投注者在中国移动或者联通开通手机投注业务。

• 投注者的投注账户与手机号码关联，即投注账户就是手机号码，手机号码就是投注账户。

• 投注者使用手机进行投注，电话投注系统首先向中国移动或者联通发出扣款请求，扣款成功本次投注才生效；如果不成功，则取消本次投注，并提示投注失败的信息。

• 电话投注系统不对账户进行管理维护。电话投注系统仅记录手机的投注信息，即投注账单。

• 如果投注者中奖，小奖返还账单直接提交给中国移动或者联通的短信服务结算中心，由其返还到相应的电话账户上，大奖由本人到北京市福利彩票发行中心指定部门领取。

• 在每一期投注结束之后，电话投注系统要和中国移动或者联通进行对账，提供自动对账和人工对账两种方式。

• 手机 SIM 卡等可以提供手机号码的凭证、开户时使用的身份证件、投注密码是领取大奖的凭证。

3. 电话投注卡

• 投注卡带有卡号、密码和面值。

• 卡号由北京市福利彩票发行中心进行统一管理和分配。

• 如果希望使用具有银行充值功能的投注卡，则把投注卡号作为投注账户使用。投注卡可以和个人银行账户关联。

• 投注者需要先开户才可以进行投注，开户输入相关身份证件。

• 投注者可以对账户进行充值，使用定值，如：50，100，200……。

• 投注者进行投注，当投注成功之后，扣除投注卡账户相应金额。

• 如果投注者中奖，小奖直接返

还到投注卡账户，大奖由本人到北京市福利彩票发行中心指定部门领取。

• 如果使用可充值投注卡，投注者可将投注卡资金转到指定的银行账户，也可随时充值。

• 开户后的电话投注卡可以挂失，但没有开户的投注卡不能挂失。

• 电话投注卡、开户的身份证件、投注密码是领取大奖的凭证。

附件二

“北京风采”电脑福利彩票电话投注规则

第一章 总 则

第一条 为发展社会福利和公益事业，经中国福利彩票发行中心同意和财政部批准，北京市福利彩票发行中心在北京地区新增电话投注方式发行“北京风采”电脑福利彩票（北京乐福－7/32，北京乐透－7/36，北京千禧－3D），以下简称“北京风采”电脑福利彩票。

第二条 电话投注是指投注者通过电话（含固定电话和移动电话，以下同）购买彩票的方式。

第三条 “北京风采”电脑福利彩票电话投注系统是一个建立在电信网络系统、移动网络系统和银行网络系统之上的无纸化、记名式、全热线福利彩票电话销售系统。“北京风采”电脑福利彩票电话投注系统包括固定电话、移动电话拨号投注（彩民按电话语音的提示进行投注）和手机短信投注两种方式：该系统作为目前“北京风采”电脑福利彩票热线销售系统的辅助部分，与原有热线系统采用完全相同的玩法，同一奖池和相同的开、兑奖规则。

第四条 凡使用“北京风采”电脑福利彩票电话投注系统购买“北京风采”电脑福利彩票者，均视为认同并遵守经财政部批准的“中国福利彩票（电脑乐透型－7/32）北京市承销细则”，“中国福利彩票（电脑乐透型－7/36）北京市承销细则”，“中国福利彩票（北京千禧－3D）北京市承销细则”和本规则。

第二章 电话投注结算

第五条 “北京风采”电脑福利彩

票电话投注系统提供银行(卡)结算、移动和联通代收费及电话投注卡结算方式。

第六条 银行（卡）结算指投注者通过银行卡、储蓄账户支付购买彩票所需资金的方式。

第七条 移动和联通代收费方式指通过移动和联通公司从投注者手机付费的账户或储值中支付购买彩票所需资金的方式。

第八条 电话投注卡是北京市福利彩票发行中心发行，专门用于投注结算的一种储值卡。电话投注卡上印有面值、卡号和经保密处理的密码。

第九条 电话投注卡的面值有20、50、100和200元四种。投注卡按面值销售，面值即为投注备用金，投注者从投注卡中支付购买彩票所需的资金，每次投注所需投注资金不能超过投注卡中剩余的资金。

第十条 电话投注卡可以在银行或电话投注客户服务中心进行充值,同时遵守电话投注卡充值的有关规定。

第十一条 投注者需妥善保管电话投注卡。不得将本人卡号和密码转告他人，否则因此产生的风险及损失由投注者本人承担。

第三章 电话投注开户

第十二条 所有电话投注者需先进行开户，进行身份登录。有效身份证件包括居民身份证、军人证或护照，证件号码一经输入便不得更改。已经开户的投注者，以后每次进行电话投注时，无需再进行身份登录。

第十三条 采用银行（卡）结算的投注者可到银行柜台或通过电话银行进行开户，采用移动或联通代收费的投注者可到其营业点或通过其客户服务中心进行开户，采用电话投注卡的投注者在第一次进行电话投注时即可完成开户。

第十四条 若丢失电话投注卡或忘记密码，投注者本人可凭已开户的身份证件到北京市福利彩票发行中心电话投注客户服务中心办理挂失或修改索取密码手续。未开户的电话投注卡不能挂失。

第四章 投 注

第十五条 投注者应严格遵守电话投注的管理规则与操作方法，因违反管理规则与操作方法而产生的后果由投注者自行承担一切责任。

第十六条 固定电话和移动电话拨号投注者可拨打在北京市开通的投注热线电话（×××）、移动电话短消息投注者使用中文短消息进行投注，并将短消息发送到（×××）。投注和查询的时间按照相应玩法的承销细则规定执行。

第十七条 固定电话投注者拨通投注热线电话进行身份验证后，即可根据电话语音提示完成投注选择、中奖查询、投注查询、开奖公告、修改密码、奖金划转等非投注操作。投注者在选择投注功能后即可根据语音提示完成机选号或自选号、复式、胆拖、多期等多种方式投注。

第十八条 移动电话投注者在进行身份验证后，即可用中文短消息功能完成账户查询、投注查询、中奖查询、开奖公告、修改密码等操作，同时也可进行机选号或自选号、复式、胆拖、多期等多种方式的投注。

第十九条 投注者每投注一次，投注结算账户或投注卡内的资金就减少相应投注金额。

第二十条 通过投注热线拨号投注时，每次投注交易成功后系统会通过自动语音回播投注号码和投注金额。投注者也可以通过投注查询功能随时以语音方式，或者传真方式查询已完成的相关投注信息。

第二十一条 使用移动电话中文短信息投注，每次投注后，投注系统会自动回复一条中文短消息，说明本次投注成功与否。投注者也可以通过投注查询功能随时通过短信息查询已完成的相关投注信息。短消息投注的有效性以每期投注截卡时间前，“北京风采”电脑福利彩票电话投注系统收到正确投注短消息的时间为准。

第二十二条 投注者收到回复短消息的有效时间不是收到短消息当时的时间，而是在短消息内容中记载的时间。

第二十三条 投注者可以自由选择使用热线拨号方式或者短消息方式进行投注和查询。

第二十四条 投注号码及相关信息以北京市福利彩票电话投注系统的计算机记录为准。

第五章 摇　　奖

第二十五条 “北京风采”电脑福利彩票电话投注不单独摇奖，它与“北京风采”电脑福利彩票热线系统投注采用同一彩池，一起摇奖，中奖规则完全相同。摇奖按照“中国福利彩票(电脑乐透型－7/32)摇奖办法”，“中国福利彩票(电脑乐透型－7/36)摇奖办法”，“中国福利彩票(北京千禧－3D)摇奖办法”有关条例执行。

第六章 兑　　奖

第二十六条 “北京风采”电脑福利彩票电话投注根据“中国福利彩票（电脑乐透型－7/32）兑奖办法”，“中国福利彩票（电脑乐透型－7/36）兑奖办法”，“中国福利彩票（北京千禧－3D）兑奖办法”的中奖规则进行对奖并按设奖方案兑取奖金。

第二十七条 电话投注所中的高等级奖金需要投注者到北京市福利彩票发行中心登记、兑奖，其过程按照相应玩法的兑奖细则办理。低等级奖金则自动返还到电话投注者指定的结算账户。

第二十八条 中奖者若要求提取低等级奖金，可以通过奖金划转功能将奖金从电话投注系统转入中奖者指定的银行账户内，中奖者可以到当地或联网银行提取现金。奖金到账时间会因地域、银行的差别而有所不同，一般应在3天内完成。中奖者也可以到北京市福利彩票发行中心指定的地点领取低等级奖金。

第二十九条 采用不同结算方式使用电话投注系统购买彩票的投注者，在领取高等级奖金时凭证按照如下规则提供相关证件：对于银行（卡）结算方式，银行卡或储蓄存折、开户的身份证件、投注密码是领取大奖的凭证；对于手机话费结算方式，手机SIM卡等可以提供手机号码的凭证、开户的身份证件、投注密码是领取大奖的凭证；对于投注卡结算方式，投注卡、开户的身份证件、投注密码是领取大奖的凭证。

第三十条 中奖者奖金若不转出电话投注系统，则可继续用于投注。

第七章 注 销

第三十一条 投注者可以通过命令注销电话投注所开设的账户，使其不能再用于购买彩票。注销过的账户如果要再用于投注，则必须重新进行开户。但如果由于投注者注销账户，而造成中奖金额无法返还，由投注者自行承担损失。

第八章 附 则

第三十二条 本规则由北京市福利彩票发行中心解释。

第三十三条 本规则自发布之日起实行。

财政部关于近年来彩票市场违规情况的通报

（2002年9月29日 财政部 财综［2002］63号）

各省、自治区、直辖市财政厅（局）：

2001年以来，根据《国务院关于进一步规范彩票管理的通知》（国发［2001］35号）的要求，财政部陆续制定并下发了《彩票发行与销售管理暂行规定》（财综［2002］13

号)、《彩票发行与销售机构财务管理办法》(财综［2001］84 号)、《财政部关于加强彩票市场监管的紧急通知》(财综［2002］29 号)等文件，加强了对彩票游戏规则和彩票资金的管理，全国大部分地区彩票市场运行规范有序，发行量持续快速增长。但是，仍有少数地方彩票机构违反彩票管理政策和制度，擅自发行彩票，甚至采用具有赌博性质的游戏规则。这些违规行为严重扰乱了彩票市场秩序，损害了政府形象。为加强彩票市场管理，推动彩票业健康发展，现将近年来一些地方出现的违规情况通报如下：

一、擅自发行地方彩票

《国务院关于进一步加强彩票市场管理的通知》(国发［1993］34 号)、中共中央办公厅和国务院办公厅《关于严格彩票市场管理　禁止擅自批准发行彩票的通知》(中办发电［1994］21 号)、《国务院关于进一步规范彩票管理的通知》等都明确规定，彩票发行的审批权集中在国务院，任何地方或部门均无权批准发行彩票。国家禁止发行“六合彩”、“万字票”。但是，一些地方公然违反国家彩票管理政策，未经国务院批准，擅自发行地方彩票，所得资金没有纳入国家彩票资金分配和管理体系。海南省体育彩票管理中心自 2000 年 10 月至 2002 年 6 月，擅自发行国家明令禁止的“万字票”；海南省福利彩票发行中心于 2001 年 10 月至 12 月、2002 年 1 月至 3 月、2002 年 6 月至 7 月期间，以搞所谓即开型福利彩票“二次开奖促销活动为名”，先后在海口、三亚、文昌、琼山、琼海、万宁等市县，擅自采用“11 选 1”的游戏规则发行彩票；湖南省福利彩票发行中心效仿海南省福利彩票中心的做法，于 2002 年 6 月 16 日至 6 月 24 日，擅自采用“12 选 1”的游戏规则发行地方专项彩票；内蒙古自治区二连浩特市民政局同样效仿海南省福利彩票中心的做法，于 2002 年 7 月 17 日至 7 月 23 日，擅自采用“10 选 1”的游戏规则发行彩票。

二、违反游戏规则管理政策和制度

财政部发布的《彩票发行与销售管理暂行规定》明确规定，“各种彩票的游戏规则及发行销售方式，由彩票发行机构报财政部审核批准。未经财政部批准，任何彩票不得上市发行销售”，并且只允许采用比例返奖方式，即彩票的奖金来源于一定比例的彩票销售收入，不允许实行赔率式返奖。但是，海南、湖南、内蒙古等地方福利彩票机构在擅自发行地方性彩票时，不仅采用的游戏规则未经财政部批准，而且还采用了国家政策禁止的赔率式返奖，具有明显的赌博性质。另外，2002 年 4 月，福建省福利彩票发行中心和体育彩票管理中心，违反彩票游戏规则审批程序，未经财政部批准，先后擅自采取“21 选 5”游戏规则发行彩票。

三、违规宣传

为防止彩票机构发布的信息误导彩民，规范市场竞争行为，财政部发布的《彩票发行与销售管理暂行规定》第三十条第二款规定，“不得公布下期（次）预计销售额和奖金额。”但广西福利彩票发行中心、甘肃福利彩票发行中心、甘肃体育彩票管理中心、青海福利彩票发行中心、宁夏福利彩票发行中心、陕西福利彩票发行中心、陕西体育彩票管理中心等无视规定要求，仍在公开发布信息时公布下期（次）预计销售额和奖金额。

上述违规现象的发生，反映出当前规范彩票机构发行销售行为，维护彩票市场正常秩序的任务仍然十分艰巨。各地财政部门要从中汲取教训，按照国务院《关于进一步规范彩票管理的通知》，以及财政部的有关规定，严格执行现行彩票管理政策和制度要求，加强对彩票发行销售活动的监督管理，建立对开奖和中心机房等重要工作环节的监督检查制度，经常对本地区彩票市场进行检查，及时查处各种违规行为，切实履行好监管彩票市场的职责。

财政部关于社会福利基金利息有关问题的复函

（2002 年 10 月 10 日　财政部　财综函［2002］24 号）

审计署：

你署《审计署关于商请明确社会福利基金利息有关问题的函》（审函［2002］131 号）收悉，经研究，现函复如下：

我部和民政部联合下发的《关于印发〈社会福利基金使用管理暂行办法〉的通知》（财社字［1998］124

号）中社会福利基金的存款利息是指缴入预算外资金收入过渡户后的存款利息，社会福利基金的存款利息从缴入预算外资金收入过渡户后开始计算。凡纳入预算外资金收入过渡户的社会福利基金产生的利息，应计入社会福利基金上缴财政专户。由于中国福利彩票发行管理中心收取的社会福利基金在该中心存储期间尚未纳入预算外资金收入过渡户，因此其存款利息不计入社会福利基金缴入民政部预算外资金过渡户。

此复。

财政部　民政部关于下达 2002 年度福利彩票公益金上缴比例的通知

（2002 年 10 月 11 日　财政部　民政部　财综［2002］65 号）

各省、自治区、直辖市财政厅（局）、民政厅（局）：

根据《国务院关于进一步规范彩票管理的通知》（国发［2001］35 号）确定的彩票公益金分配原则和国务院批准的 2002 年彩票公益金基数，按照全年福利彩票发行 170 亿元，我们确定了 2002 年各省、自治区、直辖市福利彩票公益金上缴比例。现将有关事项通知如下：

一、福利彩票公益金按发行额的 20% 上缴中央。

二、各省、自治区、直辖市财政厅（局）应按上述比例及时向财政部上缴福利彩票公益金。

三、执行中，如果实际发行额超过 170 亿元，超出部分的公益金缴入财政专户后暂不得动用，待年度终了，根据福利彩票全年实际发行额对公益金上缴比例进行调整后再做分配。

财政部关于批准全国联网销售乐透型电脑体育彩票的函

（2002年10月23日　财政部　财综［2002］71号）

国家体育总局：

你局送来的《关于发行全国联网、统一计奖电脑体育彩票的申请函》（体经济字［2001］491号）收悉，经研究，现函复如下：

一、原则同意你局在全国范围内组织乐透型电脑体育彩票联网销售。

二、请按财政部《彩票发行与销售管理暂行规定》中有关要求，将拟联网销售的地区、游戏规则、资金结算办法、销售管理办法等报财政部审批。

三、正式开始联网销售前，财政部将组织有关专家对联网销售系统及组织工作进行验收，合格后允许上市销售。

关于足球彩票调节基金派发方案的批复

（2002年10月24日　财政部　财办综［2002］179号）

国家体育总局体育彩票管理中心：

你中心报来的《关于审定足球彩票调节基金派发实施方案的函》（体彩字［2002］513号）收悉，经研究，现批复如下：

一、同意你中心在足球胜负彩票一等奖单注中奖奖金不足100万元时，从一等奖中奖彩票中随机抽出2注，每注补足至500万元，差额部分从调节基金中支付。

二、本次派送活动自02024期足球彩票开始，暂定三期。当期一等奖单注中奖奖金超过100万元（含100万元），则派送活动顺延。

三、你中心在实施派送活动前，必须将财政部批准文件名称、文号及《从足球彩票一等奖中奖彩票中抽取两注规则》向社会公告，并遵循公开、公平、公正的原则，严格按照公告的抽取办法组织实施。

四、请认真做好派发活动，活动结束后，请将奖金派发情况报财政部。

附件：从足球彩票一等奖中奖彩票中抽取两注规则

附　件

从足球彩票一等奖中奖彩票中抽取两注规则

一、本规则为足球彩票派发调节基金专用，不适应于足球彩票正常开奖。

二、当足球彩票正常开奖一等奖单注中奖奖金不足100万元时，按照本规则从一等奖中奖彩票中抽出两注。

三、本规则依据足球彩票正式打印票序列号为抽取依据。足球彩票序列号为20位长的数字，每张彩票序列号具有惟一性，打印在彩票标题下第一行左侧。

四、正常开奖如一等奖单注中奖奖金不足100万元，则将全部一等奖中奖彩票序列号检索出来并存放在一台计算机中，以备检索。

五、在公证人员监督下，通过摇奖专用设备从0—9共10个号码中摇出一个号码。

六、对号采取位数递进方法，即从序列号倒数第一位开始，摇出号码在计算机中检索，序列号倒数第一位与摇出号码相同，则该张彩票入选或入围，具体情况如下（以摇出号码5为例）：

（一）检索结果序列号倒数第一位为5的彩票三张以上（含三张），则对应彩票入围，其余彩票淘汰。再从0—9中摇出一个号码，从入围彩票中序列号倒数第二位检索，依次递进，直至产生两注入选彩票。

（二）检索结果序列号倒数第一位为5的彩票二张，则该两张彩票即为入选彩票，摇号结束。

两张彩票即为入选彩票,摇号结束。

（三）检索结果序列号倒数第一位为5的彩票一张，则该张彩票即为第一张入选彩票，再从剩余的9个号码中摇出第二个号码，检索另一张彩票。本款适应情况（一）检索序列号倒数第二位之情形。

（四）检索结果序列号倒数第一位为5的彩票没有，则从剩余的9个号码中再摇出一个号码，按同样方法重新检索，以此类推。

七、当一张彩票为多注单式投注且两注（含）以上中一等奖时，摇奖前我中心将在公证人员的监督下，在保留其原序列号之外，为其他中一等奖中奖注数编写对应20位序列号，参与抽取活动。序列号编写办法：在原彩票序列号数字基础上加1，如新编序列号与其他一等奖中奖彩票序列号重复，则再加1，依此类推。

复式投注单张彩票不存在多注一等奖中奖情况。

八、本规则解释权属国家体育总局体育彩票管理中心。

财政部关于批准全国联网销售乐透型电脑福利彩票的函

（2002年10月25日　财政部　财综［2002］70号）

民政部：

你部送来的《关于请予审批开展多省联合销售电脑福利彩票的函》（民函［2002］44号）收悉，经研究，现函复如下：

一、原则同意你部在全国范围内组织乐透型电脑福利彩票联网销售。

二、请按财政部《彩票发行与销售管理暂行规定》中有关要求，将拟联网销售的地区、游戏规则、资金结算办法、销售管理办法及技术方案等报财政部审批。

三、正式开始联网销售前，财政部将组织有关专家对联网销售系统及组织工作进行验收，合格后允许上市销售。

财政部　国家体育总局关于暂停分配体育彩票公益金的通知

（2002 年 10 月 28 日　财政部　国家体育总局　财综［2002］75 号）

各省、自治区、直辖市财政厅（局）、体育局：

根据《财政部　国家体育总局关于体育彩票公益金上缴比例的通知》（财综［2002］36 号）规定，2002 年体育彩票实际发行额超过 150 亿元后，超出部分的公益金缴入财政专户后暂不得动用。按目前体育彩票发行进度，预计 9 月底发行量将达到 150 亿元。为了保证中央集中公益金的收缴，自 10 月份起，各地发行体育彩票筹集的公益金缴入财政专户后暂不得进行分配，待年度终了，根据体育彩票全年实际发行额调整公益金上缴比例后再做分配，请各地财政、体育部门认真执行。

财政部　民政部关于尽快上缴福利彩票公益金的通知

（2002 年 11 月 4 日　财政部　民政部　财综［2002］77 号）

各省、自治区、直辖市财政厅（局）、民政厅（局）：

根据《国务院关于进一步规范彩票管理的通知》（国发［2001］35

号）确定的彩票公益金分配原则和国务院批准的2002年彩票公益金基数，财政部、民政部联合下发了《财政部民政部关于下达2002年度福利彩票公益金上缴比例的通知》（财综［2002］65号），确定了2002年福利彩票公益金按发行额的20%上缴中央。由于2002年民政部“星光计划”任务重，资金缺口大，为了保证“星光计划”的顺利实施，请各省、自治区、直辖市在2002年11月20日前，按福利彩票发行额和规定的上缴比例尽快向财政部上缴福利彩票公益金。

财政部　公安部　工商总局
民政部　体育总局关于坚决
打击赌博活动　大力整顿彩票市场秩序的通知

（2002年11月26日　财政部　公安部
工商总局　民政部　体育总局　财综［2002］82号）

各省、自治区、直辖市人民政府：

最近，以“六合彩”、赌球等形式进行的赌博活动在一些地区又有所抬头。这些赌博活动严重扰乱了社会经济秩序，毒化了社会风气，影响了社会稳定，必须依法坚决予以打击。经国务院同意，财政部、公安部、工商总局、民政部、体育总局根据国家现行法律、行政法规和彩票管理制度规定，将组织力量开展打击以“六合彩”、赌球等形式进行的赌博活动，大力整顿彩票市场秩序。现将有关事项通知如下：

一、彩票发行批准权属国务院。彩票是在中华人民共和国境内发行，供人们自愿选择和购买，并按特定的游戏规则获得中奖权利的凭证。彩票发行批准权属国务院，未经国务院批准，任何地方、部门、组织和个人均不得发行和变相发行彩票。目前，国务院只批准民政部和国家体育总局，在全国范围内分别发行中国福利彩票和中国体育彩票。

凡未经国务院批准擅自发行彩票或以有奖销售为名发行彩票，或以一定价款给付为前提，公开组织对某种竞赛进行竞猜，参与者可根据其给付价款和竞猜结果获得中奖权利的行为，均属非法发行或变相发行彩票的赌博行为，有关部门应依法予以查处。

二、加强领导。各级政府要以“三个代表”重要思想为指导，从维护正常的经济秩序，保持社会稳定，促进社会主义精神文明建设的大局出发，组织财政、公安、工商等有关部门，依法严厉打击以“六合彩”、赌球等形式进行的赌博活动，重点打击组织赌博活动的庄家、赌头。同时，对组织、参与、包庇和纵容赌博活动的党政机关工作人员，要依法予以严肃处理。对此类赌博活动问题突出，并造成严重社会后果的地方，要追究当地有关领导的责任。

三、明确职责。各级财政部门要根据整顿市场经济秩序的要求，会同公安、工商、民政、体育等部门对彩票市场进行全面清理整顿，研究制定打击、取缔非法发行彩票和变相发行彩票等赌博活动的政策措施，维护彩票市场正常秩序；严肃查处彩票机构违规行为，对情节严重的，要对主要责任人给予纪律处分；根据国家法律和市场需求，支持彩票机构积极稳妥地开拓彩票市场，并为打击赌博活动提供必要的财力保障。各级公安机关要充分发挥职能作用，配合有关部门切实加强彩票市场的治安管理工作，集中力量侦办一批大案、要案，依法查处组织、策划发行“六合彩”、赌球等赌博活动的庄家、赌头及骨干人员，构成犯罪的，依法追究刑事责任。必要时，可选择一批典型案件公开曝光，以案释法，震慑违法犯罪分子。各级工商行政管理部门要加强对有奖销售活动的控制和管理，依法严厉打击不正当有奖销售活动，会同财政部门查处利用有奖销售形式变相发行和销售彩票的行为。民政和体育部门承担着彩票发行和销售任务，要严格遵守国家有关彩票管理的政策和制度，积极稳妥地开拓彩票市场，未经批准不得擅自改变游戏规则和发行销售方式。

四、做好宣传。宣传部门要加强对打击“六合彩”、赌球等赌博活动的宣传力度，充分利用各种传媒，积极宣传国家有关法律法规和彩票发行管理的政策，揭露赌博活动的危害性，增强群众的法制观念，提高全社会自觉抵制“六合彩”、赌球等赌博活动的意识，树立国家彩票的公益形象，建设健康的彩票文化。

财政部关于修订彩票保底奖金规定的通知

（2002 年 12 月 6 日　财政部　财综［2002］86 号）

中国福利彩票发行管理中心，国家体育总局体育彩票管理中心：

为促进彩票发行销售工作，根据全国彩票市场发展需要，决定对《财政部关于印发〈彩票发行与销售管理暂行规定〉的通知》（财综［2002］13 号）第十五条进行修订，将原第十五条“彩票机构不得设置奖池保底奖金。但初始发行某种彩票时，可用发行经费结余一次性设置不超过 200 万元的保底奖金，具体数额在游戏规则中报财政部审批”，修订为：“彩票机构不得设置奖池保底奖金。但初始发行某种彩票时，可用发行经费结余一次性设置保底奖金。以单个省级行政区域设置统一奖池的，保底奖金额最高不得超过 200 万元；全国或多个省级行政区域联合设置统一奖池的，保底奖金额最高不得超过 500 万元。具体奖池保底金额和设奖方案需在申报游戏规则时报财政部审批。”

关于“五子登科”“幸运扑克”“四喜临门”即开型福利彩票游戏规则的通知

（2002 年 12 月 16 日　财政部　财办综［2002］210 号）

中国福利彩票发行管理中心：

你中心报送的《关于发行“五子登科”等三种即开型彩票的请示》（中彩发字［2002］62 号）收悉，经研究，现就有关事项通知如下：

一、同意你中心试点发行“五子登科”、“幸运扑克”、“四喜临门”即开型福利彩票，并按所报管理办法和游戏规则组织实施。自本通知下发之日起，试点发行一年。

二、试点发行地区为山东、福建、重庆等 3 个地区。正式销售前，彩票机构应将销售方案报本地区省级财政部门审核批准。

三、试点发行期间，每月向财政部和当地财政部门上报该彩票发行量、奖金返还金额、奖池资金返还情况。

四、试点发行期结束后 1 个月内，向财政部提交试点发行情况报告，财政部将视试点发行情况，决定是否继续或扩大发行。

五、在试点发行期间的对外公告和宣传中，应注意舆论导向，不得误导彩民。

六、请你中心严格按照现行彩票管理规定，做好彩票销售工作。

附件：

一、“五子登科”、“幸运扑克”、“四喜临门”即开型福利彩票管理办法

二、“五子登科”即开型福利彩票游戏规则

三、“幸运扑克”即开型福利彩票游戏规则

四、“四喜临门”即开型福利彩票游戏规则

附件一

“五子登科”、“幸运扑克”、“四喜临门”即开型福利彩票管理办法

第一章　总　　则

第一条　根据财政部关于《彩票发行与销售管理暂行规定》（财综［2002］13 号）制定本规则。

第二条　本规则适用于“五子登科”、“幸运扑克”、“四喜临门”等即开型福利彩票的发行与销售。凡购买本彩票者均被视为同意并遵守本规则。

第三条　省级销售机构依据本规则制定本地区的实施细则，报中彩中心备案后执行。

第二章　彩　　票

第四条　“五子登科”、“幸运扑克”、“四喜临门”即开型福利彩票面值为2元。每张彩票上印有对照区和对奖区或只印对奖区，其数字或符号均随机设定并覆盖。此外，彩票上还印有保安区，保安区不得刮开，刮开作废。

第三章　销　　售

第五条　“五子登科”、“幸运扑克”、“四喜临门”即开型福利彩票必须在彩票专营店销售，销售人员保证2人以上。所有彩票均由区、市（县）管理站或市场管理员专人配送到点，并由市场管理员负责采取早上售前开锁、晚上售后落锁，同时进行销售和余票数量登记及资金日清日结的管理方法。

第六条　每张彩票售出时，均须加盖销售印章。销售印章的内容包括销售点编号、销售日期以及某种彩票在同一销售点的累计销售顺序号。

第四章　奖金与兑奖

第七条　奖金返还率为50%。省级销售机构统一设置奖池，统一核算。

第八条　奖池资金专项用于奖金支出，调节奖金支出风险。奖池资金的来源，为销售额中提取的将奖金补足50%的部分。

第九条　奖池资金每月结算一次，若当月奖池资金累计超过当月销售额，由省级销售机构在下一个结算期内，将一等奖奖金额提高到原奖金额的150%；若奖池资金等于或低于当月销售额，一等奖奖金额维持原有金额。若当月提取的奖金和奖池资金不足以支付当月奖金实际支出时，从发行费列支。

第十条　奖池资金的数额，须定期向当地财政部门通报，接受监管。同时，经公证后定期向社会公布，接受社会公众的监督。

第十一条　购票者可在对奖区按购票须知的要求，自主选择刮开若干个数字或符号，如与对照区的数字或符号部分或全部相同，或与本彩票规定的中奖符号一致，即为中奖。各奖奖级兼中不兼得，只得所中最高奖级的奖金。

第十二条　中奖彩票是兑奖凭证，若因玷污、损坏，不能识别其中奖符号，或因彩票在不应刮开部分的覆盖膜上有刮痕、划痕等人为损坏以及彩票没有加盖销售印章或销售印章不全，均视为废票，不能兑奖。

第十三条　所有中奖者必须在购买彩票当日内，持中奖彩票在所购销售点及时兑奖，逾期作废。其中一等奖中奖者须在销售点于当日开出盖有销售点印章的中奖证明，并于三日内持本人身份证到指定地点兑奖方为有效。

第十四条 已兑付奖金的中奖彩票，必须及时清点封存，妥善保管，不得损坏刮开膜的未刮部分，直至完成全部结算工作并将中奖彩票销毁为止。

第五章 附 则

第十五条 本规则由中国福利彩票发行管理中心负责解释修订。

附件二

“五子登科”即开型福利彩票游戏规则

一、奖组规模 20 万元

二、面 值 2 元

三、游戏规则 对奖区内随机覆盖 15 个号码（1—15），对照区随机覆盖 15 个号码（1—15）中的任意 5 个。游戏时，刮开对照区的覆盖膜，再刮开对奖区内的任意 5 个号码，如果对奖区与对照区刮出的号码有三个以上相同即为中奖。兼中不兼得，只中高奖。

四、设奖方案

单位：元

奖 级	奖金数额	个 数	奖金总额	中奖条件
一等奖	1 000	33.3	33 300	中五个号码
二等奖	22	1 665	36 630	中四个号码
三等奖	2	14 985	29 970	中三个号码
合 计		16 683.3	99 900	

附件三

“幸运扑克”即开型福利彩票游戏规则

一、奖组规模　20万元

二、面　　值　2元

三、游戏规则　对奖区内随机覆盖24张牌，包括4个花色，每个花色有A、K、Q、J、10、9等6张牌。游戏时，任意刮开4张牌，如果是3张以上同点牌、同花牌或同顺牌，即可中奖。兼中不兼得，只中高奖。

四、设奖方案

单位：元

奖　级	奖金数额	个　数	奖金总额	中奖条件
一等奖	1 000	19	19 000	4张A或4张K
二等奖	100	151	15 100	4张9—Q同点牌或4张同花顺牌
三等奖	6	7 453	44 718	3张同点牌或3张同花顺牌
四等奖	2	10 841	21 682	3张以上同花牌
合　计		18 464	100 500	

附件四

“四喜临门”即开型福利彩票游戏规则

一、奖组规模　20万元

二、面　　值　2元

三、游戏规则　对照区内随机覆盖0—9中的任意4个号码，对奖区内覆盖4组号码，每组号码均为随机分布的10个号码(0—9)。游戏时，先刮开对照区4个号码，再从对奖区每组中任意刮开1个号码，刮出的号码与对照区内号码对称相等即为中奖。兼中不兼得，只中高奖。

四、设奖方案

单位：元

奖　级	奖金数额	个　数	奖金总额	中奖条件
一等奖	1 500	10	15 000	●●●●
二等奖	100	180	18 000	●●●○ ○●●●
三等奖	12	2 610	31 320	●●○○ ○●●○ ○○●●
四等奖	2	17 010	34 020	●○○○ ○○○●
合　计		19 810	98 340	

财政部关于编报2002年彩票发行与销售机构财务报告的通知

（2002年12月20日　财政部　财综［2002］91号）

各省、自治区、直辖市财政厅（局），民政部，国家体育总局：

2002年是彩票发行与销售机构执行全国统一财务会计制度的第一年。为了做好2002年度彩票发行与销售机构财务报告编制工作，真实、全面反映彩票发行与销售机构财务状况和经营成果，根据《财政部关于印发〈彩票发行与销售机构财务管理办法〉的通知》（财综［2001］84号，以下简称《办法》）和《财政部关于彩票发行与销售机构执行〈事业单位会计制度〉有关问题的通知》（财会［2001］63号），现将有关事项通知如下：

一、加强领导，认真贯彻执行彩票发行与销售机构财务会计制度

各级财政综合部门要加强领导，督促彩票发行与销售机构认真执行国家统一的彩票机构财务会计制度，规范彩票机构财务管理行为和会计核算。

各级彩票发行与销售机构要认真执行国家的财经政策，贯彻执行全国统一的彩票发行与销售机构财务会计制度，严格各项内部控制制度，按要求做好2002年度财务报告编制工作。

二、正确核算、准确计量各项资产

各级彩票机构应在年终决算前对各项资产进行彻底清查。

（一）加强即开型彩票出入库管理，认真核实库存彩票，保证账实相符。即开型彩票的出入库是彩票销售活动管理的重要环节，通过彩票的入库、出库、退库、核销、结存数量，可以反映即开型彩票的实际销售额，从而正确计算、提取彩票发行费和公益金。因此，各级彩票机构必须完善彩票出入库管理制度，建立出入库登记表，年度终了前，应对库存即开型彩票进行一次全面盘点清查，并将实际库存的数量与业务部门统计数和财务部门的库存彩票明细账或辅助账、总账进行核对。对于盘盈、盘亏及毁损、报废的库存彩票，应及时查明原因，经省级财政部门审核后，报彩票发行机构批准，在分清责任的基础上区分不同情况进行处理。

各级财政部门应高度重视即开型彩票的管理，督促彩票机构认真执行彩票出入库管理制度，监督库存彩票的清查盘点，核实结存数量。

（二）加强固定资产清理。年终决算之前要进行一次全面盘点清查并编制“固定资产清查表”，全面核对固定资产账单、账卡、账实是否相符。对盘盈、盘亏的固定资产应查明原因，由财产管理部门填制“固定资产盘盈（亏）报告单”，写出书面报告，提出处理意见报财务会计部门。对盘盈的固定资产，财务会计部门进行鉴证，报有权处置部门批准后，按重置完全价值估价入账，建立固定资产卡片。对盘亏的固定资产，财务会计部门进行审核，经有权处置部门批准后，注销固定资产账面价值和固定资产卡片。由此产生的净收益或应由彩票机构负担的损失，计入其他收入或事业支出。

（三）彻底清查各项对外投资，理顺投资关系。对过去通过往来款等途径形成的投资要进行逐项清理核实，并分别债权投资和股权投资进行核算，以完整反映彩票机构对外投资情况，不得形成账外投资。

三、核实彩票销售额，正确分配彩票资金

（一）各级彩票发行与销售机构应按彩票销售期对彩票发行销售额进行财务结算。凡按奖期销售的彩票，以彩票销售结束日所在年度确认彩票销售额时点，销售结束日在本年度的，彩票销售额在本年度反映；网点销售即开型彩票的，按截至12月31日实际对外销售数额确认。年度终了，财务部门应将财务结算销售数与销售业务部门的统计数进行认真核对，保证财务销售数据同业务部门销售统计数据一致。

（二）强化即开型彩票销售结算，通过即开型彩票领用、调拨、核销、库存数量，认真核实即开型彩票销量。各级财政部门要认真履行监管职责，督促彩票机构认真核实即开型彩票销量。

（三）各级彩票机构应按实际销售量结算彩票资金，及时划拨上缴上级和下拨下级彩票机构的发行经费，即开型彩票的公益金要逐级上缴到省级彩票机构。在年度终了20天内，各级彩票机构应结清上缴财政专户的彩票公益金和发行经费。

（四）加强返奖奖金的管理，严格按彩票品种分别核算、使用返奖奖金、调节基金、奖池，不同品种之间不得互相挤占和挪用。严禁透支使用调节基金，凡调节基金已经出现透支的，透支部分转入发行经费列支。经批准停止销售彩票品种节余的调节基金和彩池资金，一律转入公益金上缴财政专户。

返奖奖金必须全部用于返奖，不得挪做他用，也不得长期不用。

各级财政部门应督促彩票机构正确分配彩票资金，及时解缴应上缴财政专户的彩票公益金和发行经费。

四、完整反映各项收支，正确计算结存和结存分配

各级彩票机构的各项收支应统一核算，统一管理。彩票机构的发行经费收入、经营收入、上级补助收入、广告收入、租赁收入、投资收益、利息收入、代征税收税务部门返还手续费收入用于单位开支的部分以及向销售网点收取的各种名目的管理费、维修费、宣传费等，必须纳入收入核算，不得私设小金库。但从财政专户返还的彩票发行经费用于购建固定资产的部分不计事业收入，直接计入事业基金。各级财政部门要督促彩票机构正确、真实计算损益，完整反映财务成果，正确计算结存分配。

五、按规定编制财务报告

（一）报表种类

各级彩票机构2002年度财务会计报表包括资产负债表、收入支出表、库存彩票明细表、彩票销售款明细表、返奖奖金兑付明细表、应缴财政资金清算表、业务费支出明细表和主要指标表以及财务报告说明书。具体报表格式附后，报表金额单位为万元，小数点后保留两位数字，第三位数字四舍五入。

（二）报表汇编范围

为了全面反映本系统彩票机构经营情况和财务状况，彩票机构的会计报表应层层汇总。上级彩票机构除要单独编制本级年度会计决算报表外，还要编制汇总年度会计决算报表，将本级会计报表和经审核过的所属下级彩票机构的会计报表进行汇总，并将上下级之间的彩票往来款项相互抵消，如“应收账款”与“应付账款”项目、“预付账款”与“预收账款”项目。

（三）报送时间

彩票机构2002年度财务报告于2003年3月31日前，连同国家审计机关或中国注册会计师出具的审计报告一并上报主管财政机关。

（四）编写财务情况说明书

1. 报表汇编范围；

2. 本年度财务收支执行情况；

3. 彩票机构人员结构和工资分配政策及执行情况；

4. 彩票发行销售及资金分配情况分析，按游戏品种返奖奖金提取、实际返奖额、返奖率及奖池累积情况，弃奖奖金额，调节基金提取转入、使用、结存情况；

5. 彩票公益金和发行费上缴情况分析；

6. 即开型彩票库存票券分析，包括即开型彩票领用、销售及库存票券销毁、结存，并按大奖组销售次数逐项列明彩票销售额及资金分配情况，实际返奖率，弃奖奖金额或奖金风险支出额；

7. 对外投资项目的分布和效益情况；

8. 福利基金提取使用情况；

9. 固定资产的构成及增减情况；

10. 结存资金分配情况；

11. 重大案件、重大差错及重大损失情况；

12. 财务管理和会计核算中存在的问题及建议。

附件：彩票发行与销售机构2002年财务会计决算报表

附　件

彩票发行与销售机构
2002年财务会计决算报表

（公章）

报送时间：　　　　年　　　月　　　日

机构负责人签章：　　　　财务负责人签章：　　　　制表人签章：

资 产 负 债 表

彩票年汇 01 表

编制单位：　　　　　　　　　　年　月　日　　　　　　　　　　单位：万元

项　　目	行　次	年末数	项　　目	行　次	年末数
流动资产：			负债：		
现金	1		借入款项	19	
银行存款	2		应付票据	20	
应收票据	3		应付账款	21	
应收账款	4		应付返奖奖金	22	
预付账款	5		预收账款	23	
其他应收款	6		其他应付款	24	
材料	7		待收财政专户款	25	
产成品	8		应缴财政专户款	26	
库存彩票	9		应缴税金	27	
流动资产合计	10		负债合计	28	
对外投资：					
股权投资	11		净资产：		
债权投资	12		事业基金	29	
对外投资合计	13		其中：一般基金	30	
固定资产：			投资基金	31	
固定资产原价	14		专用基金	32	
减：累计折旧	15		其中：职工福利基金	33	
固定资产净值	16		医疗基金	34	
无形资产：			净资产合计	35	
无形资产	17				
资产总计	18		负债及净资产总额	36	

收入支出表

彩票年汇 02 表

编制单位：　　　　　　　　　　　　＿＿＿＿＿年　　　　　　　　　　　　单位：万元

项　　目	行　次	金　　额
一、事业收入	1	
加：上级补助收入	2	
其他收入	3	
减：事业支出	4	
对下级补助支出	5	
销售税金	6	
二、事业结余	7	
加：经营收入	8	
减：经营支出	9	
销售税金	10	
三、结余总额	11	
减：所得税	12	
四、净结余	13	
减：提取专用基金	14	
转入事业基金	15	
其他	16	
五、未分配结余	17	

库存彩票明细表

彩票年汇 03 表

编制单位：　　　　　　　　　　　　年度　　　　　　　　　　　　单位：张

券　种	行　次	年初结存数	本年领票数	本年调拨数	本年已销数	本年核销尾票数	年末结存数
2 元券	1						
3 元券	2						
5 元券	3						
……							
合计							

彩票销售款明细表

彩票年汇04表

编制单位：　　　　　　　　　　年度　　　　　　　　　　单位：万元

项　　目	彩票销售款
一、即开型彩票	
1.	
2.	
……	
小计	
二、电脑型彩票	
1.	
2.	
……	
小计	
合计	

返奖奖金兑付明细表

彩票年汇05表

制表单位：　　　　　　　　　　年度　　　　　　　　　　单位：万元

项　　目	行　次	即开型彩票	电脑型彩票	合　计
一、年初余额	1			
其中：调节基金	2			
奖池	3			
二、本年增加数	4			
其中：调节基金	5			
奖池	6			
三、本年支出数	7			
其中：调节基金	8			
奖池	9			
四、年末余额	10			
其中：调节基金	11			
奖池	12			

应缴财政资金清算表

彩票年汇 06 表

编制单位：　　　　年度　　　　单位：万元

项　　目	行　次	彩票公益金	发行经费	合计
一、年初未缴财政专户款	1			
其中：年初待收财政专户款	2			
	3			
二、本年纳入财政管理的资金	4			
1. 本年应缴财政专户款	5			
2. 本年已缴财政专户款	6			
3. 本年待收财政专户款	7			
4. 本年经核准允许内扣的代销费	8			
	9			
三、年末未缴财政专户款	10			
其中：年末待收财政专户款	11			

业务费支出明细表

彩票年汇 07 表

编制单位：　　　　年度　　　　单位：万元

项　　目	行　次	金　　额
印制费	1	
运输费	2	
仓储费	3	
检验费	4	
电脑投注单和热敏纸	5	
广告费	6	
宣传费	7	
技术开发支持费	8	
系统运行维护费	9	
专线通讯费	10	
公证费	11	
代销点经费	12	
尾票核销费	13	
其他	14	
合计	15	

主要经济指标表

彩票年汇 08 表

编制单位： 年度 金额单位：万元

项 目	金 额	项 目	%
一、代征偶然所得税额		五、资产负债率	
二、百万元以上大奖个数（个）		六、净资产收益率	
其中：500 万元大奖个数（个）		七、费用率	
三、投注网点总数（个）		八、奖金兑付率	
四、单台投注机年平均销售额			

财政部关于实行彩票市场春节休市制度的通知

（2002 年 12 月 27 日 财政部 财综［2002］95 号）

中国福利彩票发行管理中心，国家体育总局体育彩票管理中心：

为建立彩票市场合理的运行节奏，加强电脑彩票发行销售系统的维护，财政部决定从 2003 年起实行彩票市场春节休市制度，每年具体休市安排由财政部发文公告。现将 2003 年春节彩票市场休市的有关事项通知如下：

一、根据国务院办公厅 2003 年春节休假安排，2003 年彩票市场休市时间为 2 月 1 日 0:00 至 2 月 6 日 24:00。休市期间，全国各级彩票机构一律停止销售各类电脑彩票，原定开奖时间不变，兑奖时间顺延。

二、休市期间可以继续销售即开型彩票。各级彩票机构要注意做好即开型彩票销售中的安全保卫工作，防止出现群体性事件。

三、各级彩票机构要做好电脑彩票春节休市的各项准备工作，做好休市宣传和电脑彩票发行销售系统的调整和维护，保证休市的顺利进行。

财政部　国家体育总局关于调整 2002 年度体育彩票公益金上缴比例的通知

（2002 年 12 月 28 日　财政部　国家体育总局　财综［2002］96 号）

各省、自治区、直辖市财政厅（局）、体育局：

根据 2002 年全国体育彩票发行销售情况，按照全年发行体育彩票 210 亿元，我们重新调整了 2002 年各省、自治区、直辖市体育彩票公益金上缴比例，现将有关事项通知如下：

一、电脑体育彩票（含足球彩票）公益金按发行额的 20.5% 上缴中央。

二、即开型体育彩票公益金仍按发行额的 2% 上缴中央。

三、请各省、自治区、直辖市财政厅（局）按调整后的比例及时向财政部上缴体育彩票公益金，并在 2003 年 1 月 25 日前，结清全年应上缴中央财政专户的公益金。

（二）福利彩票规章和文献

总结经验，再接再厉，为实现福利彩票事业新发展而努力

民政部部长　多吉才让

（二〇〇二年二月二十一日）

同志们：

这次全国福利彩票工作会议的主要任务是：贯彻全国民政厅（局）长电视电话会议精神，总结 2001 年的福利彩票工作，表彰奖励先进，研究、部署 2002 年的福利彩票工作。

2001 年，是福利彩票工作极不平凡的一年，是福利彩票事业取得重大突破的一年，也是福利彩票发展史上最辉煌的一年。在这一年中，全国民政系统和福利彩票发行系统，以邓小平理论和江泽民同志“三个代表”的重要思想为指导，在国务院和各省、区、市政府的正确领导下，在财政部门的大力支持下，团结一致，奋发图强，发行福利彩票的工作取得了很大的成绩。总结去年的工作，有以下几件大事值得我们回顾：

一是国务院下发了《关于进一步规范彩票管理的通知》（国发［2001］35 号）。这个文件重申了我国彩票的发行审批权集中在国务院，明确了彩票管理部门的职责权限，调整了彩票发行资金构成比例和彩票公益金分配比例，规定了彩票发行收入管理办法。文件提出在加强彩票市场管理、

规范彩票发行和销售行为的同时，适当扩大彩票发行规模。这标志着我国彩票事业进入了一个新的历史发展阶段。

二是司马义国务委员重视和关心福利彩票工作。国务院分管民政工作的国务委员司马义·艾买提同志对福利彩票工作非常重视、非常关心，多次听取民政部的汇报，对福利彩票工作作了许多重要指示。他在各地视察工作时，每到一地总要询问当地的福利彩票工作，视察当地的福利彩票发行中心，看望那里的福利彩票工作人员。仅 2001 年，司马义国务委员就相继视察了上海市、天津市、青岛市、陕西省和重庆市的福利彩票发行中心，并作了许多指示。司马义国务委员的视察和所作的重要指示，不仅使当地的福利彩票工作人员深受教育和鼓舞，而且对全国的福利彩票工作起到了重要的指导和促进作用。

三是全面建成了电脑福利彩票销售系统。2001 年 10 月 19 日，“西藏风采”电脑福利彩票在拉萨开通。自此，全国 31 个省、自治区、直辖市的电脑福利彩票销售系统全部建成和开通，开创了福利彩票事业的新篇章。这项工作起始于 1995 年，当时的范围较小，仅在 3 个省 3 个市试点，当时的技术水平也不高。大规模建设工作是在 2000 年和 2001 年。两年来，各省、区、市克服重重困难，终于完成了这项规模宏大的系统工程，为福利彩票快速发展打下了坚实的物质基础。

四是福利彩票年销量创造了历史最高记录。2001 年福利彩票的总销量达到了 139.57 亿元，其中电脑型彩票 119.93 亿元，即开型彩票 19.64 亿元，超额完成了全年任务，创造了历史最高水平。与上一年度相比，增长了 55.5%（2000 年销量为 89.88 亿元），这是一个历史性的突破。这个突破表明，福利彩票事业还有很大的发展空间，福利彩票发行工作已驶上了高速发展的“快车道”。

五是福利彩票为包括社会福利事业在内的社会公益事业作出了新贡献。发行福利彩票的目的在于为社会公益事业筹集资金，用于“扶老、助残、救孤、济困”等国务院规定的社会公益事业。2001 年，全国通过发行福利彩票，共筹集福利彩票公益金 41.87 亿元，使福利彩票的公益性得到了充分显现。

回顾以上这些大事，使我们感到去年的工作成绩来之不易，应当归功于国务院的正确领导，归功于各省、自治区、直辖市民政厅（局）的不懈努力，归功于政府有关部门的大力支持，归功于福利彩票发行系统上下一致的艰苦奋战。面对我们的工作和取得的成绩，我们可以无愧地说，我们没有辜负国务院领导同志的重托，我们为全国民政系统和福利彩票发行系统争了光，我们为社会公益事业做出了积极贡献。

我们已经进入新的一年，对福利彩票工作来说，2002 年是充满挑战的一年，也应该是实现新飞跃、做出新贡献的一年。在新的一年中，我们将面临新的形势，有许多新的工作要做，有许多新的问题要研究，有许多新的措施要落实。中国福利彩票发行管理中心（以下简称“中彩中心”）提出了今年确保发行的目标，只要我们上下同心协力，艰苦奋斗，这个目标一定能够实现。

第一，希望大家不要有任何松劲情绪，继续把福利彩票作为各级民政部门的重点工作和一把手工程抓紧抓好。

这几年我曾经在不同的场合多次强调，福利彩票工作是民政工作的一项重要内容，是发展社会福利工作不可缺少的经济来源。我们只有把发行福利彩票的工作搞好了，把发行量搞上去，才能为发展社会公益事业筹措更多资金，才能保证为老年人服务的“星光计划”有效实施，民政部门才能为促进我国社会福利事业的发展做出较大贡献。我们还应当认识到，民政部门主管发行福利彩票，是党中央、国务院对民政工作的特殊关怀，是对我们发展社会福利事业提供的政策支持。近两年以来，要求发行彩票的部门很多，但是到目前为止，国务院只准许发行福利彩票和体育彩票，其他任何部门都不得发行彩票。我们拥有的福利彩票发行权是十分宝贵的，大家一定要珍惜，要充分利用这一有利条件，切实抓好发行工作，为我国社会的发展、进步做出更大的贡献。

发行福利彩票的意义，大家都有切身体会。这里，我准备就近年来一些同志议论的两个问题，与大家讨论。一个问题是，发行多了是合算还是不合算？因为我到下面听到有人议论，发行量越大，上交的越多，似乎发行多了不合算。我不这么认为，我主张尽量扩大发行。对此，我们要首先历史地看，在 2000 年以前，福利彩票的发行收入，虽然全部由民政系统支配，但那时候有额度控制，实际收入是有限制的。1999 年，全国共发行福利彩票 104.44 亿元，筹集福利彩票公益金 31.33 亿元，其中作为救灾基金上交给国务院 15 亿元，全国民政系统只留了 16.33 亿元。当时民政系统的同志们非常顾全大局，从上到下没有任何怨言。2000 年，党中央、国务院又要求我们为青少年学生校外活动场所建设和维护筹措专项彩票公益金，增发的 10 亿元彩票收入全部上交财政部，我们也愉快地接受了。从 2001 年开始，国务院决定适当扩大发行规模，增加的收入主要用于社会保障事业。因此，为民政部门核定了80亿的发行额度，超过基数发行的部分的公益金收入，20%由民政部门分配使用，80%上交财政部。我认为，国务院的决定照顾到了民政部门的利益，我们也要有全局观念，不辜负国务院的信任，把扩大发行当作政治任务来完成。我们再理智地想一想，国务院决定在不增加新的发行机构，维持福利彩票管理体制，放宽额度限制的同时，扩大公益金的使用范围，是顺应了中国彩票事业发展的客观要求，缓解了社会各界都要求发行彩票的矛盾，有利于福利彩票的稳定发展。这就是福利彩票发行越多，国家受益越大，民政部门的收益也越大。

另一个问题是福利彩票公益金分配办法，也是大家关注的问题。民政部决定，基数内的仍然按照原来办法分配，民政部只提留一小部分，用于资助全国各地的重点福利项目，主要支持西部地区福利事业的发展。超基数部分，除了上交财政部的以外，民政部一分不收，全部留给地方。在这个问题上，希望大家从大局出发，站在全局的立场上思考问题，不要再围绕上交比例问题进行争论，更不要因此削弱扩大彩票发行的积极性。

第二，希望大家认真研究扩大彩票发行的办法和措施，明确努力方向，抓住关键，开发新的增长点。

今年对福利彩票是非常关键的一年，应该看到我们的工作基础比较薄弱，竞争也很激烈，如果稍有松劲就会下滑，我们要再接再厉，树立长期奋斗的思想。希望各级民政部门继续把福利彩票作为全年重点工作，一把手要亲自过问，亲自抓，扎扎实实地工作，把彩票工作促上去。

关于今年的彩票发行工作，中彩中心进行了反复研究，认真分析了今年的形势和任务，提出了促进福利彩票发行量提高的几条措施。民政部党组专门听了他们的汇报，一致认为，这些措施是切实可行的，有新意，也很有力度。我相信，只要认真抓好落实，今年福利彩票发行工作是大有希望的，有望实现新的突破。

电脑型彩票方面，有很大潜力可找。根据市场形势发展的需要，部分省份在电脑型彩票方面还存在着数量少，单机销售量少的问题，对于有类似情况的省市，扩充站点就是潜力。另外，增加开奖次数、延长时间、加强站点管理等都是潜力。希望大家不要有急躁情绪，不要只是在变换玩法、累积大奖方面伤脑筋，要扎扎实实、耐心细致地做工作，从各个方面挖掘潜力。

即开型大奖组还有很大潜力可挖。去年上半年，各地普遍都反映大奖组不好搞了。但是，到了第四季度突然又上来了。浙江一个省就发了3.8亿元，深圳一次就销售了1.9亿元，而且破了大奖组销售的历史纪录。分析原因，我看主要有三条：一是领导重视，组织有力；二是发行经费大头朝下，各地有了积极性；三是这些地方改进了销售方式，为大奖组销售注入了新的活力。三条原因当中第二条是硬性指标。今年，发行经费降低了，中彩中心相应地采取了降低印制成本费、免收风险金和管理费等措施，这个问题可以解决。剩下两个条件就需要靠人的努力了。希望各地民政部门和彩票机构都要下力量抓好大奖组。这是我们的传统优势项目，也是要认真研究和保留的项目，千万不要丢，一定要研究好、策划好，使其发挥更大的效益。

网点即开票是福利彩票发行延伸到基层的重要措施。中彩中心把发展网点即开票作为今年的一项重点工作，我非常赞成。网点即开票是一个发展方向，我们民政系统最有优势。过去，网点即开票没有搞起来，主要是销售渠道没有解决好。当然，对网点即开票，也要从实际出发，坚持自愿的原则，不搞硬性规定。

另外，要抓紧彩票新品种的研究和开发。要在开辟新市场方面动脑筋，为福利彩票发行注入新的活力。当然，开辟新领域，难度较大，有许多问题需要研究。希望中彩中心加强与有关部门联系，各级民政部门和彩票机构要紧密配合，力争早日推出，早见成效。

第三，希望各地加强彩票机构内部建设，将彩票工作纳入规范管理、稳定发展的轨道。

福利彩票的管理体制问题是一个要继续完善的问题，今年彩票发行管理体制改革的重点还要放到理顺关系方面来。首先，要改善福利彩票工作与财政部门的关系。我们一定要密切配合财政部门，共同把福利彩票发行工作搞好。另外，对各级彩票机构来讲，民政部门和财政部门都是上级领导部门，工作中要多请示，多汇报，自觉地接受领导和监督。其次，要处理好福利彩票与民政工作的关系。福利彩票是民政工作的重要组成部分。站在彩票机构工作角度，要与民政一条心，同心同德搞好彩票工作。站在民政部门领导角度，要把福利彩票工作作为民政重点业务工作来抓，不要把彩票机构当成一般的经营单位看待，更不要把它视为比机关的部门矮半截的机构，或者交给机关某个部门代管。第三，要处理好发行系统的上下关系。在大奖组时代，我们采取的是“各自为战”的销售方式，逐步形成了“块块为主”的管理体制。前年上海会议提出了加强福利彩票发行统一管理的意见，这个意见是基于电脑彩票发展的需要做出的正确决策，这个原则应该坚持。但是在实践中有的地方理解偏了，有的把地市一级的彩票管理机构统统撤销了，有的把地市彩票机构与社区服务中心合并了。地市民政部门不管了，省级彩票机构的管理也没有跟上，彩票管理工作因此脱节了。这是需要尽快解决的问题。至于是采用垂直管理的模式，还是采用分级负责的模式，可以继续探讨。但是，不管采用哪一种模式，在地市一级必须有专门机构管彩票，在发行业务方面必须服从自上而下的统一管理，这两个条件必须同时具备。并且要注意处理好各方利益关系，充分调动地市民政部门抓彩票的积极性。

最后，希望各地抓好彩票中心内部建设。今年，我们的总体工作思路是“一手抓发行，一手抓管理”。抓管理要先从彩票机构自身建设抓起，首先抓好彩票机构领导班子的建设，一个单位的工作好坏，关键在领导班子，各省要安排得力的干部管彩票。要积极地推进彩票机构人事制度改革，实行中心主任负责制和管理目标责任制，建立能够吸引人才，留住人才，能上能下，能进能出，优胜劣汰的用人机制，同时要加强干部培训和党风廉政建设，建立一支思想过硬、作风过硬、业务过硬的发行管理队伍。要加强财务管理和各种制度建设，加强彩票收入管理和支出控制，该进财政专户的一定要进财政专户，不该支出的绝对不能支出，要规规矩矩办事，使彩票发行管理工作进入稳定的、有序的、规范的发展轨道。

在全国福利彩票工作会议上的总结讲话

民政部副部长　李学举

（二〇〇二年二月二十二日）

同志们：

全国福利彩票工作会议就要结束了。会议期间，国务委员司马义·艾买提亲临会议作指示，体现了国务院领导对福利彩票工作的关心和支持；多吉才让部长在党校学习，抽出时间出席会议并讲话，体现了民政部对这次会议的重视；陈传书同志代表中彩中心（即中国福利彩票发行管理中心，下同）做了工作报告，总结了去年工作，部署了今年任务。会议期间，还表彰了先进、交流了经验，对有关问题进行了讨论。会议开得紧凑、愉快，很成功，达到了预期的目的，预示着今年的福利彩票发行工作一定能再创辉煌。

总结去年的工作，我们看到了成绩，也找到了问题。其成绩是巨大的，值得庆贺；其问题是客观存在的，值得深思。透过福利彩票发行量创历史新高的成绩，我们有丰富的经验，这就是：领导力度是发行工作的重要保证，宣传策划是发行工作的重要手段，规范管理是发行工作的重要环节，技术进步是发行工作的重要基础，理顺关系是发行工作的重要条件，上下同心是发行工作的重要动力。这些经验不但是去年福利彩票工作取得成绩的原因，也是福利彩票工作可持续发展的宝贵财富。透过福利彩票发行量严重不平衡的问题，我们认识到，无论是与体彩的差距，还是各省之间的差距，我们总体上还存在着电脑票基础薄弱、即开票市场萎缩、技术系统缺乏可靠性、管理工作相对滞后的问题。这些问题不但是去年福利彩票工作中暴露出的问题，也是福利彩票工作可持续发展的潜在问题，必须认真对待，切实解决。

展望今年的工作，我们充满了信心，也看到了困难。其信心主要来自我们已有了较雄厚的物质基础，有较丰富的经验基础，有强有力的组织基础，有特别能战斗的人才基础。这些基础是搞好今年福利彩票工作的根本保证，特别是人才基础是关键。我们坚信事在人为，人定胜天，只要有了人才，什么困难都能克服，什么奇迹都可以创造。其困难除上面谈到的问题外，还有来自福利彩票市场竞争的激烈性，彩民心理的多变性，技术要求的先进性、可靠性，策划工作的周密性和俱进性，这些都需要我们认清形势，把握形势，认识市场，研究市场，善于运用行政管理力量，掌握市场运作规则，发挥自身优势，挖掘内部潜力，开拓新的渠道，实现科技创新，把握福利彩票的主动权。

对今年工作的要求，才让部长已做了明确指示，传书同志做了具体阐述，希望各地认真贯彻落实。对落实问题，我认为重在讲实效。实效，就是工作要求实、求效。所谓求实，要求工作要实在、实际；所谓求效，要求工作要有效果、有效益。也就是说福利彩票工作一定要讲经济效益和社会效益，二者缺一不可，相辅相成，互相促进。“实”和“效”是紧密相连的，只有工作“实”，才能收获“效”。我提出落实工作要讲实效，主要基于以下几点考虑：一是今年工作的目标和任务是实的，需要努力奋斗；二是今年出台的新措施是实的，需要精心组织实施；三是今年彩票市场竞争是实的，需要有新的思路和策划；四是今年的管理工作是实的，需要规范执行；五是福利彩票对社会福利事业的贡献是实的，需要一定的发行量作保证。当然，实现“实效”要求，需要方方面面的工作。但我们的工作，一定要立足和落脚在“实效”上，使“实效”问题，贯穿于福利彩票工作的始终，成为落实今年福利彩票目标、任务、措施的总体要求。

上面谈到的是我对去年工作和今年工作的认识。下面，我再就才让部长和传书同志谈过的有关具体问题，从宏观上谈点认识。

第一，关于高举福利彩票旗帜问题。我国的福利彩票事业，从诞生那天起，就有显著的中国特色。它是用来向社会筹集基金，实施社会救助，发展社会福利事业，坚持“扶老、助残、救孤、济困”宗旨的。从本质上讲，福利彩票是社会捐赠在新形势下的继承和发展，是一种特殊的社会互助行为，具有浓厚的慈善色彩。这种特征，是通过福利基金的分配和使用体现的。从福利基金的分配和使用上看，主要是用于人民群众普遍注目、关心的社会救助、社会福利事业方面。这说明它与我国最困难人群有着最密切的联系，起着行善积德、扶危济贫、造福社会、弥补政府投入不足的作用。福利彩票的社会救助、社会福利的旗帜，已在我国福利彩票事业中高高举起，得到了民众的认可和支持，已成为一种方向，一种形象，一种感召力和凝聚力，成为福利彩票事业永葆不衰的动力。因此，不管彩票市场如何风起云涌，福利彩票的方向不能变，福利彩票的旗帜不能丢。这是我们认识福利彩票的根基，任何时候、任何情况，都不能动摇。高举福利彩票的旗帜，一是要在宣传上体现。发行福利彩票需要通过宣传激发民众购买彩票的热情。勿庸讳言，民众购买彩票存在着获大奖的心理，这也是民众购买彩票的驱动力，不然，我们就无须将50%资金用于返奖，在这方面采取相应措施促销也无可非议。但我们总体宣传的导向，应以为社会救助、社会福利而行善积德为主旋律，使彩民形成买彩票得大奖或没得奖都是行善积德的心态基础。因为中国人普遍具有慈善的美德。因此，在福利彩票的宣传促销活动中，一定不能偏废，要突出“慈善”二字。这既是福利彩票的本质，也是面向大多数人的选择。二是要在福利基金分配和使用上体现。对福利基金的使用范围，已有明确规定，一定要严格使用范围，不能私自扩大。这是纪律。福利彩票发行十几年来，已经为社会救助、社会福利，包括朱总理提出的用于社会保障，包括正在实施的为老年人服务的“星光计划”，包括福利基金实施的专项资助，都功不可没，均做出了贡献。这些有目共睹的事实，既体现了福利基金的作用，也使人民群众，特别是困难人群得到了实惠。这是一种无形的力量，无声的号召，也正是福利彩票的感召力、感染力。三是要在从事福利彩票工作的队伍中体现。从事福利彩票工作的队伍，是一支实施社会救助、社会福利的特殊队伍，是人民群众行善积德工作的宣传者、组织者、服务者。这支队伍作风如何，慈善之心表现如何，也直接影响彩民心理。因此，从事福利彩票工作的人员，廉洁之风不可没，慈善之心不可少，廉洁、慈善应成为从事福利彩票工作人员素质的重要内容。

第二，关于福利彩票发行的利益格局问题。我提出利益格局，是因为这是不能回避的客观事实，是各地普遍关注的问题，也是容易引起议论的问题。从某种意义上讲，利益分配是调控福利彩票销售的杠杆，利益格局设置得当，就能调动各方面的积极性，就能使福利彩票形成并保持较好的销售势头，从而推动福利彩票事业的发展。反之，积极性就难以得到调动和保护。利益格局是一个严肃复杂的问题，包括彩票基金、发行费、基数内外福利基金分割比例，包括民政部和地方民政部门的福利基金留成比例，包括中彩中心在内的各级福利彩票发行机构的发行费拨付比例，包括彩民、发行销售者、福利基金受益者的利益，包括中央与地方、局部与整体、眼前与长远之间的利益，也涉及相关部门的利益。这方方面面的情况，核心是个利益驱动问题。才让部长对相关的方面已经做了说明。这里，我不想谈具体问题，只讲点大道理，因为许多问题，讲具体各有道理，只有在大道理面前，统一认识，可能更好些。一是对利益格局的设置，要考虑地方积极性。因为地方的积极性是搞好彩票发行的基本动力，是扩大彩票发行量的基础，如果只有上面积极性，没有基层积极性，只能是“龙头”紧摆，“龙尾”不动，上热下凉，收不到好的工作效果。这是“小河有水，大河满”的道理。这是民政部考虑利益分配问题的出发点和落脚点。因此，民政部在考虑利益格局设置时，必须认真听取地方的意见，力争做到“双赢”、双满意。当然，要真的做到双满意也不容易，因为对问题的认识、考虑问题的角度不同，得出的结论就会不同。但不管如何难，也要努力去做，争取大多数基本满意。二是利益格局设置一定要考虑全局利益。发行福利彩票，是国家给予民政部门的一项特殊政策，民政部门主办的福利彩票所筹集的福利基金，首先要考虑中央的需要。对中央确定的分配比例，特别是应上缴中央财政的资金，一定不打折扣，任务完成，资金上缴，这是民政部考虑的第一需要。以前，我们是这样做了，今年，我们是这样做了，今后也要这样做。这不仅是我们对国家作贡献的责任和义务，也是维护现行彩票发行体制的需要。对现行彩票发行体制，我们已经走过了曲折的历程，一定要珍惜、爱护，不能因为处事不周，引起新的波折，这是全国民政系统利益的大局。也不要存在资金留在地方是贡献，上缴中央是吃亏的思想，要树立对地方是贡献，上缴中央是更大贡献的思想。其次要考虑全局的需要。对民政部确定的分配比例，民政部在考虑地方利益的同时，要考虑全国的大战略。比如，开发西部问题，这是中央大的战略决策，各部门都应该为这个大的战略服务和做贡献。因此，民政部所筹集的福利基金，多些用于支援西部，就是从大的战略上所做的考虑和抉择。另外，才让部长也多次宣布，对部本级的福利基金，民政部一分不留，全部返还地方，这就是部本级的福利基金使用的终极点，是完全用在全国的社会福利事业上。当然，这对除西部地区以外的省份，就福利基金的使用量上要有些影响。但民政部也考虑了对发行好的省份，采取奖励的形式予以返还一部分。就这点，我相信各地会理解、会支持，这也是大家共同对西部的支援。也相信，不会由此影响彩票销售的积极性。何况，发行越多，使用资金越多的道理，大家都十分清楚。三是要考虑利益格局的调整。我们的主观愿望是希望利益格局设置相对稳定，但随着福利彩票事业的发展，发行总量的扩大，适时、适当调整是必然的，也是必要的。自福利彩票发行以来，中央已做过一些调整，民政部也随之进行了调整。对这些调整，大家都要以正常的心态来对待，要算“大账”，从“大盘子”上理解。我不愿意看到每次调整，都引发一些议论，都造成一些思想问题。当然，就局部利益来讲，对有些地方可能因调整或多或少带来一些影响，也是不可避免的。但这种影响是与过去的比较，是与局部的比较，就总量上来说，只要发行得好，总量不会减少，从整体上讲，是局部为全局做出了贡献。

第三，关于加强管理问题。我国现行福利彩票管理体制是国务院领导、财政部门监管、民政部门主管、福利彩票专营机构发行，工商、税务、审计等部门实施监督，福利基金纳入财政预算外专户管理。这符合我国国情，也是有效的。现在我们要研究的是民政部门主管福利彩票发行中的管理问题，中彩中心提出今年是福利彩票工作管理年，向科学管理要效率、要效益。要在管理工作上实现“三个转变”，即从简单的建章立制向完善的科学管理体系转变，由经验型管理向科学型管理转变，由粗放型管理向集约化管理转变。这是一个很高的要求，但我们必须充分认识加强管理，提高管理水平的重要性，一定要从现有基础抓起，从管理工作的薄弱环节抓起，逐渐完善管理体系，建立健全适应市场竞争的运作机制，保证福利彩票工作健康、顺利、可持续发展。就管理问题上，过去讲的很多，我不再重复。这里，重点也讲几个认识问题。一是行政管理和市场运作的问题。彩票销售进入市场，走市场化是趋势，也是方向，许多专家也就此进行了理论探讨，甚至发表文章，阐述见解。但从目前的管理体制要求和市场化进行程度，又不能忽视行政管理，这也是彩票工作健康、顺利发展的保证。我认为，目前应该努力实现行政管理与市场运作有机结合，既不能用行政管理代替市场运作，也不能因强调市场运作而忽视行政管理的职能。二者不能对立，也不能偏废，要相辅相成。市场运作是福利彩票发行工作的必然要求，而行政管理又可有效克服彩票市场的盲目性、极端功利性和购买行为短期化倾向，可以有效增强公益主题，稳定市场。现在要坚持“双强调”，就是强调市场运作，强调行政管理。强调市场运作，这是彩票发行的内在要求。有彩票，就有彩票市场，有彩票市场，就要按市场规律运作，背离市场，违背规律，就会受到市场经济的惩罚。要求彩票工作的市场运作，要根据彩票市场的发展要求，调整思路，制定策略，进入市场，研究市场，运用市场。市场运作既是一个贯穿始终的老问题，也是一个不断变化的新问题，根本在于不断学习，不断适应，要在实践中学习，在游泳中学会游泳。以增强对市场变化的适应性，掌握市场运作的主动权。强调彩票市场的行政管理，这是彩票的管理体制决定的。彩票工作是在国务院领导下，但对福利彩票内部工作管理体制，由民政部门主管，主管意味着要加强领导。民政部门加强领导，包括政治领导和业务领导。政治领导，主要是总揽全局，管理好福利彩票的发展方向，坚持福利彩票宗旨。业务领导，主要是协商各方，为彩票工作创造环境和条件，要放在调动积极性、协商关系、用机制管人管事，而要避免大包大揽，事必躬亲，陷于事务性工作，如玩法设计、促销措施等等，要充分发挥彩票工作人员的智慧，放手让他们去做。二是引进经验和因地制宜问题。任何经验都有一定的局限性，都有一定的适用范围，“一用就灵”和“放之四海而皆准”的经验不存在。我们鼓励学习他人经验，但不要生搬硬套，而要消化吸收，善于把别人经验变为自己的。变为自己的过程，就是一个从本地实际出发，创造出适合本地实际办法的过程。比如引进营销观念、营销策略、玩法设计等，因各地彩票市场不同，经济状况不同，历史文化和人文环境不同，如不加分析改造，照搬照抄，在实践中肯定要碰壁。这方面的教训，我们已有过多次，一定要认真吸取。我们提倡要创新，但这种创新一定是适合本地实际的创新，而不是盲目的随意翻新。三是当前工作和长远发展问题。我们部署工作，处理问题，要以目前正在做的工作为中心，以解决现实问题为重点，要对目前的工作，知道该做什么，什么是重点，什么是立即要解决的。特别是对存在的问题，一定要有清醒的认识，要把解决问题作为推进工作的突破口、着力点。这是做好当前工作所必须的，也是领导工作的一种逆向思维。研究问题，既要顾及当前业已出现的新情况、新问题，更要考虑长远，特别要注意对前瞻性问题的研究，要从彩票的可持续发展上考虑问题。对福彩工作不管取得多大成绩，也不管遇到什么新情况，我历来主张在成绩面前要居安思危，有危机意识，在新情况面前要与时俱进，有创新意识。危机意识和创新意识，对从事福利彩票工作的同志来讲，十分重要。只要具备了这两种意识，就可以应对任何变化，就可以保证在成绩面前不会飘飘然，在困难面前不会灰心丧气，就会永远保持良好的精神状态，面对问题，迎接挑战，就会运筹帷幄，百战百胜。四是工作效率和工作成本问题。福利彩票要适应市场的变化，必须讲效率，从某种意义上来讲，效率就是生产力，效率就是彩票发行量。一种好的营销意识、营销策划，一种先进的科学技术，如不能及时推向市场，在实践中运用，就会贻误战机，失去机遇，影响彩票销量。彩票工作要发展，必须讲成本。工作成本往往是个不被重视、容易被忽视的问题，特别是在国有和集体单位，表现尤为突出。这里，我提醒从事彩票工作的同志，工作不讲成本，或忽视成本核算，花钱大手大脚，造成发行机构亏损经营，是一个非常严峻和危险的问题，必须引起重视，坚决采取措施，杜绝这种现象出现和恶性循环。效率和成本问题，对发行福利彩票工作机构来讲，至关重要，关系兴衰存亡，不重视，将在市场竞争中失去竞争力，也将后患无穷，甚至步入绝境。因此，提高工作效率，降低工作成本，亦应该是今年乃至今后彩票工作的基本要求。

同志们，国务院领导和民政部领导对福利彩票的重视程度，对同志们寄予的重托和希望，我们已在会议期间深深体会到。我相信，这是一种巨大的精神力量。一定会激起我们的热情，增强我们的责任，坚定我们的信心。巨大的精神力量一定会化为实际行动。今年的福利彩票发行工作一定会在吉祥的年份出现一马当先，万马奔腾的大好局面。福利彩票工作是一项崇高的事业，从事彩票工作的同志是辛苦的，但我们为从事崇高事业而自豪。彩票事业前景光明，领域广阔，这是一个充满机遇和挑战、大有作为的舞台，让我们高举福利彩票的大旗，借助这次会议的东风，上下同心，左右协力，为推进福利彩票进入一个新的历史阶段而努力奋斗。

关于加强和规范中国福利彩票销售管理工作的通知

（2002 年 8 月 23 日　中国福利彩票发行管理中心
中彩发字［2002］98 号）

各省、自治区、直辖市福利彩票发行中心：

今年以来，各地在组织福利彩票销售中，认真执行《国务院关于进一步规范彩票管理工作的通知》和《民政部关于加强管理扩大发行福利彩票的通知》、财政部关于《彩票发行与销售管理暂行规定》的精神，通过全系统员工的共同努力，彩票销量创造了历史同期最高纪录。但是，个别省（区、市）由于管理不严格，制度不落实，在销售过程中暴露出一些问题，损害了福利彩票形象。为了加强和规范福利彩票销售管理工作，现将中国福利彩票销售管理工作的措施印发你们，请遵照执行。

附件：

一、关于加强和规范中国福利彩票电脑票销售管理工作的措施

二、关于加强和规范中国福利彩票即开票销售管理工作的措施

附件一

关于加强和规范中国福利彩票电脑票销售管理的措施

为了加强和规范中国福利彩票电脑票的销售管理工作，严格执行报批手续和游戏规则，及时堵塞管理中的漏洞，特制定如下措施：

一、严格执行电脑票报批程序。游戏规则（包括玩法的选择和设奖方案）及发行销售方式，应先由各省级发行中心与中彩中心市场三部协商定稿后报省级财政部门审核，然后上报中彩中心，经中彩中心审核同意并报财政部批准后方可实施。各省级发行中心不得违反申报程序越级上报。各省（区、市）在发行销售过程中不得擅自修改已经批准的游戏规则和发行销售方式。停止现行游戏，也须按申报程序逐级上报，经批准后方可实施。

二、在新游戏推出之前，各省级发行中心必须将游戏规则、发行销售方式，以及具体实施方案向社会公告。在修改游戏规则和终止某种游戏时，也必须向社会公告。在宣传游戏规则时要实事求是，不得误导彩民。

三、除在新游戏初始发行时，可以用发行费节余一次性设置不超过200万元的保底奖金外，一律不得再设保底奖金。调节基金的提取不得高于返奖奖金的2%。调节基金必须全部用于返奖，不得挪作他用。

四、各省级发行中心必须遵循诚信原则，严格按照游戏规则规定的奖级和奖金数额向中奖者兑付奖金，不得以任何理由和方式截留、克扣应兑付给中奖者的奖金。各奖等的奖金必须以现金或现金支票一次性支付给中奖者。

五、各省（区、市）使用的摇奖器具必须由中彩中心指定或认可。已投入使用的摇奖器具必须处于省级发行中心的直接管理和有效控制之下，存放地点要有安全保障措施，并有专门人员负责管理。每次摇奖前，必须在公证人员监督下对摇奖器具进行检查和测试。

六、各省级发行中心的工作人员应严格遵守销售系统的工作流程,对数据汇总、刻录光盘、数据检索等关键环节予以重点监控。凡因投注机全部或部分销售数据在当期投注截止时限前未传送到销售系统中心产生的无效票,应由售出投注站收回,并由该投注站在摇奖前张贴公告,退还购票者与彩票面额相等的现金。

七、开奖公告除公布销售额、中奖情况外,还要公布奖池资金和拟从调节基金转入奖池的奖金。在公布奖池基金时,不得夸大或缩小,不得公布下期预计销售额和奖金额。

八、各省级发行中心应及时向中彩中心上传销售数据,及时上报系统销售过程中的故障现象及丢失数据情况。

在增加或修改游戏软件及销售系统应用软件升级时,必须报中彩中心批准,并按中彩中心技术部门的相关规定进行测试,待验收合格后方可投入运行。

九、各省级发行中心应进一步加强对投注站点的管理,对违规操作、擅离岗位、无故不开机以及拖欠票款的投注站点必须严肃查处。

十、各省级发行中心必须建立健全有关电脑票销售过程中各个环节的规章制度,并严格落实执行,做到有法可依、有章可循;对于那些违反电脑票管理制度的机构、部门和个人要严肃处理。

附件二

关于加强和规范中国福利彩票即开票销售管理的措施

为了加强和规范中国福利彩票即开票的销售管理工作,严格报批手续和销售组织工作,确保安全,使即开票销售管理更加规范,特制定如下措施:

一、严格即开票的报批程序。即开票的游戏规则和发行销售方式,须报中彩中心审核,并报财政部批准后执行。未经批准,不得改变现行游戏规则。彩票游戏规则包括彩票名称、具体游戏方式、单注彩票价格、设奖和兑奖方式以及发行销售细则。

二、认真做好即开票的销售组织工作。销售大奖组和网点即开票，要制定完善的组织实施方案，并报省级发行中心批准后执行。

组织大奖组销售时，要在当地政府领导下建立指挥机构，并分别设立发行、治安、交管、消防和保障等分支机构，明确任务，制定措施，责任到人。销售开始前，要制定应付突发事件的行动预案，并严格按照预定方案组织实施，不得中途随意停止销售，特殊情况下必须停止销售的，要及时公告，并做好群众的劝解工作。大奖组销售要选择开放式场地，进出道路要畅通，销售台架搭建必须安全牢固，确保万无一失。

三、营销宣传工作要符合国家有关方针政策，突出福利彩票“扶老、助残、救孤、济困”的宗旨。对设奖宣传，要坚持实事求是，不得误导群众，大奖组宣传要强化文化内涵，现场主持人用语要文明、行为要得体。在销售出现过热或大奖组收尾时，要注意减少促销宣传，正确引导群众理智购票。

四、设奖要严格遵守公开、公平、公正的原则，不得弄虚作假，当期彩票的奖组规模、设奖方案及兑奖规则，经公证后向社会公告。各种形式的公告内容要一致，用词要严谨、准确，避免产生歧义。

销售灵活设奖彩票，凡由省（区、市）直接组织销售的，设奖方案须报中彩中心批准；凡由地（市）以下组织销售的，设奖方案报省级发行中心批准。要按批准的设奖方案认真组织实施，不得随意更改。要严格执行现金返奖的原则，不得以实物进行返奖。奖金必须足额返还，不得以任何形式和理由克扣奖金。入围奖的设置和产生，要在公证人员的监督下进行，并出据合法的公证书。

销售固定设奖彩票，也要严格遵守原定设奖方案，不得随意改动。

五、兑奖工作必须认真仔细。兑奖人员必须是彩票销售机构的工作人员，并经培训后上岗；兑奖人员要具备良好的业务技能和道德修养，熟练掌握中彩中心指定的各种验奖器具的使用方法和兑奖规则。对验奖器具、光盘、IC卡及化学药品要建立严格的保密制度，专人保管，不得对外泄露。

兑奖工作要程序化。在兑中、高奖等彩票时，工作人员必须两人以上同时在场。兑奖前，应首先要求中奖者在彩票背面签名并登记有效身份证件号码，验奖无误后，办理有关兑奖手续。兑奖验奖全过程必须经由公证人员现场监督。中奖者提出兑奖要求，工作人员要及时予以兑付，不得以任何理由拖延兑奖，更不得替彩民保管未兑奖的中奖彩票。

验奖要严格把关。在验奖过程

中，若发现伪造、变造、挖补彩票的现象，应立即报告当地公安机关和中彩中心，以便及时采取处理措施。各地在收到中彩中心委托公安部出具的鉴定书后，要尽快将最后处理结果以书面形式报中彩中心。

彩票销售机构对中奖者个人信息负有保密责任,未经中奖者本人同意，不得对外公开。为加强彩票的保安性,工作人员的兑奖登记情况必须严格保密,非兑奖工作人员,一律不得参与兑奖工作,更不得随意泄露有关兑奖登记情况。兑奖要有明确的兑奖期,组织售票的销售机构在售票前予以公告。逾期未兑奖,按弃奖处理。

中奖彩票是兑奖凭证，若因玷污、损坏不能识别对奖符号，则视为无效彩票，不能兑奖。彩票《发行须知》要妥善保管，不得向外泄露，使用后除存档外，一律回收销毁。

六、弃奖奖金必须按有关规定及时入账，不得挪作他用，更不得转付协作单位抵补亏损。

七、在彩票销售过程中,彩票的保管、发放和尾票处理,必须控制在销售机构手中,不得交由协作单位处理。

八、利用协作单位销售彩票时，协作单位必须承担经济风险，在保证国家利益的前提下，签订互惠互利的销售合同。协作单位原则上要向销售机构交付风险保证金，其主要任务是承担营销宣传等工作，杜绝任何形式的承包转包和出让销售主体问题的发生。

九、省级发行中心必须建立彩票储存专用仓库。彩票仓库应具备防火、防盗、防水、防潮等条件，确保彩票安全。彩票仓储要制定相关的管理规定，建立彩票发行台账及严格的出入库登记制度，彩票出入库记录应保存5年。地县两级销售机构在售票期间，要建立临时彩票存储仓库，其仓储条件不得低于专用仓库的标准。大奖组销售时，销售现场彩票的存放，也必须具备防火、防盗、防水、防潮等条件。

十、各省（区、市）内的彩票运输必须使用车况良好的厢式货车，专人押运，并建立严格的彩票交接手续。无特殊情况，不得夜间行车，不得驶离预定路线。押运人员必须配有移动电话，遇有紧急事件发生，应及时报告，同时采取必要措施，确保彩票的安全。

(三) 体育彩票规章和文献

关于即开型体育彩票销售市场管理有关问题的通知

(2002 年 5 月 21 日　国家体育总局体育彩票管理中心
体彩字［2002］283 号)

各省、自治区、直辖市体育彩票管理中心：

按照财政部有关规定，彩票发行实行现金返奖以后，即开型体育彩票销售工作进一步得到规范，各级体育彩票管理部门严格执行财政部和国家体育总局的有关规定，销售中未出现严重的违规问题。但是，从近期的销售组织情况看，有些地方在设奖方法上存在着一定的隐患。为防止因即开型体育彩票销售组织不当而引发社会问题，现对即开型体育彩票设奖方法的有关问题规定如下：

一、组织销售中所采用的设奖方法，必须保证返奖比例不低于销售总金额的 50%，不得以任何方式降低或变相降低返奖比例。

二、采用“二次抽奖”或“入围奖”设奖方法，必须经当地公证部门公证。负责组织销售活动的地方体育彩票管理部门或体育行政部门，必须对抽奖全过程进行严格的监督管理。抽奖方式应该具有随机性，避免被人为操纵舞弊。

三、设奖方案中所设置的“幸运奖”总金额不应过高，“幸运奖”设置方法应该有利于促销，并且能够按照一定的比例返还给彩票购买者。

四、即开型体育彩票各项销售组织工作，必须严格按照《财政部关于印发〈彩票发行与销售管理暂行规定〉的通知》执行，确保销售工作安全顺利进行。

关于加强即开型体育彩票销售方案审批工作的通知

（2002 年 6 月 20 日　国家体育总局体育彩票管理中心
体彩字［2002］309 号）

各省、自治区、直辖市体育彩票管理中心：

根据财政部综合司的要求，为保证即开型彩票销售组织工作安全、顺利、规范进行，即开型体育彩票应进一步加强销售方案的审批工作。现将有关要求通知如下：

一、各地组织即开型体育彩票规模销售，应遵照有关规定，按时向我中心上报销售组织方案。

二、各地在组织即开型体育彩票规模销售和分散销售计划中，凡含有二次摇奖（抽奖）活动的销售方案，须报经财政部批准后方可实施。各地在上报销售方案时，应提前 12 个工作日，以免延误销售。

六、探索与研究

2003

彩票公益金管理的理论及模式

彩票是一种满足人们以小博大冒险心理需求的特殊商品。购买者按发行者设计并事先公布的游戏规则，花费很少的金钱取得依靠或然性博得奖金的权利，发行者可以通过游戏规则设计赚取丰厚利润。彩票的特性决定了发行彩票具有满足公众娱乐需求和为社会公益事业筹集资金，以及引发投机心理甚至犯罪的双重性。目前全世界有 120 多个国家和地区发行彩票，筹集的资金主要用于支持社会公益事业。因此，通常把发行彩票所筹集的资金称为公益金。

一、彩票公益金的性质

彩票发行收入一般由三部分组成，一部分是用于支付中奖者的奖金，一部分是发行销售彩票的运作成本，最后的部分是彩票发行收益，即公益金。西方国家将购买彩票生动地比喻为“微笑纳税”，这种比喻反映了公益金所特有的自愿性、无偿性、广泛性和捐赠性四大特征。

（一）自愿性。彩票依靠游戏规则中特有的以小博大机会来吸引消费者。购买彩票中取大奖的机会极小，绝大多数消费者抱着娱乐的心态参与彩票游戏，以很小的代价对不确定性发起挑战，尝试自己的运道，享受安全冒险过程中的快乐。消费者购买彩票完全是自愿的，没有强制性。

（二）无偿性。彩票游戏规则规定，消费者购买彩票的钱不予返还，如果没有中奖，消费者将失去所花费的金钱。彩票游戏规则设定的中奖概率比较低，中大奖的概率就更低，一般为几万分之一，或几百万分之一，甚至上千万分之一。在这样的中奖概率下，多数购买彩票的消费者不会得到他们所期望的金钱回报。

（三）广泛性。以小博大是人类普遍的心理活动，从彩票发展史的角度来看，全世界不分种族，不分文化，不分地域，不分性别，也不分古今，只要是心智健全的人，都有以小投入博取大回报的心理。另一方面，彩票价格较低，只相当于人们日常生活中的零花钱。我国彩票一般是 2 元人民币一注，西方国家有更便宜的彩票，意大利就发行一注不足 4 角钱人民币的彩票。参与彩票游戏的门槛很低，绝大多数人都有能力购买，所以彩票能成为社会参与程度最广泛的娱乐活动之一。据美国、英国、法国、意大利等发达国家的调查，70%左右的成年人都有购买彩票的经历，英国 41%的成年人每星期至少购买一次彩票。

（四）捐赠性。购买彩票与购买一般商品或服务，或观赏一部电影不同，后者的消费活动消费者肯定可以从中获得其想要得到的东西，比如买到了某个有具体用途的物品，解决了生活中的某种需要，了解到了想知道的故事情节和电影艺术。购买彩票的直接目的是中取奖金，但大部分消费者都中不了奖。这种情况是在彩票游戏规则中事先设定的，消费者购买彩票前已充分了解游戏规则的规定，明知中奖的可能性很小仍然购买彩票，实质上就等于自愿把失去的金钱捐赠给了彩票发行者。

对彩票公益金的上述特征进行归纳，可将彩票公益金的性质给出一个概括性的描述，即彩票公益金为广大彩票购买者对彩票发行者的自愿无偿捐赠。

二、彩票公益金的使用领域及原则

世界上发行彩票的多数国家都在相关的法律中规定，公益金应用于支持社会公益事业。这种规定是由彩票公益金的性质决定的。

（一）公益金的使用领域

在早期，彩票由私人机构发行，发行收益是发行者的商业利润，相当于广大的彩票消费者向私人发行者进行捐赠。这种关系包含着私人商业利益与社会公共利益相冲突的难以调和的内在矛盾。

在市场竞争和利润最大化机制的驱动下，私人彩票发行机构会逐步走向极端，不断提高彩票返奖比例，以增强所发行彩票的市场吸引力和竞争力，赚取更多利润。不断提高返奖比例将会导致两方面的恶果，一是彩票发行者的经营风险增大，可能出现巨额亏损，为避免风险，私人彩票发行机构很可能会采取舞弊行为弄虚作假，破坏社会信用基础，引发社会动乱；二是彩票的刺激性会越来越强，激发人们非理性的投机心理，使一些人陷入恶性赌博的情绪中，拿身家性命做赌注，诱发犯罪和酿成社会悲剧。这种内在矛盾冲突最典型的案例，是 1870 年美国路易斯安娜州发生的彩票舞弊案，私人彩票发行机构在彩票发行中作弊被揭露，导致社会骚乱，该州即禁止发行彩票，其他一些州随后也明令禁止发行彩票。美国国会更于 1895 年通过法案，在全国禁止发行彩票。直到 1964 年，美国法律才重新允许发行彩票，其间美国彩票被禁长达94年。

实际上，世界上许多国家都曾出现过因私人机构发行彩票所导致的不良后果。为消除这种不良后果，大多数国家都曾在道德教化中否定彩票活动的正当性，甚至制定法律禁止包括彩票在内的所有博彩活动。但是，博彩活动从来没有因被传统道德否定，被法律禁止而从人类社会的日常生活中真正消失过，相反，非法博彩活动引发的社会和法律问题一点也没减少，仍然严重地困扰着人类社会。第二次世界大战结束后，市场经济的法律体系逐步完备，政府在干预市场过程中具备了平衡市场自发无序倾向的能力，越来越多的国家开始重新审视彩票存在的合理性，最终选择了通过专门立法来解决私人机构发行彩票所产生的内在矛盾。具体的解决办法，是在立法中确定了两项普遍原则，一是由国家垄断彩票发行和经营权，二是将发行彩票的收益用于支持社会公益事业。国家垄断彩票发行和经营权，实现了政府对彩票发行的有效控制。政府从社会公共管理者的角色出发，把彩票的刺激性控制在社会可接受的范围内，同时规定把彩票收益用于社会公益事业，消除了广大彩票消费者与少数私人彩票发行者之间的利益冲突，彩票消费者在游戏中失去的金钱最终仍用到了与自己切身利益相关的社会公益事业中，把彩票消费者与发行者的根本利益统一起来。彩票业发展的历史说明，只有将发行彩票所筹集的资金用于社会公益事业，才符合人类社会和彩票业自身发展的要求，才能有效克服彩票存在的负面效应。

社会公益事业的领域很广泛，大部分发行彩票的国家都将公益金集中用于社会边际效益较大的教育、体育、文化、艺术、慈善、环保等公益领域。也有少数国家和地区将彩票公益金纳入政府一般财政预算，这类情况主要出现在一些城市型的国家和地区。

（二）公益金的使用原则

社会公益事业属于非竞争领域，与政府财政一般预算的一些职责范围相重合，但公益金与一般预算不能相互替代。两者之间的差别在于，政府一般预算所覆盖的公共领域，是政府对纳税人所承担的义务；彩票公益金是广大彩票消费者的自愿无偿捐赠，使用时应该体现捐赠者的愿望和利益，不应用来替代政府对纳税人承担的义务。因此，世界上许多发行彩票的国家在彩票立法中都明确规定，政府在分配和使用彩票公益金时，不能因而减少政府财政对相关公益事业的拨款。这是政府在分配和使用彩票公益金时应该遵循的基本原则。

三、彩票公益金的筹集方式

彩票公益金是彩票发行收入扣除

返奖奖金和发行成本后的差额，通常是在发行前规定发行收入的一定比例为公益金，大致有三种基本筹集方式。

（一）税收

用税收方式筹集彩票公益金，一般是通过立法，对彩票发行收入按一定比例征收博彩税。目前在世界上用专项税收方式筹集彩票公益金的国家不多，法国是其中的一个典型。奥地利是以联邦税的形式，对乐透型彩票、体育彩票和附加彩票按发行额累进征收 18.5%—27.5%的许可证费。

（二）基金

世界上发行彩票的国家多数采取这种方式，即规定将发行收入的一定比例作为专项基金。例如美国各州将彩票发行收入的一定比例用于建立教育基金，专门支持基础教育。

（三）混合方式

即既对彩票发行收入征收博彩税，同时也提取一定比例的专项基金。采用混合方式征收公益金的国家和地区不多。我国香港特别行政区采用的就是混合方式，对彩票发行收入扣除返奖奖金后的部分征收 25%的博彩税和 15%的奖券基金，博彩税纳入政府一般预算，奖券基金用于社会公益事业。

四、彩票公益金的管理模式

彩票公益金管理模式与公益金的筹集方式密切相关，前者基本上决定了后者。从世界各国的实践看，彩票公益金有三种基本管理模式。

（一）财政管理模式

财政管理模式，是指彩票发行机构按照相关的法律和政策规定，将筹集的公益金交给财政部门管理和分配，并由财政部门负责监督公益金的具体使用。世界上大部分发行彩票的国家都采取财政管理模式。

财政管理模式按具体的预算管理形式又分两类，一是对彩票公益金实行专项预算管理，即在财政部门内部把一般预算与公益金预算分开，公益金有不同于一般预算的独立预决算管理制度（法国即是如此）；二是把彩票公益金纳入财政一般预算管理，即把公益金和税收共同作为满足相关社会公益部门需求的资金来源，在一本部门预算中反映和管理。按照公益金的性质，前者能更好地体现公益金的本质要求，后者容易混淆财政一般预算与公益金之间的职能，不便于社会公众对公益金分配和使用的监督，财政部门内部公益金管理的协调难度较大。

（二）专项基金管理模式

专项基金管理模式，是指彩票发行机构把筹集的公益金交由专门设立的基金管理机构管理。基金管理也分两类，一类是设立一个统一的公益金基金管理机构，具体负责对公益金在各领域的分配和使用监督；另一类是按公益金的不同使用领域，分别设立不同的基金管理机构。比如英国是把公益金按比例分成文化艺术、体育、文物保护、社会慈善、新千年有关设施建设，以及公共卫生、教育和环境保护事业发展的“创业基金”等6项基金，每一块公益金都成立了一个基金管理机构，负责该项基金的具体分配和使用监督。专项基金管理模式的优点是能较好地体现公益金的本质要求，有效防止公益金被用于替代一般预算，便于社会监督；缺点是需要建立一套独立的管理和监督系统，管理成本较高。

（三）混合管理模式

混合管理模式，是指有一部分公益金交由财政部门管理，有一部分公益金交由专门的基金管理机构管理。混合管理模式多与公益金的混合筹集方式相对应，由财政部门管理的公益金基本上都纳入了政府一般预算，即把公益金作为政府一般预算的资金来源；由基金管理机构管理的公益金则独立于政府一般预算。混合管理模式同时具有上述两种管理模式的优点和缺点。

五、我国彩票公益金管理模式及改革方向

（一）我国现行彩票公益金管理模式

我国采用的是财政管理模式，其基本要点包括：

——现行彩票管理制度规定，彩票发行收入中，公益金比例不得低于35%；对单注中奖金额在1万元以上的奖金，征收20%的个人所得税；公益金用于国务院确定的有关社会公益事业，不得平衡财政预算，对奖金征收的个人所得税纳入地方财政一般预算分配。

——彩票公益金使用范围包括民政福利事业、体育事业、青少年校外活动场所建设和维护、支持2008年北京奥运会、红十字人道主义救助事业、残疾人事业、补助地方农村医疗救助、补充社会保障基金等八个方面。

——彩票公益金分配体制框架是，公益金分配政策由国务院制定；公益金分配办法是，先分配民政、体育部门的基数公益金，分配基数公益金之后的增量公益金先分配各专项公益金，剩余部分按2:8的比例在民政、体育部门与社保基金之间进行分配。整个公益金分配全部在中央层面进行，地方直接留用的公益金，仅为地方民政、体育部门分得的公益金。

——彩票机构实现彩票收入后，由省级彩票机构统一按规定比例将提取的公益金缴入省级财政预算外资金专户，按上述分配体制将属于中央的公益金上交中央财政预算外资金专户，属于省以下地方民政、体育部门留用的公益金，下拨到省以下各级财

政预算外资金专户。

——分配到各方面的公益金，均纳入相关部门的部门预算中按规定用途使用。

（二）存在的问题

我国现行彩票公益金管理模式，是在特殊历史环境中逐步形成的，在一定程度上体现了公益金的本质要求，但与市场经济体制的要求相比较，还存在许多问题。

1. 公益金比例偏高。在现行彩票管理制度中，统一规定各种彩票的公益金比例不得低于彩票发行收入的35%，加上对单注奖金超过1万元的奖金征收20%的个人所得税，政府从彩票发行收入中实际筹集的资金超过了40%。如2002年我国发行彩票385.72亿元，筹集彩票公益金135亿元，全国彩票业共征收个人偶然所得税19.37亿元，政府从发行彩票中直接获得的资金占彩票总发行收入的比重为40.02%。在世界上，几乎没有一个国家统一规定各种彩票的公益金比例，而是由政府彩票管理部门根据市场需求及具体彩票游戏的特点确定不同的公益金比例。大多数彩票品种的公益金比例低于30%。统一对各种彩票规定一个较高的公益金征收比例，使彩票机构只能在很小的空间内设计彩票游戏，降低了国家彩票的市场竞争力，制约了彩票市场的发展。

2. 公益金使用领域没有既定的政策导向。目前公益金分配政策由国务院制定，但具体政策的制定基本上是一事一议，哪个部门问题比较突出，要求比较强烈，就有可能在公益金分配中争取到一定的支持。这种没有既定政策导向的公益金分配，使得一些公益金的分配和使用不能充分体现公益金的本质要求，一些领域的公益金使用效益不高。比如，现行公益金分配体制把非常有限的公益金资源大量用于补充社会保障基金（2002年补充社保基金的公益金为51.2亿元，占当年全国公益金总量135亿元的38%），但相对于需求巨大的社保基金，彩票所能提供的公益金是非常有限的，影响不了社会保障资金供求不平衡的基本格局，资金使用的边际效益很低。

3. 没有对公益金实行专项预算管理。虽然国务院明确了公益金不能用于平衡预算，但缺乏管理制度的保障。现行公益金管理模式把公益金纳入相应的部门预算中管理，执行中无法区分公益金与一般预算资金，也无法对公益金的具体使用情况进行有效监督。

4. 中央集中分配的公益金比例过大。在现行公益金分配体制下，地方政府没有公益金分配和管理权，公益金分配领域由国务院决定，公益金管理受中央财政支配。但是，按照公益金的本质要求，公益金应该用于社会公益事业，而社会公益事业大部分属于地方政府事权，地方政府在公益金分配中没有与其事权相对称的财权，导致地方政府支持彩票业发展的积极性受到影响。

5. 公益金筹集、分配、使用及社会监督的过程不够规范和透明。现行彩票管理制度对公益金管理提出了向社会公告的原则要求，但还没有具体的操作制度，其中最根本的原因在于公益金纳入相关的部门预算管理，使公告很难操作。纳入部门预算管理的公益金需要服从一般财政预算管理的制度，使用中很难分清一般预算资金与公益金的具体用途。公益金被分散在不同的部门，财政部门无法对使用情况进行统一管理和监督，相关信息无法集中。因此，目前只能公告公益金筹集和初次分配大致的情况，具体使用和监督情况难以公告。

（三）按照彩票公益金的本质要求改革和完善彩票公益金管理模式

公益金管理模式需要在彩票专门法规中加以规定。根据建立社会主义市场经济体制的目标和公益金的本质要求，我国彩票公益金管理政策和制度应在以下方面加以改革和完善。

1. 坚持财政管理模式。目前彩票公益金由财政部门进行管理，这一基本模式应继续坚持。财政部门是主管国民收入分配的职能部门，与公益金具体使用无关，在公益金分配和使用中处于中性地位，有利于保持公益金管理的公正性。同时，财政部门从中央至乡镇都有比较完善的管理机构，能对公益金使用实行比较严格的监督。因此，坚持由财政部门管理彩票公益金是效率最高，成本最低的选择。

2. 对公益金实行专项预算管理。在坚持财政管理模式的前提下，应对彩票公益金实行专项预算管理，在政府预算中把公益金收支作为与其他部门相平行的一项独立预算。根据预算编制的程序，由公益金使用部门按照财政部门提供的公益金分配数量，提出当年需要安排的具体项目需求，经财政部门审核后编制当年的公益金专项预算下达执行，年度终了，公益金使用部门向财政部门上报决算。实行专项预算管理，一是可以增强公益金分配和使用的透明度；二是有利于财政部门加强监督，防止公益金被挪用或滥用；三是可以对公益金的筹集、分配、使用等有关信息实行集中管理，便于社会监督和公告。

3. 调整公益金筹集方式。可以仍然按发行收入的一定比例筹集公益金，但不应对所有品种的彩票规定统一的公益金比例，而应该由财政部门根据彩票发行机构提出的申请，按不同的彩票游戏特点制定不同的返奖比例。同时，为促进彩票发行，可考虑取消对中奖奖金征税的政策，对彩票发行收入提取公益金实际上等于已经征了税，中奖奖金是对购买彩票行为的奖励，再征收个人所得税不利于鼓励人们购买彩票，从而难以筹集更多的公备金。从国际范围看，对彩票中奖奖金征税的做法并不普通，目前只有中国、美国等极少数国家采取这种做法。

4. 明确和规范公益金使用领域。根据国际经验和公益金的本质要求，应通过立法明确公益金分配政策和公益金使用领域。从我国的现实情况出发，确定和规范公益金使用领域有以下两种选择：一是承认现有公益金使用现状，并把教育等纳入公益金使用范围，以某一年度为基数，把现有各项公益金使用数量固定下来，以后年度的增量部分分别用于教育等事业；二是重新确定公益金使用领域，规定将公益金用于民政福利、体育、教育、慈善(包括残疾人、红十字和慈善事业)等社会边际效益更高的方面，取消公益金补充社保基金的政策。

5. 根据中央和地方政府事权确定中央与地方的公益金分配关系。社会公益事业大部分属于地方政府事权，按事权划分应该将大部分彩票公益金留给地方政府。但除了事权因素外，还应该考虑到我国经济和社会以及彩票市场发展的不平衡性。我国的彩票市场70%集中在东部沿海省份，这些省份也是我国经济和社会发展水平最高的地区，中西部地区相对落后。如果仅按事权划分来分配公益金，中西部地区只能享受到很少的彩票公益金利益。因此，在公益金分配中，中央还应该集中一部分的公益金，用于支持中西部地区的社会公益事业。

6. 完善公益金筹集、分配和使用监督制度。首先，应在立法中规定公益金隔年使用原则，先筹集，后使用；其次，按照确定的公益金使用领域，财政部门将当年可用的公益金进行社会公告；第三，由相关的社会公益部门提出具体项目需求，报财政部门进行审核，编制公益金使用专项预算；第四，年度终了，由公益金使用部门向财政部门报送公益金使用的决算，并进行社会公告；第五，在立法中规定，财政部门每年向同级人大提交财政预决算报告时，要将同期彩票公益金的预决算报告作为附件一同提交人大备审。

（财政部综合司供稿，
作者：孙燕、邱江涛、王守刚）

关于即开型彩票集中销售引入代理商问题的思考

即开型彩票集中销售曾经是我国彩票销售的主要形式，在我国彩票发展史上占有重要地位，发挥过重要作用，也曾是我国各级彩票机构的中心工作，每年为此动用了大量的人力物力财力组织销售。但近几年来，即开型彩票集中销售风光不再，许多彩票机构已不再为此大量投入精力，而是请彩票机构以外的公司来完成，在即开型彩票集中销售活动中引入了代理商。

一开始，引入代理商是不公开进行的，有关部门对此也睁一眼闭一眼，态度一直不明朗。但自从2001年《民政部关于加强管理　扩大发行福利彩票的通知》(民发[2001]105号)印发后，情况已有很大变化。通知第十九条要求："要在福利彩票的销售环节引入市场机制。即开票在规范操作、确保安全的前提下，允许有关公司参与协助销售。"在即开型彩票集中销售中聘请公司或其他机构协助或参与已经变得公开和普遍，尤其是在福利彩票系统。例如广东省，福利彩票系统对即开型彩票市场也很重视，并明确规定："允许并积极组织有关公司参与彩票销售。"所以全省各地福利彩票机构举办的集中销售活动基本都有公司参与。体育彩票系统即开型彩票则基本上自行组织完成，广东省体育彩票管理中心曾下文通知："不允许销售机构以外的公司及个人以承销、承包形式组织销售即开型彩票。"

一、引入代理商的原因

代理商的出现主要有两方面原因。一方面是彩票机构为了扩大彩票销售，完成上级下达的销售任务。在一些经济较落后的地区，由于电脑型彩票需要一定的投资，网点的开设受到限制，影响了电脑型彩票的发展，彩票机构不得不依靠即开型彩票来完成销售任务。

另一方面是由即开型彩票集中销

售自身特点所决定的。即开型彩票集中销售主要有以下特性：一是成本高。除奖票印制、运输、保管、清点、销毁等成本外，还存在着策划宣传、场地租赁布设等成本。二是风险大。风险表现在两个方面，第一是经济风险，由于前期投入大，费用高，如销售不理想，出现超兑奖等情况，彩票机构就可能出现亏损。第二是社会风险，因销售过程涉及环节多、人员杂、资金流量大，彩票销售和兑奖直接面对广大彩民，稍有不慎，就会发生群体性事件，影响社会安定。三是责任重，既有经济责任，又有政治责任。要保证销售过程不发生经济问题，如票款不清、销售人员卷款私吞等，也要防止出现事故。

所以，在即开型彩票集中销售活动中引入代理商，便成为许多彩票机构扩大销售量、规避销售过程中各种风险的一种选择。实际上，引入代理商后问题更多，风险更大。

二、引入代理商存在的问题

第一，名为代理，实为包销；名为协作，实则承包转包。尽管民发［2001］105 号文件第十九条规定："不得进行承包销售或转包销售"，但从实际操作看，承包销售或转包销售是难以杜绝的。因为引入代理商后，根据与代理商的协议，大部分彩票机构的工作主要是负责即开型彩票集中销售活动的报批，与代理商结算资金，以及形式上的监督等，代理商实际承担着销售前的准备，包括销售方案、设奖方案的设计，销售中的销售和兑奖，销售后的资金清算等全过程的、关键性的、与销售有关的绝大部分工作。可见，实际操作并未按民政部的要求做。

第二，引入代理商，使销售过程出现了多个主体，增加了环节，改变了彩票机构专营彩票的性质，违反了国家相关规定。引入的代理商，多数为享有独立民事权利和具有独立行为能力的法人公司，在即开型彩票集中销售活动中享有独立的、完整的责权利，实质上是彩票销售活动中另一个独立的主体，使彩票的发行销售变得不再是彩票机构专营。这实际上让渡了专营权，违反了国家相关规定。财政部颁布的《彩票发行与销售管理暂行规定》（财综［2002］13 号）第二条规定，"彩票是国家为支持社会公益事业而特许专门机构垄断发行，供人们自愿选择和购买，并按照事前公布的规则取得中奖权利的有价凭证"；第三条规定，"彩票机构指国家特许负责彩票发行和销售的专门机构"；第八条规定，"彩票机构以外的任何组织和个人，均不得参与在中华人民共和国境内的彩票发行销售活动"。引入代理商，显然违背了以上规定。

第三，存在巨大的信誉风险。一

是国家彩票信誉风险。代理商既然是商业机构，其行为必然以盈利为目的。为规避因销售不畅、超兑奖、尾票等原因造成的损失，并获得尽可能多的利润，许多协作公司多采取“入围奖”、“鼓励奖”等办法，其利为实质上是在变相发行销售彩票。其次，彩票机构既然将销售中的风险转移给代理商，代理商自然也会千方百计化解风险、转移风险，以至于擅自修改设奖方案、游戏规则等人为操控销售过程的问题难以避免。而一些彩票机构甚至同情公司的损失，默许公司的做法，事实上此时彩票机构已难于控制销售过程。这种做法直接破坏了彩票销售公开、公平、公正的原则，损害了彩民利益，损害了国家彩票的声誉。二是彩票机构信誉风险。彩票销售过程中，代理商的身份暂时隐匿，对外都以彩票机构的名义，所以一旦发生问题损害的自然是彩票机构的声誉，影响彩民对彩票机构的信任。

第四，引入代理商，与世界上绝大多数国家的做法不一致，与现代彩票发展趋势不一致。信誉是彩票的生命，为确保国家彩票的信誉，世界绝大多数国家彩票发行和销售都由国家垄断，特许经营。为了一时一地的销售量，或者为了眼前的、局部的利益引入代理商，使国家彩票信誉受损，在现代法制社会这种做法是不足取的，也不符合彩票垄断、特许经营的要求。

三、应禁止引入代理商

诚然，不是所有公司参与彩票销售都会出问题，但就我国目前的法制条件和监控手段来说，公司参与彩票销售的问题不可能避免。我国彩票市场尚处于初级发展阶段，需要培育和保护，一切有损国家彩票事业发展的行为都要及时纠正，坚决禁止。对引入代理商会出现的问题，彩票发行销售机构应有所警醒，应有危机感。

政府主管部门应着眼于长远发展和整体利益，彩票政策的取向应坚持审慎性原则。在目前条件下，还不能做到从根本上防止公司变相参与承包，不能从根本上杜绝以上种种问题，就应该明令禁止公司参与即开型彩票集中销售，公司能够参与的应仅限于销售活动开始前的准备工作，如广告和宣传筹划，场地布置等，销售中的一些辅助工作，如保安、服务等。

四、正确认识即开型彩票集中销售方式的作用和发展

即开型彩票集中销售方式是我国的独创，曾对我国彩票市场发展做出了重要贡献。特别是在彩票还不为老百姓所熟悉的阶段，集中销售对国家彩票的宣传赴到了积极作用 。但随着科技进步和社会发展，它已不再被作为我国彩票市场的重点和方向。今天，彩票已渐渐为老百姓所熟悉，成

为人们日常生活的重要组成部分，电脑型彩票销售技术和网络已趋成熟。彩票机构应把握客观形势的变化，适时调整营销策略，坚持有所为有所不为、少而精的原则，只在适当的时候、经精心组织后才举行即开型彩票集中销售活动。

（广东省财政厅供稿，作者：黎树源、蔡文雅）

探索提高彩票发行量，降低发行成本的有效途径

彩票业在我国是一门新兴的行业，它作为一种特殊商品，已引起社会的强烈关注，并对社会公益事业作出了重大贡献。但它目前的发行量和筹资能力还比较小，怎样不断提高彩票发行量，更有效地降低发行成本，是彩票从业人员关注的重要课题。带着这个题目，江苏省财政厅到南通、苏州、盐城等地及有关彩票机构进行了调研。现结合各地意见及江苏省彩票市场状况，谈一点看法。

一、扩大彩票发行量的途径

我国彩票的发行规模和国外相比，差距之大是有目共睹的，我国彩票发行还有很大的空间和广阔的前途。我们认为应从以下几方面来扩大彩票发行量。

1. 改革彩票发行和管理体制。

我国彩票一直是部门彩票，虽然2001年，国发［2001］35号文件颁发，我国彩票开始从部门彩票转向国家彩票，但实质上仍然还是两个部门在发行彩票，这就避免不了部门间的利害冲突，甚至是恶性竞争。

在部门彩票内部，从上到下也一直是以行政块块管理为主，这样做的弊端，一是彩票机构受其行政主管部门控制，不能有效引入市场机制。二是增加了发行成本。按现行两个彩票机构实际费用分析，如果两个机构合二为一，费用将节约一半。将节省的资金如用来增加返奖比例，效果将会更好。三是人浮于事，效率低下。我国的国情是人口众多，比如在苏北某些地区，发行量很小，但大部分县（市）级彩票管理部门都安排十来个管理人员，经费严重不足，有的就搞

不正当行为，破坏了国家彩票形象。彩票的实质是一种博弈，一旦失去公正和信任，很快就会失去市场。

在以往和目前彩票发行和管理工作中，各级政府和行政管理部门发挥了重要作用，以后也离不开政府的领导和部门的支持。但彩票属国家垄断行业，长期保持部门特色，势必严重扭曲其应有地位和形象。我们设想的方案是：实行两级管理体制。由国家垄断，在国家财政部统一领导下，建立统一的彩票管理中心，指导和协调全国彩票发行和销售机构业务；省级也成立类似机构，有条件的省、市，经财政部批准，可以独立发行有地方特色的彩票。根据江苏省情况，市、县级彩票管理部门可以由省彩票中心直接委派，进行垂直管理，实行地方财政与省彩票管理中心双重领导。

实行两级管理体制，一是充分体现国家垄断和行政管理的作用，二是能充分发挥市场经济的调节作用，在人事、分配和市场运作等方面真正按市场规律办事。

2. 改变营销模式，丰富游戏品种。

我国目前彩票市场游戏品种比较单一，而且多年保持不变，这与国外差距很大。由于彩票实际是一种娱乐性很强的游戏，长期没有新的品种投放市场，彩民就会失去兴趣。

在营销模式上也应不断更新。上海、福建等地出现的彩票大卖场、彩票专营店等模式，是个新鲜事物，可以促进销售，但没有多品种投放还是不行的。另外，采用电话投注、刷卡销售等形式，也会打开一定的销售空间。

即开型彩票近几年来不断走向衰退，原因是多方面的，但老的营销模式显然是主要原因之一。过去单一的搭台集中销售，已不太受群众欢迎，老百姓坐车进城买彩票，既浪费时间，又增加开支，也没有多大刺激。将即开型彩票集中销售与多点联动、地区联动、彩票大蓬车、彩票文化节、彩票销售点等多种形式有机结合起来，可能会起到事半功倍的效果。另外，即开型彩票兑奖是否也可以采用现金与实物相结合的方式，由彩民自选，奖品由厂家直供，质量全包，价格取决于市场。这样能有效地烘托现场气氛，提高销售量，同时也促进了消费。

3. 调整彩票资金构成比例。

现在我国彩票资金构成比例中，返奖比例为不得低于50%，而扣除偶然所得税后，实际只有40%左右，这在世界上可能是绝无仅有的。在这种分配比例下要保持彩票业长期、高速发展是不可能的。应该首先让利于民，保证返奖比例真正达到50%以上。在这个前提下，群众购彩兴趣提高了，总收入可以大幅度提高。

彩票资金的分配，各地可以因地

制宜。在保证国家一定的公益金收入前提下，各地应根据当地发行规模、发行成本等情况，制定彩票资金分配方案，报财政部批准后实施。全国不应搞一刀切。

二、降低发行成本的有效途径

正确界定彩票发行成本，合理安排费用支出，具有很实际的意义。降低成本费用的途径，应从以下几方面着手：

1. 严格执行收支两条线管理，认真编制部门预算。

多年来，彩票一直都是部门彩票，彩票机构的发行经费也是其行政主管部门的“小金库”。彩票机构视其费用收入情况，多就多用，少就少用，没有多大限制。为此，财政部多次发文，明确规定彩票资金要实行收支两条线管理，彩票发行经费不得补充行政主管部门经费等。严格执行这一规定，能有效地控制彩票机构发行经费的流向，防止其被挪作他用。但要真正控制彩票机构费用支出，节约开支，还应当将彩票机构视同一级预算单位，编制、执行部门预算。江苏省省级彩票机构从2002年起正式执行部门预算，部门预算中，人员支出、日常公用支出按规定标准核定，专项性支出按以前年度标准和事业发展需要逐项核定。部门预算经人大批准后执行，经费按月、按计划下拨。单位编制、执行部门预算后，费用收支进入有序状态，省体育彩票管理中心，省福利彩票发行中心2002年支出总额较以前年度都有较大下降，剔除固定资产购置和增加电视开奖费用后，两家费用总额较上年分别下降了19.5%和12%。

2. 引入市场竞争机制，降低成本费用。

彩票业是一门新兴、独特的行业。在彩票机构费用支出中，专项费用占80%以上，调查发现，有些费用的畸高是由于市场垄断造成的。例如江苏省福利彩票发行中心彩票打印纸是由指定单位供货，一年费用支出占当年可用资金的25%以上。如果请印制单位帮助研制，产品制成后，核算价格至少可下降20%，仅这一项，一个单位一年可节约费用100多万元，而且质量明显好于现在使用的产品。彩票机构使用的投注机，两个彩票机构一次使用量都在2000多台，供货单位指定广东两个厂家生产，每台购入价2万元—2.5万元之间，而实际生产成本很小。对于这样的垄断现象，地方难以解决，希望财政部和国家有关部门重视这一现象，尽快通过多种途径打破垄断行为，按市场经济规律办事。

3. 扩大彩票销售规模，降低即开型彩票销售成本。

经营成本分为固定成本和可变成

本，彩票销售成本中60%以上都是固定成本，因此，销售量是个决定性因素。在目前的即开型彩票集中销售中，各地都采取承包的形式，费用包给承销商，此举弊端很多。这样做的好处是各地不承担费用风险，但地方几乎无利可图，只是为了完成上级任务，没有积极性可言，而且承包商只关注自己的利益，对彩票市场往往造成破坏。从江苏省实际情况看，即开型彩票市场还是很有前途的，大部分地区销售情况良好，承销商大有利润可得。各地为什么不愿自己组织销售呢，这主要是风险机制没用建立，多次赚了钱是正常的，一次赔了钱就没法交待，因此都不愿意冒这个风险。解决这一问题的关键是要建立风险机制。我们设想成立以省为主，市、县（区）参加的风险基金会，市、县（区）开展即开型彩票集中销售，以一定比例缴纳风险基金，销售结束后如不发生亏损，缴纳的风险金再按一定比例返还，发生不是人为因素造成的亏损，亏损金额由基金会支付。这样做一是解除了各地的后顾之忧，让大家放开手脚，做好即开型彩票的销售工作；二是发行工作做好了，地方能直接受益，即使当期收益不大，但全部销售的总成本将会大幅度下降。

（江苏省财政厅综合处供稿，作者：王少祥）

关于重新建立彩票机构绩效评价体系的思考

绩效评价是与组织管理实践紧密相关的一个课题，它是对组织经营管理效果的评判和管理者业绩的评估。绩效评价对外有利于政府或主管部门对经营者的业绩进行考核，对内有利于经营管理者进行横向和纵向比较，以便加强管理，提高效益，所以一般每个行业都制定有符合行业特点的绩效评价指标。福利彩票行业自成立以来就建立了以销量为核心的绩效评价指标体系，追求销量最大化一直是彩票机构的行为目标。多年来，在这一目标的引导下，彩票行业的经营管理者和从业人员努力开展经营，扩大销售，取得了巨大的销售业绩，2002年全国福利彩票发行量创下了168亿元的历史纪录，其发行规模和社会效益引起了社会各界的普遍关注。但2000年以来，福利彩票行业出现了大面积亏损的局面，各地经营效益下降，财务状况恶化，一些彩票机构的收支失衡，结余下降，有些地方甚至出现结余负数，彩票机构面临生死存亡的危机。一方面是主管机构对彩票销售业绩的欢欣鼓舞，另一方面却是下级特别是基层彩票机构为生计和生存而苦恼惆怅。各级机构对于彩票销售业绩的态度竟然如此大相径庭，使笔者认为有必要重新审视以销量为核心，不计成本的绩效评价体系在设计上的合理性，并重新建立新的以财务效益分析为主体内容的绩效评价指标体系。

一、对以销量为核心的绩效考评指标体系的评价分析

从彩票机构成立至今，销量最大化一直是对彩票机构绩效评价的核心内容。无论是上级彩票机构还是主管部门，在历年对福利彩票机构的考评中，总是把销售总量作为奖励和评价经营者业绩的首要指标，销售总量高，则业绩评价优，销售总量低，则业绩评价差。而所有这些评价从来没有考虑彩票机构所付出的成本和代价。为什么会出现这种情况呢？笔者认为这是有一定的理论依据和体制原因的。

首先，国家发行彩票的初衷是筹集更多的公益金，以弥补社会公益事业发展资金的不足。彩票自发行以来，公益金的筹集比例一直是固定的，销量高则公益金筹集总量多，销量低则公益金筹资总量少。对国家而言，销量当然是越高越好。所以，国家关心的是彩票机构的营业总额而不是盈利总额。

其次，彩票发展初期，彩票机构同其他一般企业一样，主要任务都不是创造效益，而是要扩大市场占有率，吸引更多的消费群体。所以，在这一阶段，各机构没有刻意控制成本，而是千方百计扩大销售。

再次，彩票行业不是垂直管理，每一级机构都是一个独立核算的主体，其发行经费收入都是按销售额的一定比例留成。上一级彩票机构的发行经费收入完全依赖下一级机构的销售量按比利留成，而与下一级机构的经营效益无关。所以，每一级机构只关心下级机构的销售总量。如此层层累积，压力都在基层彩票机构。

最后，彩票机构作为民政部门的下属机构，其事业单位的性质决定了它的职责只能是保障任务的完成，而不应该去计较投入的多少。特别是在彩票机构内部没有建立起相应的激励与约束机制，干部考核任免制度也还没有完善的情况下，彩票机构的领导者还不得不适应上级部门的压力和要

求去追求“政绩”。

尽管以销量为核心的评价体系有其合理性，在彩票行业发展的初期也确实发挥了重要的作用。但是由于彩票机构财务管理体制的改革和彩票发行经费比例的降低，基层彩票机构入不敷出、收不抵支的矛盾越来越明显，这一指标的缺陷也日益暴露出来。

首先，以销量为基础的绩效评价体系存在不计成本的缺陷。它只考察彩票机构的销售业绩，而不考虑彩票机构的经营效益，这与改革初期国有企业只重视产值和产量而不重视利润如出一辙。结果是彩票机构不顾成本，盲目投入搞宣传、上奖组、增加投注机，销售总量虽然提高了，但却收支失衡，有些甚至亏损严重，面临生存危机。

其次，以销量为基础的指标体系设计不科学。不可否认，销售总量确实是经营业绩的一个重要指标，但如果不考虑区域、人口、经济状况、历史和环境等因素，就无法对经营者的努力程度和经营能力进行比较。福利彩票系统每年进行销售量排名，排名在前几位的总是那么几个省份。由于这些地区人口众多、经济实力强大、区域环境优越，要使他们的排名靠后甚至比让他们排名靠前还要难。所以，单纯以总量来评定优劣，尽管对销量高的省份是个鼓励，但也容易使之产生惰性心理，不思进取；对销量低的省份来说，以他们的区域环境和经济劣势，无论他们付出多大努力，都难以赶超“先进省份”，从而失去动力和信心。

有鉴于此，一段时间以来，中国福利彩票发行管理中心（以下简称“中福彩中心”）采取了下达销售任务，以销售任务完成量进行考评的方法。这明显带有计划经济的特征，而且销售任务的制定一般都是在上年基础上的主观判断，其结果是下级机构发动领导做工作，千方百计压任务。

为了增加不同地区、不同人口规模的彩票机构之间的横向可比性，中福彩中心还在销量指标中增加了人均销量这一辅助性考评指标。但因为在一定的区域范围之内，人口总量基本是不变的，只要销售总量提高，人均销量自然上升，所以这一指标并不能引导彩票机构改变其行为目标和行为方式。

另外，为了增加彩票机构自身的历史纵向可比性，中福彩中心又加入了销售增长率这一辅助指标。事实上这一指标也是以销量为基础，虽然它考虑了彩票机构的成长能力，但是它建立在上年的销量基础之上，容易形成“鞭打快牛”的局面。

总之，以销量为基础的绩效评价指标体系完全是从政府部门和上级机构的利益出发的，没有考虑基层彩票机构的经济成本，设计上存在一些缺陷，应当予以修正。

二、彩票发行和销售的经济学分析

前面笔者对以销量为基础的绩效评价指标体系进行剖析，分析了主管部门和彩票机构追求销量最大化的原因。但是否销量大，各级的利益就都有保障，彩票发行的销量、成本和收益是否有一定的必然联系，能否找到一些指标，让各方的利益达到均衡并一致起来呢？在此进行一下经济学分析。

“本量利”分析是企业财务分析中普遍运用的一种模式，笔者认为，彩票机构虽然是事业单位，但彩票发行销售仍是一种管理和经营行为，也可以进行投入产出分析。现以历史经验数据为依据，用相对比率值编制出彩票销售的成本、销量和收入分析图（以下简称“本量利图”），如下：

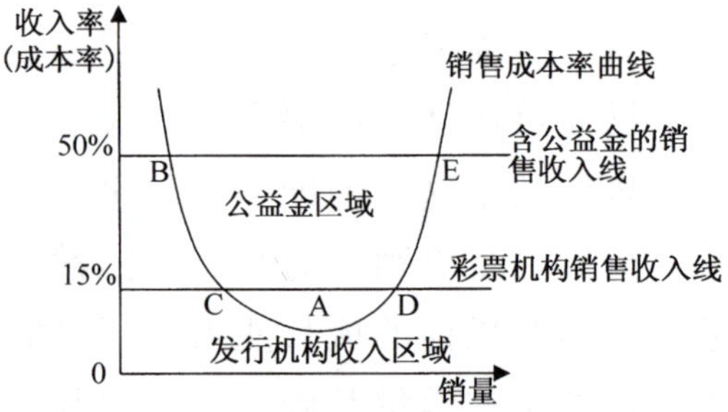

彩票销售本量利图

上图中，彩票机构的销售收入线为一条平行于销量的直线，表明彩票机构的销售收入占销售总额的15%，且这一比例固定不变。含公益金的销售收入线高于销售收入线35个百分点（这里把公益金看作彩票销售的收入），也为一条平行于销量的直线，即公益金的比例也固定为销售总额的35%。而彩票机构的销售成本率曲线则是一条反向抛物线，它表明单位彩票的销售成本随彩票销售总额的增加而下降，到一定底点A后，随销售总额的增加而上涨。该曲线与销售收入线形成两个交点C和D，与含公益金的销售收入线也形成两个交点B和E。根据不同的销量，图中15%直线以下的区域为发行机构收入区，15%和50%两条直线之间的区域为公益金收入区域，抛物线以下的区域为发行成本区域（这里没有把返奖奖金作为发行成本）。

现在先站在彩票机构的立场和角度上来分析，C点为彩票机构发行总收入与总成本的持平点，即盈亏临界点，C点的销量为盈亏临界点销量。如彩票机构的销量低于C点，则彩票机构就会形成亏损，因为单位成品的销售收入小于销售成本。如销售量超过C点后，增加销量就有盈余，因为此时单位产品的销售收入超过了其销售成本。到A点时，单位彩票的销售成本最小，边际效益最大，但这里并不是彩票机构的最大盈利点，因为超过A以上的销量，其单位彩票的销售成本仍然低于单位销售收入，扩大销售对彩票机构仍然有利。当销售额增至D点时，单位彩票的销售成本与销售收益持平，增加销售不再有边际贡献，扩大销售不再能给彩票机构增加收益。超过D点后增加销量，彩票机构只能是销的越多，赔的越多。所以，对于彩票机构而言，其最佳销量为D点的销售量。

如果换一个角度，将公益金收入一并考虑，也就是说站在政府的角度，将公益金和彩票机构的发行经费收入都作为国有资产的收益来分析，情况就不同了。由于收益率变大，盈亏临界点下降，B点变为盈亏临界点，也就是说，只要较小的销量就可以保持盈亏平衡了。而最佳销量也相应提高，E点变为最大收益点。对于D到E之间增加的销售量，虽然对彩票机构是不合算的，但对政府而言却是合理的，是可以增加财富的，因为这一段的销售为国家筹集的公益金超过彩票机构的亏损额。如果彩票机构的销售停滞于D点，对彩票机构自身是最优选择，但对社会而言却是一大损失。当然，超过E点的销售量不仅会给彩票机构造成巨大亏损，对整个社会而言也会造成损失。

上面的分析没有充分考虑现有的彩票发行体制和管理模式，因为笔者认为，经济学一般常识是，先补偿成本，有剩余才作为收益。事实上这一逻辑在彩票行业并不完全符合实际，实际的情况是，彩票机构无论盈亏，35%的公益金必须上缴，也就是说，公益金对于彩票机构而言事实上也是一种必然的成本。由此可以对上图加以修正如下：

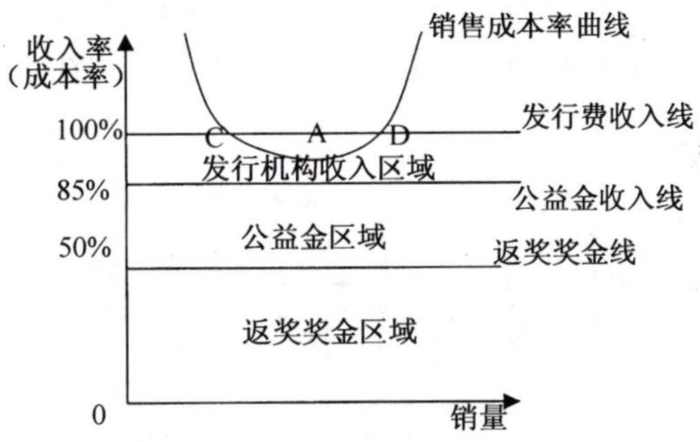

彩票销售本量利图

图中，销售成本率曲线上移了85个百分点（这里把返奖奖金也作为彩票销售的成本），与公益金收入线不再有交点。这一变化对彩票机构而言，没有多大影响，C点仍是彩票机构的盈亏临界点，D点依然是彩票机构的最佳销售量。但对于以获取公益金为重要目标的政府而言，其行为目标将有较大变化。由于彩票机构的成本线与公益金收入线不再有交点，政府将不再受到彩票发行成本的约束和限制，其收益只与销量有关，并随销量的增加无限延伸，永无止境，所以政府会追求销量最大化。

以上的分析是将彩票行业作为一个整体，即把15%的发行经费收入归属于一家彩票机构进行分析的。但事实上，彩票行业本身并不是垂直管理、统一核算的，每一级机构都有自身的利益。对于基层彩票机构而言，上缴上级彩票机构的发行经费比例是固定的，所以同公益金一样，上级机构的发行经费也可以看作下级机构的成本，在本量利分析图上则表现为下级机构的销售成本率曲线继续上移。图示如下：

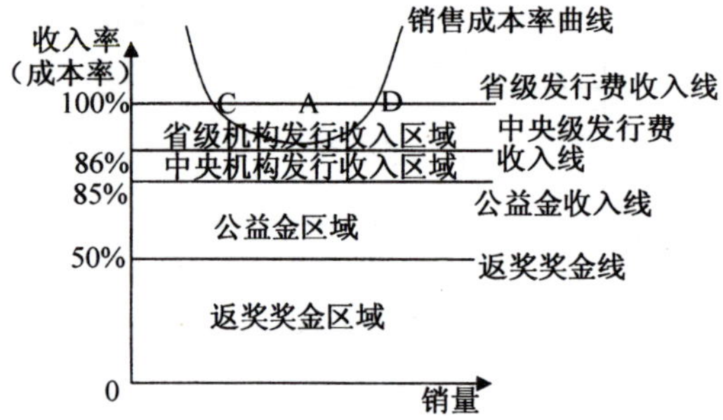

省级机构彩票销售本量利图

与上面分析政府的行为一样，上级彩票机构也加入了追求销量最大化的行列，如此层层累积，所有的压力都由最基层的彩票机构承担，基层彩票机构作为政府部门管理的事业单位，不得不顺应上级机构和管理部门的压力和要求，在违背自身经济利益的情况下，扩大彩票销售，赔本以赚取吆喝。

从以上的三种模式分析中可以看出，第一种模式是将彩票机构与政府一起作为国家利益的代表方，将公益金和发行经费收入一起（50%）作为国家发行彩票的收入，只有返奖奖金作为发行彩票的成本，所以成本率曲线较低，最佳销售点位置较高。而后两种模式下，将政府和各级彩票机构的利益各自独立，公益金甚至上级的发行经费都作为了彩票发行的成本，因而成本率曲线较高，最佳销售点位置较低。三种模式中无论哪种模式，要提高彩票机构的收益，都可以有两条途径，一是在销量到达 D 点之前尽可能扩大销量，二是尽可能降低成本率曲线，两条途径其实都与成本率曲线有关。

三、建立科学合理的绩效评价指标体系的探索

从以上的经济学分析中可以看到，以销量为核心的评价指标只是强调了提高政府和彩票机构收益的一条途径——提高销量，而完全忽视了另一条更重要的途径——降低成本，所以在实施中出现了一些问题。如何吸取经验教训，建立起彩票行业更加科学合理的绩效评价体系呢？笔者认为，应该注意以下几项原则：首先，应强调国家利益的一体性，上级彩票机构和政府部门代表国家利益，但下级和基层也属国有资产，所以，在指标的选择上，应该从国家的整体利益出发，兼顾各方的利益。其次，应注意评价目标的多元化，在指标选取上，既要重视经营业绩，又要重视经营成果，既要有财务定量指标，又要有非财务的定性分析。再次，要注意机构之间的横向和纵向的可比性，不仅要有绝对数指标，更要有相对数指标。此外，要适应目前彩票行业的管理体制，并要在实际中具有可操作性。

基于以上原则，笔者认为可以选择以下几项指标作为考评依据：

（一）盈利能力指标。

1. 社会贡献总额。将公益金和发行经费结余之和定义为彩票对社会的贡献,并认为社会贡献最大化应该是彩票行业追求的核心目标。前面说过,国家发行彩票的初衷就是要为社会公益事业筹集公益金,所以,为国家筹集尽可能多的资金(不管是公益金还是发行经费结余)应该是彩票机构的终极目标。从前面对彩票销售的经济学分析中可以看出,在某种情况下,公益金最大化与发行经费结余最大化这两者之间是有冲突的,强调其中任何一种,对国家而言都是一种损失,只有将两者统一起来,将政府和彩票机构的利益一致起来,才最符合国家的利益。

2. 销售贡献率。社会贡献总额是一项总量指标，它不利于不同规模机构之间的横向比较，所以可以增加销售贡献率这一相对指标。销售贡献率是反映每销售一定数量的彩票对社会所作的贡献，其大小取决于社会贡献总额和销售总额两个变量。不能认为销售贡献率高，则社会贡献总额就大，故销售贡献率只能作为社会贡献总额的修正指标。

3. 销售净利率。尽管盈利指标中强调社会贡献，获利也不是作为事业单位的彩票机构的惟一目标，但也不能否认彩票机构有自身的利益，每销售一定数量的彩票可以盈余多少，是彩票行业的每个管理者都会关心的问题。所以，笔者认为销售净利率应该作为彩票机构内部的一个重要考核指标。

4. 结余增长率。结余增长率是反映彩票机构获利水平和积累能力的指标，便于彩票机构对自己的运营效益进行纵向比较。该指标为正数，表明彩票机构本年运营效益好于上年，反之则运营效益不如上年。争取结余增长率年年上涨，应该是彩票机构自身的目标。

（二）费用率指标。

1. 销售费用率。不考虑返奖奖金，彩票机构销售彩票的成本率越小，则销售的贡献率越大。从上面的经济学分析中可以看出，只要降低销售成本率曲线，则不管是从彩票行业自身还是从政府的角度考虑，都可以提高销售量，从而不仅可以增加彩票机构自身的收益，而且可以增加政府的公益金筹集额。可见，降低彩票的销售费用率是提高社会贡献总额的前提。而销售费用率的大小，也反映彩票机构自身的管理能力和管理水平，故笔者将销售费用率作为绩效评价的基本指标。

2. 各项支出的销售费用率。彩票机构的总费用是由多项支出组成的,包括人员支出费用、公用支出费用、固定资产支出费用、业务支出费用等。各项费用还可以继续细化，如业务支出费用可以继续细分为宣传费用、销售站点经费、电脑票材料消耗费等。只有降低每一种费用支出，才能降低总的销售费用率。所以可以列出各分项支出的销售费用率，以便彩票机构之间进行横向和纵向的比较，从而达到减少支出、降低成本的目的。

（三）资产状况指标。

彩票行业由于其特殊性，其经营业绩与占有的资产一般没有直接的关系，且彩票机构的资产不能用于彩票行业以外的经营活动，不能用于获取投资收益，所以，一般企业绩效考核的核心指标资产报酬率或投资报酬率并不引起彩票机构的重视，但这并不是说彩票机构就不考虑其资产质量。

1. 总资产周转率。总资产周转率是一项反映资产经营质量和资产利用效率的综合性指标，它是一定时期的销售额与平均资产总额的比值，其数值越高，表明资产周转速度越快，反映彩票机构的销售能力越强，资产管理和运营越好。所以，笔者将其作为考评彩票机构资产状况的主要指标。

2. 各项资产的周转率。从因素分析的角度看，总资产周转率要受到各项资产周转率如应收账款周转率、固定资产周转率、库存彩票周转率的影响，所以笔者将它们作为总资产周转率的补充指标。应收账款周转率是反映应收账款流动速度的指标，考核应收账款周转率可以促进彩票机构及时结算，活化营运资金，提高资产质量。固定资产周转率在企业中一般理解为折旧年限，但这里把它界定为销售额与固定资产的比值，之所以如此，是因为彩票机构更注重固定资产事实上的回收时间，而不是财务上的补偿期限。特别是电脑彩票投注机的周转率（单机销量/单机平均成本），事实上可以反映电脑彩票单机销量的大小，应该引起彩票机构足够的关注。库存彩票周转率在反映即开型彩票管理水平的同时，也可以从一定程度上反映即开型彩票销售实现的速度。将库存彩票周转率作为考评指标，有利于彩票机构合理领用彩票，减少库存积压。

3. 资产负债率。彩票行业的负债比率一向都很低，所以偿债能力几乎没有引起重视。但各省开卖电脑票以来，由于大量采购投注设备，彩票机构几乎都背上了沉重的债务，虽然靠收取销售站点的押金取得了资金，也不用承担利息负担，但这并不是说就完全没有财务风险。一旦投注站点大量退机，彩票机构就会出现偿付危机。所以资产负债率不作为彩票机构考评的主要指标，但也应予以关注。

（四）销售业绩指标。

1. 销售总额、人均销量、销售增长率等指标在以销量为核心的评价指标体系中一直运用，前面也分析过其合理性，笔者认为只要通过其他财务指标加以修正，这些指标仍是考评彩票机构销售业绩的重要指标。

2. 销售量占国民收入之比。彩票是对国民收入的再分配，这一指标可以反映居民的收入中有多大比例用于购买彩票，彩票机构的营销宣传得力，彩票的娱乐性强，社会影响大，居民参与购买彩票的人数就多，投入量也就大，所以，这一指标可以综合评价彩票机构调动居民参与彩票活动的能力。

3. 市场占有率。目前彩票市场是一种寡头垄断的竞争市场，体育彩票和福利彩票在这一市场上角逐，哪一家机构的综合影响大，哪种彩票的娱乐性强，市场认知程度高，彩民就会购买哪种彩票。考评中加入这一指标，可以综合评价同一地区、同样环境下的两家彩票机构的营销管理水平。

（五）其他非财务指标。

影响彩票机构的销售业绩和盈利能力的因素很多，但并不能都完全予以量化，如彩票机构的对外形象和服务满意度，管理和从业人员的素质，发展创新的能力等，不仅影响彩票机构目前的经营状况和经营业绩，而且决定彩票行业的长远发展能力，只有在定量评价的基础上，辅之以对这些因素的定性评价，才能实现对彩票机构经营绩效的综合全面反映和客观公正评价。

以上只是列举出了绩效考评中应予关注的重要指标，至于这些指标如何进行权重的分配，还需要历史和经验的数据，并根据不同时期的目标进行调整。由于笔者水平有限，不敢妄加分割，寄希望于有关领导和专家加以修正。

彩票机构绩效评价指标体系

考核类别	基本指标	其他指标	指标解释
盈利能力指标	社会贡献总额	社会贡献率	社会贡献总额/销售总额
		销售净利率	事业结余/销售总额
		结余增长率	（本年结余－上年结余）/上年结余
费用率指标	销售费用率	人员支出费用率	人员支出/销售总额
		公用支出费用率	公用支出/销售总额
		固定资产支出费用率	固定资产支出/销售总额
		业务费支出费用率	业务支出/销售总额
资产状况指标	总资产周转率	固定资产周转率	销售总额/固定资产原值
		应收账款周转率	销售总额/平均应收账款
		库存彩票周转率	库存彩票成本/平均库存成本
		资产负债率	总负债/总资产

续表

考核类别	基本指标	其他指标	指标解释
销售业绩指标	销售总额	人均销量	销售总额/本辖区人口数
		销售增长率	(本年销量－上年销量)/上年销量
		销量占国民收入比	销售总额/本辖区国民收入
		市场占有率	福彩销量/全国总销量或体彩销量/全国总销量
其他定性指标	——	对外形象和服务满意度	——
		管理和从业人员素质	——
		发展创新能力	——

(中国福利彩票发行管理中心供稿，作者：圣文)

加强体育彩票的审计监督

彩票业在我国是新兴行业。中国体育彩票自1994年发行以来,经过几年的实践,取得了较好的成绩,得到了国内彩民的认同。1994年至2002年,我国已发行中国体育彩票560.52亿元，筹集了彩票公益金177.57亿元。彩票公益金弥补了各级政府社会公益事业经费的不足，为发展社会公益事业发挥了重要作用。随着彩票业的发展，如何加强对体育彩票审计监督也应引起足够的重视。

体育彩票公益金使用效果监督

公益金是广东省体育事业发展的重要资金来源，在一些地区，公益金占体育经费近80%，即使是经济发达、财政收入较高的珠江三角洲，彩票公益金在体育经费中也占有很大比重。现行的《体育彩票公益金管理暂行办法》(体经济字［1998］365号)明确规定，各级体育行政部门要建立公益金收入使用跟踪问效制度，加强公益金的收支管理，提高公益金的整体效益。国家要求有关体育行政部门管好用好这块资金，充分体现彩票资金取之于民用之于民的方针。比如2000年广东省实际支出公益金仅为安排支出的41.23%。1999年至2000年广东省安排“争创全国体育先进县”项目23个，其中69%的项目没有按时完工，公益金的使用效果不理想。原因之一是有关体育行政部门对公益金的使用效果重视不足，使用安排不尽合理。第二个原因是有关体育行政部门管理措施不到位，没有明确要求项目的具体完工时间，也未对拨款进行必要的跟踪管理，更没有建立公益金使用跟踪问效制度。第三个原因是项目建设没有量力而行，摊子铺得太大，配套资金不足，工程无法进行下去，有的已经成为烂尾工程，造成浪费。为此，主管审计部门、财政部门尤其应注重对彩票公益金使用和管理情况的监督，提高公益金使用效果。

对体育彩票公益金的财务管理监督审计

加强财务管理是用好彩票公益金的重要环节，各级体育行政部门应合理安排使用公益金，建立健全会计核算制度，规范财务管理。目前存在的问题一是以拨代支，拨款即作支出。公益金的实际使用情况得不到真实反映，缺乏必要的财务管理。二是公益金财务核算不规范。公益金下拨后，基层用款单位挂账科目五花八门，与其他经费混户核算现象普遍，没有按照要求单独设账反映，不利于公益金的管理。三是部分收支脱离了单位财务控制。由于这些问题的存在，影响了公益金的使用效果。究其原因，一方面是部门本身对公益金的财务管理不够重视，另一方面是外部监督、部门监督力度不够。因此，应同时加强内部审计监督和外部审计监督。内部审计对公益金的基层使用单位应进行有针对性的、经常的审计，及时发现问题并加以纠正。外部审计监督应对使用体育彩票公益金的体育行政部门进行定期审计，检查落实审计决定、审计意见的执行和采纳情况，监督其规范财务管理。

提高彩票公益金使用透明度

根据《体育彩票公益金管理暂行办法》规定，省级以上（含省级）体育行政部门要在每年 7 月份将上一年度的公益金收支、使用情况在指定的新闻媒介上向社会公告，接受公众监督。但是，由于种种原因，目前有关管理部门没有做到这一点。审计部门应加强审计监督，定期对体育行政部门彩票公益金使用情况进行审计，促使其严格执行国家规定。通过提高公益金收支使用透明度，让广大彩民了解到购买彩票是在为社会公益事业做出贡献，使彩票公益金的使用对彩票市场形成正面反馈作用，增强彩民的主动购买意识，拓宽筹资面，达到政府和彩民双赢的局面。

加强税收监督

随着体育彩票发行量的快速增

长，中奖面和中奖额相应增大，个人所得税也同步增长。审计部门及税务部门应予以充分重视，保证国家税收及时足额缴入国库。

我国体育彩票事业的发展前景是广阔的，从 2001 年起，政府又批准发行足球彩票等竞猜型彩票，这对体育彩票的发展无疑具有极大的推动作用。作为综合经济监督部门，审计应配合有关方面组织调研，探索更为有效的管理措施，加大综合治理力度。同时运用科学的方法，实施严格的、系统的监督，保证公益金的使用部门和体育彩票发行机构在筹集、分配、管理及使用彩票公益金的过程中始终不偏离国家法律法规的轨道，有效地防止和纠正违纪违规行为，打击经济犯罪，使彩票公益金实现最大的经济效益和社会效益。

（广东省体育彩票管理中心供稿，作者：黄勤燕）

中国体育彩票的发展与改革

彩票是国家对社会进行宏观调控的重要手段，是工资、税收后的“第三次分配”，在市场经济发达国家被称为“软税收”、“微笑纳税”。对广大社会公众而言，它不但是经济活动的一部分，而且兼有冒险、文化、娱乐的功能，丰富、活跃人们的闲暇生活，满足以小博大的人类心理需求，正像一首歌中唱的那样“为了那份期待”。彩票的政治、经济和社会意义，已被越来越多的人所认识。

新中国体育彩票是改革开放的产物,已走过 18 年的历程。这同世界上市场经济发达国家彩票 500 多年,体育彩票 100 多年的历史相比,还很短暂。但是,它的发展同我国改革开放的历史同步,起步顺利,规模日盛,呈持续发展和跳跃式前进之态势。2002 年销售额 217.73 亿元,缴纳个人所得税 12.11 亿元,从业人员 20 余万人。它短时间内所取得的社会效益和经济效益,是没有哪个行业能与之相比的。

新中国体育彩票起步可以追溯至 1984 年，其特点是以解放思想，更新观念为突破口，以市场经济发展为依托，以骨干队伍和管理体制的建设为两翼，迅速腾飞。由于彩票业自身的特点和政府的高度重视，我国体育彩票一直保持着持续发展的态势，大致经历了以下三个阶段：

第一阶段：1984—1994年，是发行体育彩票的探索阶段。1984年10月北京发行了“发展体育奖一九八四年北京国际马拉松比赛”奖券，这次奖券的发行被视为新中国首次发行的体育彩票。其后，部分省份的体育部门仿效北京的做法，也陆续开始发行振兴地方体育奖券。1989年8月，北京举办第11届亚运会基金奖券的首发式，这是建国以来第一次在全国范围内发行体育彩票。这次彩票的成功发行，不仅体现了体育彩票这种有效的筹资方式为大型体育赛事筹集资金方面的经济价值和唤起社会公众对体育参与意识的社会意义，还表明了在全国范围内发行体育彩票的可行性和巨大潜力。

这个阶段，没有专门的机构管理体育彩票。国务院授权中国人民银行监管，实行“年度审批，额度管理”。各省份体育部门牵头组织发行，发行的数额较小，发行的收益用于发展地方体育事业。发行的品种单一，只有传统型彩票和即开型彩票。发行方式采用分散发售与规模发售两种。

第二阶段：1994—2000年，是体育彩票重大变革阶段。1994年，体育奖券被正式更名为中国体育彩票，由国家统一发行。其特点是全国的体育彩票实行“三统一”，即由国家体委“统一印制、统一发行、统一管理”。发行收益仍然用于各级体育部门发展体育事业。全国统一发行后，国家体委成立了体育彩票管理中心。中心成立后，制定和下发了很多规定、办法，对体育彩票市场起到了规范的作用。大部分省（自治区、直辖市）也相继成立了体育彩票管理机构，名称有：彩票发行办公室、彩票发行科、彩票发行部、彩票发行中心等等，不一而足。人员编制参差不齐，少则3—5人，多则10—15人，由体委计财部门或开发公司管理。这个阶段，由于实行了统一管理，彩票市场逐渐规范，发行量不断上升，发行收益已成为各级政府体育事业经费补充的重要来源。在体育彩票一度遭非议，几近停发的时候，国家体委主管体育彩票工作的一位领导说了一句很真切的话，“不是我们各级体委需要彩票，而是我们已经离不开彩票了。”这句话毫无夸张的色彩，体育彩票经过近10年的发展，已经从小打小闹，可有可无变为不可或缺，体育部门的领导把体育彩票定为体育产业中的“支柱产业”，体育彩票在体育部门的位置越来越重要。

第三阶段：2000年以后，中国体育彩票进入了快速发展期。随着体育彩票发行量的急剧增长和其社会影响的日益扩大，国务院对彩票工作提出了“加强监管、整顿机构、改进工作，降低发行费用，适度扩大发行，提高筹资比例，新增加的资金收入要用于补充社会保障基金”的明确要求。具体做法为，当年发行额度的80亿元内的公益金做为发展体育事业的基数公益金，由体育部门支配。超过80亿元的部分，扣除国务院确定的专项公益金后，体育部门留20%做为发展体育事业的资金，其余部分用于补充社会保障基金。经国务院批准，财政部正式接手彩票管理，成为彩票工作的主管部门。财政部作为彩票主管部门，主要职责是规范市场，查处违规行为。具体工作一是健全彩票规章，二是建立统一的发行销售、财务会计和统计报告等制度，三是积极推动立法，四是开拓市场，扩大发行规模。体育彩票发行队伍的行政管理仍由体育部门负责。这个阶段，全国的各级体育部门对彩票工作更为重视，所有省（区市）都相应成立了体育彩票管理中心（以下简称“中心”），并明确了中心的性质、责任和权力。2000年以后，在试点成功的基础上，国家体育总局将电脑体育彩票拓展到全国。用电脑发行体育彩票是彩票的一场革命。这种发行方式不仅安全、快捷、方便、公正，而且趣味性强，极受公众喜爱。2001年10月份中国足球彩票正式上市，运行几期后，单周销量就突破2亿元，销量之高甚至出乎发行部门的预料。足球彩票的上市，标志着中国拥有了真正的体育彩票，而且市场前景极为广阔。机构的统一、管理的规范和发行手段的革命，带来了体育彩票事业的飞速发展。

总结多年来体育彩票的发展，其成绩主要体现在六个方面。

1. 发行量激增。

中国体育彩票1994年正式发行，至2002年，仅8年的时间，年发行量已增长至217.73亿元人民币，增长速度惊人。具体情况见下表：

年份	发行量（亿元人民币）	人口（亿人）	全国人均购体彩量（元人民币）	增长率
1995	10	12.11	0.8	-
1996	12	12.24	1	20%
1997	15	12.36	1.2	25%
1998	25	12.48	2	67%
1999	40.35	12.58	3.2	61%
2000	91.14	12.67	7.2	125.8%
2001	149.29	12.76	11.7	63.8%
2002	217.73	12.85	16.9	45.8%

2. 玩法和种类的多样化。

我国发行的第一张体育彩票是以规模发行的方式发行的传统型彩票。此后，在很长的一段时间里，各省份发行的均是这种彩票。随着发行量的增加，广大群众对彩票的品种和玩法要求也逐渐增多，发行部门不得不推出更多的玩法和种类，以适应人们不断变化的口味。现在，市场上见到的体育彩票品种有：即开型彩票、传统型彩票、乐透型彩票、数字型彩票、足球彩票。仅即开型体育彩票就有：篮球票、钓鱼票、乒乓球票、保龄球票、套票等 20 余种玩法。电脑彩票的玩法有：足球彩票、四花选四型彩票、组合型彩票、数字型彩票。组合型彩票又有 m 选 7 和 m 选 5 的玩法。随着体育彩票进一步的普及，玩法和种类还会更加丰富。

3. 发行方式的进步。

体育彩票经过近十多年的市场运作，其发行方式也在不断“革命”。从小型的规模销售发展为分散零售，从分散零售又发展为大规模、大奖组集中销售，从人工销售发展为用电脑销售，从电脑网点销售电脑彩票又扩展为兼售即开型彩票。近年来，又派生出了以电脑型彩票、即开型彩票和电视三位一体的“电视彩票”。总之，发行方式呈多样化，而多样化的本身是适应了市场的需求。

4. 体育彩票为社会提供了约 20 多万个就业岗位。

截至 2001 年底，全国有电脑体育彩票网点 35990 个，即开型分散销售网点 5 万余个，加之全国有 3000 余名体育彩票管理人员，2000 余名体彩报刊从业人员和彩票印刷人员，全国已有 20 余万人直接从事体育彩票工作。另外，网点的收益再投资及大奖得主奖金的投资又潜在地解决了一部分人的生计问题。

据资料介绍，在人口 6000 万的法国，由于彩票业比较发达，仅从事彩票业的就有 10 万余人，占全国人口的 1.67‰，相比之下，我国的差距是明显的。因此随着我国彩票业的繁荣，创造更多就业机会将指日可待。

5. 带动了相关产业的发展。

体育彩票的发行拉动了内需，增加了税收，带动相关产业的发展，这一点是毋容置疑的。以 2001 年为例，中奖百万元以上者 817 个，支付奖金 27.24 亿元，其中 500 万元大奖 354 个，支付奖金 17.7 亿元。这些钱都做什么了呢？据有关部门一项调查显示，有 70% 以上的彩票中奖者所得奖金直接用于消费，其中用于购房占 15%，安排生活占 10%，家庭装修占 8.9%，购车占 5%，旅游占 3%，子女教育等占 3%，而另外 30% 左右的人把奖金用在股市、商业投资或其他消费上。中奖者已经成为消费的新生力量，直接拉动内需。

体育彩票所带来的隐性效益同样十分巨大。以每个网点每年发送传单 300 张计算，全国一年可发 1000 亿张。首先获益的是广告、印刷业。因彩票的大范围宣传、大量的招贴画、彩票用纸、彩票印刷品等使相关企业业绩增长 4.2%。现在的以彩票报道为主的报纸、杂志、书刊等数不胜数，仅彩票指南类书籍就有上百种之多。大范围的宣传需投入大量的经费，据了解，全国 2001 年投入的体育彩票宣传费占销售总额的 1.2%，全年总投入 1.6 亿余元。

由于大众关注彩票，媒体加大了报道，电视台以黄金时间播放开奖节目，报纸开设彩票专版。全国现约有 5000 万彩民，这样广泛的受众群体令电视、报刊的收视（阅读）率大大增加，媒体广告相应攀升，其业绩大约增加 1.63%。同时，由彩票刺激消费而联动的通讯业、保险业、交通业、旅游业、服务业等也相应受益。

6. 体育彩票公益金造福桑梓。

1994 年至 2001 年，全国累计发行体育彩票 326 亿元，实现公益金 97.8 亿元，这笔可观的公益金为体育事业的发展增强了后劲，支持了第 43 届世界体操锦标赛、亚冬会、城运会、全运会、亚运会、奥运会……而让群众感受实惠的是在全国修建了 2977 处社区全民健身工程，10000 余条全民健身路径，购置了 2700 余套体质监测器材。现在，全国大部分城镇都可以看到用体育彩票公益金为群众修建、购置的健身场所和体质监测器材。这不仅为全民健身提供了有效载体，而且成为城镇里一道独特的风景。为实现体育事业可持续发展，本着从娃娃抓起的原则，全国还新建了 1192 个青少年体育俱乐部，为培训青少年打下坚实的基础。

中国体育彩票的发展历程，给我们带来很多有益的启示，我们从中得到以下基本认知：

1. 体育彩票与经济同步发展，这是一个规律。经济是基础。经济的发展，社会富余资金的增多，恩格尔指数的下降，催生和推动了体育彩票的发展。一滴水可以折射太阳的光辉。从我国体育彩票的发展，可以窥见我国经济持续增长的巨大步伐。无论从我国体育彩票自身发展的纵向比较，还是与市场经济发达国家体育彩票的横向比较，我们都可以预言：中国体育彩票是“朝阳产业”，有广阔的发展前景。我们对中国经济发展充满信心的同时，必然对我国体育彩票发展也充满信心。

2. 体育彩票必须坚持先进文化的前进方向，这是发展体育彩票事业的一个重要指导思想。彩票是资本主义国家发明的，但并非他们所独有。彩票无国界。只要使用得法，就像其他经济形式、手段一样，彩票同样能够为社会主义物质文明和精神文明建设服务。这就必须坚持社会主义先进文化的前进方向，以奉献国家，服务社会，造福他人，助人利已，丰富生活情趣，以群众喜闻乐见的形式，营造健康的彩票文化氛围。

3. 体育彩票要稳步发展的根本保证，是领导高度重视，加强监督。这是一条宝贵的经验。体育彩票是我国改革开放中的新事物，又联系着社会方方面面，特别是基层广大群众，其作用和影响不可低估。因此，体育彩票的发行允许实验和探索，但决不能有大的差错和失误。我国体育彩票自发行之日始，党中央、国务院领导高度重视，各级政府部门兢兢业业，身体力行，切实担负起责任，坚持做到未雨绸缪，谋划在前，先建章立制，再实施启动；成熟一步，推进一步；工作到位，监管到位，监管有切实可行的措施。这一切保证了体育彩票事业健康、稳步的发展，取得了人民群众的信任，树立了良好的社会声誉。

4. 体育彩票有爱岗敬业的管理人员队伍和广大的销售人员队伍，销售渠道通畅，这是体育彩票发展较快的一个重要原因。体育彩票的管理人员和骨干队伍是以原体委干部为主组建起来的。其领导人大多是运动员出身，竞争意识强，善于协调各种关系，有团队精神，守规则，有热情，经过若干年的实践，包括实际工作和参加上级机构组织的各类业务培训，他们中的大部分人都积累了丰富的经验，掌握了大量的专业知识，是非常宝贵的“财富”。

体育彩票的发行依赖基层广大销售人员。这些网点基本上由个体经营，且大部分是下岗再就业人员。销售体育彩票是他们生活的主要甚至惟一来源。他们根据销售量按比例提取佣金，多劳多得，按劳取酬。由于分配制度合理，他们对这份工作格外珍惜，大部分网点都尽心竭力地工作。而管理部门在网点管理上也有着严格的奖罚规定。这种运行机制适应了市场规律，保证了销售渠道的通畅。

回顾过去，中国体育彩票取得了巨大成绩，为进一步发展打下了良好的基础，展望未来，我们又处在发展的关键时刻，要选好突破口，进行改革。

首先，我国体育彩票将有一个更大的发展，这是有其必然性的，我们必须有这个眼界和视野。按照国际通行的经验，一个国家正常的彩票发行规模大约为其国内生产总值的1%左右。彩票业在众多发达国家被视为国民经济的第六大产业。2002 年我国国内生产总值为 104 790 亿元，依此计算，我国彩票发行的潜在规模应该在 1 000 亿元左右。而我们过去的发行量一直很低。2000 年之后，发行量开始快速增长，2002 年体育彩票与福利彩票总销售额为 385.72 亿元。

虽然与过去相比，有了长足的进步，但按彩票与经济同步发展的理论和国际运行模式的比例，我国的彩票还存在着很大的发展空间。以2001年为例，世界彩票销量前6名的国家，年销量均已突破100亿美元（其中美国达300亿美元以上），人均购买量在150美元以上（其中新加坡达400美元以上）。我国彩票发行量为288.86亿元，人均购买量只有22.6元人民币，彩票总销量及人均购彩量均比较低。目前，风行世界的六合彩票、电视彩票、赛马彩票、宾戈彩票、凯诺彩票、多种多样的即开型彩票，以及除足球彩票之外的其他竞猜型彩票在我国都是空白。彩民的普遍心理是排斥单一，趋向多样化，千姿百态的彩票才能引起不同层次的彩民的兴趣。随着新的彩票品种的不断开发，彩票的销量会大幅度增长。

其次，改革现有管理体制，是体育彩票进一步发展的突破口。历史经验表明，中国体育彩票的几次大发展，都是体制改革带来的。现在体育彩票实行的是机关、事业、企业三位一体的体制，其重要特征是政企不分。这种体制在彩票业初创时期对彩票业的发展起到了一定作用。而现在，在市场经济的条件下，这种旧的体制已经制约了彩票业的发展，在人事制度、分配制度等方面都不能按市场规律办事，而且易滋生政府部门的不规范行为。改革旧的管理体制涉及到了政府职能和行为方式的转变，在改革中政府是主导型的，必须由政府自身推动改革。但是，在体育彩票体制改革上，地方政府和部门往往出于地方利益、部门利益甚至长官意志，对彩票机构进行不适当的行政干预。因此，体育彩票体制的改革既非常重要，又难度很大，需要中央主管部门从大局出发，下定决心，实现体制创新。

对现有体育彩票管理体制改革的必要性，还可以从理论研究和比较研究中得到说明。从理论研究看，按照通行的理论，政府的根本目标是追求社会公平与正义，企业的目标是追求最大的市场份额与利润。二者的角色与职能有原则的区别。政府的基本职责有四项：（1）保护本国国民不受外族侵犯；（2）保护社会公民不受他人侵犯；（3）建立并维护公共设施；（4）关心并救助社会弱势群体。在社会经济活动中，政府的职责是规范市场，建章立制，加强监督，提供必要的公共服务，即只当裁判员、服务员，不当运动员。直接参与经济活动，与政府职能不符。这是我国自1998年开展政府机构改革以来，所要改革的一个最重要内容。如果“政府”监督“政府”，监督机关的权威性就无法得到保证，也不利于政府行政机关的廉政建设和维护彩票市场公平、公正、公开的基本原则。当前，随着加入世界贸易组织，我国政府的管理体制正在进一步改革，这也是体育彩票管理体制改革的契机和最佳时机。应该看到体育彩票管理体制的发展趋势，今后包括体育部门本身，都不会再隶属于政府。体育彩票的管理人员，包括部门领导，自行走出国家事业单位的队伍，感情上当然是留恋甚至痛苦的，但这是必须的抉择。这种改革有后顾之忧，有压力，更会有动力和活力，有利于体育彩票管理队伍的专业化。

从比较研究看，国外的管理体制对我们有很大的启示。新中国彩票历史不长，但发展速度惊人，一个重要原因就是借鉴了国外同行的先进经验、管理方法和先进技术，起点高。国外彩票管理体制分为三种模式：(1) 政府直营模式。政府设立专门的国营彩票公司负责发行。(2) 发照经营模式。政府根据本国需要，颁发特许经营牌照，获得彩票发行牌照的既有国营企业，也有私营企业。(3) 企业承包模式。政府授权企业承包发行。政府颁发许可证，交由私人公司承包发行。在实践中，市场经济发达的国家和地区基本上都是采用第 2 或第 3 种模式，采用市场机制，实行企业化经营，由公司管理，政府加强监管。

现在，彩票的中央管理权已经收归财政部，这是彩票管理体制上的重大发展，是向彩票管理的合理化方向迈出了一大步。财政部着手制定的各项管理规定和办法正在陆续出台，彩票体制改革出现了新的希望。按照国际通行的办法，结合我国的实际情况，可以在财政部的统一领导下，将民政和体育两个彩票发行单位改编为以销售经营为主的两个集团公司，与原行政管理部门脱钩，颁发经营许可证，独立经营、相互竞争，使销售公司真正进入市场，摆脱现行体制中一些不合理的桎梏，向长期稳定的产业化过渡。

再次，注重法制建设，完善彩票业的立法。体育彩票的合法性、公正性是其长盛不衰的重要原因，而合法性和公正性离不开法律的保护。彩票是一项有争议的事业。在大英百科全书中，彩票的定义是：赌博的一种(a form of gambling)。惟其如此，一些彩票大国都是通过立法的形式对彩票业实施保护，以法律的形式确认彩票的经营管理。目前世界上有 120 多个国家和地区发行彩票，其中绝大多数国家制定了专门的彩票法。立法涵盖的主要内容有三个方面：一是实施政府控制的形式和程序，二是维护市场统一有序的措施，三是对筹集资金的使用方向和范围的定位。由于法律先行，整个发行、销售依法管理和操作，彩票业得以健康、有序的发展。

我国体育彩票发行之初，主管部门强调控制市场、规范发行。1994 年国家体委以第 20 号令的形式颁布了《国家体委 1994—1995 年度体育彩票发行管理办法》。这个“办法”总计 21 条，文字不多，内容也不够全。但作为新中国体育彩票的第一部部门规章，对推动体育彩票的发展起到了极积作用。财政部接手管理权后，第一项工作即是着手完善管理制度。2002 年 3 月，财政部下发了《彩票发行与销售管理暂行规定》，对彩票发行、销售作了比较详细的规定。但是，由于彩票具有博彩性，我国现行法律禁止一切形式的赌博，如果没有全国人大常委会颁布的彩票法，整个彩票的监管就会缺乏权威性，长期下去，彩票市场秩序混乱、彩民正当权益受损、彩票官司裁决尴尬等现象还会不断出现，彩票市场还将处于无法可依的状态。现有的“办法”和“规定”一是缺乏力度，二是还不够全面，三是受旧有体制、观念的影响，有些条款与市场经济不相适应，在某种程度上束缚和制约了彩票业的发展。近年来个别地区“私彩”泛滥，一些违规甚至犯罪现象在性质上无法进行法律认定。如湖北发生的“体彩”事件及形形色色的彩票官司，由于新《刑法》尚无明文规定，法律人士在罪、责、刑问题上产生了争议。在过去的十多年中，我国完成了彩票业框架的构建，采用原始的运作方式开辟了彩票市场，但这种粗放型经营具有很大的不稳定性。政府要通过彩票立法形式对彩票业实施保护，要以法律的形式确认彩票的经营管理，以法律的形式保证彩票的公正性，以法律的形式保证彩票收益使用方向和范围。只有这样才能保证彩票业健康、有序的发展。

最后，加强队伍建设，培养专业化的彩票管理人才，提高广大彩票从业人员的素质。邓小平同志曾讲：关键在人。体育彩票发行量逐年增长，其形象和工作得到了全社会的认可。工作搞得好的主要原因是因为有一支敬业爱岗的队伍。但是，这支队伍还很薄弱，还需不断地充实，现有人员也需适时地“充电”。随着彩票销售的火爆，彩票成了社会关注的热点，彩票工作也成为了社会上人们羡慕的好工作。在体育部门，从事彩票工作的人员不仅有着比较丰厚的待遇，而且手中握有一定的权力。为防腐倡廉，有时也为了平衡关系，部分省份彩票中心主任频繁调动和轮岗。这种做法有积极的一面，但也使人心不稳，缺乏长远打算，影响体育彩票可持续发展的质量和速度。同时，由于行政干预较大，队伍中各种关系户的亲属也日益增加，从业人员文化素质偏低。对于这种现象如不加以限制，体育彩票事业的发展也就没有了保证。体育彩票体制改革的目标应该在政府监管下，全面实行企业化管理。要广纳社会高素质人才，公开招聘，竞争上岗，按岗位计酬，增强队伍自身的自律性，在人事制度和分配制度等方面按市场规律办事，从而适应市场，实现可持续发展。

综上所述，新中国体育彩票的历史虽然不长，但是，却取得了世人瞩目的成绩，对于体育事业的发展，起到了积极的推动作用。体育彩票收益不仅用于发展体育事业，而且将有更多的收益用于补充社会保障基金。体育彩票，这项颇具发展潜质的朝阳产业，正处于发展的关键时期。我们相信，通过管理体制和运行机制的改革，通过建立健全各项法律法规，通过不断完善玩法游戏和丰富彩票品种，体育彩票必将成为新世纪我国经济发展新的增长点。

（河北省体育彩票管理中心供稿，作者：朱小明）

我国西部地区*体育彩票发展模式的研究

编者按　本文是四川省体育彩票管理中心课题组的一份课题报告，全文约有近 3 万字的篇幅，其内容框架如下：

前言

研究方法

分析讨论

结论与建设

其中“分析讨论”从十个方面展开分析。限于本书的容量，只在此选登“分析讨论”中的大部分内容。

分 析 讨 论

……

* 根据我国政府在“十五”计划报告中对中国大陆的国土（中国的台湾省和香港、澳门特别行政区未包括在内）作的战略性划分，西部地区是指新疆、西藏、宁夏、甘肃、陕西、贵州、青海、云南、四川、重庆广西、内蒙古等 12 个省（自治区、直辖市）。——编者注

二、我国西部地区体育彩票市场规模

由于体育彩票在我国的发行时间较短，目前全国体育彩票市场规模与彩票发行历史悠久的国家相比，差距很大。有些国家彩票消费占人均总消费水平 2% 左右。按这样的指标测算，我国彩票市场规模可达到 850 多亿元。由于我国西部地区种种因素的制约，体育彩票消费水平如果按全国平均水平的 60% 测算，其市场规模应该达到 33 亿。由此可见，西部地区体育彩票的发展潜力较大。

三、西部地区群众对体育彩票的认知水平

调查表明，受访者* 中的城市居民有 78.9% 的人听说过体育彩票，其中购买过体育彩票的人口占 32.9%，听说但不买的占 46%，不了解体育彩票的占 21.1%（详见图 1）。但农民群体中只有 18.3% 的人听说过体育彩票，购买过体育彩票的农民只有 6.4%。由此可见，就“农民群体”而言，对彩票的认知程度相对较低。

城市居民彩民比例图

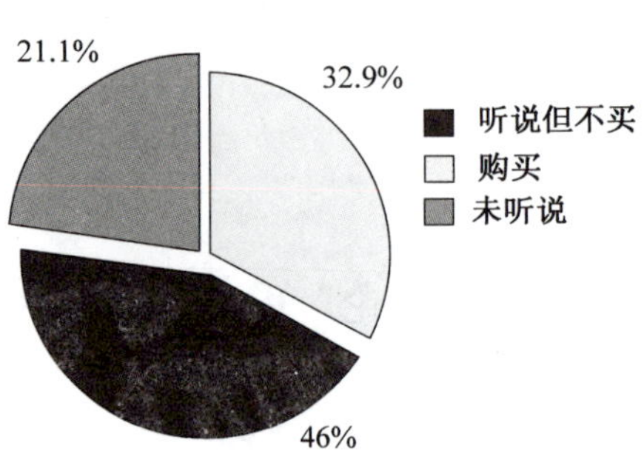

农民群体彩民比例图

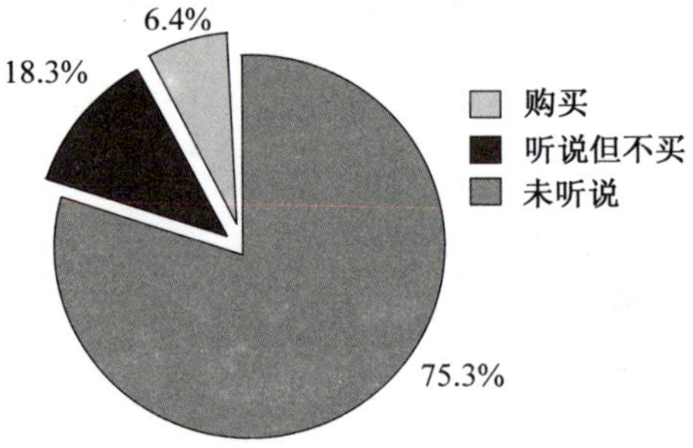

图 1　买过和没有购买过体育彩票的人群比例图

四、西部地区群众了解体育彩票的途径

表 1 的统计分析显示，在获得体育彩票信息的渠道中，电视占第一位，其次是报纸和销售网点。这说明群众了解体育彩票还是借助于传统的传媒工具，而对于信息时代的网络不太青睐，只占 7.2%。这一结果与对群众的休闲方式调查相一致，因此，彩票管理中心对彩票进行宣传时，应选择与群众所获信息相吻合的媒体，首选为电视和当地报纸。

---

* 本课题根据经济发展水平进行整群抽样，样本总量为 2000 个。——编者注。

表 1　了解体育彩票的途径

渠道类型	电视	报纸	杂志	广播	街头广告	销售网点	网站	朋友、亲戚、同事
比例	78.3%	41.5%	10.3%	9.1%	27.2%	39.7%	7.2%	25.7%

五、西部地区彩民的购买行为与心理特征

（一）购买彩票的频率

图 2 显示，一周 1 次、一周 2 次和无固定频率的彩民占绝大多数。这说明彩民对体育彩票有较高的购买欲望，购买体育彩票已经成为彩民日常生活中的一件大事。

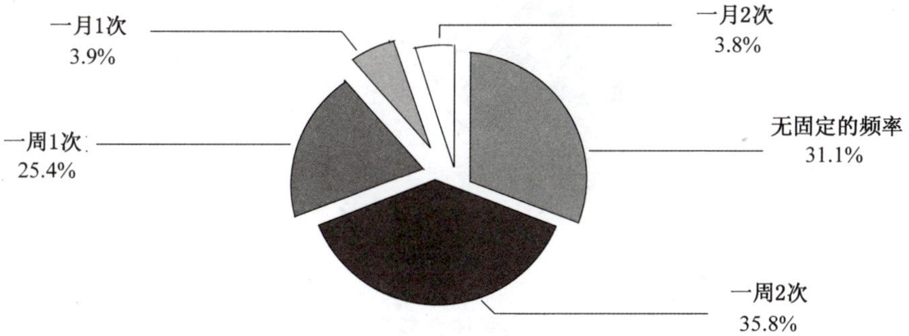

图 2　彩民购买体育彩票的频率分布图

图 3 表明了与“家庭年支出”的关系。从中可以发现，以 5000 元为界限，年支出为 5000 元以上的群体，一周购买 2 次的比例超过其他几个群体，达到显著性差异；年支出在 5000 元以下的群体，一周购买 1 次的比例较大。由于每次购买金额与家庭年支出之间并不存在明显的线形递增关系，因而可以初步认为，购买次数越多，花费在体育彩票上的金额也可能越高。

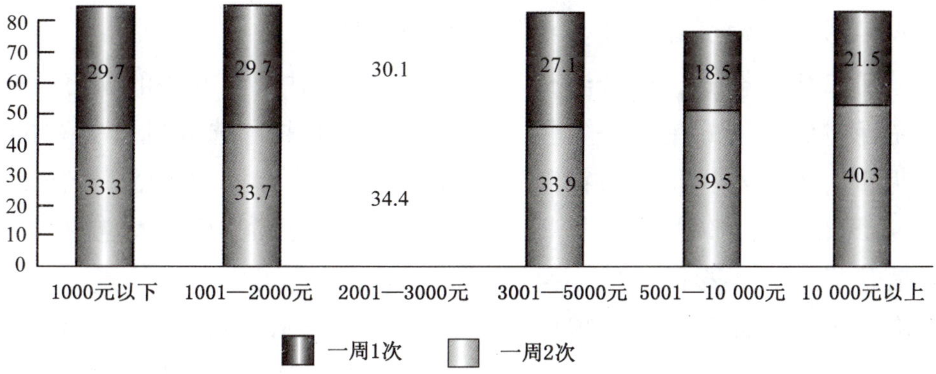

图 3　家庭年支出与购买频率关系图

（二）购买彩票的金额

图 4 表明，近 3 个月彩民每次花费在体育彩票上的金额以 10 元以下的占多数。这表明西部地区体育彩票的个人购买量还相对较低，需要我们改变相应的营销策略，来吸引更多的消费者购买体育彩票。

表 2 显示了彩民对于增加彩票吸引力的选择。由此可认为，对奖金的重新分配，适当增加中奖的概率，让更多的彩民有获奖的机会，并增加彩票的娱乐性，是提高彩票吸引力的重要因素。

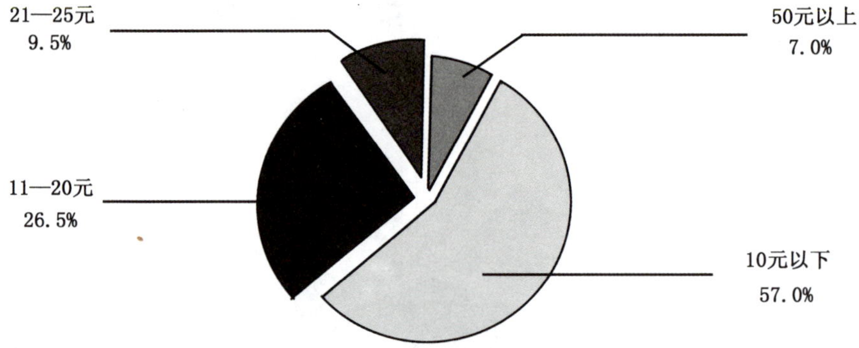

图 4　彩民购买体育彩票的金额分布图

表 2　　彩民对于增加彩票吸引力的选择

类型	增加最高奖项的金额	增加中奖率，减少量高奖项的金额	发行竞猜型体育彩票（如足球彩票）	设置新的游戏规则，使其更具有娱乐性	其他（增加透明度等）
人数比例	34.7%	64%	19.9%	37.2%	7.1%

（三）购买彩票的时间

图 5 表明，有近五成彩民是在周二、周五购买彩票，购买高峰期分别为每周的星期二和星期五，即开奖日引起购买高峰。而每周的星期一、星期三、星期四、星期六、星期日都是彩票的购买低谷期，都是在开奖日后。原因是开奖之后，彩民一般不会立即做出购买决定，而是经过一段时间的心态调整和准备，决定下一期的购买行为。同时，还有 34.8% 的彩民购买彩票的时间不固定，这说明还有比较多的彩民对彩票的购买有相当的随机性。

（四）对投注方法的偏好程度

彩民采取自选或机选方式的情况如图 6 所示。此外，绝大部分的彩民在每次购买彩票时选取不固定的号码。

（五）购买彩票的地点

图 7 显示了彩民购买体育彩票地点的分布，说明彩民购买彩票在地点方面的考虑主要是方便，自选和机选

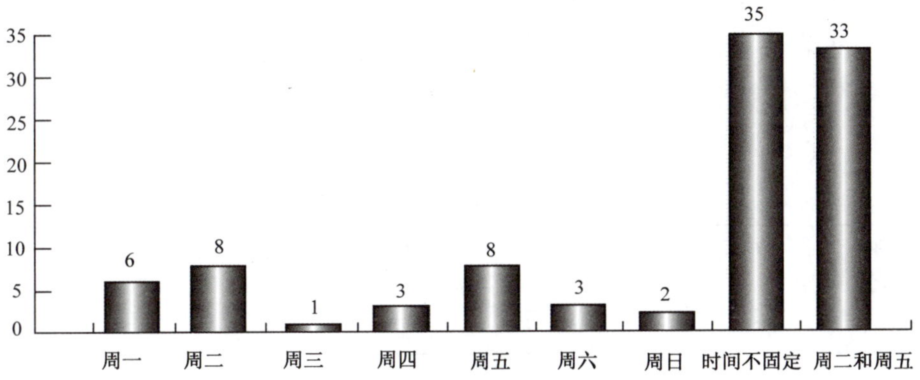

图 5　体育彩票购买时间分布图

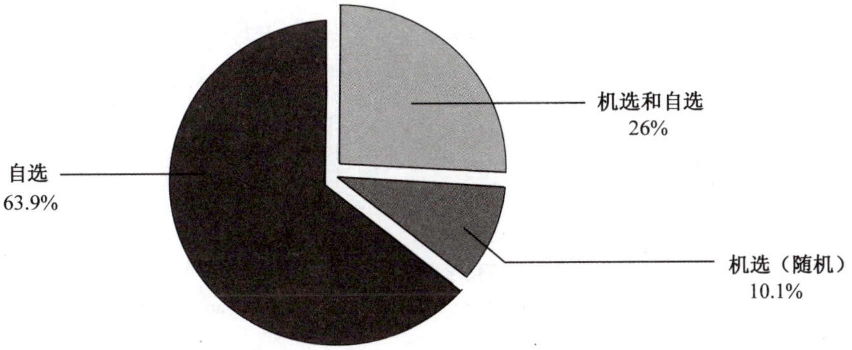

图 6　彩民选号方式分布图

号码在任何彩票出售点都能买到，没有必要刻意去某个彩票销售点。因而，彩票销售点的设置应选取客流量大、交通方便的地点。

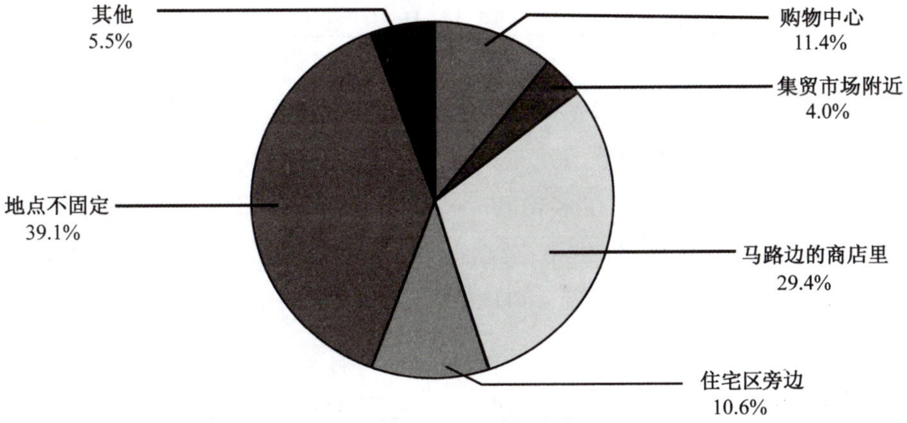

图 7　购买彩票的地点分布图

（六）对现阶段销售网点的评价

表 3 显示了彩民对现阶段销售网点的评价。大部分彩民认为现有的体育彩票销售点有改进的余地，对能方便地购买彩票的期望较高，希望体育彩票在发展的同时，更加注意自己形象的宣传。

表 3　　对销售网点的评价

体育彩票销售网点改进情况类型	已经很好，不需要改进	再多一些网点	有统一的标识，再醒目一点	有自己的销售网点	其他（如加大宣传）
人数比例	24.3%	33.6%	20.5%	9.1%	12.5%

（七）对体育彩票的心态测量

表 4 表明了彩民对有关体育彩票观点的看法。从中较容易发现，尽管大部分彩民认为中大奖的可能性低，但在购买体育彩票时的动机却非常明显，就是想中大奖。

在调查中，我们发现有 40.7% 的彩民认为“彩票是一种赌博行为”，有近一半的彩民对“体育彩票的开奖方式是一种比较公正的方式”持有怀疑和不同意的态度，有超过一半的彩民对彩票游戏规则不很了解。

表 4　　对体育彩票的心态测量

比例 观点 标准	非常同意	同意	说不清楚	不同意	完全不同意
许多人买体育彩票都是在碰运气，想中大奖	36.5%	43.9%	11.2%	7.3%	1.1%
彩票是一种投机赌博行为	7.6%	33.1%	21.0%	32.0%	6.3%
现行体育彩票开奖方式是一种比较公正的方式	12.9%	43.7%	30.8%	10.4%	2.2%
中国应增加彩票发行的种类，大力发展彩票事业	16.4%	47.0%	19.6%	14.9%	2.1%
一些人尽管购买彩票，但对它的玩法仍很不了解	11.2%	47.5%	21.1%	17.2%	3.0%

调查显示，有 46.9% 的彩民不了解体育彩票公益金使用情况。

这些结果说明，尽管有许多市民购买体育彩票，但对体育彩票的了解很不够，这都有可能成为他们购买体育彩票的障碍，如减少购买次数，降低购买金额等。因而彩票管理部门进行彩票宣传时，除了宣传大奖的金额之外，还应考虑更多的因素。上述结果可作为彩票宣传的诉求参考。

（八）大奖金额对购买兴趣的影响

调查显示有近 60% 的彩民认为最高奖项应该封顶。对最高奖项不封顶，有 15.8% 的彩民绝对会增加购买彩票的金额，41.8% 的彩民可能会增加购买彩票的金额，14.2% 的彩民可能不会增加购买彩票的金额，还有11.0%的彩民绝对不会增加购买彩票的金额。出现这些差别的原因在于：中大奖的概率很低，因此对于“提高大奖金额”，有超过一半的彩民在增加购买金额和次数方面表现出犹豫。这说明“增加大奖的奖金额度”和“大奖不封顶”的措施，只是对一部分彩民有吸引力，而大部分的彩民还是希望能有中奖的机会。

（九）对定期发行有关体育彩票各种信息的兴趣

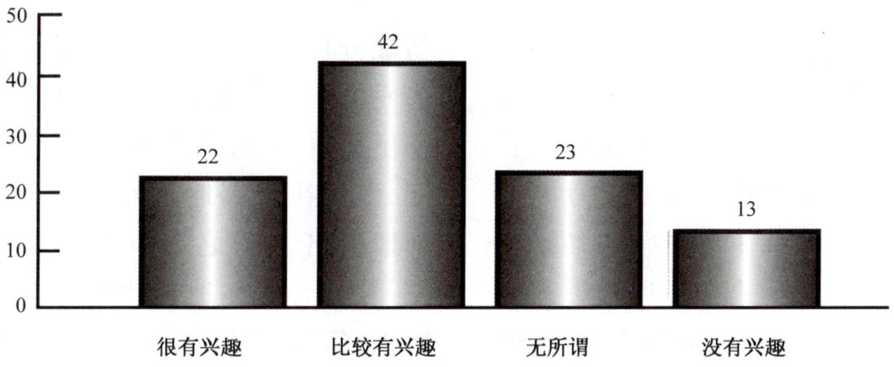

图 8　对彩票信息的看法分布图（%）

图 8 显示了彩民对有关彩票信息的兴趣。其中“很有兴趣”和“比较”有兴趣”的人数占了 64%，这说明大部分彩民对彩票的集中信息有需求。

六、不购买彩票的原因

查明目前不购买体育彩票的原因是转变潜在购买者，使之成为现实购买者的基础。表 5 表明，不购买体育彩票的原因有：不懂游戏规则、中大奖可能性低、游戏规则不吸引人、销售网点少、中奖率低、对彩票没有兴趣。其中，对彩票没有兴趣、中大奖可能性低和购买的方便性是最主要的原因。因此，要转变这一部分潜在消费者，必须在这几点上加以改进。

表 5　　被调查对象中不购买彩票的原因

原因类型	不懂体育彩票游戏规则	中大奖的可能性太低	游戏规则不吸引人	销售网点少不方便	中奖率低	对彩票没有兴趣
比例	32.9%	40.2%	4.7%	41.6%	8.1%	43.6%

七、即开型体育彩票销售

即开型体育彩票是一种不需要依赖电脑进行销售的彩票，这种彩票与电脑体育彩票相比，具有：即卖即开，销售方便等特点。具有这些特点的即开型彩票非常适合在广大农村销售。

调查表明，了解和不了解即开型彩票的彩民大约各占一半，这说明即开型彩票还没有被广大的彩民所了解，其具有一定的市场开发潜力。同时，在了解即开型体育彩票的彩民当中，对该种彩票形式有各种看法，调查显示，有19.8%认为即开型彩票玩法不够刺激；21.5%认为中奖率高；33.2%认为奖金少；37.7%认为可以当场看到中奖结果，感觉可靠公正；21.5%认为不公正，容易产生作弊行为；28%认为玩法比较简单；9.1%认为实物奖品与资金数额不相符；11.3%认为容易引起轰动效应。因此，我们应如何让不了解的彩民了解即开型体育彩票，如何消除彩民对即开型彩票的不良印象，是宣传的主要诉求点。

八、西部地区体育彩票事业发展模式

通过上述分析，我们清醒地看到，由于西部地区经济相对落后，地域辽阔，人口密度相对较小，发行体育彩票的时间相对较短，基础较差，对体育彩票的认知水平相对较低，给发展西部地区体育彩票带来许多困难。针对这种情况，我们认为西部地区体育彩票发展的模式是：分类指导、资源共享，电即并重、协调发展。

分类指导、资源共享

根据对我国近5年体育彩票销售情况分析，体育彩票存在着较为严重的发展不平衡现象，这种不平衡现象不仅反映在东部地区和西部地区之间，而且在东部地区各省份之间和西部地区各省份之间也存在着这种现象。因此，西部地区体育彩票的相关政策、运行模式、游戏玩法、宣传方式等都应该与东部地区有所区别，只有采取全面的分类指导，才能使方式、方法和政策更具针对性和有效性。

体育彩票的发展是一个具有规律性的过程，特别是电脑体育彩票存在着“马太效应”。因此，发行量比较小的省份单靠自身力量来提高销量，往往会“少慢差费”。倘若与发行量高的省份联网销售，借用他们的高额奖池和市场推广的经验与方法，资源共享，会有利于发行量较小的省份体育彩票的发展。这样不仅可以提高体育彩票的发展速度，改善发展不平衡格局，而且还有利于降低运作费用。

电即并重、协调发展

“电”、“即”并重是指电脑体育彩票和即开型体育彩票并重，协调发展，从目前各省份体育彩票销售情况看，绝大部分省份十分重视电脑体育彩票的发展，而忽视即开型体育彩票的发展，电脑体育彩票的销量往往是即开型体育彩票销量的8—9倍。统计资料表明，世界上即开型体育彩票发行历史悠久，其销量占整个彩票销量的30%左右，有的国家甚至高达50%。而我国目前的即开型体育彩票在整个体育彩票发行中所占的比例甚少，这种现象应该尽快改善。

即开型体育彩票与电脑体育彩票相比，具有前期投资小，发行形式灵活多样的特点，非常适合地域辽阔，通讯不太便利的地区。因此，积极在西部地区抓好即开型体育彩票销售具有重大的现实意义。

九、实现发展模式的基本条件

我国西部地区要实现“分类指导、资源共享，电即并重、协调发展”的发展模式，必须具备以下条件：

（一）体育彩票业务管理干部基础

政治路线确定以后，干部就是决定的因素。要实现西部地区的发展模式，首先要有一支特别能战斗的干部队伍。目前，西部地区体育彩票业务管理干部主要来源于体育系统其他部门调进的、其他企事业单位调进的和社会招聘的三个方面。由于西部地区负责体育彩票工作的同志起点低、见识少，体育彩票的专业知识和专业技能差，干部问题就显得更为重要。因此，当前解决这个问题的主要方法是在职培训。在认真抓好在职培训的同时，积极建议高等院校开设体育彩票管理专业。

（二）观念基础

要实现西部地区的发展模式，体育彩票管理人员树立正确的彩票发展观念是非常重要的。有利于发展体育彩票的观念主要体现在三个方面：

1．价值观念。

对于西部地区从事体育彩票管理工作的同志而言，首先要确立体育彩票的价值观。有部分同志虽然从事体育彩票工作，但对体育彩票的概念、特点和价值并不了解，有的把它误认为是体育系统的创收行为，还有的把它与赌博混为一谈，没有从根本上认识到体育彩票是一项为民众谋求福利的公益性游戏，它不仅具有娱乐性，还具有公益性和广泛的社会性。我们认为，首先要树立正确的体育彩票价值观，要深刻认识到它的社会价值。

2．全局观念。

当今社会是信息社会，这个社会各项产业发展的基本特征是高度分化、高度合作，只有具备全局观念的管理者才能适应社会。同样，在体育彩票领域也是如此，全局观念要求体育彩票业务管理干部放弃本位主义、小团体主义，而以全国体育彩票整体发展为一切工作的出发点，只有这样，才有可能做到资源共享、协调发展。如果销量高的省份固步自封，不愿意将资源与别人共享，而销量低的省份担心与别人合作会有失面子，大家都想“关起门来做皇帝”，不从全局出发，我国的体育彩票是很难迅速发展的。

3. 市场观念。

从表面看，体育彩票是政府垄断的销售项目，同时它又是一个面对开放性市场的项目，而且在这个开放性市场中存在竞争。

合法的竞争：福利彩票和其他娱乐性博彩项目。

不合法的干扰：地下私彩和赌博活动。

面对这些竞争对手，管理者没有市场竞争的观念是不行的。市场的观念主要包括：价值观、供求观和竞争观。只有加强了这样的观念，才有可能使西部地区的体育彩票发展模式健康运行。

（三）资金基础

辩证唯物主义告诉我们：物质是第一性的。要使西部地区体育彩票发展模式得以实施，必须要有一定的资金基础。由于西部地区相对经济发展落后，资金匮乏是具有普遍性的，需要利用多渠道打好一定的资金基础。这个资金基础不仅仅依赖上级部门的资金政策倾斜和加大拨款，而更重要的是充分利用体育彩票的无形资产去谋求社会各方面的资金支持。

（四）管理体系

纵观全国各地体育彩票管理体制，大体上有两种形式：一是省市共管，二是省级中心直管。通过长期体育彩票管理工作的实践表明，要提高管理效益，增强市场适应性，建立由省级中心直管的体制为好。省级中心直管可以使信息传递既准又快，避免了不必要的地方行政干预，提高了市场竞争力，但要实现省级直管体系必须克服来自两个方面的阻力：1. 地市体育局的阻力。地市体育局的同志往往会误认为实行省级中心直管，会使他们的经济利益和手中的权利丧失了。因此，反对建立这样的管理体系。2. 来自中心内部的阻力。任何一次体系改革都是权力的重新划分，那些在改革中自认为权力变小的，往往会成为变革的阻力。体育彩票的发展趋势严肃地告诉我们：不管阻力有多大，省级中心直管的体系必须尽快建立，才有利于实现上述西部地区体育彩票的发展模式。

（五）技术系统

技术系统是西部地区实现“分类指导、资源共享，电即并重、协调发展”的重要基础条件之一。

技术系统包括电脑体育彩票的技术系统和即开型体育彩票的技术系统。由于电脑体育彩票的技术系统由国家体育总局体育彩票管理中心统一规划安排。因此，本文主要讨论即开型体育彩票的技术系统。我们认为，即开型体育彩票的技术系统核心问题是要建立一个完善的配送系统。

如前所说,在西部地区要特别重视和优先发展即开型体育彩票。目前,即开型体育彩票有两种发行形式：

1. 规模销售形式。这种形式从1994年开始，一直延续到今天。

2. 分散销售形式。这种形式在国外非常普遍，它是即开型体育彩票销售的主要形式。

由于即开型体育彩票销量较低，零售商所获得的佣金往往不足以提高销售积极性。在这样的情况下，除制定相关的政策外，完善配送系统是非常重要的。配送体系是体育彩票管理中心为零售商设立的服务体系。它能够有效地减轻零售商领票、兑奖、结算等过程的麻烦，降低运作成本，增加收入，提高销售积极性。要使西部地区做到“电即并重”，就必须在积极地组织大规模即开型体育彩票销售的同时，不要偏废即开型体育彩票分散销售，这项工作的重要前提条件之一，就是要尽快落实即开型体育彩票零售网络系统。

通过实验研究，我们认为建立即开型体育彩票配送系统，不能单纯依靠体育系统的力量。因为，单靠体育彩票管理中心来建立配送系统，往往会因为成本过高，难以运行。体育彩票的配送系统应该是一个相对独立的物流系统，一个相对独立的商业项目，它在配送体育彩票的同时，还将承担区域内的其他商品或物品的配送任务。只有这样才能够充分发挥这个系统的经济效益，使它成为一个良性项目而健康的发展起来，从而解决体育彩票的配送等问题。

（六）宣传体系

完善的宣传体系，也是实现西部地区体育彩票发展模式的重要条件。

体育彩票做为意念性商品，它是以诱发群众以小钱博大奖的购买动机为基础的。因此，市场推广工作显得非常重要。西部地区体育彩票发展战略模式所要求的宣传体系，主要有以下五个特征：

1. 有利于提高体育彩票广告宣传的到达率；

2. 有利于增强体育彩票广告宣传的针对性；

3. 有利于增强体育彩票广告宣传的说服力；

4. 体育彩票的广告宣传要具有广泛性；

5. 体育彩票的广告宣传要具有长期性。

如果我们的宣传体系能具有上述五个特征，将会有效地促进西部地区体育彩票发展模式的实现。

（七）政策体系

政策是各项工作的生命线，是各项工作的行动准则。因此，建立与实现西部地区体育彩票发展模式相匹配的政策体系，是非常重要的。我们认为，与西部地区体育彩票发展模式相匹配的政策体系的主要特征是分类指导。这样的政策体系，要能体现统一性与灵活性相结合，长远性与现实性相结合，国家利益与集体利益和个人利益相结合。

十、西部地区体育彩票发展战略建议

（一）制定分类指导政策

要实现我国西部地区体育彩票发展模式就要制定分类指导的政策，也就是说，发展西部地区体育彩票的所有政策都必须具有针对性，符合西部地区的实际情况，切切不可“一刀切”、“大一统”。西部地区体育彩票发展的分类指导政策，主要体现在六个方面：发行经费政策、市场推广政策、销售政策、奖励政策、设备配置和培训。

1. 发行经费政策。

根据国务院的规定，体育彩票的发行经费定为销售额的15%，国家中心提取3%，省中心留存12%，通过一年多的实践，发现这个比例存在两个问题：

（1）由于西部地区起点低，交通和通讯都没有东部地区发达，发行成本相对更高。目前，东西部发行经费是同一标准，未能体现发行经费向西部地区倾斜的政策，不利于西部地区体育彩票事业的迅速发展。

（2）即开型体育彩票取消实物返奖后，发行风险和发行成本大幅度提高，12%的发行经费远远不能支撑即开型体育彩票的正常发行。这种状况不仅存在于西部地区，东部地区同样存在。

根据上述原因，我们提议：

(1)对体育彩票的发行经费比例进行分别对待,即:电脑体育彩票的发行经费保持在目前15%,即开型体育彩票的发行经费提高到20%。

（2）为了体现东西部地区分类指导的原则，我们建议：国家体育彩票管理中心在西部地区即开型体育彩票发行经费上不留存，将20%全部留给西部地区的省中心；或者东西部地区发行经费如果完全一样的话，则国家体育彩票管理中心从自身留存的3%发行经费中提取0.5%作为西部地区体育彩票发展基金，专门用于支持西部地区的体育彩票发展。

2. 市场推广政策。

稳定与发展西部地区体育彩票市场的关键任务之一，是做好市场推广工作。足球彩票和其他全国统一奖池、统一设奖、统一发行的彩票都是由国家中心统一发行的。因此，全国执行着统一的市场推广方案。由于东西部的差异，希望在这方面也能体现政策倾斜，特别是宣传品、促销品和市场推广的其他方面，应该尽可能照顾西部地区或者由西部地区为一整体，统一制定市场推广方案，这样更具针对性。

3. 销售政策。

体育彩票一切工作的归宿点都集中在销售上。西部地区的现实状况使得整个销售工作的难度较大，因此，在销售指标、销售指导、销售培训等方面都希望能够进行分类指导，以尽快缩小与东部地区的差距。

4. 设备配备。

西部地区电脑体育彩票的工作环境与东部地区相比，相对较差。因此，希望国家中心能针对西部地区气候特点、地理环境特点和体育彩票销售人员基础，组织有实力的公司开发具有地区适应性的电脑体育彩票设备，并且建立与西部地区相适应的售后服务系统，保障西部地区电脑体育彩票设备的正常运行。

5. 培训。

如前所说，西部地区缺乏高水平的体育彩票专业管理人才。因此，在培训方面也希望能充分体现分类指导精神。如在受训名额上、在培训内容上、在培训经费上、在考察学习上都希望有所不同。此外，西部地区销售员的培训与东部地区相比，难度也比较大。因此，希望国家中心在销售员培训方面，多给西部地区以具体的指导和支持。

6. 奖励政策。

奖励是激励体育彩票工作者的重要手段，由于东西部客观存在着较大的差距，这种差距导致了工作难度的差异。因此，希望国家体育彩票管理中心在制定政策时，充分考虑到这个因素，尽可能多地用相对标准做为衡量西部地区工作业绩的评价标准，使奖励政策更有效。

（二）积极开发体育彩票玩法

根据西部地区经济水平相对较低的特点，建议尽快开发适合西部地区特点的体育彩票，这些彩票应该具有以下特点：

1. 小奖组；

2. 中奖率高，不宜低于 30%（即开型）；

3. 玩法简单，一看就懂；

4. 面值多样，应有 1 元面值的彩票；

5. 彩票设计人性化，尽可能贴近西部地区的群众生活。

针对上述五个特点，我们认为电脑体育彩票采用“天天乐选三”或“天天乐选四”，这样的玩法较为适宜。“天天乐选三”或“天天乐选四”，是小奖组玩法，中奖概率分别是千分之一和万分之一。采用固定赔率的方式设置奖金，有一定的吸引力。由于目前财政部还没有开放赔率设奖的方式。因此，我们可以通过邀请财政部分管部门共同参加研讨的形式尽快能使赔率设奖得到批准。同时,可以根据上述玩法的精神做一些技术处理,使其早日在西部地区推出。

（三）实行“一帮一”工作方针

所谓“一帮一”的工作方针，是指将国内体育彩票发行工作做得好的省份与西部省份进行“一帮一”活动。从西部地区体育彩票发展的现实分析，由于大部分省份起步较晚，再加上经济相对落后，要在短时间内将体育彩票市场启动起来，单凭自身的力量是不够的。因此，建议开展“一帮一”活动。这种互帮是全方位的“一帮一”，不能片面地理解为是经济层面的帮助，经济上给予帮助是必要的，更重要的是把体育彩票事业做得好的省份的思想观念、管理方式与方法、销售形式和技巧，市场管理与推广等经验，除了通过“一帮一”的活动传授给西部落后地区，而且还可以通过人才流动“上挂下派”的方式进行人才交流，这样才有利于帮助西部地区体育彩票迅速发展。

（四川省体育彩票管理中心供稿，作者：朱玲、谢晋达、赵宁、侯国伟）

美国彩票管理体制及其对我国的启示

为了借鉴国外政府加强彩票管理的成功经验与教训,笔者先后对美国罗得岛(Rhode Island)、乔治亚(Georgia)和加利福尼亚(California)三个州的彩票管理体制进行了考察。考察期间,笔者分别拜访了加利福尼亚州彩票管理委员会、乔治亚州彩票公司和州财政局教育文化处的负责人,参观了罗德岛州彩票管理信息中心、乔治亚州彩票管理信息中心、GTECH 公司彩票销售设备生产车间及分布在市内各地的彩票零售点,并就我国目前彩票管理中面临的主要问题与有关专家进行了座谈。通过考察,对美国彩票管理的历史、现状有了一个初步的了解。

一、美国彩票业的发展历史较长，但曾因管理不规范、造成社会问题，被中断近百年

美国的彩票发展历史可以追朔到 17 世纪，其发展大致可以分为三个时期：

第一时期是1865年以前的自由发展时期。

美国在1776年宣布独立以前，只是英国从17世纪初到18世纪中叶先后在北美大西洋沿岸建立起来的13个殖民地。据介绍，由于当时缺乏资金，殖民地当局或私人为了发展经济，就把发行彩票作为筹集资金的一种重要形式。例如，1612年，维吉尼亚公司在英国伦敦就通过发行彩票（Great Standing Lottery）筹资，用以资助从欧洲向美国弗吉尼亚州移民。又例如，美国的耶鲁、普林斯顿、哈佛、哥伦比亚、宾夕法尼亚等著名大学，在其创办过程中都曾利用发行彩票的方式筹措资金。再例如，1740年至1820年期间，美国各州大量兴建的道路、桥梁、隧道等公共工程，其中有许多项目是靠发行彩票的收益建设的。

美国政府发行彩票的历史可以追溯到第一次独立战争时期。1776年美国13个州宣布独立以后，由于独立战争急需筹措大量资金，而政府又不愿增加人民的税收负担，因此积极把发行彩票作为增加政府收入的一种公开途径。例如，托马斯·杰弗逊（Thomas Jefferson）认为："彩票是人们冒很小风险而可能有机会获取高额奖金的一种有益的工具，同时它也是一种完全出于人民自愿的纳税，它比其他直接征收的税收更容易被人民所接受"。亚历山大·哈密尔顿（Alexander Hamilton）也强调：彩票是使普通人用很小风险寻求获取高额回报机会的一种方式。他当时提出成功发行彩票的两条基本原则至今仍被彩票发行机构所重视，即：一是彩票的游戏要简单，使任何人都能明白游戏规则；二是彩票的面值要小，以便任何人都有能力参与消费。可以说，从此以后，特别是从1800年到1865年南北战争结束期间，美国各地普遍大量发行彩票，彩票名目繁多、数不胜数，有的是为公共事业筹资，有的是为私人企业筹资，有的则是公私兼顾。发行彩票成为这一时期公共事业或私人企业发展的一种主要的筹资方式。

第二时期是1865年至1964年之间的彩票发行衰落时期。

在整个19世纪，由于出现彩票发行机构的欺诈行为和宗教机构的强烈反对，美国社会一直存在对彩票业的指责。特别是1820年以后，随着彩票业的兴旺，彩票发行过程中的营私舞弊、返奖资金不足、彩票发行机构卷款逃逸等欺诈行为也日趋严重，屡屡造成社会动乱，致使反对彩票发行的社会舆论势力越来越强大。到1865年南北战争结束以后，美国的彩票业逐步衰落。1890年，美国联邦政府为了制止利用发行彩票谋取私利的欺诈行为蔓延，颁布法律，禁止全国各州发行彩票。这种状况一直延续到 20 世纪 60 年代中期。从另一个角度分析，彩票业之所以在 19 世纪 90 年代被禁止，也与当时美国工业革命蓬勃发展、生产力水平迅猛提高的经济状况有关。因为随着金融业的发展，以及 19 世纪期间美国经济的迅速扩张，政府能够通过税收、贷款等多种渠道获得资金用于公共事业，发行彩票的筹资方式在公益事业建设中的作用相对削弱。

第三时期是从 1964 年开始，以政府彩票垄断市场为特点的规范发展时期。

1964 年，美国新罕布什尔州为了发展本州的教育事业，通过公民投票，决定在本州发行政府彩票。1967 年，纽约州随之开始发行政府彩票。1971 年，新泽西州不仅也开始发行政府彩票，而且使用了以计算机为工具、每周开奖的彩票游戏，从而开创了发行“电脑彩票”的先河，使得彩票业作为一种产业开始在美国形成。从此，政府彩票逐步在美国各州发行。到 20 世纪末，在美国的 50 个州和华盛顿地区中，已有 37 个州和华盛顿地区发行彩票。在其他 13 个州，或是由于宗教势力的反对，或是由于发行方案在公民投票中未被通过，发行彩票仍未得到政府法律允许。据统计，在 1999 财政年度，美国的彩票发行销售额为 373.66 亿美元（折合人民币约 3 100 亿元），人均彩票销售额为 161 美元（折合人民币约 1336 元）。其中，彩票发行额最大的是纽约州，为 37 亿美元（折合人民币约为 307 亿元）。彩票发行额最少的是蒙大拿州，为 3000 万美元（折合人民币约为 2.79 亿元）。人均彩票销售额最大的是南达利塔州，为 752 美元（折合人民币 6242 元）。人均销售额最少的是蒙大拿州，为 34 美元（折合人民币为 282 元）*。

二、美国政府对彩票业实行严格管制

就全美国范围而言，彩票业至今仍然是一个有争议的行业。一方面，通过发行彩票，政府确实能够在不增加人民税收负担的情况下增加收入。而且，即使政府禁止彩票业发展，民间非法的博彩业也屡禁不止，大量资金通过这种方式流进私人腰包，政府发行彩票在一定程度上打击了私人博彩业的发展（诚然，非法赌博并不因为彩票业的发展而消失。例如，据有关专家介绍，在罗得岛州，目前每年参与非法赌博的资金量甚至还大于购买彩票的资金量）。另一方面，如果政府不加管制地任由彩票业自行发

* 资料来源：La Fleur’s Lottery World 1999 Fast Facts

展，不仅容易产生各种利用彩票发行谋取私利的欺诈行为，而且由于彩票业（Lottery）与赌博业（Gambling）在形式上的类似性，如不严格界定，将很容易诱发赌博业的伴随发展，给社会带来极大的负面效应。因此，除了宗教界反对等因素之外，就是在美国的一般人民群众中，对于是否应该发展彩票业的认识也很不一致。在有的州，虽然政府提出了发行彩票的议案，但是在公民投票表决时因赞成者不过半数而未被通过。在有的州（如乔治亚洲），发行彩票的议案在公民投票表决时仅以51%的微弱多数通过。正因为如此，凡允许发行彩票的州，政府都通过颁布专门法律，对彩票发行目的、彩票品种、游戏规则、发行机构的组织形式、收入分配比例、公益金使用范围等方面予以严格规范，同时明确界定彩票业与赌博业的界限，严格禁止利用彩票搞变相赌博。例如，《加尼福利亚州彩票法》中明确规定："除本法确定的州政府彩票之外，禁止从事开设赌场、老虎机、赛狗、二十一点扑克牌等任何形式的赌博营业活动"。

在确定彩票游戏规则时如何界定彩票与赌博的区别？对此，乔治亚州彩票公司负责人认为应主要把握以下原则：

（1）赌博具有一定的技巧性，是否熟悉技巧对赌博成功与否具有相当程度的影响。彩票不具有技巧性，任何人购买彩票的中奖概率都一样。

（2）赌博的私人赢利性很强，参与赌博往往是为了追求个人的高额回报。彩票则社会公益性很强，人们购买彩票时，一般都明确知道中奖概率极低，之所以购买，除了试试运气之外，往往带有支持社会公益事业的动机。

（3）赌博的中奖概率高且奖金额与下注金额密切相关，彩票则不同，由于彩票的中奖概率很低（一般为几百万分之一），其中奖概率与彩票购买量之间的相关度很低。

（4）赌博的中奖回报可以立即实现，彩票的中奖回报则一般不能立即实现，彩票开奖要有一定的滞后期。

三、彩票是美国州一级政府用于支持教育等特定社会公益事业发展的一种再分配手段

在美国，联邦政府没有制定有关彩票的法律。是否发行彩票，完全由州政府以公民投票的方式决定。因此，美国彩票业的发展是以州级行政区为基本单位。有的时候，州与州之间也采取联合行动，以扩大彩票的发行量和社会影响。例如，2002年初，乔治亚州彩票公司牵头组织6个州联合发行彩票，使彩票单注奖金高达3.6亿美元，在全美国曾一度产生了轰动效应。

从政府收入管理角度看，发行彩票虽然可以在不提高税率的情况下获取更多可用于发展公共事业的收入。但是，彩票发行与征税不同，彩票发行不是依靠政府的强制和公民的义务，而是很大程度上依靠了彩民对发展彩票业的理解与支持。彩票业发展能否成功，取决于它能否融汇在人们的日常生活之中，取决于彩票发行所获公益金能否有效地用于发展与人民利益密切相关的社会公益事业。因此，为了获得人民的支持和积极参与，美国各州政府都选择教育、环保等一些与人民生活密切相关，并且人民在日常生活中能够普遍切身感受到好处的特定公益事业作为彩票发行收入的使用对象。本人所考察的三个州，法律规定彩票发行的公益金都是用于发展本州的教育事业。例如《加尼福利亚州彩票法》开篇就明确写道："加尼福利亚州全体人民声明：制定本法的目的是在不增加税收的前提下筹措资金用于支持教育事业。加尼福利亚州全体人民进一步声明：他们要求发行彩票的净收入只能用于资助本州的公共教育事业"。该法第四款中规定："彩票发行收入中至少应有34%应用于资助公共教育事业"。第五款规定"在州国库内设立加尼福利亚彩票教育基金"，并明确规定了该基金使用的九个领域。又例如，乔治亚州颁布的彩票法就直接确定为《乔治亚州教育彩票法》（Georgia Lottery for Education Act）。该州的彩票法在1993年公民投票表决时虽然仅以51%的微弱多数通过，但是，由于该州彩票发行目标明确，加之州长亲自出马进行宣传，以及彩票公司卓有成效的经营活动，使得彩票业的发展深入人心。笔者考察所到之处，无论是政府官员还是出租汽车司机、餐厅招待员，都谈到自己家庭或社会从彩票公益金中受益的情况。该州的彩票发行量自1994年以来逐年迅速扩大，1999年的彩票发行收入已达20.34亿美元，年人均购买彩票的金额达272美元。截至1999年底，该州通过发行彩票为本州教育事业筹措资金达31.8亿美元，折合人民币约264亿元。民意测验也表明，赞成发展彩票业的比例已上升为75%以上。

四、政府对彩票发行实行垄断经营

在美国，法律允许发行彩票的有37个州，而法律允许经营赌博业的只有两个州。赌博业一般是由私人企业经营，政府以控制特许权和高额税收的方式实行严格管制。与赌博业不同，政府对于彩票业实行的则是公营企事业单位垄断经营。其组织机构大致分为两种类型：

一种类型是组建成类似我国事业单位的彩票发行机构，如"加尼福利亚州彩票委员会"（California State

Lottery Commission）和“罗得岛州彩票委员会”（Rhode Island Lottery Commission）。这两个彩票委员会都是由州政府创办的公营机构（Government Agency）。《加尼福利亚州彩票法》第十五款规定：“加尼福利亚州彩票委员会由州政府组建”。“彩票委员会由州长任命的五人组成，这些人员的任命应征得参议院同意”。在这五人中，“来自同一政党的人数不能超过三人”，“其中至少应有一名具有从事五年以上法律事务的律师和一名注册会计师”。“彩票委员会拥有确保其实现彩票发行目标的经营管理权利。彩票委员会的所有决策必须符合政府彩票的性质，有利于促进和保证彩票经营管理活动的公正、公平、诚实、安全。彩票委员会应确保彩票促销的广告宣传符合有关反虚假广告法的规定”。“彩票经营应以获得最大净收入用于公共教育事业为目标”。

另一种类型是组建成公司的彩票发行机构，如乔治亚州州政府组建的“乔治亚州彩票公司”。根据《乔治亚州教育彩票法》第 50 - 27 - 2 款规定：“彩票发行是一种企业性质的经营活动，州政府应组建乔治亚州彩票公司，并赋予其充分的经营自主权利”。“乔治亚洲彩票公司应按照为公众持续提供娱乐、获取最大收入、不受政治干预和诚实、体面的原则经营管理彩票业”。“乔治亚洲彩票公司应对州政府和公众负责。该责任将通过建立审计制度和报告制度来保证”。该法还对彩票公司的管理体制、经营自主权、游戏规则制订、预算报告制度、审计制度、发行收入管理等作出明确规定。例如，第 50 - 27 - 4 款规定：“彩票公司应由州长任命、并经过参议院认可的 7 人董事会进行管理。这些董事的任命应具有地区代表性。董事本身不能拥有与公司业务可能发生冲突的直接或间接利益，包括在获取销售合同、参与零售方面的利益”。第 50 - 27 - 6 款规定：“董事会主席应任命一个彩票销售顾问委员会，就彩票销售和零售商布局等业务问题向董事会提供咨询”。第 50 - 27 - 7 款规定：“董事会应赋予彩票公司总经理与私营部门中大型营销企业总经理相当的权责利”。“董事会负责审批公司预算、彩票发行规模、与彩票游戏相关的规则、程序等重大管理事务”。第 50 - 27 - 9 款具体规定了彩票公司拥有的 20 条经营自主权。

美国各州的彩票发行收入分配比例相差较大。政府收入（包括发行成本）占总销售额比例最大的为 45%，比例最低的为 13%，平均为 32%。其中，这一比例超过 30% 的州有 20 个。比例等于或超过 35% 的州有 9 个；这一比例等于或低于 25% 的州有 14 个（资料来源：同上）。

五、规范管理是保证我国彩票业健康发展的关键

如何促进我国彩票业的健康发展？对此，美国有关专家提供了许多很好的建议。例如，GTECH公司罗德岛州彩票信息中心负责人认为：促进彩票业发展的主要因素有四个：一是彩票游戏要有娱乐性；二是彩票管理要公平、公正、公开；三是彩票游戏要多样性，彩票业发展有一个基本规律，不能永远只玩一种游戏；四是技术保证的可靠性。乔治亚洲彩票公司负责人认为：政治和文化是彩票发行成功的决定因素之一。她对中国发展彩票业提出两条建议：(1)必须要有明确的彩票发行目标，让人们清楚彩票发行收入的用途与效果；(2)要采取公司的经营管理组织形式，使之具有适应彩票经营活动的灵活性。这些意见和建议对促进我国彩票业发展具有重要的参考价值。

根据美国彩票发展的历史经验与教训，我认为：与美国相比，我国目前彩票市场发展的差距主要不在于技术上，而在于管理上，在于我国目前的彩票管理体制很不规范，具体表现在以下四个方面：

1. 彩票管理法规制度不统一。

由于彩票具有博彩性，世界上凡发行彩票的国家，都制定了统一的彩票法律。我国现行法律禁止一切形式的赌博，彩票虽然不属于现行法律禁止的赌博范围，但没有颁布专门的法律对彩票的性质、目的、发行原则、违规行为的认定和处罚等作出明确规定。实践中，除了党中央、国务院以及人民银行、财政部为解决某些具体问题发布的一些通知外，彩票发行销售活动所依据的主要是民政和体育两个主办部门自行制定的管理制度。而且两个部门制定的管理制度不仅原则过强，而且差别很大。结果，一方面，民政和体育部门在彩票市场上即是运动员，又是裁判员，使得财政部门监管和规范彩票市场往往流于形式。另一方面，彩票市场规则不统一，使得财政部门难以对彩票发行销售中的违规行为进行有效查处。

2. 彩票发行销售中“政事不分”。

美国彩票业发展的经验说明，“公开、公平、公正”是彩票业健康发展的基本原则。实行这一基本原则，必须规范彩票市场的活动主体，即独立于行政权力部门的、权责利统一的彩票发行与销售机构。从我国目前的情况看，彩票发行销售实行的是一种事业单位体制。但是，在省级以下的地方政府特别是县级政府，民政、体育管理部门往往直接参与彩票的销售活动。有的（包括省级）彩票主办部门甚至直接组织建立“彩票设备投资公司”、“彩票销售代理公司”，进行与彩票相关的投资或销售活动，

从中分享彩票发行费用，把彩票发行销售活动作为本部门的“创收”途径。结果，在部门利益的驱动下，有的地方彩票主办部门不惜采取各种手段阻止非本部门系统彩票的扩大发行与销售，搞行业内的不正当竞争。有的地方彩票主办部门不惜筹措上亿元资金，在电脑彩票网络方面盲目投资、重复建设。可以说，正是由于彩票发行销售活动中的“政事不分”，才造成了我国目前彩票市场混乱且难以统一规范。

3．彩票发行收入管理不透明。

美国彩票业间断近100年的教训说明，提高彩票发行收入管理的透明度，保证彩票公益金的有效使用，是防止彩票发行销售中出现营私舞弊现象，取信于民，促进彩票业健康发展的根本措施之一。从我国目前情况看，提高彩票发行收入管理透明度问题至今还没有引起政府的足够重视。在有的政府部门，彩票公益金使用往往被视为本部门的权利，总是以各种理由回避财政的监控。彩票公益金的使用也没有建立规范的预算、审计、报告制度。彩票资金的运作透明度不高，致使出现了不少如违规发行等问题。

4．彩票发行主办部门职责不清。

目前，国务院对彩票发行主办部门在彩票发行方面的职责作了规定，例如，国务院批准民政部的“三定方案”中规定：民政部负责“研究提出福利彩票（中国社会福利有奖募捐券）发展规划、发行额度和管理办法，管理本级福利资金”。又例如，“国务院办公厅关于体育彩票等问题的复函”中提出：“请国家体委做好体育彩票的发行、印制及统一分配等项工作，并会同有关省（市）、部门，尽快研究制订具体管理办法，由人民银行批准后实施”。但是，在如何规范本部门在彩票发行销售中的行政管理，如何规范本系统彩票发行销售机构的经营行为，如何保证本部门彩票公益金及时足额缴入财政专户，如何保证彩票公益金的有效使用等行政管理责任方面，国务院并没有对两个部门的职责作出统一明确的规定。或者说，作为彩票发行销售活动管理主体的政府主办部门虽然拥有明确的彩票发行权力和彩票公益金使用利益，但与之相关的责任不清楚，权责利不统一。结果，实践中容易造成彩票发行销售活动中的主办部门行政管理“缺位”，甚至引发彩票主管部门与彩票发行主办部门之间的矛盾。

需要强调指出的是：即使在美国，彩票业也是一个有争议的、受到政府严格管制的特殊行业。在我国，尽管近年来彩票市场中屡屡出现因组织不当、机构违规等原因造成社会动乱的地区性事件，但规范管理问题至今还没有引起足够的重视，如不尽快扭转这一局面，彩票市场越发展，其负面作用的风险将会越大。因此，在现行体制暂时不变的情况下，近期内政府应突出抓好“规范管理”问题，只有管理规范，彩票业才可能健康发展，真正发挥支持我国社会公益事业发展的积极作用。

根据以上分析，笔者认为，规范管理的基本思路可以归纳为 24 个字，即：统一法律制度，明确管理职责，整顿市场秩序，资金专户管理。

（财政部综合司供稿，作者：张冀湘）

意大利西萨公司的彩票市场营销

根据意大利现行法律，该国是由国家财政部管理发行彩票，换言之，在其国内发行彩票要得到财政部颁发的彩票专营权。目前意大利有两家彩票专营公司通过竞标获得了专营权。另外还有意大利财政部直接管理的即开票发行机构和奥组委的足球彩票发行机构等。意大利彩票的年发行量约 200 亿欧元，其中西萨（SISAL）公司占 30%，LOTTOMATEK 公司占 40%，其他发行机构占 30%。

西萨是一家私人公司，成立于 1946 年。它是家族控制的股份制公司，由 3 部分股东构成，其中莫罗家族占 67%，投资银行和商业银行各占 15%，零售商占 3%。西萨公司现有 340 余名正式员工和 600 多名兼职雇员，公司总部位于意大利的米兰，在意大利首都罗马有其分公司和卫星专线电视台。西萨公司主要的业务活动为组织游戏、销售、管理和资金运作。公司拥有19 000多个零售点，通过20 000多台热线彩票终端机覆盖整个意大利市场。西萨公司的经营宗旨是管理一个有效的游戏开发和运作机构，使其成功的游戏能为国家带来最低的运作成本，为社会带来最大的福利。

西萨公司在总经理管理下有 9 个部门，市场部、商务部、技术部、财务部、法律部、人事部为行业业务部门，公关部、国际关系部和西萨（SISAL）电视台为对外业务部门。

彩票市场营销的基本理念

西萨公司国际关系部总裁奥兰多先生介绍了他们对彩票营销工作的理解：彩票市场营销的目标是最大量地销售彩票，彩票市场营销的限制是避免社会问题的发生，彩票市场营销方案的实施主要在零售站点。对彩票市场营销的解释就是要尽量多地销出彩票，尽量少地出现社会问题。奥兰多先生有多年的营销经验，他介绍了彩票市场营销应关注的几点：

摸准彩民心态，提供彩民所需

关注彩民，了解彩民期望值，是提供彩民所需的基础。这里特别强调的不是彩民现实生活的情况，而是其想达到什么生活目标。意大利大多数人是处于中低消费水平的，虽然知道自己并不富有，但每个人都把自己想象成中高收入者。他们的梦想是成为中产阶级，成为现代消费者而非通常消费者，希望别人看到他们的生活是完美的，这就是意大利人的期望值。这也就是西萨公司的目标。知道了目标，就要具体策划怎样达到目标、怎样选择游戏、怎样让彩民第一次去买彩票、怎样让彩民成为你的客户和你的消费群体。这就是彩票市场营销方案。

让一个消费者成为彩民

1. 让彩民了解彩票，游戏一定要有吸引力。每个游戏都有它吸引力的侧重点。例如超级乐透是以极大奖可以改变生活状态而吸引彩民，赛马游戏是 1 000 元左右奖金，较易中奖，以实现小愿望为目的吸引彩民，如购买一件衣服或进行一次旅游。要把每个游戏吸引人的地方传递给彩民，一定要给彩民留下这样的印象："购买彩票是非常愉快的事情"。

2. 彩票应该是娱乐和休闲性游戏。让彩民感到彩票是有趣的、活跃的，与竞技性游戏相关的，是一个高技术游戏，并且他自己已掌握了这种游戏。

3. 游戏应该清晰、透明可靠。让彩民看到彩票公平，无陷阱，建立信任感。如做不到这些就会出问题，没有透明度，不公平，没有信任感，就没有彩民了。

4. 和彩民的交流要有连续性，让彩民融入彩票市场。电台、电视台不作硬性广告，而是通过采访彩民达到宣传目的。在销售市场，不去劝其购买彩票，而是通过明星去影响，扩大宣传。在意大利，人们愿意随女明星买彩票，而不随政府官员。

5. 让彩民购买彩票，零售商的销售方式很重要。如果彩民是第一次购买彩票，零售商一定要把他当作朋友，给他解释，让他感到方便，温暖，有兴趣。

让彩民经常购买彩票

1. 投注点要选择兼营，且营业好的地方，如经营好的酒吧、烟酒店等。

2. 了解不同彩民（家庭妇女、老

人、年轻人、职员等)的心理特征,针对不同的彩民群体,制定不同的销售计划。对零售商进行培训,如西萨公司每年组织 300—400 名零售商进行培训,告之发行计划、游戏宣传要点,使他们能更好地对彩民宣传。

3. 每个零售商必须有能力回答彩民的问题。例如一个三口之家的零售点,可能父亲是专业的,母亲和儿子不懂,一定要让父亲销售,绝不能让没有专业知识的人销售,这点在西萨公司是要求必须做到的。

彩票市场营销基本做法

西萨公司的彩票市场营销方案是关注彩民,找出他们最需要的东西,针对市场的需要制定公司市场营销方案,达到"最符合彩民需求"的目标。

彩票市场营销的准备

1. 市场调研是营销工作的基础。彩民需要什么?他们寻找什么东西?这点搞清楚了,对制定方案很重要。例如:保加利亚市场调研结果是,人们希望退休后有稳定的退休收入(300 元/月),游戏就定在你中奖就会每个月有 300 元的奖金上,此举非常成功。在意大利或欧洲,不工作也能保持原有的生活质量是大多数人的愿望,这就是需求,这就是他们寻找的东西,看准了,你就去给他希望,一定能成功。

2. 市场调研要收集的主要信息。宏观方面,包括人口变化、生活方式、经济发展、技术进步和政策影响。人口的数量、年龄、知识结构、生活水平、社会观念等,是任何市场调研的基础。经济情况是市场的晴雨表,对于彩票,社会经济最好或最不好时,是游戏发展最快的时候。百姓的钱一天比一天多时,会高兴地去买彩票,百姓的日子每天都难过时,彩票能给人们带来希望。例如,阿根廷经济状况差,惟一受影响小的就是彩票;中国经济发展快,彩票发展也快。技术的进步,为彩票市场创造了上升的空间。掌握政策是为制定彩票市场营销策略把握方向。

相关方面,包括彩民、竞争对手及合作伙伴。了解彩民的数量、构成和需求,对潜在的彩民更要关注。了解竞争对手的市场营销策略,在争夺市场占有率上做到知己知彼。选择好的合作伙伴,为共同的利益友好合作。

3. 在市场调研后就知道你产品的机会在哪里,根据不同层次的需求,产品的状况很重要。如下图:一个十字划分了四个区域,竖线上端代表幸运,下端代表技巧,横线左端代表易中的小奖,右端代表难中的大奖,根据需求,你选择的游戏种类分别把这四个区域都占满了,市场就做到家了,保证成功。图中所示的就是意大利彩票市场情况,天天彩玩法靠幸运,小奖数量多奖额低但容易中,占据了区域①；超级乐透玩法靠运气，大奖数量少奖额高但难中，占据了区域②；赛车玩法有技巧，小奖数量多奖额低但容易中，占据了区域③；足彩玩法有技巧，大奖数量少奖额高但难中，占据了区域④。彩票经营者的游戏应覆盖上面这个图，如果有空白，就是市场没有做到位。

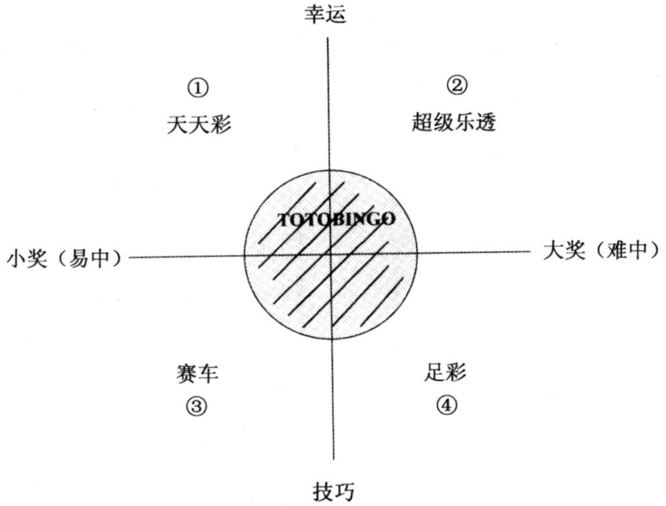

如果选择的玩法落在中心阴影区，这类游戏就危险了，凡是发行不好的游戏，大多都是落在了中心区。如意大利曾发行过的 TOTOBINGO 游戏，就因犯了这个大忌而遭淘汰。TOTOBINGO 是足球彩票的一种玩法，大奖是猜前 3 个球和后 3 个球是在哪个时间进的，没有技巧结合了，球迷不买，中奖难度超过超级乐透 90 选 6，难度大，但奖金不高，普通彩民也不买，结果是落到了中心点，最终的命运是夭折。所以，游戏一定要根据不同的需求来选择，试图用一种游戏覆盖市场，大小难易都想照顾到，其结果肯定是失败。

彩票市场营销与一般市场营销组合的 4 个 P

产品（PRODUCT）、价格（PRICE）、促销（PROMOTION）、销售点（POINT OF SALES）这 4 个 P 构成了市场组合，从彩票市场组合看这 4 个 P，不一定都是相关的。

1. 产品和价格。常规的产品要考虑质量、品牌、包装、设计、服务、质保及生命周期等因素，常规的价格有消费者价格、零售商价格、支付条件、折扣等内容。彩票作为特殊产品，价格是固定的，与品牌关系不大，和包装、设计、服务、质保及生命周期等都不太相关，不必对这两个 P 下太多功夫。

2. 销售点。一般商业的销售点要在销售网络、销售队伍、销售力度和物流服务等方面下功夫，彩票销售点也要这样做。西萨公司对销售点下了很大功夫。

西萨公司零售商网络有 19 000 个零售点，在意大利平均 2800 人就拥有一个西萨公司的零售点，这些点主要设在酒吧和烟草店，其中大部分同时也销售 LOTTOMATEK 公司的彩票。彩票销售点在数量和地理位置上是任何行业都难达到的。西萨公司的零售商是连接公司和彩民的桥梁，是促销游戏和向彩民解释的宣传者，零售商的工作程度决定了对彩民提供的服务质量。

以下是西萨公司的销售队伍和物流支持。

(1)培训:推出新的游戏或开通新的零售点时,一定要进行培训,平时要定期培训。利用会议、幻灯、电影等直接培训,利用发放资料、文件、印刷品、VCD、录像带等进行空闲培训,利用终端机进行提示、提问,每 2 周—3 周从终端机统一下发培训信息。

(2) 上门服务：商业支持队伍覆盖全国，做到 3 周内访问完 19000 个零售点。

(3) 网上服务:只有零售商可进入的网站界面,有新游戏及公司状况,专用账户情况等,供零售商访问。

(4) 电话中心服务：电话中心每天不间断工作，负责零售点的咨询、排障等。

(5) 物流服务：米兰设有物流中心，负责每周给零售商寄送海报、宣传品及各类易耗品。

3. 促销。因彩票市场的营销不同于普通的商业模式，西萨公司采取了与其他公司不同的经营手段，不对顾客（彩民）直接促销，主要是对零售商和销售点做促销，公司对零售商投入了大量的精力和财力，而零售商也是公司的小股东。2000 年公司做了 9 个月的促销，120 个零售商去美国旅游 10 天。这样做费用虽高，但换来的是 18 000 个零售商都在努力工作，力争名列前 120 名，由此提高的销量远远超过了去美国的费用。公司还采取了给零售商定任务额，完成有奖，完不成也没关系的促销办法，将全国分成 4 个大区，每区有 10 个零售商各可得到 1 100 欧元的奖金。

西萨公司有自己的彩民，每周有 1500 万人购买超级乐透，估计 75% 的意大利家庭每周参与超级乐透游戏。西萨公司通过零售站和广告接触他们。西萨电视台 12 500 台卫星电视接收机分布在各销售点，每天 16 小时播出，利用电视字幕、海报、灯箱、传单向彩民宣传。

意大利的彩票玩法相对固定，一般要 3 年以上才更换。主要玩法基本不换，但是促销却常变常新，不断寻找、创造新意，给人们以新鲜感，做到了“有机会就要把彩票和好的东西联系在一起”。促销广告在全国播放，几乎每次开奖都有促销活动。在有群体活动的时候散发投注单也是一种促销方法。据统计，大型比赛时散发投注单的投注率是12%—20.7%，选美时散发投注单的投注率是26.9%。还有各类促销票，如节日促销票，生日、结婚日、进大学的日子、情人节、妇女节、父亲节等，并在票面标注节日祝语，像结婚日标注："一个永远都不能忘记的日子"，每次促销都可提高2%的销量。

他山之石可以攻玉。意大利彩票市场环境和我国有相似之处，那里的彩票市场竞争甚至比我国还激烈，西萨公司能几十年不衰，定有他的独到之处。我国虽不能生搬硬套西萨公司的彩票市场营销经验，但他们许多高明的做法是可以借鉴的。

说彩票市场营销是一门科学，这是一回事，能否按科学的规律从事营销，则是另一回事了。西萨公司的彩票市场营销工作让人感叹的有三点，一是营销理念明确——目标是尽可能地多销彩票，少出社会问题；其关注的重点是彩民，了解彩民心态，提供彩民所需，扩大彩民队伍。二是营销方案的制定专业化——进行市场调研，收集主要信息，设计覆盖市场的产品，建立广泛的销售网络及服务支持，培养内行的销售队伍。三是营销工作中的激励对象定位准确——促销实施的对象主要是零售商和销售点，辅之以针对彩民的开奖促销活动。

进一步思考就会发现，西萨公司彩票市场营销工作的中心点是人，包括彩民和销售人员，其玩法设计也是围绕着人展开的，玩法的核心是人的需求而不是物。这与那种"我给市场一份彩票套餐，让各种人来吃"的理念完全不同。

以人为本，这才是彩票市场营销的最高境界。

（中国福利彩票发行管理中心供稿，作者：孙利群）

中法彩票发行体系比较研究

彩票在新中国出现是改革开放、解放思想的产物。自从1987年新中国首次发行彩票以来，截至 2002 年 12 月 31 日，福利彩票共发行 795.67 亿元，筹集公益金 243.09 亿元，在全国资助各类社会福利和社会公益项目超过 10 万个。实践充分证明了彩票作为一种市场化的筹资方式，完全可以在社会主义市场经济的环境下，成为筹集资金、发展社会公益事业的有效手段。

随着我国彩票发行规模的不断扩大，彩票业已进入了高速发展阶段。同时，面临新的市场环境和挑战，我国的彩票发行体系中所暴露出的问题也越来越明显。比如，法制体系问题、管理机制问题，票种销量不平衡问题、地区差异问题，以及市场化运作与抑制博彩倾向问题。面对这些新情况、新问题，解放思想，实事求是地对国内外彩票发行体系作一些比较分析，显然是必要的、有益的。

本文试图以中国福利彩票发行管理中心和法国国家彩票集团的彩票实践为依据，对中法彩票发行体系的异同作初步的比较分析。

一、中法彩票认知理念的差异

中法两国的彩票发行体系有很多相似之处，例如两国的发行单位均为国有或国有控股机构，两国存在相似的政府监管架构，相似的资金分配方式等等，因此有一定的参照性和可比性。同时，中法两国的彩票发行体系的差异也是相当突出的，其中对彩票的不同认知可能是最根本的差异之一。

1987 年，中国社会福利有奖募捐券的发行标志着中国现代彩票业的兴起，中国的彩票从“社会福利有奖募捐券”到“福利奖券”再到“福利彩票”，名称发生了三次变化，但其基本性质的定义一直没有改变。按财政部《彩票发行与销售管理暂行规定》的定义，彩票是“国家为支持社会公益事业而特许专门机构垄断发行，供人们自愿选择和购买，并按照事前公布的规则取得中奖权利的有价凭证”。简言之，在中国，彩票被认定为“有价凭证”，从字面上看似乎是一种金融工具。

法国人对彩票的定义，与金融工具是风马牛不相及的。在法国，彩票被认定为是依照国家专项法律，筹集补充国家财政资金的手段，是经国家授权垄断经营的特殊商品。简言之，彩票是商品，能够满足人们获取大奖、娱乐的需求，需要通过市场来实现其价值和筹集资金功能的商品。

上述认知理念的不同,成为两国彩票发行体系各项差异的主要根源之一。

二、宏观环境和监管模式的差异

对彩票的不同解读决定了两国彩票业的宏观环境和政府监管方式的不同。

在职责划分上，相对于中国的群龙治水、职能交叉，法国彩票业则表现得清晰有序。政府有关部门严格恪守执法者的职责，致力于完善法律环境、防止国家和公众利益受损、支持行业发展、使公益金的筹集量稳步增长，但是决不干预发行机构在法律框架内充分行使自己的发行营销权。另一方面，发行机构也不承担任何监管责任，例如发现并查处非法彩票行为等。

在目标体系设计上，中国存在目标责任主体多元化的现象。而在法国，发行彩票最基本的目标——筹集公益金(包括社会福利或补充政府预算)的责任是由惟一的政府部门承担的，由于政府监管部门同时也承担着公益金筹集量稳定增长的责任，必然要采取各种措施，建立科学的利益连带机制，千方百计支持发行机构扩大发行。

在监管方式上，中法政府有关部门也存在明显的差异。法国政府采取了宏观法制监管和微观法人治理相结合的方式实施对彩票业的可靠监控。宏观上，建立并不断完善清晰的法律体系，创造透明的经营环境；在微观上，采用成熟的法人治理方式保证监管的有效性。政府作为法国国家彩票集团最大的股东，坚持有所为又有所不为，履行出资人义务，享有出资人的权利，通过行使最高管理者的任命权（法国总统根据法国彩票集团董事会的建议任命董事长和执行总裁）、监督权、收益权，影响企业重大决策，监督企业的经营行为，确保国家公益金和国有股收益的最大化。除此之外，对彩票日常经营活动一概不予干涉。在中国，到目前为止，没有真正意义的彩票法律，只有党中央、国务院发布的规范性通知和财政部门制定的部门规章。因此，政府有关部门对彩票业的监管是在法制不完善的情况下，以行政方式对经济活动实施的综合管理，管理不仅涉及公益金，而且扩展到具体的发行业务。

综上所述，相对于中国的宏观监管环境，法国彩票业相对处于法制透明、市场宽松、目标统一、充满活力的环境中，良好的环境为法国国家彩票集团保持总销量世界第五、即开票销量世界第一奠定了基础，同时法国政府每年也由此获得 18 亿欧元左右的公益金收入，彩票已经成为法国娱乐领域社会贡献率和贡献值双高的行业。

三、发行机构的差异

1. 对彩票的认知不同，使两国彩票发行机构形成了不同的核心理念。

基于中国社会多年形成的仇富观念，金钱或多或少与罪恶的概念相联系，彩票作为广义货币中的有价凭证，与风险、赌博、罪恶发生了某种关联，因此加强管束就自然成为各从业主体的第一要务。从这一思维定式出发，中国的发行机构与政府监管机构一样，都在努力建立和不断强化自己严密的“管理控制”职能，而不自觉地弱化营销发行功能，形成“严格管理”的核心理念。

相对而言，法国对彩票商品化的定义，使发行机构能够更清醒地以一个与其他商品经营者一样的平等心态，按照普遍的市场经济规则，实施专业的营销策划，建立企业和产品品牌，培养市场忠诚度，扩大本企业产品的市场占有率。总之，商品的认知促使法国的发行机构不断强化“营销发行”的职能，树立“市场为本”的核心理念。

2. 在发行机构的职能上，中法两国尽管都是国有机构，但职责定位却不相同。

民政部民发［2001］105 号文中明确规定了中国福利彩票发行管理中心的职责是：根据国家有关制度、规定，制定福利彩票发行、销售、开奖、兑奖等具体规则，制定专业标准和技术规范，提供技术支持和技术服务，调整发行销售计划，组织跨省的联合销售，负责资金结算，检查监督各地完成民政部下达的销售任务。

法国国家彩票集团对自己的企业使命表述为：以多样化的产品满足消费者对彩票的需求；积极促销，吸引更多的人参与其中；积极补充国家财政资金，同时兼顾消费者利益；运作高度透明，谋求长期可持续发展。

从两个机构职责和使命的表述中可以看出，发行彩票是两个机构共同的主要职责之一，但表述明显不同，中国福利彩票发行管理中心更加强调管理者和领导者的位置和管理职能，法国国家彩票集团则将自己定位于执行者和经营者，强调的是自己的彩票发行职能，相对淡化了发行管理职能的描述。

3. 不同的内部组织机构设置。

中国福利彩票发行管理中心采用了与国家机关类似的职能结构，内设 15 个部门，其中与彩票发行有关的是市场一部、市场二部、市场三部、市场四部，分别负责即开型彩票、联合销售电脑票、电脑型彩票、在线即开彩票的发行管理。部门内部按行政区域划分区域管理人员，工作人员与省市自然形成了上下级之间指导与被指导的关系，享有联络指导的权利，但无需承担经营结果的责任。尽管以市场部冠名，但实际上主要是从事联络、计划、审批、调拨、统计、信息沟通等专业管理工作。

法国国家彩票集团内部机构设置有 8 个部门，依次是：企业战略与国际关系部、市场部、信息系统运行部、销售部、财务及行政管理部、人力资源部、审计部、安全部。其中涉及产品营销的部门有三个：企业战略部、市场部、销售部。企业战略部负责企业长远发展规划，其大部分成员来自市场部内部表现突出的优秀品牌经理。市场部内部按产品品牌设置品牌经理，品牌经理下设品牌经理助理和品牌小组成员。每个品牌小组负责一个或几个彩票品牌的市场分析和营销策划。销售部主要负责具体实施彩票的市场推广，包括广告、宣传、人员推销和其他促销，同时负责日常的销售统计管理业务。

由于经营理念、职能和机构设置存在显著的不同，导致两个机构不同的特征。首先，中国福利彩票发行管理中心侧重发行管理，未形成钻研发行营销技能的氛围和有利于专业发行营销人员成长的环境，因此不可能在内部出现高水准的市场营销专家。在指导省市彩票发行业务工作时，不可避免地会出现无营销经验的行政人员指导业务、外行领导内行的情形。其次，按行政区域安排工作人员分工，由于不同区域的经济状况不同，发行状况之间不具有可比性，因此也无法据此进行业绩考核，也就无法形成有效的内部激励机制。再次，由于轻视彩票机构的市场营销职能，没有对公众形象、彩票品牌和彩民需求进行科学评估和精心策划，没有实施有计划的市场发展战略，因此除了电脑类彩票借助电视开奖，逐步提高了彩票知名度以外，未能真正形成自己的彩票品牌组合。

相对而言，由于法国国家彩票集团秉持以市场发行为本的核心理念，按市场品牌营销的需求设置机构、安排人员，从而形成了以品牌为中心，职责清晰，责权利明确，专家筹划，计划实施，便于考核业绩的经营特征。

以品牌为中心是法国国家彩票集团经营思想的灵魂，这包括公司自身的形象品牌和彩票产品品牌。在企业制定长远规划和经营计划的过程中，始终坚持以品牌策划、品牌经营为核心。在法国国家彩票集团 70 多年的历史中，总共只发行了 40 多种彩票，而通常即开型彩票在市场上一共只有 10 来种，每种产品都有不同于其他彩票的特征，都能够被有效识别、认知，且拥有自己的消费人群。就是这十几个彩票品牌支撑着这个世界第一的即开票发行商。因此法国人说，这些品牌是他们的骄傲，也是公司的根基和未来。

实施品牌战略，也为建立公平竞争的环境、形成内部激励机制、促使人才脱颖而出创造了条件。根据品牌为中心的经营要求，集团内部的市场部按产品品牌划分管理，这种方法有利于各品牌小组对所掌控产品的近期和长远发展负全责，有利于品牌小组之间开展良性竞争，有利于内部人员的业绩比较和考核。在内部竞争中，一批优秀营销专家脱颖而出，不但使企业整体营销水平得到提升，而且其中的佼佼者被选调到企业战略部，策划研究企业的长期发展战略，为企业的未来发展奠定了良好基础。

四、行业增长与利益机制的差异

发行彩票的根本目的是筹集社会公益资金。因此，要在机制上提高全体从业机构和人员对公益金增长的关注度，建立公益金与各从业主体，包括监管机构、发行机构以至从业人员之间的良性互动关系。在这方面，两国有同有异。

1. 发行机构经营结果与公益金的关联度。

为保证公益金筹集总量的增长，中法两国政府均采取了按销售额提取发行经费的办法，并由政府确定发行经费比例。就整个彩票发行体系而言，尽管两个国家对彩票发行所获资金分配比例的规定不尽相同，但大的资金流向完全相同。发行机构发行经费的提取额与发行量正相关，销售量越大，发行经费越高。但具体到中、法两个彩票一级发行机构，其经营结果与彩票销售的相关程度差异很大。

中国福利彩票发行管理中心按彩票销售额的1%提取发行经费，印制费另行提取。而其目前所承担的微观管理职能对资金的需求量是有限的，所以即使彩票销售额停留在较低水平，机构仍然可以生存、获利。法国则不然。法国国家彩票集团 2001 年按彩票销售额的 6.4% 提取发行费用,但它要承担除彩票直接零售外的所有营销管理费用,满足包括分析市场、策划产品、订购彩票、全力促销、组织培训、协调外部关系、策划企业长远发展等一系列职能的资金要求。为提升企业形象,增加公益金筹集额,降低筹集成本,2002 年该集团还主动提出将费用提取比例降到 5.4%。对该集团而言,本企业任何部门,甚至任何个人的失职,在影响彩票销售的同时,也将导致企业减利甚至亏损,因此其经营结果与彩票销售量、公益金筹集量的相关程度相当高。

2. 从业人员与公益金的关联度。

在内部分配机制方面，中国彩票发行经费的提取及机构自身的盈亏状况与彩票从业人员基本不相关。彩票机构内部执行事业单位工资制度，个人收入既不与机构整体利益挂钩，也不与工作岗位、工作业绩挂钩，约束与激励制度的双重不到位使调动员工工作积极性无从谈起。

法国国家彩票集团作为企业，必须生存、发展、获利，彩票发行费用的提取及经营结果与企业内部员工、中间商、股东都密切相关。员工、中间商持股制使个人利益与企业利益紧密相联，最大限度地调动了员工的工作积极性，使员工与企业共荣共辱。2001 年，在法国政府国有股获得 5700 万欧元分红的同时，内部员工获分红款 395.83 万欧元，中间商获分红 237.50 万欧元。在扩大发行，增加公益金筹集额方面，政府成功建立了全体从业人员“同呼吸、共命运”的关联机制。

3. 公益金筹集与行业增长。

两个机构发行彩票的目的都是通过彩票发行这一手段，达到募集公益金的目的，目前两个机构也都无权干预公益金的使用，这些是相同的，但对公益金筹集与行业增长之间的认识则有一定差异。

在法国，发行彩票筹集的公益金是国家财政预算收入的一部分，国家作为彩票发行机构的绝对控股股东，对主要经营者拥有任命权。经营者则充分认识到只有尽全力扩大彩票发行，最大限度地补充国家财政资金，完成其作为企业的社会责任，企业经营才能得到政府的全力支持。因此，该集团不但将“积极补充国家财政资金，同时兼顾消费者利益；运作高度透明，谋求长期可持续发展”列为企业的使命，而且积极宣传企业对国家财政的贡献。从该机构经国际知名会计师事务所审计后公布的年度报告中我们可以清楚地获知，2001 年该集团对国家财政的贡献合计 19.99 亿欧元，约合 186.71 亿元人民币。包括：

——筹集公益金 18.55 亿欧元（销售额的 26.5%），比 2000 年增长 5.9%，其中包括付给国家体育发展基金会的 1.97 亿欧元；

——上缴国家税金 0.87 亿欧元；

——国有股分红 0.57 亿欧元。

五、现状

以 2002 年为例，我们将我国福利彩票和法国彩票集团的有关数据作一对比，情况如下表：

项　　目	中国福利彩票发行管理中心	法国彩票集团
销售额	167.99 亿元（RMB）	654.73 亿元（RMB）
人均购票	13.07 元（RMB）	1 091.22 元（RMB）
世界排名（按销售额）		第五
购票人占人口比例	10%	50%
发行经费总比例	15%	14%
税后净利	0.396 亿元（RMB）	7.41 亿元（RMB）
核心产品品牌数量	0	11 个
营销网络	31 个省级销售机构、330 多个地级销售机构、53 290 多个销售点	176 个中间商、41843 个零售商
专业从业人员		2 240 人（本部 + 分销人员）
为财政贡献	58.8 亿元（RMB）	186.71 亿元（RMB）

上述数据表明，相对于有 70 年从业经验的法国国家彩票集团，尽管我们还存在不小的差距，但 15 年从无到有，所取得的成绩仍是惊人的。从中还可以看到中国的公益金单位筹集成本明显低于法国，国家相对效益较高。

中国是一个发展中国家，社会公益事业的资金需求巨大，发行彩票作为募集公益金的一条重要途径，其重要地位已逐渐被政府和社会所认可。从 15 年前对彩票的限量发行、规定每年最高发行额到鼓励发行、规定最低发行额，可以看出政府思想观念的转变。在这种前提下，凡是有利于扩大彩票发行的管理模式和体制都可能会采用，凡是不利于彩票发行的体制或机构都可能被扬弃。改革可能是渐进的，但改革的方向和步伐都是不可能改变的。

（中国福利彩票发行管理中心供稿，作者：胡雅清）

香港彩票行业的管理

在香港，彩票（或称奖券活动）是属于赌博活动，即凭博彩游戏而赢得金钱或其他财产，受到《赌博条例》的监管。《赌博条例》是香港有关赌博的主体法律，该条例规定，除若干指明的情况外，所有的赌博活动皆属非法。

根据《博彩税条例》的规定，允许香港赛马会及香港奖券管理局主办的赛马奖券及六合彩奖券活动。赛马是指从出赛马匹中估算胜出者，而六合彩而是从 49 个号码中估算哪 6 个是将会搅出的号码。这两种奖券占了香港奖券（彩票）业以至合法赌博活动的绝大部分。

赛马奖券

赛马奖券是政府依据《博彩税条例》允许赛马会开办的。赛马会根据《公司条例》，以有限公司的名义于 1884 年成立。最初，马会只是负责主办赛马活动，投注活动另由其他私人公司运营。直至后期，港府为了更有效地管理赛马奖券，遂以行政手段，只批准马会举办现在的赛马彩票活动。目前，赛马会是由董事局全权负责管理，12 名全属义务性质的董事局成员由马会会员在周年大会上选出。要成为马会会员，就需缴纳 25 万元的入会费，并要得到旧有会员的提名。

赛马会从1955年起，均将每年的收支盈余支持福利事业。而且马会管理得宜，少有发生重大的管理事故，故能获得政府信任，多年来政府一直委托其独家举办赛马奖券活动。但政府对赛马会仍有严格的监管，根据《博彩税条例》，政府有权力取缔赛马会举办赛马奖券，该条例规定任何团体在举办马匹竞赛的现金彩票活动时，须经政务司司长批准。另外，该条例亦订明了赛马会收受投注额的分配方式。

可以说，港府与马会是合作的关系，政府藉马会规范了赛马奖券活动。而赛马会亦凭政府的认可，成为惟一的合法赛马奖券经营者。

六合彩奖券

六合彩奖券是政府直接经营的奖券活动。1975年，港府根据《博彩税条例》成立了香港奖券管理局（以下简称“奖管局”），负责举办六合彩奖券，藉以取缔当时引致不少社会问题的非法彩票活动（如字花，大马票等）。奖管局共有7名成员（4名是马会提名的马会董事），全由行政长官任命。奖管局目前委托赛马会代办六合彩，向其支付佣金。与上述提及赛马会的情况相同，奖管局所收受投注金额的分配方式，亦受到《博彩税条例》的监管。

由此可见，目前只有香港政府本身（奖管局）及其委托人（赛马会）可以在港合法经营赌博性的奖券活动。

政府经营奖券的目的

港府对于赌博一方面认为要全面禁赌是不切实际的，因为部分市民对赌博的需求时刻存在，全面禁赌只会令市民转而向非法经营者下注，给社会带来更多的损害，例如欺诈、未成年人参与赌博等。另一方面，公开的赌博活动往往牵涉庞大的利益（例如每个马会日的投注额便以亿元计），若允许个人或团体不受限制地举办各项博彩活动，容易导致社会问题丛生，甚至易为黑社会和犯罪分子所操控，为他们带来可观的收入。故港府相信，为确保赌博有秩序地进行，避免不必要的负面后果，政府有必要适当介入，规范有关活动。事实上，政府通过公办六合彩或有条件地（如监管其投注分配）认可赛马奖券，就使投注金额能在分配给得奖者之外，余款用以支持社会的需要。现行的《博彩税条例》，就订明了有关六合彩及赛马投注的分配准则。根据这个分配准则，六合彩及赛马的投注收入被分为4个部分。

第一部分是中奖者的奖金。中奖者奖金占六合彩投注总额的54%，占赛马投注总额的82.5%或76%（视彩票的类别而定）。

第二部分是博彩税。投注总额的

相当部分（六合彩为 25%，赛马为 12%或 19%），是以博彩税的形式进入政府财政收入。目前，这项收入约占了政府总体收入的 5%（详见下表）。由于这是一项经常性收入，对政府财政有一定的帮助。

博彩税收入总额

财政年度	六合彩及赛马的博彩税总额（亿港元）	占政府收入
1995—1996	110.51	7.21%
1996—1997	121.91	7.01%
1997—1998	134.53	4.89%
1998—1999	122.28	5.66%
1999—2000	119.38	5.12%

第三部分是奖券基金。六合彩总投注额中的 15%，要拨入“政府奖券基金”，受《政府奖券条例》监管。该条例表明财政司司长可动用政府奖券基金，资助社会上民办的福利团体，提供不同领域的社会服务（详见下表）。奖券基金每年的收支账目，由政府负责制定，然后提交立法会审览。

奖券基金的分配

单位：百万港元

年　度	老人及福利服务	罪犯自新服务	社区发展	社会福利支持	青少年服　务	康复服务	家庭及儿童福利服务	总计
1995—1996	390	1	2	4	28	216	260	901
1996—1997	405	1	4	2	25	116	68	621
1997—1998	300	1	6	30	58	184	223	802
1998—1999	398	2	2	30	74	57	71	634
1999—2000	623	0.1	9	49	24	122	86	913.1

第四部分是赛马会佣金。由于赛马会主办赛马及协办六合彩，故法规允许它从投注中收取一定比例的佣金（六合彩为 6%，赛马少于 5%）。

虽然法规没有规定赛马会如何使用所分得的佣金，但赛马会于 1955 年承诺，所得佣金在扣除举办赛马及六合彩的行政开支后，会全数捐作慈善用途。目前，赛马会是全港最大的非牟利机构，每年因佣金收支盈余作出的慈善捐款超过 10 亿港元（详见下表）。赛马会的捐款事宜，由其董事局负责制定，并交由“香港赛马会慈善信托基金”具体管理。

赛马会慈善基金分配

单位：百万港元

年　　度	社区服务	医疗卫生	教育及培训	文康体育	总计
1995—1996	261	274	126	434	1 095
1996—1997	491	26	467	56	1 040
1997—1998	475	61	392	98	1 026
1998—1999	333	207	445	84	1 069
1999—2000	330	638	130	48	1 146

香港奖券业管理面临的挑战

香港奖券业的特色是政府主导。政府严格限制私人机构举办奖券，而其治下的六合彩及赛马，就占去了奖券业市场的绝大部分。政府认为这既可以满足市民对博彩的需要，亦可将活动规范化。但近年外围投注（例如赌球）盛行，港府认为市民转向不法分子下注，已使合法奖券的投注额萎缩，威胁到政府对奖券业的监管。

为了打击外围赌博，政府考虑效法70年代以六合彩打击“字花”的经验，扩展认可奖券的范围。将赌球合法化，由政府或赛马会发行足球彩票，将参与外围赌球的人士，纳入政府的管理范围。

香港政府这一构想得到一些社会人士的认同，他们认为这样就能使活动有秩序地进行，而且那部分投注将会像现行的合法奖券活动一样，可以造福社会。亦有论者认为赌球既属非法，政府便应全面取缔。若纳入政府管理，即等同于认可该项活动，会助长社会赌风。这争论再次证明，社会对于赌博一直存在不同的看法。政府陷入两难局面。要全面禁止外围赌球的难度极高，因参与者众多。但要将赌球寓禁于征，又会招致批评。如何在多元的声音中寻找一个各方接纳的均衡点，是香港社会及政府恒久的课题。

（广东省财政厅供稿，
作者：李芝兰、李建安）

2002 年世界彩票销售概况综述[①]

2002 年，世界彩票协会（World Lottery Association）对 87 个国家的 188 个彩票发行单位中的 124 个做了彩票销量统计，其结果是 2002 年世界彩票总销量为 1320 亿美元[②]，折合人民币 10 916.4 亿元[③]。与 2001 年世界彩票销售的总额 1220 亿美元相比，增长率达到 8%。

有人质疑此统计数字的准确性。笔者认为，此数字即使不完全准确，也只是偏低而非高估了世界彩票的销量。原因在于，2002 年亚洲和南美洲一些最新发行的彩票品种并没有列在此次统计范围之内，再加上亚洲、非洲和拉美一些国家的统计数字报告一直比较粗略，使世界彩票销量的统计工作难以做到完全准确。对此，有彩票专家认为，2002 年世界彩票销量的实际数额还应该再增加 5% 到 10%[④]。

需要注意的是，汇率对不同货币的彩票销量统计造成的影响较大。2002 年，有些国家彩票销量下降却由于美元的贬值变成了销量增长。但总体看，2002 年统计的 124 个彩票单位中，约有 100 个单位的统计数字显示为盈利（统计后数字为美元）。应该说，2002 年是世界彩票业快速发展的一年。

2002 年世界十大彩票销售单位

2002 年，世界彩票销量平均增长率高达百分之八，主要还在于大的

---

① 本文作者特别感谢：财政部综合司彩票处的邱江涛处长、财政科学研究所所长贾康教授、北京大学中国国情研究中心主任、北京大学中国公益彩票事业研究所所长沈明明教授和美国内华达州立大学雷诺分校游戏和商业博彩研究所所长 William R.. Eadington 教授在写作方面所给予的大力支持和帮助。另外还需要感谢的有：《国际游戏和赌注经济》杂志的 Patricia A. Mcqueen 女士、香港马会的 Nick Spencer（施秉济）先生及澳门大学的 Ricardo C.S.Siu（萧志成）教授。

② 《国际游戏和赌注经济》(International Gaming & wagering Business)，2003 年 6 月，第 24 卷，第 6 期，第 26 页。

③ 本文中美元与人民币汇率均按 1:8.27 计算。

④ 《国际游戏和赌注经济》(International Gaming & wagering Business)，2003 年 6 月，第 24 卷，第 6 期，第 26 页。

彩票销售单位销量两位数的增长。在彩票销量超过10亿美元（合人民币82.7亿元）的37个单位中，比较令人瞩目的是十大彩票单位销量的巨幅增长。其中，增幅最大的是意大利的Amministrazione Autonoma Monopoli di Stato公司，由于宾戈（bingo）游戏市场的巨大扩展，该公司2002年彩票销量的增长达到了358%。

令人惊喜的是，由于足球彩票的成功发行，2002年中国体育彩票发展迅速，继2001年增长达到64%后，2002年又继续增长46%，总销量达到217.7亿元人民币，约合26亿美元，被列为世界彩票单位销量排行榜的第十名。

增长达到两位数、销量超过10亿美元的彩票单位还有：挪威的Norsk Tipping增长27%；瑞典的Svenska Spel增长22%；希腊的O.P.A.P.14%；意大利的Lottomatica增长13%。另外有美国的6个彩票单位增长超过两位数，其中罗得岛州的彩票销量增长最多，达到22%；乔治亚州的彩票增长为12%；纽约州彩票增长为14%。无疑，2002年是世界彩票业迅猛发展的一年，而彩票销售大单位更是业绩骄人。

2002年，日本彩票仍是独占鳌头，第一劝业银行作为日本的彩票发行机构以其86亿美元的销量连续第三年位居世界彩票销量排行榜的第一名。与2001年比，增长9%（根据日元计算，增幅为12%）。

4个欧洲彩票单位占据了头5名中其他4个名位。这4个彩票单位的销量非常接近：意大利的Lottomatica以74亿美元的销量位居世界第二；英国国家彩票以73亿美元列为第三；西班牙的Loterias y Apuestas del Estado以72亿美元排在第四；法国的国家彩票发行机构——法国国家游戏集团（La Francaise des Jeux）位居第五，销量为70亿美元，比上年增长12%。

2002年，以美元为计算单位，排在前5名的彩票销售单位均为盈利。英国国家彩票在2002年的销量实际略有下滑，但由于美元疲软，在把英镑换算为美元之后，其下降变为增长。

自从中国彩票进入世界彩票组织的数据统计以来，历史上第一次进入了世界彩票销售前10名的行列，中国体育彩票以217.7亿元人民币，约合美元26亿的销量排在第十名。这也是近年来，前10名中的后5名中第一次有美国以外的彩票销售单位。排在第六到第九位的彩票单位有：美国纽约州彩票，销量为48亿美元；马塞诸塞州的彩票为第七名；下面依次是德克萨斯州和加利福尼亚州，这4个州的彩票销量都比较接近。

表 1

2002 年世界十大彩票销售单位

排名	彩票	国家	销量（美元）
1	第一劝业银行	日本	86 亿元
2	Lottomatica	意大利	74 亿元
3	英国国家彩票	英国	73 亿元
4	Loterias Apuestas Del Estado	西班牙	72 亿元
5	法国国家游戏集团	法国	70 亿元
6	纽约州彩票	美国	48 亿元
7	马塞诸赛州彩票	美国	42 亿元
8	德克萨斯州彩票	美国	30 亿元
9	加利福尼亚州彩票	美国	29 亿元
10	中国体育彩票	中国	26 亿元

注：

本文表 1 至表 4 中所用数据来自：(1) 世界彩票组织 2002 年对 87 个国家的 188 个彩票单位的统计。参看网站：www.world-lotteries.org (2)《国际游戏和赌注经济》(International Gaming & Wagering Business)，2003 年 6 月，第 24 卷，第 6 期，第 26 页。(3) 世界银行 2002 年的世界人口统计数字。参看网站 www.worldbank.ory

2002 年世界十大彩票销售国家

2001 年到 2002 年，以国家为单位，彩票销量的前 10 位没有变化。2002 年美国财政年度（2001 年 6 月 30 日至 2002 年 6 月 30 日），美国以其 38 个州加上华盛顿特区，总销量达到 430 亿美元，居世界领先地位。意大利 4 个彩票单位（C.O.N.I.，Sisal Sport，Lottomatica，Lotterie Nazionali）在总量增长达到 111 亿美元的情况下居世界第二。西班牙 3 个彩票单位（Loterias y Apuestas，Loto Catalunya，ONCE）总量排在世界第三。第四位是德国的 16 个州彩票加上两个地区彩票。日本的彩票销量居世界第五。下面依次为英国、法国、加拿大、中国和希腊。

表 2

2002 年世界十大彩票销售国家

排名	国家	销量（美元）	人均购彩量（美元）
1	美国	430 亿元	149 元
2	意大利	111 亿元	192 元
3	西班牙	95 亿元	231 元

续表

排名	国家	销量（美元）	人均购彩量（美元）
4	德国	91 亿元	110 元
5	日本	86 亿元	68 元
6	英国	76 亿元	129 元
7	法国	70 亿元	118 元
8	加拿大	56 亿元	178 元
9	中国	46 亿元	3.59 元*
10	希腊	22 亿元	207 元

2002 年世界十大人均购彩国家

根据世界银行 2002 年世界人口的统计数字及世界彩票组织的彩票销量计算，新加坡以 374 美元的人均购彩量高居 2002 年世界十大人均购彩国家榜首，其后是挪威列第二，瑞典为第三，西班牙和希腊分别是第四和第五，第六到第十分别是芬兰、意大利、加拿大、丹麦和美国。

从上面的表 2 中不难看出，世界十大人均购彩量国家并不等同于世界十大彩票销售国家。尤其是中国的人均购彩量只有 3.59 美元(约合人民币 30 元)，远远低于其他 9 个彩票销售大国。需要注意的是:2002 年中国香港地区的彩票销售量为港币 40 亿元，约合美元 5.16 亿，人均购彩达到 74 美元，远高于中国大陆的人均购彩量。

不难看出，大陆在彩票业发展方面有许多地方可以向香港地区或周边国家学习和借鉴。

表 3

2002 年世界十大人均购彩国家

排名	国家	销量（美元）	人均购彩量（美元）
1	新加坡	15.6 亿元	374 元
2	挪威	12.2 亿元	269 元
3	瑞典	21.49 亿元	241 元
4	西班牙	95 亿元	231 元
5	希腊	22 亿元	207 元
6	芬兰	10.3 亿元	198 元

* 此数据根据世界银行对 2002 年中国人口统计 12.8 亿计算所得。美元与人民币汇率按 1:8:27 换算，中国人均购彩量约合人民币30 元。

续表

排名	国家	销量（美元）	人均购彩量（美元）
7	意大利	111 亿元	192 元
8	加拿大	56 亿元	178 元
9	丹麦	8.4 亿元	156 元
10	美国	430 亿元	149 元

2002 年世界各类彩票游戏销量

2002 年乐透型彩票的销售在市场上继续领先，但其市场份额在全球销量中略有下降，从 2001 年的 37.6%下降到 2002 年的 36.8%；即开型彩票在市场中稳定在 22% 的份额；数字型彩票下降到 12.7%；传统型彩票继续缓慢下滑，2002 年销售量约占世界彩票销售总量的 13%。

赛事彩票也有称体育彩票（Sport games）列在“其他”一栏中，其销售总量与其他彩票相比尽管较小，但市场份额在不断增加。在“其他”类游戏中比较流行的还有宾戈和视频彩票（video lottery terminals，简称 VLTs)。在此读者需要注意的是，视频彩票的销量包括在上面总销量的统计中，但彩票机构经营的老虎机的销量是不包括在内的。另外需要注意的是，关于视频彩票的销量因国家的销售统计报告不同而有差异，有的国家用返奖后的净值，有的则用现金总流量汇总。还有些电子游戏，比如电子即开票，有些国家也是统计净值的。

另外需要关注的一点是，有大量的彩票机构经营的赛马或赛狗项目的销量被排除在彩票的总销量之外。这是因为在历史上，彩票和赛马就被看作是不同类型的游戏，在本文中这一区分继续沿用。

表 4

2002 年世界各类彩票游戏销量

游戏类型	销量（美元）	占总量的比例
乐透型彩票	487 亿元	37%
即开型彩票	294 亿元	22%
传统型（被动型）彩票	172 亿元	13%
数字型彩票	168 亿元	13%
体育（赛事）彩票	61 亿元	5%
基诺（Keno）游戏	55 亿元	4%
其他	85 亿元	6%

以上是对2002年世界彩票销售的一个比较性概况的综述。从2002年世界彩票总销量比上年增长100亿美元，增速达到8%来看，2003年世界彩票的总销量会持续增长。而彩票业的发达国家，在高科技、新技术、新游戏、新政策等的推动下，彩票销量会继续保持较高速度。总之，2002年的彩票销售情况对大多数国家来讲，是令人满意的一年。

（特别声明：因国际汇率的变化和各国彩票销售统计报告的不同，本文所用数据仅供参考，不做争议。）

（作者：王薛红博士，系财政部财政科学研究所应用经济学博士后、北京大学中国公益彩票事业研究所兼职研究员、美国内华达州立大学雷诺分校游戏和商业博彩研究所兼职研究员）

港澳传统电脑彩票介绍

一、澳门电脑白鸽票

白鸽票最初起源于赛鸽赌博。晚清时，广东地区流行赛鸽，并以《千字文》中的“天、地、玄、黄、宇、宙、洪、荒”等字编号，如某编号的白鸽最先到达目的地，押中者可获彩金。后来赌法有变，赌局先将《千字文》头80个字印在票上，让每个参加赌博的人在票上各圈10个字，然后赌局开出底字20个，相当于中奖号码。赌客所圈10字中，有5字以上相符，便可得奖。澳门白鸽票是在上个世纪初开设，并曾盛极一时。

目前澳门电脑白鸽票是一种多玩法、多彩池的组合型彩票，分别设有从选4至选15十三种玩法，购票者从1至80共80个号码中选择4至15个号码，开奖时每次从80个号码中摇出20个作为中奖号码，根据购票者购买的号码数和中奖号码数决定其奖项。选4、选5、选6和选11、选12、选13、选14、选15属于普通奖玩法，中奖奖金按投注金额的固定倍数派发（见普通奖派奖表）；选7、选8、选9、选10属于大奖玩法，中奖奖金除了按投注金额的固定倍数派发外（见大奖派奖表），如果选择的投注号码全部是中奖号码，还可以额外获得一份大奖。大奖玩法中的大奖奖金从该玩法的投注额中按一定比例提取，如有多注中大奖，则该大奖奖金按每注投注金额依比例分配。澳门白鸽票的每一种玩法均可进行单式投注和复式投注，单式投注是每次选择指定个数的号码组成一注；复式投注是每次选择 2 至 20 组号码，如果某组号码加上其他组号码的总号码数是指定的号码数，则组成一注，复式投注将分拣出所有可能的组合组成若干注。在澳门白鸽票中，普通奖玩法单式投注每注最低 10 元，复式投注每注最低 5 元；大奖玩法每注 10 元。一组号码可以进行连续多场投注，最多可以投注 30 场。

从中奖难易程度看，澳门电脑白鸽票基本上囊括了大、中、小各种难度的玩法，其中选 4 玩法中 3 个号码难度最小，概率为 1/23；选 15 中 15 个号码难度最大，概率为 1/428010179098，要中该奖项几乎是不可能。彩票中奖面反映中奖总组合与所有投注组合之间的关系，用“中奖总组合/所有投注组合”表示，白鸽票各玩法的中奖面在 1/395 与 1/22 之间，平均为 1/89，其中选 4 玩法中奖面最大，为 1/22，选 8 玩法中奖面最小，为 1/395。

普通奖派奖表（赔率表）

	选 4	选 5	选 6	选 11	选 12	选 13	选 14	选 15
中 3 个号码	6							
中 4 个号码	110	20	5					
中 5 个号码		550	80					
中 6 个号码			1600	8	5			
中 7 个号码				50	23	10	8	6
中 8 个号码				380	150	95	45	25
中 9 个号码				3 100	1 000	800	250	90
中 10 个号码				9 000	4 000	2 500	1 000	500
中 11 个号码				26 000	12 000	9 000	8 000	2 500
中 12 个号码					27 000	2 0000	15 000	10 000
中 13 个号码						28 000	25 000	20 000
中 14 个号码							29 000	26 000
中 15 个号码								30 000

注：表中数字表示中奖奖金与投注金额的倍数即赔率。

大奖派奖表（赔率表）

	选 7	选 8	选 9	选 10
中 5 个号码	15			
中 6 个号码	250	80	25	10
中 7 个号码	5 200	1 150	270	90

续表

	选 7	选 8	选 9	选 10
中 8 个号码		16 000	4 000	1 000
中 9 个号码			22 000	8 000
中 10 个号码				25 000

二、香港六合彩

六合彩奖券是香港奖券管理局委托香港赛马会经办的一种奖券游戏。自 1975 年推出以来，六合彩为港府库房及奖券基金带来超过 205 亿港元的收入，多年来无数慈善机构受惠。过去 26 年来，奖券基金的拨款总额超过 61 亿港元，向政府缴付的奖券博彩税总额超过 144 亿港元。香港最早期的六合彩是采用 36 选 6 形式，单位投注额为港币 2 元。多年来，六合彩经历了多个阶段的演变，由最初的 36 选 6 发展至现在的 49 选 6 形式。每注的单位投注额也于 1991 年 9 月由 2 元增加至 4 元，其后再于 1995 年 5 月由 4 元增加至现在的 5 元。六合彩的演变过程如下：

36 选 6　1976 年 7 月 13 日至 1983 年 8 月 12 日

40 选 6　1983 年 8 月 13 日至 1987 年 10 月 1 日

42 选 6　1987 年 10 月 2 日至 1990 年 1 月 23 日

45 选 6　1990 年 1 月 24 日至 1996 年 6 月 6 日

47 选 6　1996 年 6 月 7 日至 2002 年 7 月 2 日

49 选 6　2002 年 7 月 3 日至今

香港六合彩的投注渠道多种多样，可以通过香港赛马会一百二十多间场外投注站、马场内投注站或自动售票机购买，同时也可以使用马会各项互动投注设备，包括投注宝、网上投注服务“投注区”、移动电话投注服务、无线投注机或通过电话投注服务员投注。投注者可以选择机选方式或自选方式进行投注。

香港六合彩分单式投注、复式投注、胆拖投注三种投注方式，单式投注是从 49 个号码中选择 6 个组成一注；复式投注是选择超过 6 个号码，其中任何 6 个号码的组合构成一注单式投注，选取号码中的所有单式投注组合构成复式投注总注数；胆拖投注是选择超过 6 个号码，并指定其中 1 至 5 个号码作为“胆”，其余号码作配脚，用选择的“胆”（每注必须包含）与配脚组成单式投注。另外，投注者还可以进行多期投注，选择“五期套票”、“十期套票”投注。

香港六合彩每周开奖两次，每逢

二、四开奖，在七八月份赛马歇暑期间，增加一次周六开奖。每次开奖摇出六个基本号码和一个特别号码。目前六合彩共设有七个奖项：

奖　项	中　奖　条　件
头奖	选中六个基本号码
二奖	选中五个基本号码加特别号码
三奖	选中五个基本号码
四奖	选中四个基本号码加特别号码
五奖	选中四个基本号码
六奖	选中三个基本号码加特别号码
七奖	选中三个基本号码

香港六合彩的全部收入被划分为奖金基金、奖券博彩税、奖券基金和马会佣金，其分配比例如下表，奖券基金由香港社会福利署署长负责管理，用于资助大型社会福利计划，包括复康服务、老人服务、家庭服务、福利社会支援服务、过犯辅导服务、青少年服务和社区服务等。

项　　目	占销售百分比
奖金基金	54%
奖券博彩税	25%
奖券基金	15%
马会佣金	6%

奖金基金专门用于派发中奖者奖金。目前香港六合彩四、五、六及七奖是固定奖项，奖金分别固定为港币4800元、320元、160元及20元，而头、二、三奖是浮动奖，奖金按固定的百分率分配。扣除固定奖项的奖金后，奖金基金余额需再扣除7%，剩下部分按45%、15%、40%分别分配给头、二、三奖。如果头奖或二奖无人中奖，则分配给该两组奖项的奖金滚入下一期头奖。“金多宝彩池”相当于大陆体育彩票的调节基金，是由每期奖金基金扣除固定奖总奖金后，余额按7%提取，金多宝彩池用于下列几个方面，包括增加保底头奖奖金及每年特别节日里的二次开奖。

附：香港六合彩玩法表

奖项	中奖条件	中奖概率	奖金分配（港币）
头奖	选中六个基本号码	1:13983816	45%＋上期滚入
二奖	选中五个基本号码加特别号码	1:2330636	15%
三奖	选中五个基本号码	1:55491	40%
四奖	选中四个基本号码加特别号码	1:22197	4800元
五奖	选中四个基本号码	1:1083	320元
六奖	选中三个基本号码加特别号码	1:812	160元
七奖	选中三个基本号码	1:61	20元

（广东省财政厅供稿，作者：李文灼）

七、大 事 记

2003

2002年

一 月

1月1日起，全国福利和体育彩票机构开始全面执行新的彩票机构财务、会计和统计报告制度，彩票机构发行经费比例的上限从20%下调到15%，彩票公益金由财政部门集中统筹分配。

1月21日至22日，民政部在北京召开全国福利彩票工作会议。会议回顾和总结了2001年福利彩票工作，对2002年福利彩票工作进行了部署和安排。国务委员司马义·艾买提出席会议并作了重要指示。民政部部长多吉才让出席会议并作了重要讲话，副部长李学举在会上作了会议总结。中彩中心主任陈传书在会上作了全国福利彩票年度工作报告，提出组织全国联合销售、大力发展网点即开票、开发彩票新品种，有计划、有步骤地进行彩票发行系统技术改造和技术开发工作的战略。会议表彰奖励了2001年度福利彩票先进单位。

1月30日至2月1日，财政部在福建省福州市召开了第一次全国财政系统彩票管理工作会议，重点研讨彩票发行与销售、财务会计、统计报告等管理制度。

二 月

2月10日，财政部批准国家体育总局在北京等26个地区正式发行足球彩票。

三 月

3月1日，财政部印发《彩票发行与销售管理暂行规定》统一了全国彩票发行和销售管理制度。

3月6日，国务院领导批准，从2002年至“十五”末期，财政部每年从彩票公益金中安排33700万元专项公益金，用于中国红十字会总会开展人道主义救助工作。

四 月

4月8日，足球彩票在河北、山西等14省市上市。至此，足球彩票发行销售地区达到26个。

4月23日，财政部、国家税务总局下发《关于发行福利彩票有关税收问题的通知》，对福利彩票机构的营业税、企业所得税征免做出了规定。

4月24日，财政部正式按月编印《彩票发行情况简报》。

4月27日，国务院批准《财政部关于确定民政和体育部门彩票公益金基数的请示》，明确了我国彩票公益金分配政策和体制。

4月29日，民政部和中华全国总工会在北京人民大会堂隆重举行“爱心献劳模”活动捐助仪式。捐助仪式开始前，中共中央政治局常委、中央书记处书记、中华全国总工会主席尉健行亲切接见了受捐助劳模代表，并与劳模合影留念。吴邦国、成思危、司马义·艾买提、杨汝岱等领导同志一同接见了劳模代表。

4月30日，财政部下发了《关于加强彩票市场监管的紧急通知》，要求彩票机构采用的游戏规则及发行销售方式必须报经财政部批准，对全国各地的游戏规则和发行销售方式进行清理和确认，规范了彩票机构在彩票上市销售前的社会公告内容，并规定从5月15日起停止实行保底奖金。

五　月

5月18日，内蒙古电脑体育彩票销售系统正式开通。

5月18日到6月11日，全国30个省、市、自治区（除西藏）开始发行世界杯电脑足球彩票和世界杯即开型彩票。

5月22日，新疆电脑体育彩票销售系统正式开通。

5月27日，财政部下发《关于财政专户彩票资金事宜的通知》，初步解决了公益金收缴和拨付通道。

5月27日至6月1日，中国体育彩票代表团参加了在韩国汉城举办的主题为“体育竞猜——真正的挑战(Sports betting: The REAL Challenge!)”世界彩票协会学术研讨会。

六　月

6月14日，经国务院批准，从2001年至2008年，财政部用彩票公益金安排27.5亿元专项公益金，用于支持第29届奥运会组委会举办2008年北京奥运会。

七　月

7月10日，中国福利彩票发行管理中心向各省、自治区、直辖市福彩中心发出《关于严格彩票发行管理的紧急通知》，要求各地确实加强管理，杜绝违规操作，保证福利彩票事业的健康发展。

7月19日至21日，中国福利彩

票发行管理中心召开全国福利彩票发行管理工作座谈会。会议内容为通报福利彩票发行情况，研究福利彩票发行销售管理问题。各省、自治区、直辖市的福彩中心主任参加了会议。

八　月

8月23日，中国福利彩票发行管理中心向各省、自治区、直辖市发出《关于加强和规范中国福利彩票销售管理工作的通知》。内容包括电脑票和即开票两部分，对福利彩票的发行和销售管理制度做了进一步改进和完善。

8月底，辽宁省在全国率先完成了福利彩票准热线销售系统向全热线销售系统的升级，成为继北京、上海、黑龙江之后第四家开通热线系统的省份。

九　月

9月4日，李岚清同志在财政部《财政简报》增刊(22)《市场稳步发展制度尚需完善——2002年上半年全国彩票发行及管理情况》上批示：彩票的钱来之于亿万群众，必须严格管理，决不允许违规违法等行为，否则不仅有悖发行彩票的初衷，还会影响社会的稳定。

9月29日，财政部下发《关于近年来彩票市场违规情况的通报》，对福建、广西、海南、陕西、甘肃、宁夏等地彩票机构的违规情况进行了通报。

9月，西藏电脑体育彩票销售系统正式开通，与四川省联网销售6+1电脑体育彩票和足球彩票。至此，全国(除港澳台地区外)所有省份都建成和开通了电脑体育彩票销售系统。

十　月

10月23日，经民政部直属机关党委批准，中国共产党中国福利彩票发行管理中心委员会成立大会召开。大会按照《中国共产党章程》和《中国共产党基层组织选举工作暂行条例》，选举产生了中共中彩中心第一届委员会和纪律检查委员会。党委由7名成员组成(以姓氏笔画为序)：丁本森、王云戈、王柏泉、杨端祥、张忻、陈传书、林平；纪委由5名委员组成(以姓氏笔画为序)：方晓秋、石荣立(女)、杨端祥、林平、崔新颖(女)。第一次党委全体会议选举陈传书同志为党委书记，林平同志为副书记；纪委全体会议选举林平同志为纪委书记，杨端祥同志为纪委副书记，并经党委全体会议通过。

10月23日、25日，财政部分别批准国家体育总局和民政部在全国范围内组织乐透型电脑彩票联网销售。

10月28日至29日，由中国福利彩票发行管理中心和法国国家彩票公司主办，北京中彩印制有限公司协办的中法彩票研讨会在北京召开。中国福利彩票发行管理中心副主任林平、王柏泉、张忻，法国国家彩票公司市场与发展部经理毕惠吉先生，法国国家彩票公司信息系统部经理、法国国际彩票公司董事长卡隆先生，法国国家彩票公司市场与发展部即开票主管布赫通先生出席了研讨会。研讨会就两国彩票业的发展现状以及世界彩票业的发展趋势等问题开展了讨论。

十一月

11 月 6 日至 20 日，中国福利彩票发行管理中心组织了包括省市福彩中心在内的 8 人考察团，访问了美国罗德岛的集钛公司总部，并对集钛公司提供技术设备和组织销售的罗德岛州、德克萨斯州和加利福尼亚州的彩票发行情况进行了考察。

11 月 9 日至 21 日，中国福利彩票发行管理中心一行 5 人到意大利西萨(SISAL)公司进行了考察，顺便访问了法国和英国的彩票公司，同他们进行了业务交流。

11 月 17 日至 11 月 22 日，中国体育彩票代表团参加了在澳大利亚阿德莱德市举行的世界彩票协会年会。

11 月 26 日，经国务院同意，财政部、公安部、工商总局、民政部、体育总局联合下发《关于坚决打击赌博活动大力整顿彩票市场秩序的通知》，要求各地组织力量打击地下“六合彩”、赌球等非法彩票活动。

十二月

12 月 27 日，财政部下发《关于实行彩票市场春节休市制度的通知》，决定从 2003 年起实行彩票市场春节休市制度，每年具体休市安排由财政部发文公布。

12 月底，财政部与中国财政经济出版社联合编辑出版《中国彩票年鉴 2002》。该年鉴为新中国第一部彩票年鉴，记录了 1987—2002 年我国彩票发展历史。

12 月底，财政部按照立法程序，研究起草了《彩票管理条例(送审稿)》草案，并提交财政部党组审核，拟经进一步修改后上报国务院。

八、统计资料

2003

（一）历年综合统计资料

1987—2002年全国彩票销售统计表（分系统）

Statistical Table of Lottery Sales in Different Organizations in China form 1987 to 2002

单位：万元

Unit: Ten Thousand Yuan

年份 Year	福利彩票 Welfare Lotteries	体育彩票 Sports Lotteries	合　计 Total
1987	1 739.50		1 739.50
1988	37 627.76		37 627.76
1989	38 315.65		38 315.65
1990	64 731.22		64 731.22
1991	77 388.04		77 388.04
1992	137 550.03		137 550.03
1993	184 288.52		184 288.52
1994	179 823.77		179 823.77
1995	573 023.46	100 000.00	673 023.46
1996	647 521.50	120 000.00	767 521.50
1997	363 751.40	150 000.00	513 751.40
1998	631 990.40	250 000.00	881 990.40
1999	1 044 448.50	403 551.00	1 447 999.50
2000	898 847.26	911 400.40	1 810 247.66
2001	1 395 735.16	1 492 928.39	2 888 663.55
2002	1 679 925.25	2 177 313.99	3 857 239.24
合　计 Total	7 956 707.42	5 605 193.78	13 561 901.20

1987—2002 年全国彩票销售统计表（分类型）

Statistical Table of Lottery Sales in Different Lottery Games in China from 1987 to 2002

单位：万元

Unit: Ten Thousand Yuan

年份 Year	传统型 Traditional Lottery	即开型 spot Lottery	乐透型 Letou Lottery	竞猜型 Sports Forecast Lottery	合　计 Total
1987	1 739.50				1 739.50
1988	14 446.35	23 181.41			37 627.76
1989	4 265.32	34 050.33			38 315.65
1990	4 333.22	60 398.00			64 731.22
1991	5 697.45	71 690.59			77 388.04
1992	6 196.90	131 353.13			137 550.03
1993	3 831.52	180 457.00			184 288.52
1994	2 843.45	176 980.32			179 823.77
1995	1 487.00	646 150.53	25 385.93		673 023.46
1996		696 208.80	71 312.70		767 521.50
1997		401 779.40	111 972.00		513 751.40
1998		682 207.00	199 783.40		881 990.40
1999		1 042 575.00	405 424.50		1 447 999.50
2000		568 023.49	1 242 224.17		1 810 247.66
2001		289 993.93	2 465 206.91	133 462.71	2 888 663.55
2002		308 266.49	2 842 639.72	706 333.03	3 857 239.24
合　计 Total	44 840.71	5 313 318.02	7 363 949.33	839 795.74	13 561 901.20

1987—2002年全国彩票销售统计表（分系统分类型）

Statistical Table of Lottery Sales in Different Organizations and Different Lottery Games in China from 1987 to 2002

单位：万元

Unit: Ten Thousand Yuan

年份 Year	福利彩票 Welfare Lotteries				体育彩票 Sports Lotteries				合计 Total
	传统型 Traditional Lottery	即开型 Spot Lottery	乐透型 Letou Lottery	小计 Total	即开型 Spot Lottery	乐透型 Letou Lottery	竞猜型 Sports Forecast Lottery	小计 Total	
1987	1 739.50			1 739.50					1 739.50
1988	14 446.35	23 181.41		37 627.76					37 627.76
1989	4 265.32	34 050.33		38 315.65					38 315.65
1990	4 333.22	60 398.00		64 731.22					64 731.22
1991	5 697.45	71 690.59		77 388.04					77 388.04
1992	6 196.90	131 353.13		137 550.03					137 550.03
1993	3 831.52	180 457.00		184 288.52					184 288.52
1994	2 843.45	176 980.32		179 823.77					179 823.77
1995	1 487.00	546 150.53	25 385.93	573 023.46	100 000.00			100 000.00	673 023.46
1996		576 208.80	71 312.70	647 521.50	120 000.00			120 000.00	767 521.50
1997		276 969.40	86 782.00	363 751.40	124 810.00	25 190.00		150 000.00	513 751.40
1998		492 640.00	139 350.40	631 990.40	189 567.00	60 433.00		250 000.00	881 990.40
1999		829 178.00	215 270.50	1 044 448.50	213 397.00	190 154.00		403 551.00	1 447 999.50
2000		393 001.91	505 845.35	898 847.26	175 021.58	736 378.82		911 400.40	1 810 247.66
2001		196 467.99	1 199 267.17	1 395 735.16	93 525.94	1 265 939.74	133 462.71	1 492 928.39	2 888 663.55
2002		201 349.59	1 478 575.66	1 679 925.25	106 916.90	1 364 064.06	706 333.03	2 177 313.99	3 857 239.24
总计 Total	44 840.71	4 190 077.00	3 721 789.71	7 956 707.42	1 123 238.42	3 642 159.62	8 39 795.74	5 605 193.78	13 561 901.20

1987—2002 年全国各地

Statistical Table of Lottery Sales in Different

地区 Region	1987	1988	1989	1990	1991	1992	1993	1994
北 京		1136.68	940.07	2 077.00	2 765.00	3 220.00	5 404.00	6 395.71
天 津	396.60	328.48	1 166.29	1 995.38	1 209.00	769.62	2 474.35	1 799.00
河 北	100.00	1 505.00	1 295.00	2 082.00	2 579.00	3 204.66	3 010.00	11 255.82
山 西		1 211.74	826.17	1 136.16	1 516.00	4 175.00	3 300.00	5 010.00
内蒙古		14.00	484.68	924.90	549.56	1 766.58	1 293.00	3 838.71
辽 宁		3 073.04	2 397.14	6 587.00	3 530.41	3 598.52	4 825.17	14 719.11
吉 林		997.98	1 577.14	4 617.10	1 683.33	2 388.21	4 262.68	5 499.95
黑龙江		1 550.48	1 463.44	2 214.32	1 417.00	1 650.38	3 185.00	7 313.00
上 海	373.71	701.80	833.99	2 371.89	2 724.00	2 841.00	1 496.60	1 523.00
江 苏	100.00	2 659.00	3 304.65	3 110.30	2 299.87	4 607.66	17 173.00	11 860.76
浙 江	193.90	2 757.89	2 615.25	2 431.00	3 921.82	19 642.22	16 724.97	5 445.48
安 徽		1 123.99	1 068.75	1 693.08	2 251.00	2 711.00	8 214.07	12 155.09
福 建	242.84	1 269.65	1 537.63	1 060.00	4 527.96	7 038.50	4 512.05	4 245.70
江 西		195.00	300.00	890.21	1 827.72	4 287.92	9 145.99	4 687.03
山 东		1 259.19	1 393.80	1 908.46	3 598.37	6 596.13	11 061.04	9 075.51
河 南	198.64	1 130.00	2 041.38	2 540.00	3 230.00	4 220.00	8 000.00	7 040.00
湖 北	133.81	867.40	650.41	787.09	1 107.17	7 962.42	10 882.76	12 679.81
湖 南		855.52	950.00	2 010.00	5 625.00	9 117.43	5 009.00	6 454.50
广 东		7 396.80	8 271.03	11 278.52	14 275.24	15 554.45	23 138.20	10 582.25
广 西		68.88	467.16	4 536.77	6 203.60	7 255.33	12 493.11	8 631.07
海 南		512.75	34.87	2 514.53	405.57	227.96	26.21	
重 庆		816.18	339.61	1 140.00	733.00	1 463.00	3 444.00	1 051.26
四 川		1 795.63	912.58	1 405.59	2 356.00	5 907.00	4 857.81	3 978.24
贵 州		290.00	547.87	803.18	527.55	3 117.00	6 394.87	2 115.00
云 南		1 910.33	1 329.93	612.46	1 270.00	5 781.07	6 958.58	2 875.51
西 藏							60.00	
陕 西		1 296.68	990.05	1 071.72	2 778.89	1 931.26	871.06	4 507.64
甘 肃		636.26	406.40	654.59	1 003.00	2 591.75	2 365.60	3 006.80
青 海		207.41	30.36	177.97	171.99	467.37	629.40	304.00
宁 夏		60.00	140.00	100.00	110.00	74.00	96.00	108.00
新 疆					1 190.99	3 382.59	2 980.00	11 665.82
中彩中心								
合 计 Total	1 739.50	37 627.76	38 315.65	64 731.22	77 388.04	137 550.03	184 288.52	179 823.77

区彩票销售统计表

Regions in China form 1987 to 2002

单位：万元

Unit: Ten Thousand Yuan

1995	1996	1997	1998	1999	2000	2001	2002	1987—2002
13 485.78	5 452.40	10 003.40	12 722.30	43 131.50	63 118.20	183 426.03	186 984.23	540 262.30
14 313.00	7 259.90	5 843.00	9 717.30	11 712.30	55 439.48	62 878.15	72 439.67	249 741.52
28 411.00	16 559.40	13 528.40	12 499.50	26 277.40	35 183.56	78 277.90	123 133.92	358 902.56
13 801.43	30 227.10	12 877.40	17 973.10	15 337.30	7 556.82	59 527.70	43 995.89	218 471.81
18 800.00	26 400.00	12 846.20	4 318.50	14 977.00	6 523.15	6 461.29	17 007.15	116 204.72
27 107.97	27 892.50	13 833.00	11 716.10	39 806.60	46 842.62	111 621.48	206 723.54	524 274.20
15 885.96	24 455.60	8 507.40	5 647.70	16 878.70	8 027.99	48 248.19	58 025.93	206 703.86
16 879.00	22 697.80	12 155.70	9 568.90	21 969.70	42 058.77	85 260.30	117 798.85	347 182.64
15 992.00	22 770.00	24 833.70	40 900.90	131 004.10	177 625.55	157 562.63	182 801.32	766 356.19
33 711.20	33 926.80	34 324.60	76 061.60	177 922.00	251 908.42	248 549.71	255 104.13	1 156 623.70
14 629.72	11 622.80	10 609.40	81 921.20	151 933.90	121 948.65	137 212.28	196 464.30	780 074.78
22 188.18	20 129.00	14 650.20	18 902.20	31 695.40	24 559.70	59 261.08	57 630.47	278 233.21
16 785.62	22 663.90	24 925.00	47 528.80	108 638.40	100 047.75	262 631.42	385 834.77	993 489.99
17 297.56	16 776.80	16 508.20	16 970.00	26 132.80	11 690.15	49 749.19	47 804.77	224 263.34
40 488.45	28 738.00	17 257.30	35 253.20	45 327.30	88 189.99	227 938.13	333 516.51	851 601.38
40 850.00	24 649.70	13 207.30	17 302.20	22 013.30	23 157.14	154 390.98	176 796.70	500 767.34
34 767.00	42 408.40	29 090.00	26 587.60	29 308.80	74 845.08	100 171.69	141 856.34	514 105.78
27 172.70	47 291.40	18 565.10	15 684.70	35 218.90	36 432.86	37 239.45	62 677.66	310 304.22
72 291.31	139 585.20	118 132.00	264 180.10	293 098.20	224 923.94	315 492.94	628 070.76	2 146 270.94
26 174.75	39 601.50	19 799.60	34 670.30	33 950.20	54 054.78	72 449.87	107 097.48	427 454.40
	5 420.00	2 680.00	8 644.00	11 536.80	4 855.42	8 374.90	9 509.17	54 742.18
11 727.14	8 648.00	6 857.30	17 589.00	15 456.40	51 301.08	41 999.61	40 775.48	203 341.06
33 252.38	53 626.70	21 683.90	30 833.10	67 514.10	222 815.23	144 497.28	116 733.32	712 168.86
15 096.05	16 560.50	11 769.60	11 216.10	16 439.20	22 314.81	33 481.67	18 622.06	159 295.46
10 825.06	13 228.90	12 084.40	19 255.10	23 888.00	13 832.37	87 714.63	87 157.57	288 723.91
100.00	800.00	400.00	820.00	1 147.00	1 930.54	717.70	1 234.39	7 209.63
41 419.93	18 630.40	10 472.70	8 803.10	9 221.60	15 296.50	64 606.28	69 762.04	251 659.85
13 986.53	18 866.60	8 057.90	7 201.20	5 181.90	4 646.90	24 580.28	42 040.26	135 225.97
3 851.00	3 766.20	1 764.00	630.70	689.10	1 210.01	2 036.49	4 663.22	20 599.22
3 232.34	5 586.60	406.00	2 566.00	3 254.40	1 190.38	4 395.50	18 189.21	39 508.43
28 500.40	11 279.40	6 078.70	14 305.90	17 337.20	16 719.82	17 908.80	46 471.02	177 820.64
							317.11	317.11
673 023.46	767 521.50	513 751.40	881 990.40	1 447 999.50	1 810 247.66	2 888 663.55	3 857 239.24	13 561 901.20

1987—2002 年全国彩票销

Statistical Table of Lottery Sales in Different Regions

地区 Region	1987	1988	1989	1990	1991	1992	1993	1994
	福利彩票 Welfare Lotteries	福利彩票 Welfare Lotteries	福利彩票 Welfare Lotteries	福利彩票 Welfare Lotteries	福利彩票 Welfare Lotteries	福利彩票 Welfare Lotteries	福利彩票 Welfare Lotteries	福利彩票 Welfare Lotteries
北　京		1 136.68	940.07	2 077.00	2 765.00	3 220.00	5 404.00	6 395.71
天　津	396.60	328.48	1 166.29	1 995.38	1 209.00	769.62	2 474.35	1 799.00
河　北	100.00	1 505.00	1 295.00	2 082.00	2 579.00	3 204.66	3 010.00	11 255.82
山　西		1 211.74	826.17	1 136.16	1 516.00	4 175.00	3 300.00	5 010.00
内蒙古		14.00	484.68	924.90	549.56	1 766.58	1 293.00	3 838.71
辽　宁		3 073.04	2 397.14	6 587.00	3 530.41	3 598.52	4 825.17	14 719.11
吉　林		997.98	1 577.14	4 617.10	1 683.33	2 388.21	4 262.68	5 499.95
黑龙江		1 550.48	1 463.44	2 214.32	1 417.00	1 650.38	3 185.00	7 313.00
上　海	373.71	701.80	833.99	2 371.89	2 724.00	2 841.00	1 496.60	1 523.00
江　苏	100.00	2 659.00	3 304.65	3 110.30	2 299.87	4 607.66	17 173.00	11 860.76
浙　江	193.90	2 757.89	2 615.25	2 431.00	3 921.82	19 642.22	16 724.97	5 445.48
安　徽		1 123.99	1 068.75	1 693.08	2 251.00	2 711.00	8 214.07	12 155.09
福　建	242.84	1 269.65	1 537.63	1 060.00	4 527.96	7 038.50	4 512.05	4 245.70
江　西		195.00	300.00	890.21	1 827.72	4 287.92	9 145.99	4 687.03
山　东		1 259.19	1 393.80	1 908.46	3 598.37	6 596.13	11 061.04	9 075.51
河　南	198.64	1 130.00	2 041.38	2 540	3 230.00	4 220.00	8 000.00	7 040.00
湖　北	133.81	867.40	650.41	787.09	1 107.17	7 962.42	10 882.76	12 679.81
湖　南		855.52	950.00	2 010.00	5 625.00	9 117.43	5 009.00	6 454.50
广　东		7 396.80	8 271.03	11 278.52	14 275.24	15 554.45	23 138.20	10 582.25
广　西		68.88	467.16	4 536.77	6 203.60	7 255.33	12 493.11	8 631.07
海　南		512.75	34.87	2 514.53	405.57	227.96	26.21	
重　庆		816.18	339.61	1 140.00	733.00	1 463.00	3 444.00	1 051.26
四　川		1 795.63	912.58	1 405.59	2 356.00	5 907.00	4 857.81	3 978.24
贵　州		290.00	547.87	803.18	527.55	3 117.00	6 394.87	2 115.00
云　南		1 910.33	1 329.93	612.46	1 270.00	5 781.07	6 958.58	2 875.51
西　藏							60.00	
陕　西		1 296.68	990.05	1 071.72	2 778.89	1 931.26	871.06	4 507.64
甘　肃		636.26	406.40	654.59	1 003.00	2 591.75	2 365.60	3 006.80
青　海		60.00	140.00	100.00	110.00	74.00	96.00	108.00
宁　夏		207.41	30.36	177.97	171.99	467.37	629.40	304.00
新　疆					1 190.99	3 382.59	2 980.00	11 665.82
中彩中心								
合　计 Total	1 739.50	37 627.76	38 315.65	64 731.22	77 388.04	137 550.03	184 288.52	179 823.77

售统计表（分地区分系统）

and Different Organizations in China from 1987 to 2002

单位：万元

Unit: Ten Thousand Yuan

1995			1996			1997		
福利彩票 Welfare Lotteries	体育彩票 Sport Lotteries	合　计 Total	福利彩票 Welfare Lotteries	体育彩票 Sport Lotteries	合　计 Tota	福利彩票 Welfare Lotteries	体育彩票 Sport Lotteries	合　计 Total
11 485.78	2 000.00	13 485.78	5 452.40		5 452.40	8 003.40	2 000.00	10 003.40
6 113.00	8 200.00	14 313.00	4 159.90	3 100.00	7 259.90	4 043.00	1 800.00	5 843.00
20 611.00	7 800.00	28 411.00	11 559.40	5 000.00	16 559.40	7 928. 40	5 600.00	13 528.40
13 001.43	800.00	13 801.43	28 227.10	2 000.00	30 227.10	10 877.40	2 000.00	12 877.40
18 400.00	400.00	18 800.00	24 200.00	2 200.00	26 400.00	8 446.20	4 400.00	12 846.20
23 007.97	4 100.00	27 107.97	21 992.50	5 900.00	27 892.50	11 033.00	2 800.00	13 833.00
14 005.96	1 880.00	15 885.96	19 355.60	5 100.00	24 455.60	5 507.40	3 000.00	8 507.40
9 565.00	7 314.00	16 879.00	18 797.80	3 900.00	22 697.80	7 155.70	5 000.00	12 155.70
9 492.00	6 500.00	15 992.00	11 770.00	11 000.00	22 770.00	5 833.70	19 000.00	24 833.70
21 711.20	12 000.00	33 711.20	29 126.80	4 800.00	33 926.80	27 524.60	6 800.00	34 324.60
12 209.72	2 420.00	14 629.72	8 102.80	3 520.00	11 622.80	4 609.40	6 000.00	10 609.40
19 088.18	3 100.00	22 188.18	15 729.00	4 400.00	20 129.00	10 050.20	4 600.00	14 650.20
14 985.62	1 800.00	16 785.62	18 663.90	4 000.00	22 663.90	10 925.00	14 000.00	24 925.00
15 797.56	1 500.00	17 297.56	13 376.80	3 400.00	16 776.80	12 508.20	4 000.00	16 508.20
39 488.45	1 000.00	40 488.45	23 718.00	5 020.00	28 738.00	12 257.30	5 000.00	17 257.30
39 550.00	1 300.00	40 850.00	21 849.70	2 800.00	24 649.70	10 207.30	3 000.00	13 207.30
30 067.00	4 700.00	34 767.00	36 888.40	5 520.00	42 408.40	23 730.00	5 360.00	29 090.00
22 672.70	4 500.00	27 172.70	42 271.40	5 020.00	47 291.40	13 565.10	5 000.00	18 565.10
61 005.31	11 286.00	72 291.31	130 585.20	9 000.00	139 585.20	105 132.00	13 000.00	118 132.00
23 774.75	2 400.00	26 174.75	34 601.50	5 000.00	39 601.50	13 799.60	6 000.00	19 799.60
			2 920.00	2 500.00	5 420. 00	680.00	2 000.00	2 680.00
11 727.14		11 727.14	8 648.00		8 648.00	4 857.30	2 000.00	6 857. 30
29 952.38	3 300.00	33 252.38	47 906.70	5 720.00	53 626.70	15 683.90	6 000.00	21 683.90
14 096.05	1 000.00	15 096.05	12 760.50	3 800.00	16 560.50	7 769.60	4 000.00	11 769.60
7 825.06	3 000.00	10 825.06	10 828.90	2 400.00	13 228.90	8 084.40	4 000.00	12 084.40
0.00	100.00	100.00		800.00	800.00		400.00	400.00
38 099.93	3 320.00	41 419.93	14 530.40	4 100.00	18 630.40	5 472.70	5 000.00	10 472.70
13 006.53	980.00	13 986.53	15 866.60	3 000.00	18 866.60	5 057.90	3 000.00	8 057.90
3 232.34		3 232.34	3 586.60	2 000.00	5 586.60	764.00	1 000.00	1 764.00
3 551.00	300.00	3 851.00	1 766.20	2 000.00	3 766.20	166.00	240.00	406.00
25 500.40	3 000.00	28 500.40	8 279.40	3 000.00	11 279.40	2 078.70	4 000.00	6 078.70
573 023.46	100 000.00	673 023.46	647 521.50	120 000.00	767 521.50	363 751.40	150 000.00	513 751.40

续表（Continued）

地区 Region	1998			1999			2000		
	福利彩票 Welfare Lotteries	体育彩票 Sports Lotteries	合计 Total	福利彩票 Welfare Lotteries	体育彩票 Sports Lotteries	合计 Total	福利彩票 Welfare Lotteries	体育彩票 Sports Lotteries	合计 Total
北 京	9 442.30	3 280.00	12 722.30	37 931.50	5 200.00	43 131.50	14 439.53	48 678.67	63 118.20
天 津	4 717.30	5 000.00	9 717.30	4 320.30	7 410.00	11 712.30	7 329.81	48 109.67	55 439.48
河 北	6 559.50	5 940.00	12 499.50	23 306.40	2 971.00	26 277.40	9 915.50	25 268.06	35 183.56
山 西	11 973.10	6 000.00	17 973.10	15 137.30	200.00	15 337.30	5 663.91	1 892.91	7 556.82
内蒙古	3 388.50	930.00	4 318.50	12 203.00	2 774.00	14 977.00	4 410.29	2 112.86	6 523.15
辽 宁	7 716.10	4 000.00	11 716.10	38 092.60	1 714.00	39 806.60	40 451.11	6 391.51	46 842.62
吉 林	3 647.70	2 000.00	5 647.70	15 166.70	1 712.00	16 878.70	7 027.99	1 000.00	8 027.99
黑龙江	5 568.90	4 000.00	9 568.90	15 389.70	6 580.00	21 969.70	14 793.15	27 265.62	42 058.77
上 海	30 900.90	10 000.00	40 900.90	87 778.10	43 226.00	131 004.10	127 451.61	50 173.94	177 625.55
江 苏	59 061.60	17 000.00	76 061.60	111 465.00	66 457.00	177 922.00	69 646.57	182 261.85	251 908.42
浙 江	57 921.20	24 000.00	81 921.20	106 897.90	45 036.00	151 933.90	60 531.70	61 416.95	121 948.65
安 徽	13 862.20	5 040.00	18 902.20	25 035.40	6 660.00	31 695.40	16 397.84	8 161.86	24 559.70
福 建	17 528.80	30 000.00	47 528.80	65 630.40	43 008.00	108 638.40	28 880.51	71 167.24	100 047.75
江 西	12 770.00	4 200.00	16 970.00	20 766.80	5 366.00	26 132.80	8 441.16	3 248.99	11 690.15
山 东	29 253.20	6 000.00	35 253.20	36 476.30	8 851.00	45 327.30	75 387.02	12 802.97	88 189.99
河 南	13 302.20	4 000.00	17 302.20	19 731.30	2 282.00	22 013.30	17 382.00	5 775.14	23 157.14
湖 北	17 227.60	9 360.00	26 587.60	23 651.80	5 657.00	29 308.80	31 098.02	43 747.06	74 845.08
湖 南	10 684.70	5 000.00	15 684.70	28 507.90	6 711.00	35 218.90	21 268.46	15 164.40	36 432.86
广 东	215 180.10	49 000.00	264 180.10	211 035.20	82 063.00	293 098.20	133 754.80	91 169.14	224 923.94
广 西	22 670.30	12 000.00	34 670.30	30 539.20	3 411.00	33 950.20	51 230.75	2 824.03	54 054.78
海 南	2 644.00	6 000.00	8 644.00	8 002.80	3 534.00	11 536.80	1 300.67	3 554.75	4 855.42
重 庆	14 589.00	3 000.00	17 589.00	13 131.40	2 325.00	15 456.40	45 989.14	5 311.94	51 301.08
四 川	17 793.10	13 040.00	30 833.10	31 239.10	36 275.00	67 514.10	55 473.45	167 341.78	222 815.23
贵 州	6 796.10	4 420.00	11 216.10	12 335.20	4 104.00	16 439.20	8 437.27	13 877.54	22 314.81
云 南	14 255.10	5 000.00	19 255.10	20 115.00	3 773.00	23 888.00	12 244.00	1 588.37	13 832.37
西 藏		820.00	820.00		1 147.00	1 147.00	1 186.54	744.00	1 930.54
陕 西	5 803.10	3 000.00	8 803.10	8 740.60	481.00	9 221.60	10 232.62	5 063.88	15 296.50
甘 肃	4 201.20	3 000.00	7 201.20	4 081.90	1 100.00	5 181.90	3 657.95	988.95	4 646.90
青 海	260.70	370.00	630.70	689.10	0.00	689.10	1 030.38	160.00	1 190.38
宁 夏	2 166.00	400.00	2 566.00	2 754.00	500.00	3 254.40	627.74	582.27	1 210.01
新 疆	10 105.90	4 200.00	14 305.90	14 314.20	3 023.00	17 337.20	13 165.77	3 554.05	16 719.82
中彩中心									
合 计 Total	631 990.40	250 000.00	881 990.40	1 044 448.50	403 551.00	1 447 999.50	898 847.26	911 400.40	1 810 247.66

2001			2002			1987—2002		
福利彩票 Welfare Lotteries	体育彩票 Sports Lotteries	合 计 Total	福利彩票 Welfare Lotteries	体育彩票 Sports Lotteries	合 计 Total	福利彩票 Welfare Lotteries	体育彩票 Sports Lotteries	合 计 Total
33 179.03	150 247.00	183 426.03	56 126.23	130 858.00	186 984.23	197 998.63	342 263.67	540 262.30
12 100.15	50 778.00	62 878.15	8 159.23	64 280.44	72 439.67	61 063.41	188 678.11	249 741.52
25 530.36	52 747.54	78 277.90	48 987.11	74 146.81	123 133.92	179 429.15	179 473.41	358 902.56
53 207.86	6 319.84	59 527.70	34 870.99	9 124.90	43 995.89	190 134.16	28 337.65	218 471.81
5 473.39	987.90	6 461.29	10 824.25	6 182.90	17 007.15	96 217.06	19 987.66	116 204.72
75 896.56	35 724.92	111 621.48	105 933.26	100 790.28	206 723.54	362 853.49	161 420.71	524 274.2
33 078.01	15 170.18	48 248.19	25 229.36	32 796.57	58 025.93	144 045.11	62 658.75	206 703.86
41 780.52	43 479.78	85 260.30	67 728.98	50 069.87	117 798.85	199 573.37	147 609.27	347 182.64
100 356.05	57 206.58	157 562.63	80 032.30	102 769.02	182 801.32	466 480.65	299 875.54	766 356.19
71 973.80	176 575.91	248 549.71	72 515.36	182 588.77	255 104.13	508 140.17	648 483.53	1 156 623.7
54 559.50	82 652.78	137 212.28	53 042.52	143 421.78	196 464.30	411 607.27	368 467.51	780 074.78
35 054.75	24 206.33	59 261.08	23 206.75	34 423.72	57 630.47	187 641.30	90 591.91	278 233.21
81 017.90	181 613.52	262 631.42	67 481.65	318 353.12	385 834.77	329 548.11	663 941.88	993 489.99
39 602.89	10 146.30	49 749.19	30 992.83	16 811.94	47 804.77	175 590.11	48 673.23	224 263.34
185 322.67	42 615.46	227 938.13	265 900.88	67 615.63	333 516.51	702 696.32	148 905.06	851 601.38
71 436.07	82 954.91	154 390.98	68 094.52	108 702.18	176 796.70	289 953.11	210 814.23	500 767.34
32 817.84	67 353.85	100 171.69	40 236.65	101 619.69	141 856.34	270 788.18	243 317.60	514 105.78
24 411.12	12 828.33	37 239.45	42 815.92	19 861.74	62 677.66	236 218.75	74 085.47	310 304.22
172 421.81	143 071.13	315 492.94	287 606.13	340 464.63	628 070.76	1 407 217.04	739 053.90	2 146 270.94
58 162.23	14 287.64	72 449.87	84 519.87	22 577.61	107 097.48	358 954.12	68 500.28	427 454.4
3 575.51	4 799.39	8 374.90	3 296.49	6 212.68	9 509.17	26 141.36	28 600.82	54 742.18
29 524.27	12 475.34	41 999.61	22 350.63	18 424.85	40 775.48	159 803.93	43 537.13	203 341.06
19 000.56	125 496.72	144 497.28	13 806.77	102 926.55	116 733.32	252 068.81	460 100.05	712 168.86
12 220.15	21 261.52	33 481.67	6 032.89	12 589.17	18 622.06	94 243.23	65 052.23	159 295.46
25 311.57	62 403.06	87 714.63	24 168.39	62 989.18	87 157.57	143 570.30	145 153.61	288 723.91
550.70	167.00	717.70	572.85	661.54	1 234.39	2 370.09	4 839.54	7 209.63
52 690.49	11 915.79	64 606.28	42 608.99	27 153.05	69 762.04	191 626.13	60 033.72	251 659.85
23 019.63	1 560.65	24 580.28	32 861.07	9 179.19	42 040.26	112 417.18	22 808.79	135 225.97
1 717.27	319.22	2 036.49	15 110.71	3 078.50	18 189.21	27 079.10	6 927.72	34 006.82
4 395.50	0.00	4 395.50	3 545.14	1 118.08	4 663.22	20 960.48	5 140.35	26 100.83
16 347.00	1 561.80	17 908.80	41 266.53	5 204.49	46 471.02	150 277.30	27 543.34	177 820.64
				317.11	317.11		317.11	317.11
1 395 735.16	1 492 928.39	2 888 663.55	1 679 925.25	2 177 313.99	3 857 239.24	7 956 707.42	5 605 193.78	13 561 901.20

1987—2002 年全国福利

Statistical Table of Public Welfare Fund of

地 区 Region	1987—1988	1989	1990	1991	1992	1993	1994	1995
北 京	331.66	279.23	549.80	606.20	770.60	1 332.50	1 550.40	2 780.40
天 津	242.28	322.41	392.60	302.70	191.70	567.60	460.00	1 528.30
河 北	516.60	390.40	578.80	708.90	767.30	753.00	2 810.00	5 152.70
山 西	485.32	248.28	320.40	380.70	1 001.40	641.40	1 168.00	3187.20
内蒙古		134.66	312.00	146.00	439.30	323.20	959.60	4 600.00
辽 宁	1 065.78	676.35	1 510.80	878.10	870.70	1 191.20	3 642.50	5 681.10
吉 林	407.55	616.26	1 114.60	429.60	647.90	1 037.10	1 372.00	3 504.80
黑龙江	239.73	443.32	567.00	375.31	412.20	800.40	1 829.00	2 392.70
上 海	170.24	249.69	615.63	680.90	710.20	374.10	386.80	2 373.00
江 苏	395.41	919.78	662.49	1 007.02	1 382.20	4 524.80	2 925.60	5 454.00
浙 江	443.59	762.12	777.98	1 218.64	5 062.80	4 069.60	1 358.00	2 926.00
安 徽	256.00	238.60	478.10	605.30	675.50	1 912.80	2 849.70	4 723.70
福 建	282.01	447.74	264.70	1 078.12	1 759.60	1 124.80	1 061.70	3 731.10
江 西	58.72	98.40	236.00	475.96	1 014.40	2 252.00	1 171.50	3 912.80
山 东	391.67	381.34	466.20	798.00	1 657.90	2 672.10	2 206.00	9 733.70
河 南	643.20	640.00	842.56	966.70	1 055.00	2 000.00	1 760.00	9 850.80
湖 北	346.47	193.35	281.18	267.40	2 046.10	2 745.70	3 100.70	7 443.20
湖 南	206.80	232.66	691.30	1 127.93	2 027.60	1 252.30	1 613.60	5 716.50
广 东	1 325.72	1 339.04	2 064.60	4 467.14	3 463.00	5 248.80	2 035.70	14 882.40
广 西		135.72	1 217.97	1 542.70	1 825.50	3 131.40	2 157.80	5 943.70
海 南	154.94	9.27	668.80	100.20	35.40	5.00		
重 庆	269.64	88.77	278.20	173.25	359.60	861.00	237.80	2 931.80
四 川	816.55	277.96	165.22	586.45	1 476.70	1 214.50	990.60	7 436.20
贵 州	185.03	149.30	230.50	129.20	779.30	1 598.70	528.70	3 524.00
云 南	543.58	422.43	194.50	314.90	1 432.80	1 740.60	654.60	1 898.90
西 藏								
陕 西	479.89	279.00	293.17	701.65	480.60	206.50	913.20	8 819.40
甘 肃	206.15	145.03	196.00	252.00	637.00	591.40	751.70	3 251.60
青 海	37.92	8.46	43.00	41.00	117.00	155.60	76.00	887.70
宁 夏	24.00	49.44	18.80	27.40	18.50	24.00	27.00	808.10
新 疆				256.00	963.60	732.00	1 576.80	6 445.10
小 计 Total	10 526.45	10 179.01	16 032.90	20 645.37	34 081.40	45 084.10	42 175.00	141 520.90
中 央	2 754.52	2 445.82	3 994.94	4 326.92	6 517.90	9 459.20	11 266.60	27 828.40
合 计 Total	13 280.97	12 624.83	20 027.84	24 972.29	40 599.30	54 543.30	53 441.60	169 349.30

注：1. 本表 1987—2001 年数据由民政部提供，2002 年数据由财政部提供。

2. 本表各地数为公益金地方留成数，中央数为公益金中央集中数。

彩票公益金统计表

Welfare Lottery in China from 1987 to 2002

单位：万元

Unit: Ten Thousand Yuan

1996	1997	1998	1999	2000	2001	2002	1987—2002
1 265.60	1 813.00	2 300.20	9 662.4	1 219.80	5 480.47	8 418.93	38 361.19
1 033.10	1 012.90	1 180.70	1 252.2	1 849.00	2 056.17	1 223.88	13 615.54
3 154.40	1 729.90	1 764.00	6 128.6	2 005.40	4 316.92	7 348.07	38 124.99
6 756.40	2 779.40	2 551.60	3 292.7	1 146.80	8 653.94	5 230.65	37 844.19
5 747.50	1 408.30	1 017.60	1 545.0	988.40	977.31	1 623.64	20 222.51
5 636.30	2 502.90	1 862.00	9 795.5	10 562.40	12 543.96	15 889.99	74 309.58
4 996.00	1 184.50	930.60	1 813.5	1 553.00	5 508.87	3 784.41	28 900.69
4 772.90	1 920.40	1 309.50	3 492.6	3 371.60	6 866.66	10 159.34	38 952.66
2 970.00	1 605.60	7 627.00	21 922.3	26 506.90	16 712.70	12 004.84	94 909.90
6 853.50	6 684.90	14 827.50	27 539.7	14 346.80	11 888.38	10 877.31	110 289.39
1 942.70	917.60	14 481.70	25 784.9	11 646.40	9 926.85	7 956.38	89 275.26
3 962.30	2 457.40	3 321.60	6 251.1	4 472.20	5 785.92	3 481.01	41 471.23
4 642.30	2 645.50	4 541.10	16 505.7	5 334.20	13 992.24	10 122.25	67 533.06
3 537.40	3 315.30	3 108.90	5 131.0	1 723.00	6 568.38	4 648.93	37 252.69
5 916.30	2 762.50	7 847.90	7 190.3	16 878.10	30 797.28	39 885.13	129 584.42
5 516.40	2 551.80	3 414.70	4 451.7	4 717.80	11 673.44	10 214.18	60 298.28
8 980.10	5 629.40	4 277.00	5 950.6	6 613.50	5 402.41	6 035.50	59 312.61
10 615.70	3 404.00	2 278.20	5 811.1	4 217.30	4 027.84	6 422.39	49 645.22
31 719.80	25 403.70	53 784.00	52 758.7	28 912.90	27 862.23	43 140.93	298 408.66
8 248.60	3 446.90	5 659.60	8 536.8	9 231.50	10 190.26	12 677.98	73 946.43
730.00	170.00	661.00	2 000.7	291.40	1 072.64	494.47	6 393.82
2 121.90	1 214.30	3 684.00	3 219.1	10 030.60	4 872.59	3 352.59	33 695.14
11 919.10	3 777.40	4 384.90	7 809.8	16 300.60	3 148.34	2 071.02	62 375.34
3 190.10	1 262.70	1 826.50	3 083.8	1 637.00	2 004.59	904.93	21 034.35
2 582.80	1 888.10	3 568.20	4 990.6	2 657.50	4 496.99	3 625.26	31 011.76
					212.74	85.93	298.67
3 530.30	1 186.50	1 480.30	2 041.1	2 109.10	8 860.98	6 391.35	37 773.04
3 948.10	1 212.20	1 062.40	945.6	792.30	3 796.64	4 929.16	22 717.28
437.10	191.00	55.00	160	130.40	303.49	531.77	3 175.44
902.30	41.50	541.50	691.2	205.30	725.26	2 266.61	6 370.91
2 090.50	487.20	2 445.80	3 244.8	2 071.40	2 201.74	6 189.98	28 704.92
159 719.50	86 606.80	157 795.00	253 003.1	193 522.60	232 928.23	251 988.78	1 655 809.14
31 348.90	14 519.90	38 101.20	51 493.8	48 749.90	186 276.48	335 985.06	775 069.54
191 068.40	101 126.70	195 896.20	304 496.90	242 272.50	419 204.71	587 973.84	2 430 878.68

1987—2002 年全国彩票公益金统计表

Statistical Table of Public Welfare Fund of Lottery in China from 1987 to 2002

单位：万元

Unit: Ten Thousand Yuan

年份 Year	福利彩票 Welfare Lotteries	体育彩票 Sport Lotteries	合计 Total
1987	855.00		855.00
1988	12 425.97		12 425.97
1989	12 624.83		12 624.83
1990	20 027.84		20 027.84
1991	24 972.29		24 972.29
1992	40 599.30		40 599.30
1993	54 543.30		54 543.30
1994	53 441.60		53 441.60
1995	169 349.30		169 349.30
1996	191 068.40		191 068.40
1997	101 126.70	36 028.50	137 155.20
1998	195 896.20	75 951.70	271 847.90
1999	304 496.90	121 112.60	425 609.50
2000	242 272.50	274 591.80	516 864.30
2001	419 204.71	447 963.59	867 168.30
2002	587 973.84	762 059.90	1 350 033.74
合计 Total	2 430 878.68	1 717 708.09	4 148 586.77

1994—2002 年全国体育彩票公益金统计表

Statistical Table of Public Welfare Fund of Sports Lottery in China from 1994 to 2002

单位：万元

Unit: Ten Thousand Yuan

地区 Region	1994—1995	1996	1997	1998	1999	2000	2001	2002	1994—2002
北　京			477.20	887.00	1 279.00	10 305.00	22 044.00	19 270.95	54 263.15
天　津	4 000	431.35	748.50	1 320.00	2 256.00	10 268.60	7 525.00	9 525.58	36 075.03
河　北	1 510.3	1 280.6	1 057.48	1 545.60	810.00	5 567.90	8 315.00	10 969.88	31 056.76
山　西	117	313.8	676.40	1 560.00	54.00	530.00	1 079.00	1 470.20	5 800.40
内蒙古	51	370	1 019.00	251.10	724.00	622.30	281.00	1 025.40	4 343.80
辽　宁	785	1 518.6	745.20	1 080.00	189.00	1 705.80	5 183.00	15 155.98	26 362.58
吉　林	223	661	869.00	540.00	459.00	280.00	2 202.00	5 055.05	10 289.05
黑龙江			1 169.70	1 130.00	1 734.20	5 694.20	6 596.00	7 866.24	24 190.34
上　海	1 725	3 300	5 700.00	2 465.00	10 497.80	11 006.20	8 863.00	16 481.75	60 038.75
江　苏	1 131.2	917.9	1 314.00	4 234.30	16 270.00	38 174.10	26 428.00	29 672.42	118 141.92
浙　江	653.4	909.6	1 539.20	5 868.60	11 967.20	13 524.50	13 833.00	24 042.50	72 338.00
安　徽	465	800.1	1 256.40	1 329.60	1 728.00	2 056.20	3 918.00	5 499.60	17 052.90
福　建	230	1 050	2 970.00	7 320.00	10 452.00	15 276.30	26 981.00	46 316.72	110 596.02
江　西	300	530.4	995.76	1 156.00	1 419.00	607.90	1 716.00	2 858.00	9 583.06
山　东	200	1 069.56	1 063.80	1 560.00	2 229.00	1931.00	6 563.00	10 204.15	24 820.51
河　南		575.4	975.50	1 096.10	634.70	1 432.70	12 529.00	16 254.46	33 497.86
湖　北	1 131.2	917.9	1 314.00	2 328.30	1 469.00	9 386.00	9 819.00	15 104.85	41 470.25
湖　南	1 263.6	1 213.4	1 134.00	1 320.00	1 736.10	3 922.00	3 010.00	3 619.95	17 219.05
广　东	3 385.8	2 160	2 940.00	12 352.30	18 534.00	22 323.00	22 703.00	52 852.91	137 251.01
广　西	240	1 085.7	1 808.40	2 959.00	918.00	660.30	2 206.00	3 447.13	13 324.53
海　南		577	985.00	1 560.00	945.00	872.10	789.00	943.11	6 671.21
重　庆			0.00	820.00	621.30	1 358.40	1 891.00	3 210.49	7 901.19
四　川	990	1 373	1 533.00	3 169.60	8 740.00	34 145.30	18 896.00	15 954.31	84 801.21
贵　州	153.7	987.3	1 039.70	1 230.10	1 109.30	3 374.70	3 346.00	1 996.61	13 237.41
云　南			928.00	1 284.30	1 042.00	466.00	9 253.00	9 483.14	22 456.44
西　藏		302	0.00	239.00	297.00	208.30	55.00	118.22	1 219.52
陕　西	996.53	763.82	777.94	850.20	136.70	1 417.00	2 201.00	4 052.82	11 196.01
甘　肃	192	636	630.00	810.00	297.00	277.00	265.00	1 507.97	4 614.97
青　海			0.00	108.00	147.00	123.70	76.00	193.45	648.15
宁　夏		360	310.00	78.20		61.60	15.00	468.39	1 293.19
新　疆	743	661	869.00	1 128.00	868.30	1 093.20	1 040.00	874.23	7 276.73
小　计 Total	20 486.73	24 765.43	36 846.18	63 580.30	99 563.60	198 671.30	229 621.00	335 496.46	1 009 031.00
中　央	2 055.6	3 981.63	5 872.61	12 371.40	21 549.00	75 920.50	218 342.59	426 563.44	766 656.77
合　计 Total	22 542.33	28 747.06	42 718.79	75 951.70	121 112.60	274 591.80	447 963.59	762 059.90	1 775 687.77

注：1. 本表 1994—2001 年数据由国家体育总局提供，2002 年数据由财政部提供。

2. 本表各地数为公益金地方留成数，中央数为公益金中央集中数。

1987—2002 年全国彩票销售情况图

Chart of Lottery Sales in China from 1987 to 2002

单位：亿元

Unit: Hundred Million Yuan

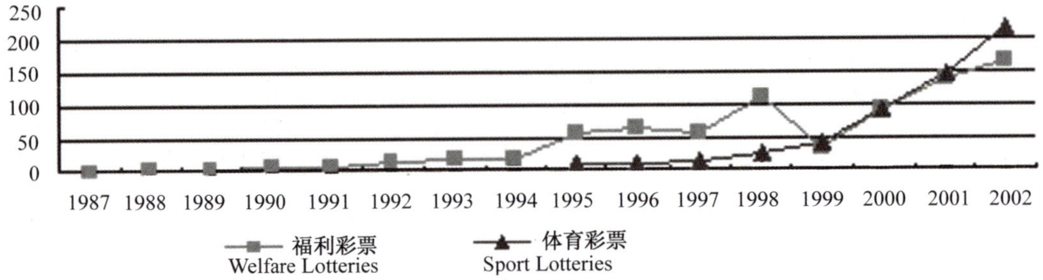

全国各类型彩票销售比例变化图（一）

Charts the Sales Proportion of Different Lottery Games in China

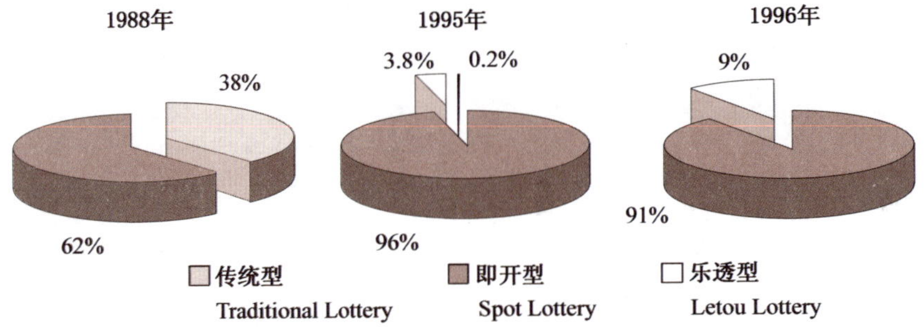

全国各类型彩票销售比例变化图（二）

Charts of the Sales Proportion of Different Lottery Games in China

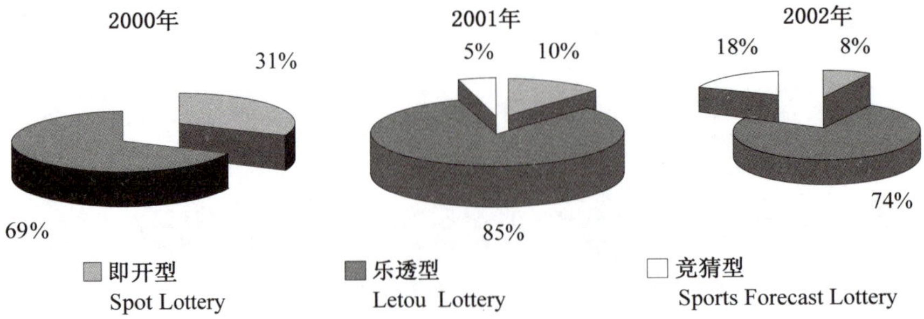

1987—2002 年全国彩票公益金分系统筹集情况图

Chart of Public Welfare Funds of Different Lottery Organizations in China from 1987 to 2002

单位：亿元

Unit: Hundred Million Yuan

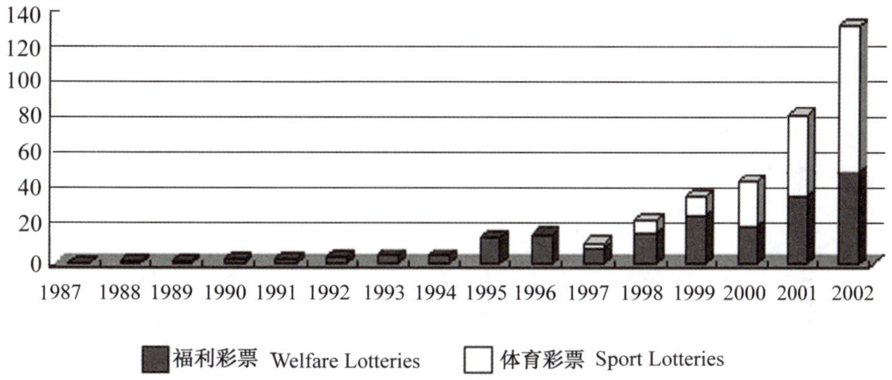

1988—2002 年全国彩票公益金发展示意图

Chart of the Development of Public Funds of Lottery in China from 1988 to 2002

单位：元

Unit: Yuan

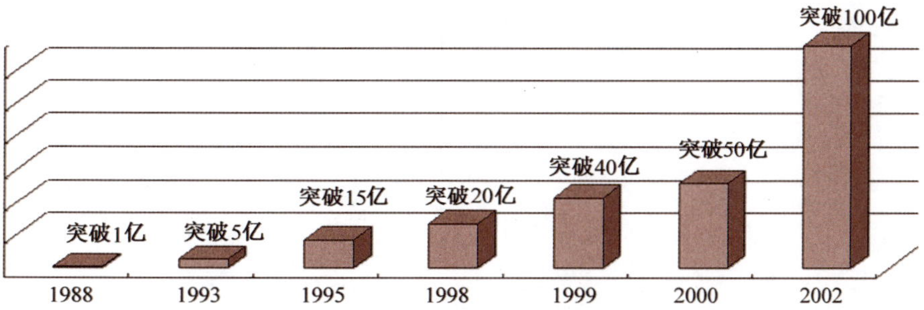

1987—2002年全国福彩各地区公益金留成情况图

Chart of Welfare Lottery Public Welfare Funds Remained in Different Regions in China from 1987 to 2002

单位：万元

Uint: Ten Thousand Yuan

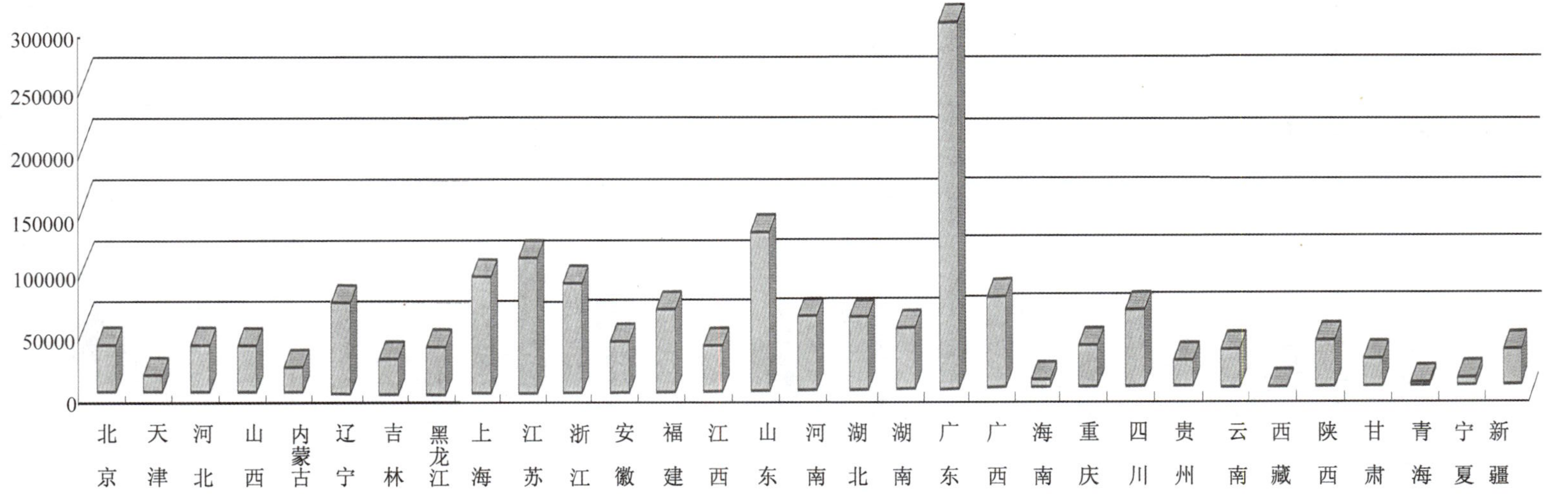

1994—2002 年全国体彩各地区公益金留成情况图

Chart of Sports Lottery Public Welfare Funds Remained in Different Regions in China from 1994 to 2002

单位：万元

Uint: Ten Thousand Yuan

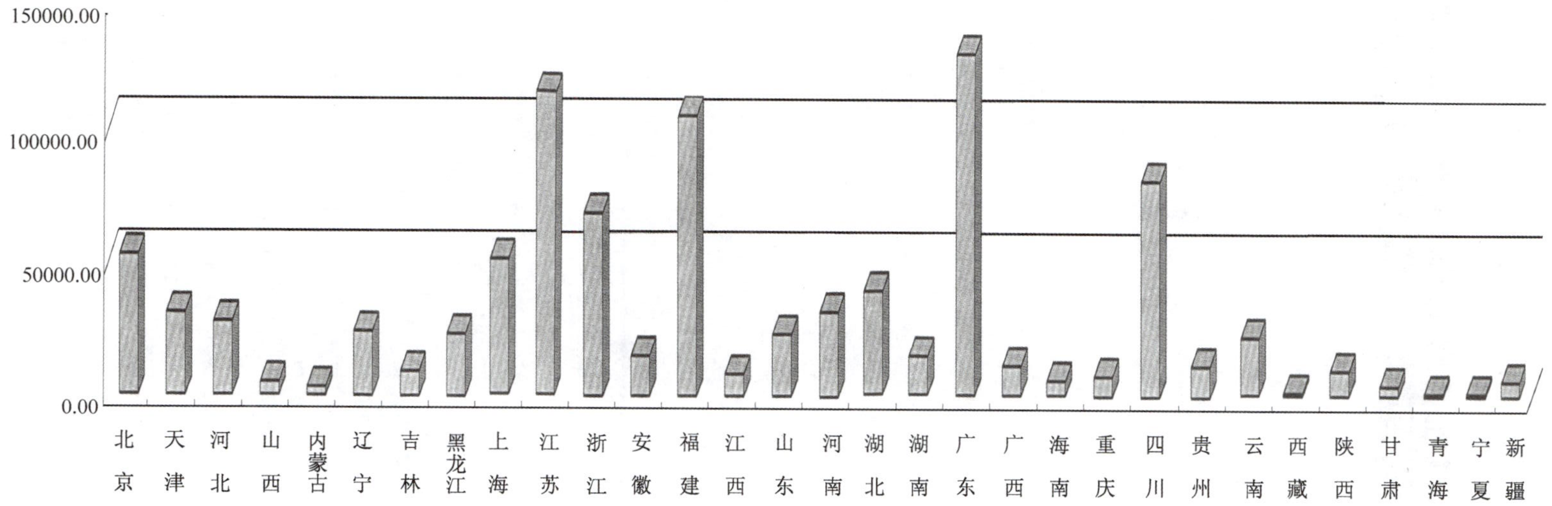

（二）2002 年综合统计资料

2002 年全国彩

Statistical Table of Lottery

地区 Region	福利彩票 Welfare Lotteries				体育彩	
	小计 Total	乐透型 Letou Lottery	即开型 Spot Lottery	终端数量 Amount of Terminals	小计 Total	乐透型 Letou Lottery
北京	56 126.23	54 311.82	1 814.41	1 389	130 858.00	75 886.49
天津	8 159.23	7 302.34	856.89	707	64 280.44	45 389.56
河北	48 987.11	46 872.59	2 114.52	1 517	74 146.81	65 600.66
山西	34 870.99	30 786.96	4 084.03	1 048	9 124.90	5 260.16
内蒙古	10 824.25	7 645.93	3 178.32	808	6 182.90	3 355.02
辽宁	105 933.26	97 315.05	8 618.21	3 900	100 790.28	31 296.90
吉林	25 229.36	23 104.43	2 124.93	1 763	32 796.57	24 390.12
黑龙江	67 728.98	64 930.09	2 798.89	1 647	50 069.87	40 076.92
上海	80 032.30	69 636.46	10 395.84	1 850	102 769.02	44 139.97
江苏	72 515.36	51 001.66	21 513.70	2 200	182 588.77	139 549.04
浙江	53 042.52	17 878.66	35 163.86	906	143 421.78	95 008.87
安徽	23 206.75	21 784.48	1 422.27	1 584	34 423.72	27 337.67
福建	67 481.65	60 027.96	7 453.69	2 589	318 353.12	294 790.10
江西	30 992.83	25 549.43	5 443.40	2 000	16 811.94	9 968.25
山东	265 900.88	254 383.84	11 517.04	5 882	67 615.63	38 586.04
河南	68 094.52	64 377.74	3 716.78	2 959	108 702.18	100 451.02
湖北	40 236.65	30 146.94	10 089.71	1 524	101 619.69	64 022.87
湖南	42 815.92	38 582.24	4 233.68	2 527	19 861.74	6 458.01
广东	287 606.13	242 199.16	45 406.97	5 143	340 464.63	72 476.96
广西	84 519.87	84 416.01	103.86	2 651	22 577.61	11 121.52
海南	3 296.49	172.33	3 124.16	30	6 212.68	2 180.29
重庆	22 350.63	20 001.62	2 349.01	1 097	18 424.85	3 653.10
四川	13 806.77	5 756.31	8 050.46	830	102 926.55	68 527.60
贵州	6 032.89	4 966.45	1 066.44	670	12 589.17	8 335.58
云南	24 168.39	24 112.91	55.48	1 361	62 989.18	54 735.09
西藏	572.85	118.00	454.85	30	661.54	253.73
陕西	42 608.99	42 003.49	605.50	1 744	27 153.05	20 975.96
甘肃	32 861.07	32 363.16	497.91	1 140	9 179.19	5 614.47
青海	3 545.14	3 482.97	62.17	186	1 118.08	556.72
宁夏	15 110.71	14 742.83	367.88	418	3 078.50	1 875.10
新疆	41 266.53	38 601.80	2 664.73	1 193	5 204.49	2 190.27
中彩中心					317.11	
合计 Total	1 679 925.25	1 478 575.66	201 349.59	53 293	2 177 313.99	1 364 064.06

票销售统计表

Sales in China in 2002

单位：万元

Unit: Ten Thousand Yuan

票 Sports Lotteries			两种彩票汇总 Aggreats Data Two Lotteries				
即开型 Spot Lottery	竞猜型 Sports Forecast Lottery	终端数量 Amount of Terminals	小计 Total	乐透型 Letou Lottery	即开型 Spot Lottery	竞猜型 Sports Forecast Lottery	终端数量 Amount of Terminals
1 003.00	53 968.51	1 868	186 984.23	130 198.31	2 817.41	53 968.51	3 257
1 107.65	17 783.23	978	72 439.67	52 691.90	1 964.54	17 783.23	1 685
1 181.58	7 364.57	1 522	123 133.92	112 473.25	3 296.10	7 364.57	3 039
795.00	3 069.74	627	43 995.89	36 047.12	4 879.03	3 069.74	1 675
696.60	2 131.28	594	17 007.15	11 000.95	3 874.92	2 131.28	1 402
2 926.41	66 566.97	2 700	206 723.54	128 611.95	11 544.62	66 566.97	6 600
1 619.31	6 787.14	1 523	58 025.93	47 494.55	3 744.24	6 787.14	3 286
3 276.35	6 716.60	1 239	117 798.85	105 007.01	6 075.24	6 716.60	2 886
8 541.84	50 087.21	1 200	182 801.32	113 776.43	18 937.68	50 087.21	3 050
17 281.36	25 758.37	1 800	255 104.13	190 550.70	38 795.06	25 758.37	4 000
17 547.81	30 865.10	1 342	196 464.30	112 887.53	52 711.67	30 865.10	2 248
2 746.96	4 339.09	1 300	57 630.47	49 122.15	4 169.23	4 339.09	2 884
840.64	22 722.38	3 000	385 834.77	354 818.06	8 294.33	22 722.38	5 589
2 271.74	4 571.95	1 000	47 804.77	35 517.68	7 715.14	4 571.95	3 000
2 161.54	26 868.05	3 000	333 516.51	292 969.88	13 678.58	26 868.05	8 882
2 662.92	5 588.24	2 450	176 796.70	164 828.76	6 379.70	5 588.24	5 409
2 000.00	35 596.82	1 647	141 856.34	94 169.81	12 089.71	35 596.82	3 171
4 000.00	9 403.73	1 445	62 677.66	45 040.25	8 233.68	9 403.73	3 972
18 840.72	249 146.95	4 912	628 070.76	314 676.12	64 247.69	249 146.95	10 055
937.19	10 518.90	1 000	107 097.48	95 537.53	1 041.05	10 518.90	3 651
228.47	3 803.92	249	9 509.17	2 352.62	3 352.63	3 803.92	279
2 912.89	11 858.86	838	40 775.48	23 654.72	5 261.90	11 858.86	1 935
5 567.36	28 831.59	1 132	116 733.32	74 283.91	13 617.82	28 831.59	1 962
925.30	3 328.29	660	18 622.06	13 302.03	1 991.74	3 328.29	1 330
1 890.33	6 363.76	1 227	87 157.57	78 848.00	1 945.81	6 363.76	2 588
120.54	287.27	30	1 234.39	371.73	575.39	287.27	60
624.95	5 552.14	1 096	69 762.04	62 979.45	1 230.45	5 552.14	2 840
956.65	2 608.07	577	42 040.26	37 977.63	1 454.56	2 608.07	1 717
169.32	392.04	100	4 663.22	4 039.69	231.49	392.04	286
119.00	1 084.40	272	18 189.21	16 617.93	486.88	1 084.40	690
646.36	2 367.86	541	46 471.02	40 792.07	3 311.09	2 367.86	1 734
317.11			317.11		317.11		
106 916.90	706 333.03	41 869	3 857 239.24	2 842 639.72	308 266.49	706 333.03	95 162

2002 年全国彩票销售情况图

Chart of Lottery Sales in China in 2002

单位：亿元

Unit: Hundred Million Yuan

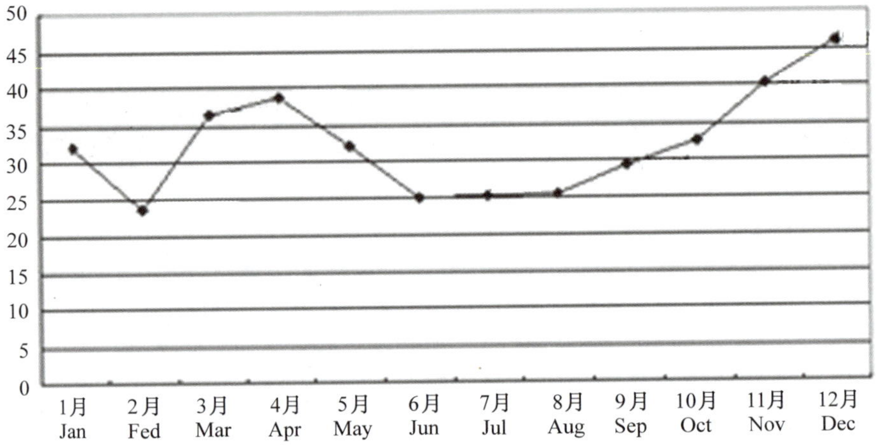

2002 年全国彩票分系统销售情况图

Chart of Lottery Sales in Different Lottery Organizations in China in 2002

单位：亿元

Unit: Hundred Million Yuan

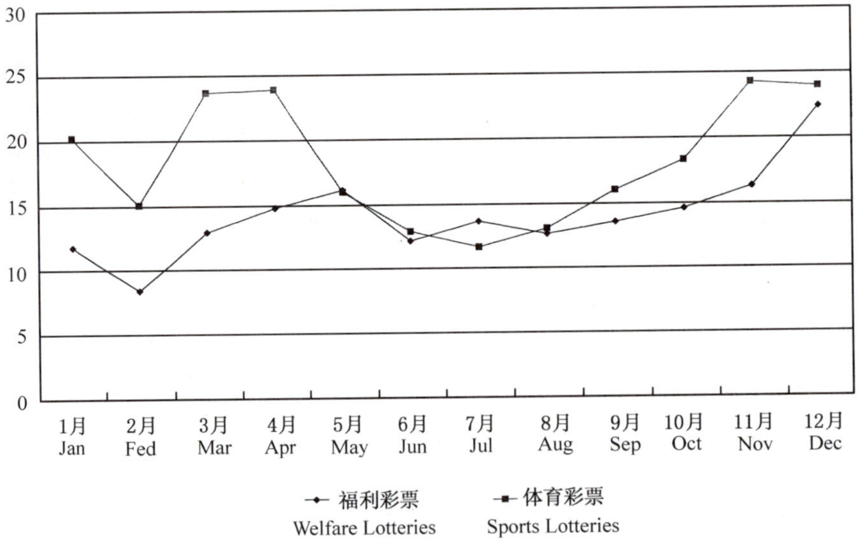

2002年全国各地区彩票销售额比重图

Chart of Lottery Sales Proportion in Different Regions in China in 2002

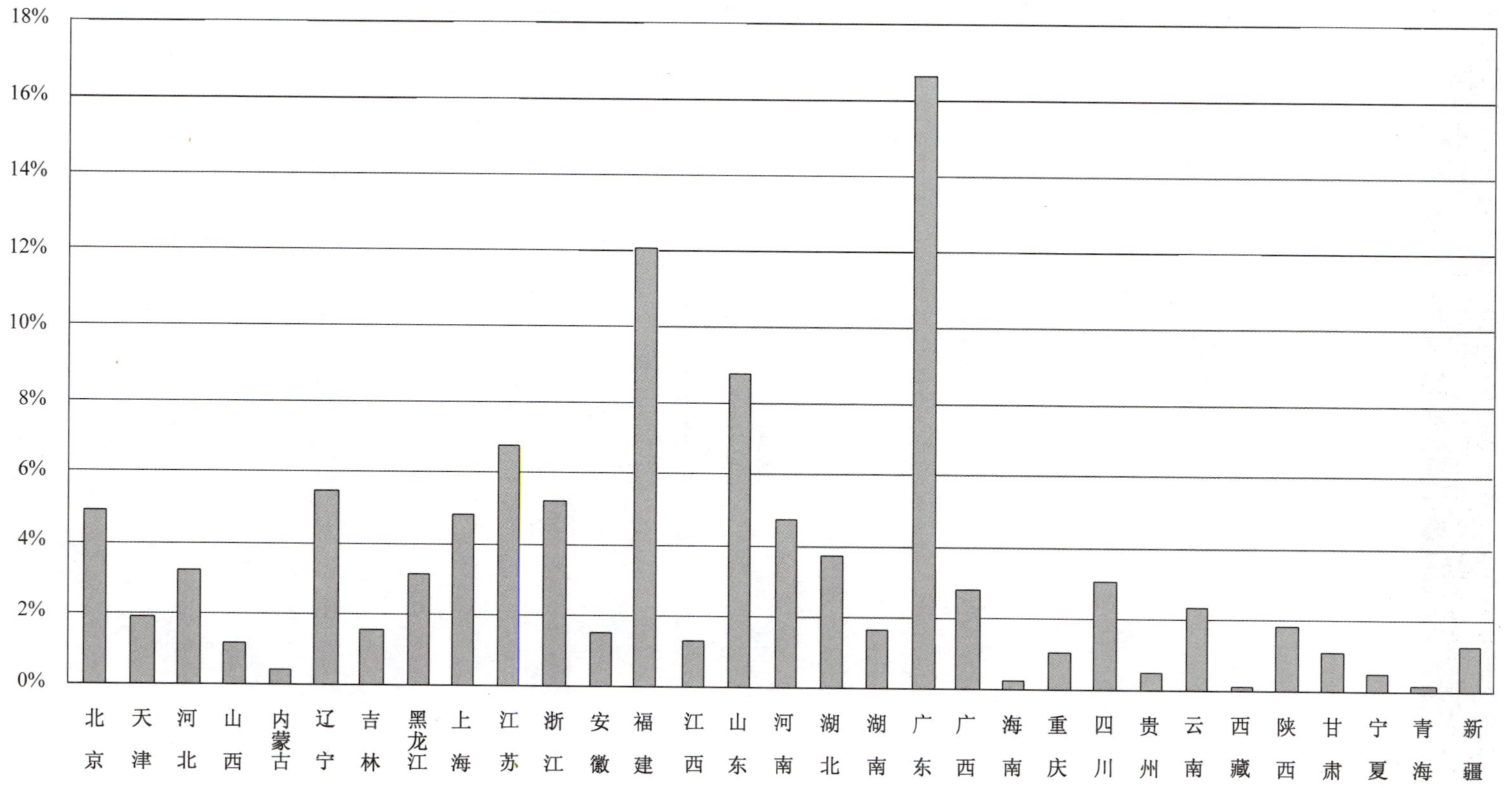

2002 年全国各地区

Table of Lottery Sales in Different

地区 Region	1月 Jan	2月 Fed	3月 Mar	4月 Apr	5月 May	6月 Jun
北　京	17 395.48	13 749.37	17 464.77	20 554.92	10 369.33	11 932.39
天　津	5 720.90	5 687.44	7 288.86	8 924.39	5 646.85	5 229.94
河　北	8 947.03	6 238.03	11 870.13	12 240.72	10 763.42	10 128.47
山　西	1 966.67	2 518.36	3 917.51	7 731.34	4 684.15	2 859.04
内蒙古	952.82	332.46	595.80	1 380.32	1 359.87	1 177.11
辽　宁	17 860.55	14 493.42	19 509.91	22 777.04	10 090.30	12 708.18
吉　林	3 429.82	2 220.14	3 937.18	5 081.50	4 224.87	5 169.18
黑龙江	8 705.24	6 522.74	9 981.43	12 356.91	10 023.53	7 804.25
上　海	15 214.30	11 930.67	18 803.92	17 955.48	18 689.07	11 752.04
江　苏	21 590.64	17 047.14	19 217.56	27 252.15	21 268.91	24 555.57
浙　江	11 956.00	12 135.50	13 456.64	16 752.58	17 849.43	10 059.08
安　徽	5 672.68	2 859.44	4 561.08	4 775.35	5 838.63	4 031.75
福　建	37 644.34	23 966.53	41 687.90	47 250.12	37 973.25	34 137.09
江　西	3 114.51	2 092.22	3 146.73	3 357.02	3 318.86	2 797.76
山　东	28 973.50	21 281.28	30 611.54	31 141.66	29 784.43	23 757.45
河　南	12 589.65	13 371.92	19 602.11	20 443.12	15 912.54	11 421.39
湖　北	10 982.36	7 900.25	11 172.00	14 420.26	7 174.18	9 698.00
湖　南	3 748.88	2 173.14	4 227.57	4 548.84	4 850.67	4 559.25
广　东	57 468.11	43 478.79	59 412.92	76 171.80	39 131.21	33 381.56
广　西	8 223.70	5 197.82	7 749.09	10 935.08	8 205.84	8 150.76
海　南	448.04	322.57	1 905.70	774.05	285.61	1 125.68
重　庆	4 373.19	3 060.22	3 267.07	3 323.01	1 925.48	4 408.14
四　川	11 413.70	8 721.40	10 848.92	11 142.41	7 499.66	7 752.71
贵　州	1 483.98	902.90	1 760.77	1 939.80	1 282.84	1 165.69
云　南	6 510.11	3 871.98	6 610.05	7 000.59	6 625.79	7 959.76
西　藏	33.11	22.75	7.43	7.31	8.03	130.22
陕　西	6 071.79	3 549.34	5 121.63	6 301.27	4 766.93	4 725.30
甘　肃	2 913.86	1 573.24	2 937.86	4 041.68	3 707.60	4 464.44
宁　夏	737.04	504.40	1 105.42	1 733.20	1 769.49	2 164.02
青　海	215.01	132.97	255.17	478.47	362.08	460.62
新　疆	1 982.00	1 189.00	2 859.06	2 098.50	5 514.74	2 381.07
中彩中心						
合　计 Total	318 339.01	239 047.43	344 893.73	404 890.89	300 907.59	272 047.91

彩票销售情况表

Regions of China in 2002

单位：万元

Unit: Ten Thousand Yuan

7月 Jul	8月 Aug	9月 Sep	10月 Oct	11月 Nov	12月 Dec	合计 Total
11 673.65	11 325.32	15 463.47	14 938.82	19 046.97	23 069.74	186 984.23
4 038.41	4 644.32	4 833.60	6 338.68	6 359.97	7 726.31	72 439.67
8 901.17	8 532.70	9 870.13	9 628.35	10 563.89	15 449.88	123 133.92
4 631.57	2 539.85	2 473.64	2 990.81	4 169.28	3 513.67	43 995.89
1 344.74	1 216.38	2 169.70	1 548.63	2 442.57	2 486.75	17 007.15
10 779.20	12 053.34	16 082.59	16 942.92	24 655.10	28 770.99	206 723.54
3 268.51	4 199.04	5 089.60	5 852.41	7 916.72	7 636.96	58 025.93
8 098.11	11 922.61	9 507.55	9 710.35	10 455.74	12 710.39	117 798.85
11 849.08	10 261.80	13 332.20	16 614.80	17 695.93	18 702.03	182 801.32
14 851.02	16 048.54	15 985.36	22 877.33	24 193.51	30 216.40	255 104.13
9 836.36	9 706.38	12 423.43	16 703.89	26 748.58	38 836.43	196 464.30
3 137.43	3 847.60	5 649.00	5 142.28	5 489.34	6 625.89	57 630.47
28 847.88	25 593.18	24 149.76	25 271.25	24 782.01	34 531.46	385 834.77
3 522.83	4 337.06	4 172.58	4 991.87	4 932.16	8 021.17	47 804.77
25 690.11	25 473.79	25 634.70	25 335.45	28 132.78	37 699.82	333 516.51
11 876.12	11 902.19	12 944.83	14 907.18	15 562.95	16 262.70	176 796.70
6 539.20	9 259.00	12 206.58	15 842.71	14 562.32	22 099.48	141 856.34
4 538.76	4 831.17	5 958.42	6 605.99	8 507.02	8 127.95	62 677.66
27 114.54	25 329.92	49 514.53	56 935.91	73 416.53	86 714.94	628 070.76
8 297.26	10 187.35	10 264.91	9 428.54	10 209.93	10 247.20	107 097.48
613.25	174.72	662.69	690.77	1 302.84	1 203.25	9 509.17
2 316.30	2 525.77	3 830.85	2 997.91	3 687.07	5 060.47	40 775.48
7 382.66	6 856.67	8 292.63	8 311.19	9 916.44	18 594.93	116 733.32
1 213.19	777.43	1 549.75	1 873.75	1 988.35	2 683.61	18 622.06
7 767.12	7 171.52	7 308.07	8 331.06	8 977.87	9 023.65	87 157.57
13.03	129.70	156.09	153.62	290.90	282.20	1 234.39
11 738.91	5 640.82	5 266.88	5 211.74	5 511.68	5 855.75	69 762.04
3 741.86	3 672.15	3 402.27	3 172.04	4 219.28	4 193.98	42 040.26
1 925.91	1 934.01	1 517.25	1 373.12	1 456.75	1 968.60	18 189.21
402.64	473.91	416.23	407.29	433.43	625.40	4 663.22
1 580.79	2 016.35	6 023.85	6 538.15	6 992.13	7 295.38	46 471.02
	317.11					317.11
247 531.61	244 901.70	296 153.14	327 668.81	384 620.04	476 237.38	3 857 239.24

2002 年全国各地区彩票销售排名表

Ranking of Lottery Sales in Different Regions of China in 2002

名次 Position	地区 Region	销量（万元） Sale (Ten Thousand Yuan)
1	广 东	628 070.76
2	福 建	385 834.77
3	山 东	333 516.51
4	江 苏	255 104.13
5	辽 宁	206 723.54
6	浙 江	196 464.3
7	北 京	186 984.23
8	上 海	182 801.32
9	河 南	176 796.7
10	湖 北	141 856.34
11	河 北	123 133.92
12	黑龙江	117 798.85
13	四 川	116 733.32
14	广 西	107 097.48
15	云 南	87 157.57
16	天 津	72 439.67
17	陕 西	69 762.04
18	湖 南	62 677.66
19	吉 林	58 025.93
20	安 徽	57 630.47
21	江 西	47 804.77
22	新 疆	46 471.02
23	山 西	43 995.89
24	甘 肃	42 040.26
25	重 庆	40 775.48
26	贵 州	18 622.06
27	宁 夏	18 189.21
28	内蒙古	17 007.15
29	海 南	9 509.17
30	青 海	4 663.22
31	西 藏	1 234.39
32	中彩中心	317.11

2002年全国彩票分类型销售情况图

Chart of Lottery Sales in Different Lottery Games in China in 2002

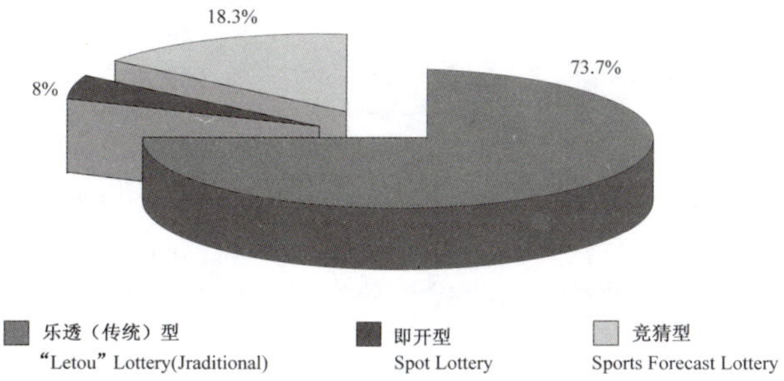

（三）福利彩票统计资料

2002年全国福利彩票销售情况图

Chart of Welfare Lottery Sales in China in 2002

单位：亿元

Unit: Hundred Million Yuan

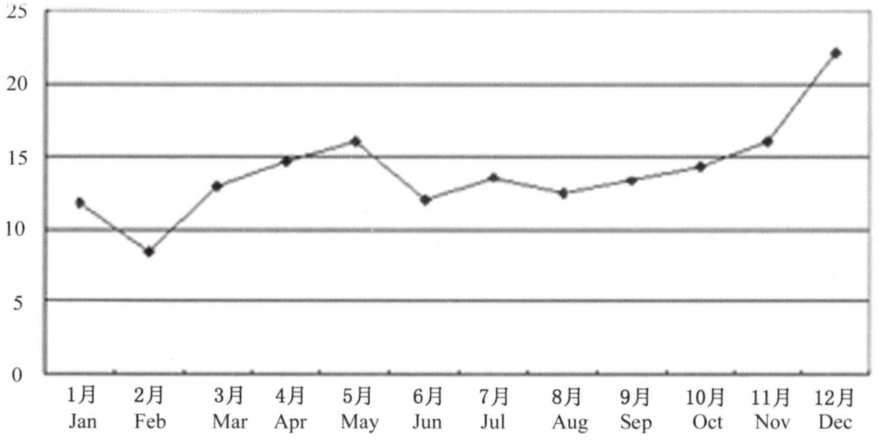

2002 年全国各地区福利彩票销售排名表

Ranking of Sales of Welfare Lottery in Different Regions of China in 2002

名次 Position	地区 Region	销量（万元） Sale（Ten Thousand Yuan）
1	广　东	287 606.13
2	山　东	265 900.88
3	辽　宁	105 933.26
4	广　西	84 519.87
5	上　海	80 032.30
6	江　苏	72 515.36
7	河　南	68 094.52
8	黑龙江	67 728.98
9	福　建	67 481.65
10	北　京	56 126.23
11	浙　江	53 042.52
12	河　北	48 987.11
13	湖　南	42 815.92
14	陕　西	42 608.99
15	新　疆	41 266.53
16	湖　北	40 236.65
17	山　西	34 870.99
18	甘　肃	32 861.07
19	江　西	30 992.83
20	吉　林	25 229.36
21	云　南	24 168.39
22	安　徽	23 206.75
23	重　庆	22 350.63
24	宁　夏	15 110.71
25	四　川	13 806.77
26	内蒙古	10 824.25
27	天　津	8 159.23
28	贵　州	6 032.89
29	青　海	3 545.14
30	海　南	3 296.49
31	西　藏	572.85

2002 年全国福利彩票各地区销售额比重图

Chart of Welfare Lottery Sales Proportion in Different Regions of China in 2002

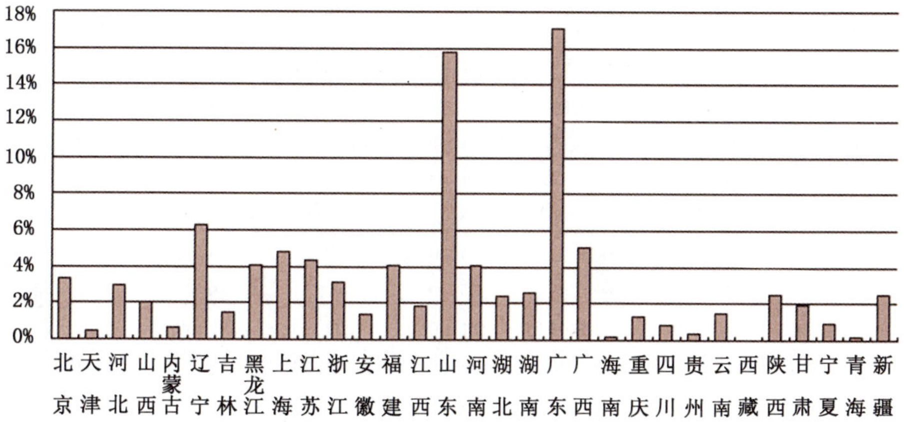

2002 年全国福利彩票分类型销售情况图

Chart of Welfare Lottery Sales in Different Lottery Games in China in 2002

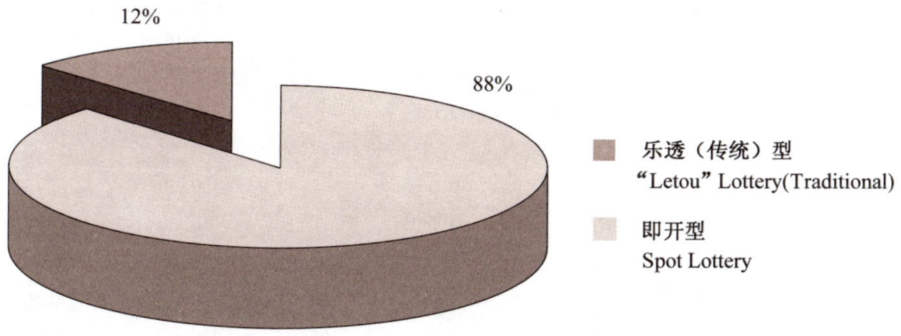

2002 年全国福利彩票

Table of Welfare Lottery Sales in Different

地区 Region	1月 Jan		2月 Feb		3月 Mar		4月 Apr	
	乐透型 Letou Lottery	即开型 Spot Lottery	乐透型 Letou Lottery	即开型 Spot Lottery	乐透型 Letou Lottery	即开型 Spot Lottery	乐透型 Letou Lottery	即开型 Spot Lottery
北　京	3 022.93	16.55	2 304.84	717.53	3 040.01	39.76	4 397.97	30.95
天　津	408.57	2.50	340.89	12.60	554.42	88.23	1 041.85	220.63
河　北	3 975.57	78.00	2 969.94	0.00	5 032.87	0.00	4 194.23	0.00
山　西	1 282.85	0.00	900.49	1 218.00	3 099.18	386.00	6 457.08	728.00
内蒙古	952.82	0.00	332.46	0.00	595.80	0.00	1 149.45	150.87
辽　宁	6 370.09	0.00	5 063.71	200.00	7 234.61	313.00	7 408.14	255.00
吉　林	1 705.10	0.00	1 079.89	0.00	1 695.51	30.00	1 709.74	0.00
黑龙江	4 949.94	58.03	3 560.09	14.00	5 241.14	397.00	6 271.01	283.56
上　海	5 615.46	441.40	4 185.22	430.02	6 681.54	428.38	6 019.59	231.65
江　苏	4 311.45	290.00	3 230.13	1 700.00	4 678.71	0.00	5 222.29	4 700.00
浙　江	1 857.72	0.00	1 161.46	0.00	1 711.59	1 104.65	1 286.50	1 953.00
安　徽	2 500.07	0.00	1 223.97	0.00	2 105.44	314.19	2 115.13	166.94
福　建	6 241.48	0.00	3 470.47	0.00	5 426.90	410.00	11 273.22	340.00
江　西	2 626.70	28.76	1 804.68	61.36	2 602.86	0.00	2 518.82	0.00
山　东	21 575.96	0.00	15 830.19	0.00	22 429.96	0.00	22 378.45	0.00
河　南	4 949.91	0.00	3 420.46	0.00	4 501.20	0.00	8 280.78	511.92
湖　北	2 059.22	250.00	1 401.72	350.00	2 226.70	300.00	1 700.26	950.00
湖　南	3 041.26	226.00	1 753.23	97.00	2 696.86	822.00	2 396.09	448.00
广　东	17 011.65	196.95	11 995.15	365.41	18 556.79	489.66	17 472.69	2 206.74
广　西	7 265.01	46.52	4 415.08	4.97	6 789.37	35.47	8 464.71	0.82
海　南	28.28	93.00	13.06	129.00	26.11	1 502.50	18.67	0.00
重　庆	2 287.40	0.00	1 548.72	0.00	1 592.08	0.00	1 390.38	0.00
四　川	759.49	0.00	393.62	0.00	499.83	0.00	452.83	0.00
贵　州	375.41	0.00	319.49	0.00	481.73	0.00	589.10	0.00
云　南	2 054.35	0.00	1 138.42	0.00	1 822.64	55.48	1 488.57	0.00
西　藏	33.11	0.00	22.75	0.00	7.43	0.00	7.31	0.00
陕　西	3 824.63	0.00	2 082.17	0.00	3 278.10	0.00	2 860.02	0.00
甘　肃	2 387.27	0.00	1 287.87	0.00	2 498.99	0.00	3 233.99	0.00
宁　夏	737.04	0.00	504.40	0.00	1 105.42	0.00	1 385.00	35.50
青　海	170.96	0.00	106.50	0.00	205.95	0.00	289.01	0.00
新　疆	1 982.00	0.00	1 189.00	0.00	2 859.06	0.00	2 098.50	0.00
合　计 Total	116 363.70	1 727.71	79 050.07	5 299.89	121 278.80	6 716.32	135 571.38	13 213.58

（分地区分类型）销售情况表

Regions and Different Lottery Games in China in 2002

单位：万元

Unit：Ten Thousand Yuan

5月 May		6月 Jun		7月 Jul		8月 Aug		9月 Sep	
乐透型 Letou Lottery	即开型 Spot Lottery	乐透型 Letou Lottery	即开型 Spot Lottery	乐透型 Letou Lottery	即开型 Spot Lottery	乐透型 Letou Lottery	即开型 Spot Lottery	乐透型 Letou Lottery	即开型 Spot Lottery
4 266.88	72.45	4 640.46	65.93	5 736.29	28.36	4 983.80	94.52	6 151.47	51.00
1 157.85	27.90	818.61	8.87	763.51	26.14	555.83	17.06	429.85	44.84
3 903.56	0.00	3 661.98	0.00	4 025.72	0.00	4 132.53	0.00	3 797.35	0.00
4 309.56	208.00	2 148.82	200.19	3 935.84	121.53	1 803.82	7.03	1 391.08	82.60
694.29	240.00	541.63	466.98	473.93	322.98	546.83	317.23	660.20	773.84
7 226.06	832.00	6 606.28	162.00	6 213.73	499.00	7 140.30	7.00	7 304.72	1 994.00
1 404.12	190.00	1 407.44	950.00	1 435.40	136.00	1 338.13	120.10	2 344.76	100.00
5 363.33	419.81	4 819.83	317.69	5 233.17	35.00	5 803.22	0.00	5 311.13	431.03
6 358.58	1 029.13	5 941.68	311.92	6 151.85	1 520.16	5 616.99	117.46	5 454.32	212.52
4 833.82	4 010.00	4 389.29	1 340.00	4 591.35	0.00	5 164.50	0.00	3 675.43	0.00
1 412.59	2 435.75	1 166.87	735.10	1 427.51	0.45	1 254.14	0.00	1 238.62	0.00
3 807.83	172.80	2 458.51	0.00	2 132.20	0.00	1 127.97	0.00	1 065.12	0.00
6 450.68	0.00	6 018.06	410.29	4 690.27	0.00	4 129.04	0.00	3 993.77	0.00
2 471.25	384.48	1 768.60	293.83	2 104.11	65.00	2 699.25	72.04	1 815.53	305.81
24 541.70	0.00	19 417.37	0.00	22 057.06	0.00	21 689.46	0.00	20 835.85	0.00
6 967.39	154.29	4 300.83	133.47	6 219.68	56.83	6 396.37	72.30	5 078.67	874.86
1 981.36	0.00	1 657.83	1 400.00	1 639.95	0.00	4 250.71	0.00	3 069.28	0.00
2 335.46	777.95	2 993.37	10.00	4 092.06	38.68	4 143.97	0.00	3 779.50	405.00
22 631.82	10 392.63	15 784.13	32.39	18 939.83	2 099.52	17 287.84	154.82	18 668.40	7 292.90
7 579.26	0.75	6 580.04	0.46	6 519.93	0.20	7 904.26	0.00	7 486.55	1.70
12.46	0.00	13.99	645.00	13.20	370.02	12.40	0.00	10.29	0.00
1 341.44	110.53	1 435.47	1 742.26	1 526.16	50.00	1 882.50	88.46	2 228.91	0.00
468.37	263.00	445.82	0.00	532.75	700.00	537.03	0.00	521.92	0.00
516.00	0.00	243.45	0.00	186.00	0.00	187.34	0.00	555.69	0.00
1 763.18	0.00	1 585.45	0.00	2 621.06	0.00	2 487.53	0.00	2 435.14	0.00
8.03	0.00	7.92	122.30	9.53	3.50	9.70	120.00	7.98	94.20
2 451.01	130.00	2 227.27	0.00	10 256.63	0.00	3 870.25	0.00	2 737.64	475.50
3 385.04	11.56	3 577.73	146.41	3 017.26	0.00	2 546.63	297.94	2 614.71	0.00
1 648.87	2.82	1 906.12	0.00	1 624.15	30.66	1 344.93	135.48	1 155.15	0.00
324.13	0.00	368.82	0.00	337.70	0.00	325.94	0.00	331.44	0.00
3 433.41	1 968.70	1 812.96	2.21	1 256.19	6.26	1 779.01	3.61	5 092.19	1.46
135 049.33	23 834.55	110 746.63	9 497.30	129 764.02	6 110.29	122 952.22	1 625.05	121 242.66	13 141.26

续表（Continued）

地区 Region	10月 Oct		11月 Nov		12月 Dec		合计 Total		
	乐透型 Letou Lottery	即开型 Spot Lottery	乐透型 Letou Lottery	即开型 Spot Lottery	乐透型 Letou Lottery	即开型 Spot Lottery	乐透型 Letou Lottery	即开型 Spot Lottery	总计 Total
北　京	4 635.78	162.04	4 715.09	111.88	6 416.30	423.44	54 311.82	1 814.41	56 126.23
天　津	400.09	13.60	404.47	60.69	426.40	333.83	7 302.34	856.89	8 159.23
河　北	3 842.46	0.00	3 588.89	0.00	3 747.49	2 036.52	46 872.59	2 114.52	48 987.11
山　西	1 407.02	550.00	2 555.64	317.00	1 495.58	265.68	30 786.96	4 084.03	34 870.99
内蒙古	434.37	240.95	520.68	283.00	743.47	382.47	7 645.93	3 178.32	10 824.25
辽　宁	8 249.79	307.00	12 711.87	954.00	15 785.75	3 095.21	97 315.05	8 618.21	105 933.26
吉　林	2 375.84	73.40	2 918.42	295.90	3 690.08	229.53	23 104.43	2 124.93	25 229.36
黑龙江	5 350.64	525.45	5 705.47	128.88	7 321.12	188.44	64 930.09	2 798.89	67 728.98
上　海	5 891.18	2 895.75	5 942.86	315.28	5 777.19	2 462.17	69 636.46	10 395.84	80 032.30
江　苏	3 437.44	4 221.00	3 164.99	3 799.00	4 302.26	1 453.70	51 001.66	21 513.70	72 515.36
浙　江	1 248.17	1 097.84	1 506.14	10 374.66	2 607.35	17 462.41	17 878.66	35 163.86	53 042.52
安　徽	897.38	125.34	1 048.33	0.00	1 302.52	643.00	21 784.48	1 422.27	23 206.75
福　建	3 401.03	0.00	2 849.36	0.00	2 083.68	6 293.40	60 027.96	7 453.69	6 7481.65
江　西	2 111.83	527.40	1 477.84	740.47	1 547.96	2 964.25	25 549.43	5 443.40	30 992.83
山　东	20 884.70	0.00	21 230.56	0.00	21 512.58	11 517.04	254 383.84	11 517.04	265 900.88
河　南	4 763.11	225.67	4 822.91	169.32	4 676.43	1 518.12	64 377.74	3 716.78	68 094.52
湖　北	2 978.16	2 719.59	3 254.64	0.00	3 927.11	4 120.12	30 146.94	10 089.71	40 236.65
湖　南	3 613.28	520.00	3 917.64	500.00	3 819.52	389.05	38 582.24	4 233.68	42 815.92
广　东	20 954.66	7 850.28	25 859.22	9 314.77	37 036.98	5 010.90	242 199.16	45 406.97	287 606.13
广　西	7 186.51	0.64	7 186.67	1.50	7 038.62	10.83	84 416.01	103.86	84 519.87
海　南	8.41	0.00	7.80	0.00	7.66	384.64	172.33	3 124.16	3 296.49
重　庆	1 465.63	45.27	1 668.25	0.00	1 634.68	312.49	20 001.62	2 349.01	22 350.63
四　川	410.78	0.00	366.60	0.00	367.27	7 087.46	5 756.31	8 050.46	13 806.77
贵　州	589.69	0.00	490.09	0.00	432.46	1 066.44	4 966.45	1 066.44	6 032.89
云　南	2 536.67	0.00	2 165.33	0.00	2 014.57	0.00	24 112.91	55.48	24 168.39
西　藏	4.24	27.00	0.00	87.85	0.00	0.00	118.00	454.85	572.85
陕　西	2 867.53	0.00	3 018.37	0.00	2 529.87	0.00	42 003.49	605.50	42 608.99
甘　肃	2 424.45	0.00	2 331.83	22.00	3 057.39	20.00	32 363.16	497.91	32 861.07
宁　夏	1 023.72	40.00	963.82	64.23	1 344.21	59.19	14 742.83	367.88	15 110.71
青　海	310.36	0.00	298.97	0.00	413.19	62.17	3482.97	62.17	3 545.14
新　疆	5 726.18	14.23	6 137.53	0.00	5 235.77	668.26	38 601.80	2 664.73	41 266.53
合计 Total	121 431.10	22 182.45	132 830.28	27 540.43	152 295.46	70 460.76	1 478 575.66	201 349.59	1 679 925.25

（四）体育彩票统计资料

2002年全国体育彩票销售情况图

Chart of Sales of Sports Lottery in China in 2002

单位：亿元
Unit: Hundred Million Yuan

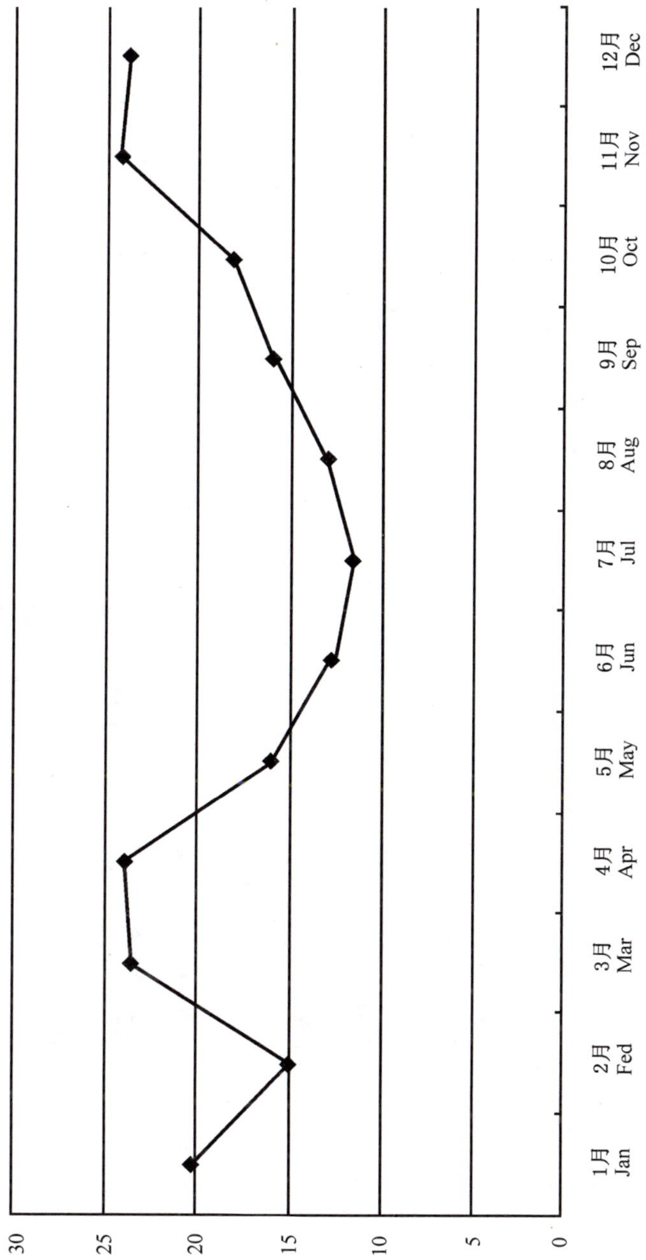

2002年全国各地区体育彩票销售排名表

Ranking of Sales of Sports Lottery in Different Regions of China in 2002

名　次 Position	地　区 Region	销量（万元） Sale（Ten Thousand Yuan）
1	广　东	340 464.63
2	福　建	318 353.12
3	江　苏	182 588.77
4	浙　江	143 421.78
5	北　京	130 858.00
6	河　南	108 702.18
7	四　川	102 926.54
8	上　海	102 769.02
9	湖　北	101 619.69
10	辽　宁	100 790.28
11	河　北	74 146.81
12	山　东	67 615.63
13	天　津	64 280.44
14	云　南	62 989.18
15	黑龙江	50 069.87
16	安　徽	34 423.72
17	吉　林	32 796.57
18	陕　西	27 153.05
19	广　西	22 577.61
20	湖　南	19 861.75
21	重　庆	18 424.85
22	江　西	16 811.94
23	贵　州	12 589.17
24	甘　肃	9 179.19
25	山　西	9 124.90
26	海　南	6 212.68
27	内蒙古	6 182.90
28	新　疆	5 204.49
29	宁　夏	3 078.50
30	青　海	1 118.08
31	西　藏	661.54
32	中体彩	317.11

2002年全国体育彩票各地区销售额比重图

Chart of Sports Lottery Sales Proportion in Different Regions in China in 2002

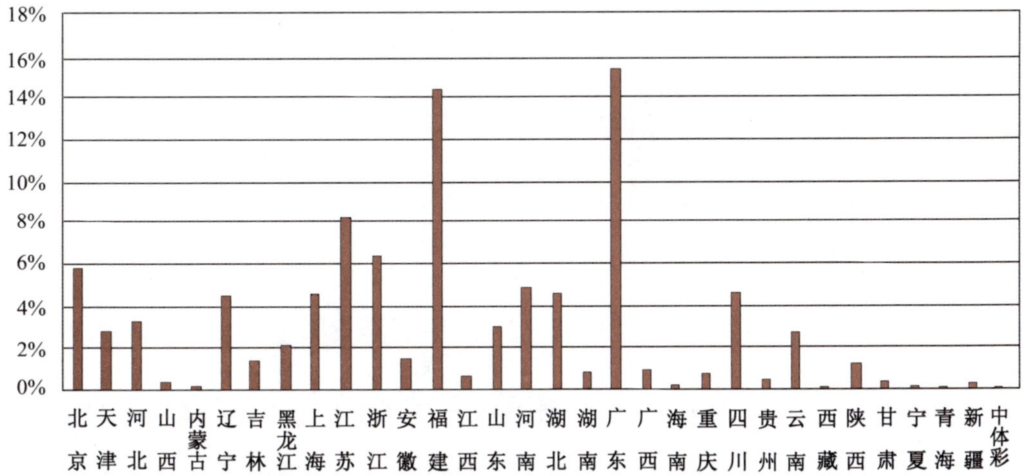

2002年全国体育彩票分类型销售情况图

Chart of Sports Lottery Sales in Different Lottery Games in China in 2002

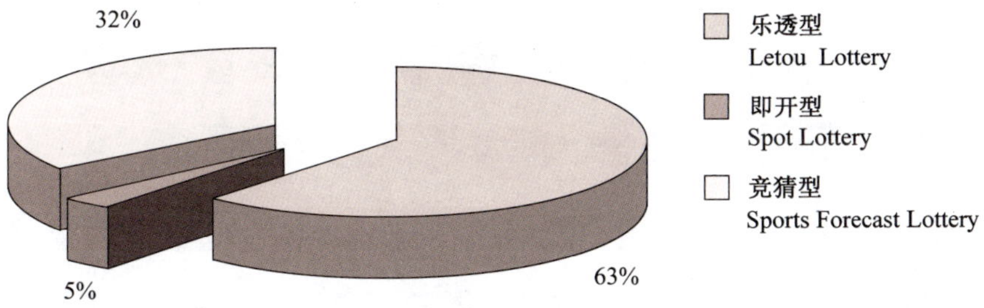

2002 年全国体育彩票

Table of Sports Lottery Sales in Different Regions

地　区 Region	1月 Jan			2月 Feb			3月 Mar			
	乐透型 Letou Lottery	即开型 Spot Lottery	竞猜型 Sports Forecast Lottery	乐透型 Letou Lottery	即开型 Spot Lottery	竞猜型 Sports Forecast Lottery	乐透型 Letou Lottery	即开型 Spot Lottery	竞猜型 Sports Forecast Lottery	乐透型 Letou Lottery
北　京	7 894	0	6 462	5 690	0	5 037	7 774	0	6 611	6 509
天　津	3 118.95	120	2 070.89	3 368.87	200	1 765.07	4 071.04	280	2 295.17	4 080.53
河　北	4 893.46	0	0	3 268.09	0	0	6 837.26	0	0	6 958.39
山　西	683.82	0	0	399.87	0	0	432.33	0	0	203.38
内蒙古	0	0	0	0	0	0	0	0	0	0
辽　宁	2 390.68	17.81	9 081.97	2 275.25	0	6 954.46	3 159.01	382.12	8 421.17	2 340.19
吉　林	1 724.72	0	0	1 140.25	0	0	2 211.67	0	0	2 464.7
黑龙江	3 697.27	0	0	2 948.66	40	0	4 343.3	240	0	4 659.15
上　海	3 071.1	0	6 039.29	1 941.04	0	5 374.3	3 664.32	0	8 076.82	4 184.9
江　苏	12 214.98	1 457.52	3 316.69	9 586	0	2 531.01	1 1468.97	0	3 069.88	12 604.86
浙　江	6 434.14	0	3 664.14	5 344.6	2 715.57	2 913.87	7 117.98	0	3 522.42	7 970.94
安　徽	3 098.61	74	0	1 495.47	140	0	1 981.45	160	0	1 756.82
福　建	27 687.02	36.02	3 679.82	17 778.54	112.45	2 605.07	33 020.92	0	2 830.08	31 581.71
江　西	411.65	47.4	0	211.52	14.66	0	447.27	96.6	0	365.84
山　东	3 908.42	0	3 489.12	2 861.19	100	2 489.9	4 459.94	184.19	3 537.45	4 349.28
河　南	7 639.74	0	0	9 951.46	0	0	14 700.91	400	0	9 588.17
湖　北	4 692.61	0	3 980.53	3 189.82	0	2 958.71	4 516.54	0	4 128.76	5 002.36
湖　南	481.62	0	0	322.91	0	0	708.71	0	0	645.8
广　东	7 036.65	0	33 222.87	3 913.9	135.61	27 068.71	6 551.77	220	33 594.7	7 231.29
广　西	912.17	0	0	777.77	0	0	767.48	156.77	0	496.11
海　南	326.36	0	0	180.39	0	0	245.54	130.03	0	162.99
重　庆	473.51	40	1 572.28	254.29	222.09	1 035.12	184.05	280.53	1 210.41	222.36
四　川	7 108.11	42.07	3 504.03	4 853.66	690.07	2 784.05	5 869.32	300.38	4 179.38	6 263.66
贵　州	1 108.57	0	0	583.41	0	0	974.89	304.15	0	789.78
云　南	4 455.75	0	0	2 658.52	75.04	0	4 731.93	0	0	4 531.17
西　藏	0		0	0		0	0		0	0
陕　西	2 036.5	210.66	0	1 457.17	10	0	1 818.07	25.46	0	2 627.35
甘　肃	526.59	0	0	285.37	0	0	438.87	0	0	443.26
青　海	44.05	0	0	26.47	0	0	49.22	0	0	54.18
宁　夏	0	0	0	0	0	0	0	0	0	218.7
新　疆	0	0	0	0	0	0	0	0	0	0
中彩中心	0	0	0	0	0	0	0	0	0	0
合　计 Total	118 071.05	2 045.48	80 083.63	86 764.49	4 455.49	63 517.27	132 546.76	3 160.23	81 477.24	128 306.87

（分地区分类型）销售情况表

and Different Lottery Games in China in 2002

单位：万元

Unit：Ten Thousand Yuan

4月 Apr			5月 May			6月 Jun			7月 Jul
即开型 Spot Lottery	竞猜型 Sports Fore-cast Lottery	乐透型 Letou Lottery	即开型 Spot Lottery	竞猜型 Sports Fore-cast Lottery	乐透型 Letou Lottery	即开型 Spot Lottery	竞猜型 Sports Fore-cast Lottery	乐透型 Letou Lottery	即开型 Spot Lottery
0	9 617	6 030	0	0	4 456	0	2 770	5 488	0
50	3 531.37	4 182.25	0	278.86	3 613.65	20	768.82	3248.75	0
0	1 088.1	6 859.86	0	0	5 486.4	0	980.09	4 875.45	0
0	342.88	166.59	0	0	151.22	0	358.81	507.55	0
80	0	52.3	64	309.28	140.5	28	0	547.83	0
125.93	12 647.78	2 032.24	0	0	1 920.5	0	4 019.4	4 066.47	0
0	907.06	2 395.54	0	235.21	2 045.33	110	656.41	1 473.11	224
520	1 143.19	3 687.35	80	212.42	2 037.11	280	809.64	2 829.93	528
0	7 621.15	4 136.83	5 058	0	5 287.46	20	2 215.69	4 177.07	928.14
1 192.54	3 532.46	11 502.15	0	922.94	10 477.85	6 573.35	1 775.08	10 037.41	0
138.55	5 403.59	7 509.05	6 492.04	0	6 203.8	0	1 953.31	8 179.08	0
132	604.46	1 858	0	0	963.01	0	610.23	1 005.23	0
0	4 055.19	31 522.57	0	0	26 305.07	0	1 403.67	24 157.61	0
0	472.36	463.13	0	0	207.18	0	528.15	1 131.87	132.45
264.93	4 149	4 730.33	0	512.4	2 828.13	226.84	1 285.11	3 633.05	0
934.34	1 127.9	8 790.86	0	0	6 087.47	16.76	882.86	5 599.61	0
0	6 767.64	5 192.82	0	0	4 752.16	0	1 888.01	4 658.75	0
0	1 058.95	517.81	767.04	452.41	321.5	0	1 234.38	408.02	0
298.89	48 962.19	5 186.76	920	0	4 032.22	193	13 339.82	4 480.23	200
50	1 923.44	625.83	0	0	279.97	0	1 290.29	1 601.75	3
0	592.35	170.41	0	102.65	141.9	0	326.96	156.93	0
0	1 710.27	239.23	234.28	0	149.59	109.99	970.83	628.74	111.4
245.63	4 180.29	6 191.75	576.54	0	5 044.67	16.66	2 245.56	5 823.83	326.08
231.95	328.97	675.86	0	90.98	526.88	0	395.36	816.86	210.33
0	980.84	4 818.4	44.21	0	5 391.05	0	983.26	4 562.81	407.94
	0	0		0	0		0	0	
20	793.9	1946.43	10	229.49	2101.29	0	396.74	1376.82	0
27.05	337.38	311	0	0	349.13	0	391.17	724.6	0
90.9	44.38	37.95	0	0	35.89	0	55.91	64.94	0
0	94	117.8	0	0	120.9	0	137	271.1	0
0	0	112.63	0	0	283.18	0	282.72	268.01	0
0	0	0	0	0	0	0	0	0	0
4 402.71	124 018.09	122 063.73	14 246.11	3 346.64	101 741.01	7 594.6	44 955.28	106 801.41	3 071.34

续表（Continued）

地　区 Region		8月 Aug			9月 Sep			10月 Oct		
	竞猜型 Sports Forecast Lottery	乐透型 Letou Lottery	即开型 Spot Lottery	竞猜型 Sports Forecast Lottery	乐透型 Letou Lottery	即开型 Spot Lottery	竞猜型 Sports Forecast Lottery	乐透型 Letou Lottery	即开型 Spot Lottery	竞猜型 Sports Forecast Lottery
北　京	421	6 247	0	0	5 732	0	3 529	5 783	0	4 358
天　津	0	3 677.99	393.65	0	3 608.45	0	750.26	3 907.95	20	1 997.03
河　北	0	4 400.17	0	0	5 285.29	0	787.49	4 795.63	0	990.26
山　西	66.65	729	0	0	563.56	128.67	307.73	593.4	0	440.39
内蒙古	0	251.32	101	0	292.06	233	210.6	456.13	93	324.18
辽　宁	0	3 863.32	1 042.72	0	2 137.51	0	4 646.36	2 210.91	1 152.2	5 023.02
吉　林	0	2 434.98	305.83	0	1 849.84	0	795	2 336.11	231.4	835.66
黑龙江	160.59	3 497.32	40	0	2 970.15	0	795.24	2 985.14	0	849.13
上　海	0	3 855.4	0	0	4 166.69	0	3 875.04	3 286.16	1 103.55	4 135.08
江　苏	222.26	10 884.04	0	0	11 230.34	0	1 079.59	12 389.14	0	2 829.75
浙　江	229.32	8 452.24	0	0	8 594.97	388.41	2 201.43	10 461.91	1 365.96	2 530.01
安　徽	0	2 546.49	173.14	0	3 603.07	484	496.81	3 049.73	425	644.83
福　建	0	21 464.12	0	0	17 992.05	692.17	1 471.77	19 628.07	0	2 242.15
江　西	89.4	1 565.77	0	0	1 544.39	53.35	453.5	1 067.77	544.71	740.16
山　东	0	3 267.55	516.78	0	2 540.41	0	2 258.44	2 091.51	0	2 359.24
河　南	0	5 433.52	0	0	6 373.25	0	618.05	8 489.29	654.38	774.73
湖　北	240.51	5 008.29	0	0	6 520.03	0	2 617.27	7 074.58	0	3 070.38
湖　南	0	687.2	0	0	713.89	0	1 060.03	681.86	443.47	1 347.38
广　东	1 394.97	7 627.26	260	0	5 727.77	1 000	16 825.46	7 712.37	1 467.19	18 951.36
广　西	172.38	2 092.49	190.6	0	1 067.89	0	1 708.77	1 032.41	134	1 074.98
海　南	73.1	162.32	0	0	130.5	98.44	423.46	138.89	0	543.47
重　庆	0	498.51	56.3	0	224.08	178.41	1 199.45	233.3	473.65	780.06
四　川	0	5 533.65	786	0	5 509.02	242.79	2 018.89	4 874.56	590.33	2 435.53
贵　州	0	590.09	0	0	559.31	0	434.75	725.2	0	558.86
云　南	175.31	4 683.99	0	0	4 119.63	0	753.3	3 975.83	1 002.38	816.18
西　藏	0	0		0	27.32	0	26.59	61.08	0	61.3
陕　西	105.46	1 572.85	197.72	0	1 673.15	6.52	374.07	1 264.27	0	1 079.94
甘　肃	0	827.58	0	0	431.96	0	355.6	394.46	0	353.13
青　海	0	80.34	67.63	0	39.85	0	44.94	36.08	7.82	53.03
宁　夏	0	376.6	77	0	209.7	13	139.4	169	0	140.4
新　疆	50.33	233.73	0	0	533.79	114.53	281.88	314.23	104.18	379.33
中彩中心	0	0	317.11	0	0	0	0	0	0	0
合　计 Total	3 401.28	112 545.13	4 525.48	0	105 971.92	3 633.29	52 540.17	112 219.97	9 813.22	62 718.95

11月 Nov			12月 Dec			合计 Total			
乐透型 Letou Lottery	即开型 Spot Lottery	竞猜型 Sports Forecast Lottery	乐透型 Letou Lottery	即开型 Spot Lottery	竞猜型 Sports Forecast Lottery	乐透型 Letou Lottery	即开型 Spot Lottery	竞猜型 Sports Forecast Lottery	小计 Total
6 571	0	7 649	7 712.49	1 003	7 514.51	75 886.49	1 003	53 968.51	130 858
3 678.76	0	2 216.05	4 832.37	24	2 109.71	45 389.56	1 107.65	17 783.23	64 280.44
5 267.07	0	1 707.93	6 673.59	1 181.58	1 810.7	65 600.66	1 181.58	7 364.57	74 146.81
419.14	125.25	752.25	410.3	541.08	801.03	5 260.16	795	3 069.74	9 124.9
979.2	97.6	562.09	635.68	0	725.13	3 355.02	696.6	2 131.28	6 182.9
3 082.74	0	7 906.49	1 818.08	205.63	7 866.32	31 296.9	2 926.41	66 566.97	100 790.28
2 092.29	583.4	2 026.71	2 221.58	164.68	1 331.09	24 390.12	1 619.31	6 787.14	32 796.57
2 950.61	200	1 350.55	3 470.93	1 348.35	1 395.84	40 076.92	3 276.35	6 716.6	50 069.87
3 954.19	543.88	6 162.59	2 414.81	888.27	6 587.25	44 139.97	8 541.84	50 087.21	102 769.02
13 307.95	504	3 417.57	13 845.35	7 553.95	3 061.14	139 549.04	17 281.36	25 758.37	182 588.77
8 790.11	1 753.01	4 324.66	9 950.05	4 694.27	4 122.35	95 008.87	17 547.81	30 865.1	143 421.78
2 947.75	448	1 045.26	3 032.04	710.82	937.5	27 337.67	2 746.96	4 339.09	34 423.72
19 948.6	0	1 984.05	23 703.82	0	2 450.55	294 790.1	840.64	22 722.38	318 353.12
1 287.64	273.76	1 152.45	1 264.22	1 108.81	1 135.93	9 968.25	2 271.74	4 571.95	16 811.94
1 857.16	709.97	4 335.09	2 059.07	158.83	2 452.3	38 586.04	2 161.54	26 868.05	67 615.63
9 337.22	113.2	1 120.3	8 459.52	544.24	1 064.4	100 451.02	2 662.92	5 588.24	10 8702.18
6 286.06	0	5 021.62	7 128.85	2 000	4 923.39	64 022.87	2 000	35 596.82	101 619.69
514.98	932.3	2 642.1	453.71	1 857.19	1 608.48	6 458.01	4 000	9 403.73	19 861.74
6 708.71	1 346.34	30 187.49	6 268.03	12 799.69	25 599.38	72 476.96	18 840.72	249 146.95	340 464.63
770.32	0	2 251.44	697.33	402.82	2 097.6	11 121.52	937.19	10 518.9	22 577.61
162.53	0	1 132.51	210.53	0	609.42	2 180.29	228.47	3 803.92	6 212.68
257.5	0	1 761.32	287.94	1 206.24	1 619.12	3 653.1	2 912.89	11 858.86	18 424.85
5 717.3	16.7	3 815.83	5 738.07	1 734.11	3 668.03	68 527.6	5 567.36	28 831.59	102 926.55
530.11	148.54	819.61	454.62	30.33	699.76	8 335.58	925.3	3 328.29	12 589.17
5 086.55	360.76	1 365.24	5 719.46	0	1 289.63	54 735.09	1 890.33	6 363.76	62 989.18
85.6	0	117.45	79.73	120.54	81.83	253.73	120.54	287.27	661.54
1 177.51	0	1 315.8	1 924.55	144.59	1 256.74	20 975.96	624.95	5 552.14	27 153.05
410.6	869.26	585.59	471.05	60.34	585.2	5 614.47	956.65	2 608.07	9 179.19
38.05	2.97	93.44	49.7	0	100.34	556.72	169.32	392.04	1 118.08
177.9	8.7	242.1	213.4	20.3	331.5	1 875.1	119	1 084.4	3 078.5
202.83	0	651.77	241.87	427.65	721.83	2 190.27	646.36	2 367.86	5 204.49
0	0	0	0	0	0	0	317.11	0	317.11
114 597.98	9 037.64	99 716.35	122 433.74	40 931.31	90 558.13	1 364 064.06	106 916.90	706 333.03	2 177 313.99

（五）2002 年各地彩票机构代扣所得税情况统计表*

Table of Income Tax from Lottery Winners With held by Regional Lottery Organizations in 2002

单位：元

Unit: Yuan

地区 Region	福利彩票 Welfare Lotteries	体育彩票 Sports Lotteries	合计 Total
北　京	11 157 382.20	87 080 000.00	98 237 382.20
天　津	1 697 683.20	35 000 000.00	36 697 683.20
河　北	11 634 222.20	40 890 000.00	52 524 222.20
山　西	13 654 638.00	4 275 300.00	17 929 938.00
内蒙古	4 332 134.82	3 543 000.00	7 875 134.82
辽　宁	27 135 253.85	47 910 000.00	75 045 253.85
吉　林	10 755 080.15	16 741 000.00	27 496 080.15
黑龙江	32 610 762.50	23 270 100.00	55 880 862.50
上　海	29 320 872.19	55 700 000.00	85 020 872.19
江　苏	22 672 960.00	95 850 000.00	118 522 960.00
浙　江	21 682 968.40	59 504 000.00	81 186 968.40
安　徽	9 282 969.00	15 645 000.00	24 927 969.00
福　建	38 770 923.00	159 910 000.00	198 680 923.00
江　西	13 891 363.40	7 720 000.00	21 611 363.40
山　东	130 191 689.80	37 350 000.00	167 541 689.80
河　南	34 490 373.00	55 000 000.00	89 490 373.00
湖　北	14 973 674.00	55 000 000.00	69 973 674.00
湖　南	26 432 329.74	7 662 500.00	34 094 829.74
广　东	164 784 695.27	264 760 000.00	429 544 695.27
广　西	43 533 391.40	14 270 000.00	57 803 391.40
海　南		4 170 000.00	4 170 000.00
重　庆	11 333 644.20	777 000.00	12 110 644.20
四　川	6 302 085.00	46 850 000.00	53 152 085.00
贵　州	3 376 486.00	20 560 000.00	23 936 486.00
云　南	12 573 335.20	30 020 000.00	42 593 335.20
西　藏		126 000.00	126 000.00
陕　西	22 517 695.20	12 720 000.00	35 237 695.20
甘　肃	29 221 738.00	6 000 000.00	35 221 738.00
青　海		248 800.00	248 800.00
宁　夏	381 463.80	2 377 800.00	2 759 263.80
新　疆	21 020 221.22	164 000.00	21 184 221.22
深圳市	16 333 299.27	—	16 333 299.27
合　计 Total	786 065 334.01	1 211 094 500.00	1 997 159 834.01

* 本表数据分别由中国福利彩票发行管理中心和国家体育总局体育彩票管理中心提供。

（六）2002年各地彩票获百万元以上大奖情况统计表*

Table of Millionaire Prize Winners in Different Regions in 2002

地区 Region	福利彩票 Welfare Lotteries		体育彩票 Sports Lotteries	
	100万元以上中奖金额（元）	注数	100万元以上中奖金额（元）	注数
北　京	35 062 591.00	21	240 443 966.00	71
天　津	5 422 342.00	2	116 120 000.00	33
河　北	17 641 706.00	11	101 531 706.00	29
山　西	47 977 832.50	16	12 480 960.00	8
内蒙古	14 005 746.00	7	14 118 000.00	5
辽　宁	146 968 000.00	37	165 430 000.00	51
吉　林	37 504 394.00	17	54 572 281.00	16
黑龙江	128 263 136.00	31	82 589 200.00	29
上　海	72 470 000.00	27	170 603 292.00	67
江　苏	43 138 830.00	17	285 983 972.00	71
浙　江	9 138 000.00	10	239 271 287.00	71
安　徽	27 633 975.00	9	67 194 000.00	23
福　建	53 069 445.00	40	464 480 000.00	141
江　西	43 560 837.00	18	24 590 000.00	9
山　东	267 418 217.00	188	86 020 000.00	42
河　南	162 432 780.00	54	222 440 866.00	67
湖　北	45 590 000.00	15	144 131 899.00	47
湖　南	55 000 000.00	21	14 947 768.00	5
广　东		139	525 490 000.00	211
广　西	126 100 000.00	41	21 585 564.00	11
海　南			10 560 000.00	4
重　庆	42 545 418.00	12	7 052 513.00	15
四　川	12 911 328.00	7	214 690 000.00	42
贵　州	11 256 968.00	5	20 884 000.00	13
云　南	29 808 992.00	14	98 558 849.00	28
西　藏			—	—
陕　西	83 790 552.00	26	29 380 000.00	17
甘　肃	49 341 823.00	21	15 776 380.00	9
青　海	12 254 763.00	4	—	—
宁　夏	385 731.00	17	8 931 800.00	4
新　疆	90 750 000.00	24	3 419 800.00	2
深　圳		23		
合　计 Total		874		1 141

*本表中福利彩票的相关数据由各地福利彩票发行中心分别提供，体育彩票的相关数据由国家体育总局体育彩票管理中心提供。

九、彩票票样

2003

中国福利彩票
面值贰元
门神报喜
FB-1
FB-2
FB-3
FB-4
FB-5

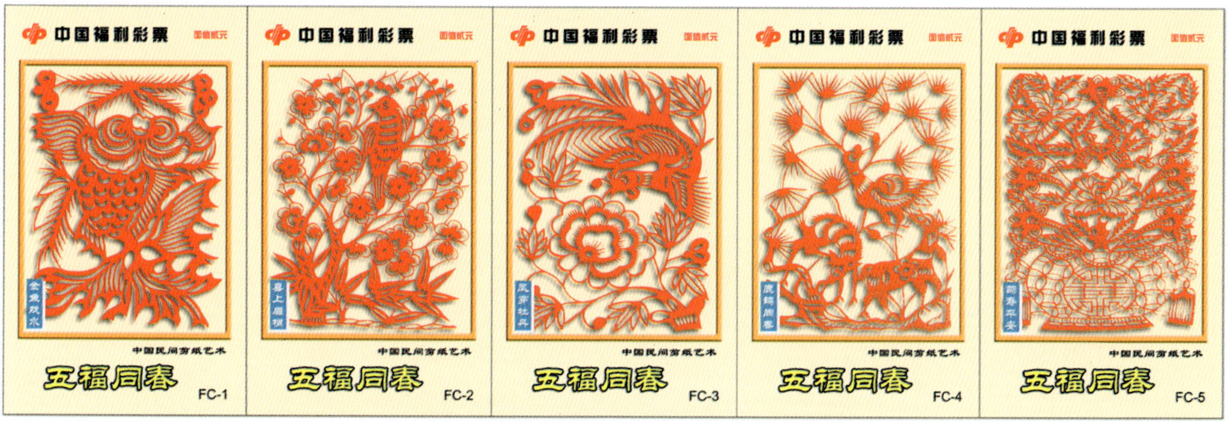
中国福利彩票
面值贰元
中国民间剪纸艺术
五福同春
FC-1
FC-2
FC-3
FC-4
FC-5

中国福利彩票
面值贰元
趣味麻将
金鹊报喜
9999
分组号
保安区
保安区刮开无效

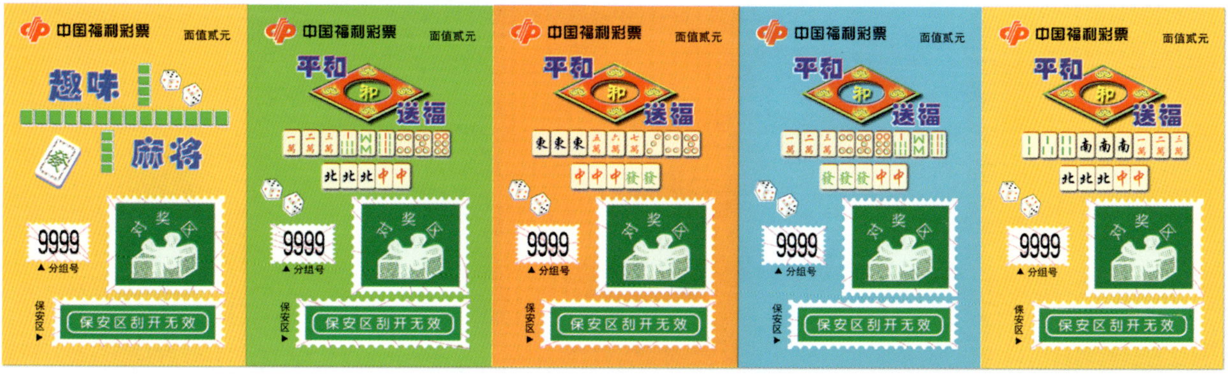
中国福利彩票
面值贰元
趣味麻将
平和送福
9999
分组号
保安区
保安区刮开无效

中国福利彩票
西汉 鎏金飞马纹铜牌饰
佩带物 一九八〇年吉林省榆树县老河深出土
长十一・三厘米 宽七・二厘米
此牌饰汉代鲜卑族旧物
神兽近似飞马 吻部又以骨角上翘 昂首翘尾
四蹄腾云 双翼上展 作奔腾状
与魏书・帝纪・序纪所载
有神兽其形似马 其声类牛 大体相合
此神兽依据鲜卑族特有的神话设计
古人对马又添上相应的注脚 龙为天马
¥5.00
面值伍元
G0615—15—49—15(20—01)

中国福利彩票
东汉 马踏飞燕
一九六九年从坐落在当年丝绸之路的必经地
武威雷台的东汉墓中获得出土
铜马三十九匹 在众多的铜马中
有一匹凌空飞奔 无与伦比的铜奔马
踏踩飞燕
这大概与春秋时代就已流传的相马经有关
留传到汉代的相马经认为
能追及飞鸟的是良马的重要标志
所以骏马和飞燕的组合
好像就是为了图解
骏马行越飞禽 来展示良骥
¥5.00
面值伍元
G0615—15—49—15(20—02)

中国福利彩票
东汉 辎车画像砖
一九五三年四川省成都市扬子山出土
纵三九厘米 横四六・五厘米 厚五・四厘米
汉代辎车的车箱很严密
两侧开窗 后方开门 车盖多呈篷形
车箱分为前后两部分
主人坐在后舆 御者在前舆中执马
汉代辎车主要供妇女乘坐
史书中多处记载皇太后
皇后或妃子出门必乘
这块画像砖所示是
汉代一般官宦妇女所乘辎车的情景
¥5.00
面值伍元
G0615—15—49—15(20—03)

中国福利彩票
北魏 骑马武士陶俑
一九五三年陕西省西安市草厂坡墓出土
高三八厘米
图中马匹与武士均披铠甲 是战斗装束
鲜卑族拓跋部建立的北魏王朝
最初用骑兵作战
保留着本民族的许多原有风俗
至孝文帝太和十七年 公元四九三年
实行改革后 才迅速汉化
这批陶俑是孝文帝改革以前的制品
制俑技术还比较原始
¥5.00
面值伍元
G0615—15—49—15(20—04)

中国福利彩票
西魏 狩猎图
敦煌莫高窟二四九窟中的 狩猎图
具有特殊的艺术价值
仰首面视 但见群山浩荡 林树生风
几位猎人正拉弓搭箭 纵马驰骋
狩猎图 用鲜艳的色彩 粗犷线条和涂抹的方式
把狩猎的人 马 山 树以及野兽等画上去
它的构思洋溢着奔放不羁的浪漫情调
弥漫着古拙和气势
又有一种气韵生动的效果
狩猎图没有风化变色
它是真正的粗犷 粗犷中又带有潇洒的意味
¥5.00
面值伍元
G0615—15—49—15(20—05)

洛神赋第一卷
东晋 顾恺之 洛神赋图
纵二十七．一厘米 横五七二．八厘米 卷本设色
魏晋时玄风大盛
汉代那种绘画为儒家政治服务的宗旨
与这个时代格格不入
然我们读一读曹植的 洛神赋
看一看顾恺之的 洛神赋图
那种兴奋过度的玄想
甚至会使诗人看到 洛神 的幻想
绘画不过是这种精神状态的复制品
汉代天马画卷中
那种狂热的火焰
熄灭了
中国福利彩票
¥5.00
面值伍元
G0615-15-49-15(20-06)

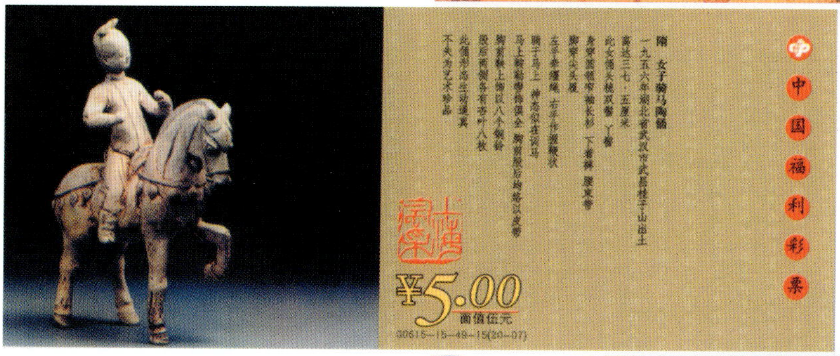
隋 女子骑马陶俑
一九五六年湖北省武汉市武昌桂子山出土
高达三十七．五厘米
此女俑头梳双髻 丫髻
身穿圆领窄袖长衫 下着裤 腰束带
脚穿尖头履
左手牵缰绳 右手作握鞭状
骑于马上 神态悠然自得
马上鞍鞯辔饰俱全 胸前股后均络以皮带
胸前鞅上饰以八个铜铃
股后两侧各有杏叶八枚
此俑形态生动逼真
不失为艺术珍品
中国福利彩票
¥5.00
面值伍元
G0615-15-49-15(20-07)

唐 昭陵六骏之一 青骓
贞观十年 唐太宗开始兴建昭陵
诏令雕刻曾随他驰骋疆场的六匹战马的石像
昭陵六骏因此得名 六骏分别为
特勒骠 什伐赤 白蹄乌 拳毛䯄 飒露紫和青骓
无论哪一匹 其造型都异常优美雄峻 姿态生动
神情各异 极具真实感
昭陵六骏是中华民族的瑰宝
但可惜的是其中 飒露紫 拳毛䯄二骏浮雕
在一九一四年被美国一文物走私商
打碎盗运至美国
现存于美国宾夕法尼亚大学博物馆
此张彩票图所用的是昭陵六骏之一 青骓
现收藏陈列于中国西安碑林博物馆
中国福利彩票
¥5.00
面值伍元
G0615-15-49-15(20-08)

唐 韩干 牧马图
韩干 唐代画马名家
天宝年中 公元七四二至七五六年
被召入宫专画御马 初师曹霸 后自独擅
韩干画马
一定要考察时间 天气 光线 视角 距离
然后才确认马的形状 骨骼 毛色
牧马图 展示了人与马的和谐之美
你看 骑在白马上的奚官
手展松松地勒着缰绳
力的缰绳通过缰勒传递给黑马
马的头颈呈现出自然的弧线
这牵引只是愉快的一瞬间
显然 韩干的画马之道并不是单纯的描摹自然
他笔下的骏马寄托着高尚的人心
是马性的呈现
中国福利彩票
¥5.00
面值伍元
G0615-15-49-15(20-09)

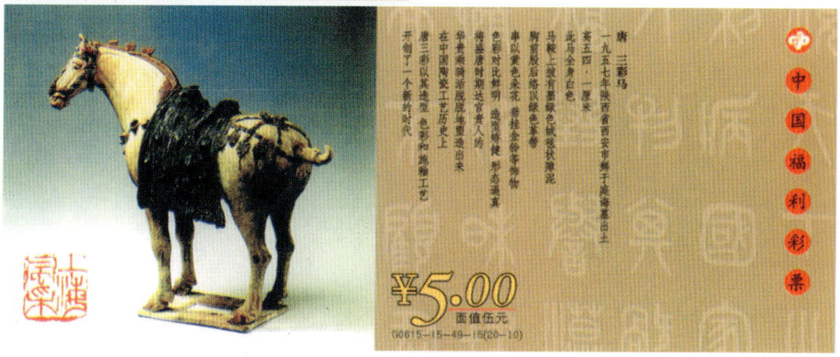
唐 三彩马
一九五七年陕西省西安市鲜于庭诲墓出土
高五四．一厘米
此马全身白色
马鞍上披有墨绿色毯状障泥
胸前股后络以绿色革带
革以黄色朵花 悬挂金铃等饰物
色彩对比鲜明 造型矫健 形态逼真
将盛唐时期达官贵人的
华贵乘骑活脱脱地塑造出来
在中国陶瓷工艺历史上
唐三彩以其造型 色彩和施釉工艺
开创了一个新的时代
中国福利彩票
¥5.00
面值伍元
G0615-15-49-15(20-10)

唐 驯马陶俑
中国福利彩票
¥5.00
面值伍元
G0615-15-49-15(20-11)

宋摹 虢国夫人游春图
中国福利彩票
¥5.00
面值伍元
G0615-15-49-15(20-12)

五代梁 赵喦 八达春游图
中国福利彩票
¥5.00
面值伍元
G0615-15-49-15(20-13)

元 刘贯道 画元世祖出猎图
中国福利彩票
¥5.00
面值伍元
G0615-15-49-15(20-14)

元 赵孟頫 浴马图
中国福利彩票
¥5.00
面值伍元
G0615-15-49-15(20-15)

中国福利彩票
元 赵雍 骏马图
¥5.00
面值伍元
G0615—15—49—15(20—16)

中国福利彩票
元 任人发 饮饲图
¥5.00
面值伍元
G0615—15—49—15(20—17)

中国福利彩票
明 平番得胜图
¥5.00
面值伍元
G0615—15—49—15(20—18)

中国福利彩票
清 东宁陈氏番俗图册 捕野牛
¥5.00
面值伍元
G0615—15—49—15(20—19)

中国福利彩票
清 郎世宁 爱乌罕四骏图之一
¥5.00
面值伍元
G0615—15—49—15(20—20)

中国福利彩票

中国福利彩票
面值贰元
中国古典名著——水浒传
天魁星呼保义——宋江
110－1
齐鲁风采电视票
G0715－21－61－21(110－1)

中国福利彩票
面值贰元
中国古典名著——水浒传
天罡星玉麒麟——卢俊义
110－2
齐鲁风采电视票
G0715－21－61－21(110－2)

中国福利彩票
面值贰元
中国古典名著——水浒传
天机星智多星——吴用
110－3
齐鲁风采电视票
G0715－21－61－21(110－3)

中国福利彩票
面值贰元
中国古典名著——水浒传
天闲星入云龙——公孙胜
110－4
齐鲁风采电视票
G0715－21－61－21(110－4)

中国福利彩票
面值贰元
中国古典名著——水浒传
天勇星大刀——关胜
110－5
齐鲁风采电视票
G0715－21－61－21(110－5)

中国福利彩票
面值贰元
中国古典名著——水浒传
天雄星豹子头——林冲
110－6
齐鲁风采电视票
G0715－21－61－21(110－6)

中国福利彩票
面值贰元
中国古典名著——水浒传
天猛星霹雳火——秦明
110－7
齐鲁风采电视票
G0715－21－61－21(110－7)

中国福利彩票
面值贰元
中国古典名著——水浒传
天威星双鞭——呼延灼
110－8
齐鲁风采电视票
G0715－21－61－21(110－8)

中国福利彩票
面值贰元
中国古典名著——水浒传
天英星小李广——花荣
110－9
齐鲁风采电视票
G0715－21－61－21(110－9)

中国福利彩票
面值贰元
中国古典名著——水浒传
天贵星小旋风——柴进
110－10
齐鲁风采电视票
G0715－21－61－21(110－10)

中国福利彩票
面值贰元
中国古典名著——水浒传
天富星扑天雕——李应
110－11
齐鲁风采电视票
G0715－21－61－21(110－11)

中国福利彩票
面值贰元
中国古典名著——水浒传
天满星美髯公——朱仝
110－12
齐鲁风采电视票
G0715－21－61－21(110－12)

中国福利彩票
面值贰元
中国古典名著——水浒传
天孤星花和尚——鲁智深
110－13
齐鲁风采电视票
G0715－21－61－21(110－13)

中国福利彩票
面值贰元
中国古典名著——水浒传
天伤星行者——武松
110－14
齐鲁风采电视票
G0715－21－61－21(110－14)

中国福利彩票
面值贰元
中国古典名著——水浒传
天立星双枪将——董平
110－15
齐鲁风采电视票
G0715－21－61－21(110－15)

中国福利彩票

中国福利彩票

中国福利彩票
面值贰元
中国古典名著——水浒传
天捷星没羽箭——张清
110－16
齐鲁风采电视票
G1115－33－61－33(110－16)

中国福利彩票
面值贰元
中国古典名著——水浒传
天暗星青面兽——杨志
110－17
齐鲁风采电视票
G1115－33－61－33(110－17)

中国福利彩票
面值贰元
中国古典名著——水浒传
天佑星金枪手——徐宁
110－18
齐鲁风采电视票
G1115－33－61－33(110－18)

中国福利彩票
面值贰元
中国古典名著——水浒传
天空星急先锋——索超
110－19
齐鲁风采电视票
G1115－33－61－33(110－19)

中国福利彩票
面值贰元
中国古典名著——水浒传
天速星神行太保——戴宗
110－20
齐鲁风采电视票
G1115－33－61－33(110－20)

中国福利彩票
面值贰元
中国古典名著——水浒传
天异星赤发鬼——刘唐
110－21
齐鲁风采电视票
G1115－33－61－33(110－21)

中国福利彩票
面值贰元
中国古典名著——水浒传
天杀星黑旋风——李逵
110－22
齐鲁风采电视票
G1115－33－61－33(110－22)

中国福利彩票
面值贰元
中国古典名著——水浒传
天微星九纹龙——史进
110－23
齐鲁风采电视票
G1115－33－61－33(110－23)

中国福利彩票
面值贰元
中国古典名著——水浒传
天究星没遮拦——穆弘
110－24
齐鲁风采电视票
G1115－33－61－33(110－24)

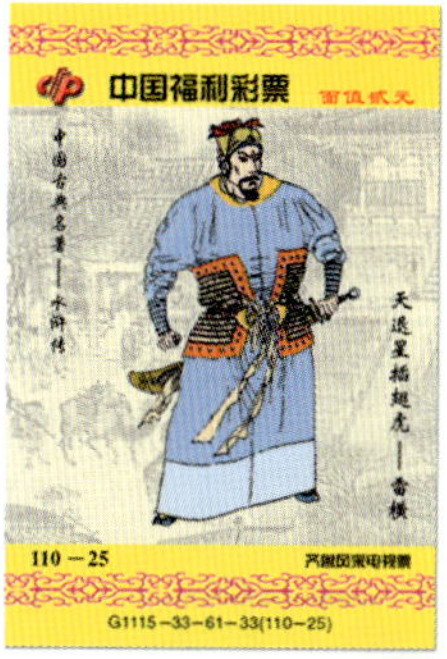
中国福利彩票
面值贰元
中国古典名著——水浒传
天退星插翅虎——雷横
110－25
齐鲁风采电视票
G1115－33－61－33(110－25)

中国福利彩票
面值贰元
中国古典名著——水浒传
天寿星混江龙——李俊
110－26
齐鲁风采电视票
G1115－33－61－33(110－26)

中国福利彩票
面值贰元
中国古典名著——水浒传
天剑星立地太岁——阮小二
110－27
齐鲁风采电视票
G1115－33－61－33(110－27)

中国福利彩票
面值贰元
中国古典名著——水浒传
天竟星船火儿——张横
110－28
齐鲁风采电视票
G1115－33－61－33(110－28)

中国福利彩票
面值贰元
中国古典名著——水浒传
天罪星短命二郎——阮小五
110－29
齐鲁风采电视票
G1115－33－61－33(110－29)

中国福利彩票
面值贰元
中国古典名著——水浒传
天损星浪里白条——张顺
110－30
齐鲁风采电视票
G1115－33－61－33(110－30)

中国福利彩票

中国福利彩票
面值贰元
馬到成功—唐马(之一)
馬到成功—唐马(之二)
塑造准 体格强 三彩马 神态逼 四肢修 站立状
对奖区
保安区刮开无效
0000
000000-00
馬到成功—名马
澳大利亚小马 (Australian Pony) (5-1)
特斯基马 (Tersky) (5-2)
缅甸小马 (Burma) (5-3)
克里奥拉马 (Criollo) (5-4)
拉脱维亚马 (Latvian) (5-5)
(5-1)
(5-2)
(5-3)
(5-4)
(5-5)

中国福利彩票
春秋鼎盛
面值贰元
FA-1
FA-2
FA-3
FA-4
FA-5
9999
保安区刮开无效
000000-00

中国福利彩票
面值贰元
馬到成功—赛马
对奖区
保安区刮开无效
(5-1)
0000
000000-00
(5-2)
(5-3)
(5-4)
(5-5)

中国福利彩票
面值贰元
馬到成功—马术
对奖区
保安区刮开无效
(5-1)
0000
000000-00
(5-2)
(5-3)
(5-4)
(5-5)

中国福利彩票
面值贰元
00000
对 奖 区
保安区刮开无效
卡通车
火车(5-1)
0000000-00
火车(5-2)
火车(5-3)
火车(5-4)
火车(5-5)

中国福利彩票
对奖区
祝您好运
面值 2元
保安区刮开无效
0000
000000-00
玩
玩

中国福利彩票
对奖区
面值 2元
保安区刮开无效
0000
000000-00
电脑福利彩票

中国福利彩票
对奖区
面值 2元
100%
保安区刮开无效
0000
000000-00
奖
奖

中国福利彩票
面值贰元
三朵金花
(5-1)
(5-2)
(5-3)
(5-4)
(5-5)
0000
保安区刮开无效
0000000-00

中国福利彩票
面值贰元
变魔"数"
开奖号
对奖号
佰位
拾位
个位
(5-1)
(5-2)
(5-3)
(5-4)
(5-5)
9999
保安区刮开无效
0000000-00

中国福利彩票
面值贰元
动物乐园

中国福利彩票
快乐彩
1,000,000
连票面值10元
安全区 刮开作废
第 000 期
MILLIONAIRE
面值2元
封顶奖金
¥1,000,000
安全区，刮开作废
刮开对奖
①
②
③
④
⑤

2002/01CDRLS（1-12） 生肖系列（电脑热敏票）

2002/02J15EZDL 福寿对联

2002/03J15EZLF 龙凤呈祥

2002/04J10ETPP 乒乓擂台

2002/06J100EH（1-32） 马年生肖

2002/07J100EQ（1- 8）　马年生肖

2002/08CDRLS（1-12）　足球彩票发行纪念（电脑热敏票）

2002/09CDRLE（1-12）　足球彩票发行纪念（电脑热敏票）

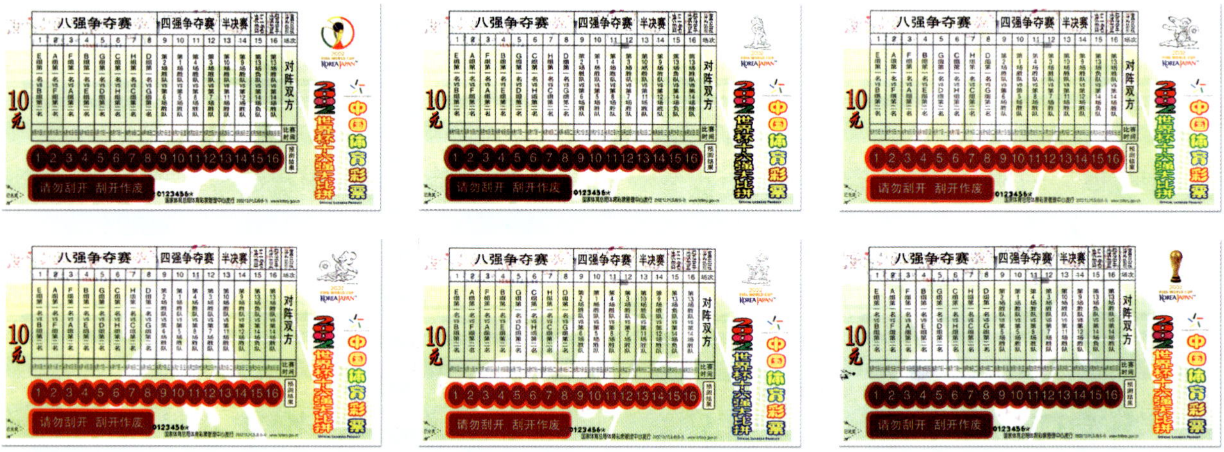

2002/12JYSJB（1-6）　世界杯十六强

2002/10J100EY（1-10）少儿足球

2002/13J40EHMC　捉迷藏

2002/05J20ETGT
高台之花

2002/11J100EB（1-10）足球幽默

2002/15J100EP（1-10） 杂技

2002/16CDRLS（1-12） 休闲运动（电脑热敏票）

上海军体科技器材公司

上海军体科技器材公司成立于1984年4月，是一个集设计、制作、销售为一体并具有独立法人代表资格的国有企业。公司技术设计力量雄厚，设备先进。受国家体育总局及有关单位的委托，于1998年开始研制中国体育彩票专用摇奖机，目前已完成中国体育彩票多功能专用摇奖机的研制和生产工作，该设备通过了上海技术质量监督检测局的技术鉴定，被国家体育总局彩票管理中心等有关部门一致认定为中国体育彩票、中国足球彩票的专用摇奖设备，在彩票相关管理部门备案。沪－B型系列全自动摇奖机已装备全国各省体育彩票管理中心(除台湾、香港、澳门外)，全方位服务于中国体彩各类开奖的摇号工作，设备系统为全自动化，使用方便、灵活、安全可靠，摇号全过程清晰可见。该设备由我公司全面负责定期维护保养和检测，彻底消除了设备等各种因素的影响，在长达5年的使用过程中，充分体现了公开、公平、公正、科学的技术性能和特点。沪－B全自动系列摇奖机倍受广大彩民的青睐，并且远销东南亚和非洲等国家。公司研制的摇号系列设备广泛用于招标摇号工作及电视台节目现场抽奖活动。目前已有上海、浙江、江苏、广西、广东、辽宁、福建等十多个省市和地区的中、高级人民法院，政府采购，工程招投标管理，行业听证会等管理部门配备由我公司生产的摇号设备。

随着形势的发展，公司经营将进一步面向市场需求，竭诚为大众服务。

摇奖现场

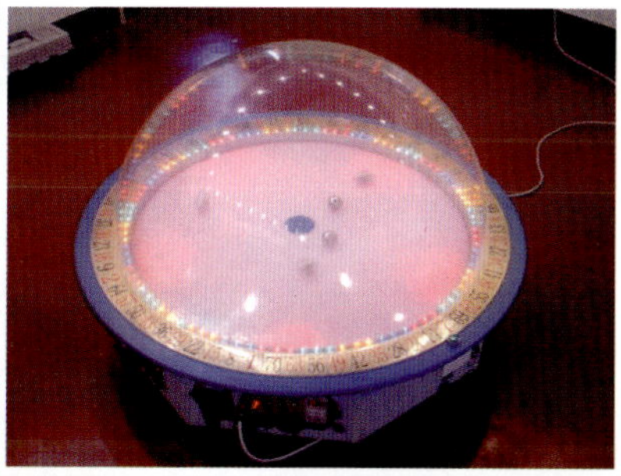

平面转盘式摇奖机

地址：上海市广中路444号
邮编：200083
电话：021-56652257
传真：021-56770200
手机：13901875190
网址：www.sh-jtkj.com
E-mail：lnfx@sh-jtkj.com

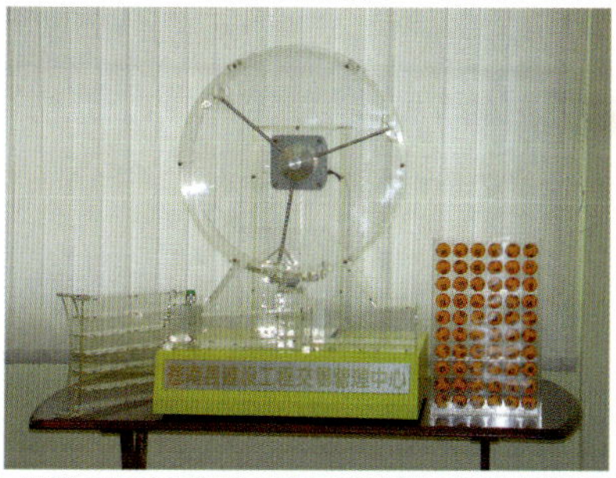

沪－B半自动摇奖机

3年新款沪－B全自动摇奖机

沪－B500型手动摇奖机

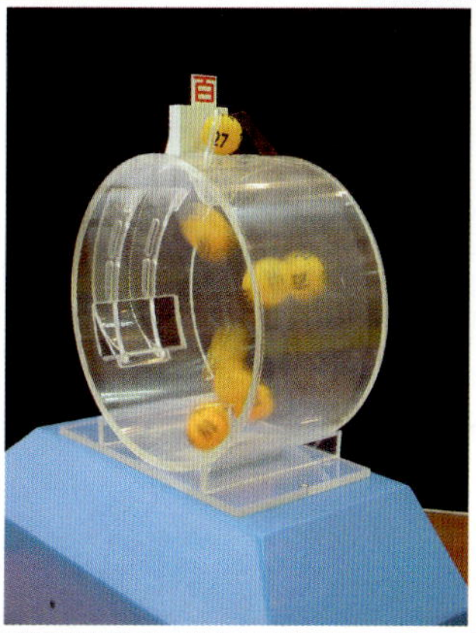

沪－D气流离心式摇奖机

沪－E球型气流下落式摇奖机

YPQD-3 型摇奖机

YPX 半自动小型摇奖机

YPQL_P-70 型摇奖机

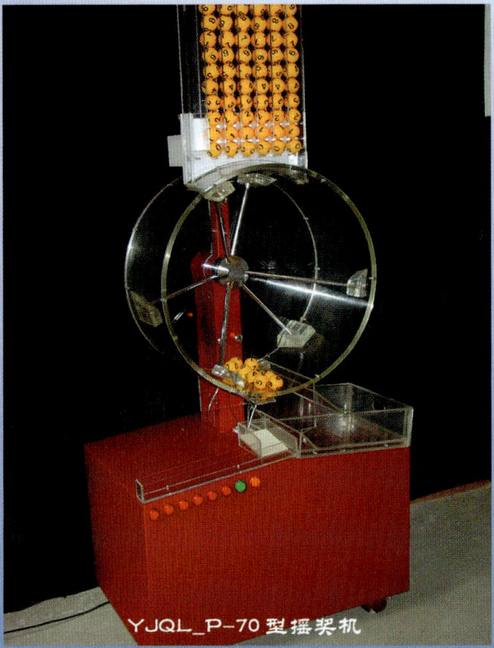
YJQL_P-70 型摇奖机

YPQL-80 型摇奖机

思乐数据

SINO DATA

思乐数据长期致力于高新软硬件产品的研究、开发、生产和系统集成技术，目前已成为中国福利彩票行业中主要的全面解决方案提供商。公司自行研发的SN-2000和SN-3000系列彩票一体化投注机具有国内领先水平，获中国福利彩票发行管理中心准入证。在此基础上，公司开发了SN-2000C、SN-2000F、SN-3000CA、SN-3000CQ等系列机型以满足不同的市场需求。生产的投注设备及电脑福利彩票销售管理软件已用于湖南、海南、江苏、山东、辽宁、吉林、陕西、安徽、贵州、云南、江西等省的电脑福利彩票发行市场。目前，11个省的系统都已全部升级改造为热线销售管理系统。2002年，公司通过ISO9001:2000质量体系认证。2003年，通过信息产业部计算机信息系统集成二级资质认证。

思乐 SN-3000CQ 彩票机

针对中国电脑彩票热线销售而量身订做的第三代电脑彩票销售设备，特别适合大、中型城市电脑彩票销售使用。

思乐 SN-3000CQ 彩票机

- 为中国电脑彩票热线销售而量身订做
- 标准化、模块化、一体化设计
- 集高速热敏打印、高速自动投注和自动兑奖、UPS以及验钞和验票等功能于一体
- 支持 Windows、Linux 等多种操作系统
- 支持 VPDN、ADSL、GPRS、CDMA 等多种通讯方式
- 具有很强的扩展能力，支持乐透型、数字型、电子即开票等多种彩票销售

思乐 SN-2000F 彩票机

针对中国电脑彩票联网销售而量身订做的电脑彩票销售设备，特别适合于城市及城镇的电脑彩票销售使用。

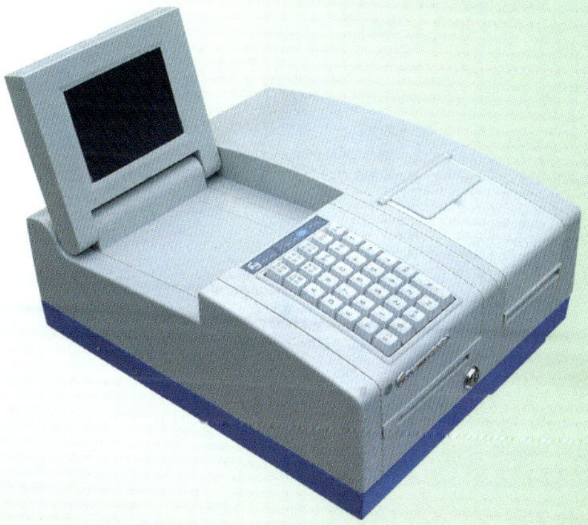

思乐 SN-2000F 彩票机

- 适用于热线、准热线环境
- 标准化、模块化、一体化设计
- 集高速热敏打印、高速自动投注和自动兑奖，以及 UPS 等功能于一体
- 支持 VPDN、ADSL、GPRS 等多种通讯方式
- 兼容性和扩展性强
- 易于维护

深圳市思乐数据技术有限公司

通讯地址：广东省深圳市南油天安工业区七幢三楼 B-D 单元　　邮　编：518054

电　话：0755-26522353　26062079　　联系人：王先生

网　址：http://www.sinodata.com.cn　　Email：sinodata@sinodata.com.cn